MONTALBÁN

ORÍGENES GENEALÓGICOS

Sus familias fundadoras
y los Manzo

Ricardo José Manzo Manzo

MONTALBÁN
ORÍGENES GENEALÓGICOS

Sus familias fundadoras
y los Manzo

RICARDO MANZO, P.A.

MONTALBÁN
ORÍGENES GENEALÓGICOS

Published by Ricardo Manzo, P.A.
Miramar, Florida 33027.
RicardoManzoBooks@gmail.com

ISBN: 979-8-9883277-0-7

Library of Congress Control Number: 2023908590

Edición 2023
Printed in United States of America

Diseños Gráficos y Portada: Rafa Herrera Art

A mi abuelo Torcuato José Manzo Núñez
Mis genes de genealogista fueron heredados de ti
El amor por nuestra historia corre por mi sangre,
como lo hacía por la tuya.

Gracias!!!

Índice

Prólogo 11

Introducción 15

Sistema de Codificación 19

Titulo I. Orígenes Genealógicos de Montalbán 23

Capítulo Uno: Juan Tomás de Salvatierra 29

Capítulo Dos: Juan Manuel Gómez Pinto 79

Capítulo Tres: Manuel Salvador Tortolero 113

Capítulo Cuatro: Antonio Rodríguez de Ortega 147

Título II. Los Manzo 171

Capítulo Cinco: Francisco Ramón Manzo Lartigue 173

Capítulo Seis: Miguel María Manzo Ortega 209

Capítulo Siete: Julio Torcuato Manzo Pérez 269

Capítulo Ocho: Domingo Álvarez Manzo y Pérez 337

Título III. Juegos Genealógicos 375

Apéndice 385

Bibliografía 389

Prólogo

"Podremos probar algunas cosas, refutar otras, pero gran parte de ellas nunca las sabremos". Esta frase la escuché en un programa de televisión y me pareció que se ajusta mucho a la disposición de Ricardo mientras escribió esta obra. El carácter histórico del libro lo hace muy interesante, ya que aunque el corazón del mismo es la genealogía, esta va estrechamente relacionada a lugares, fechas y hechos acaecidos. Es así como esta obra se ha de convertir en un obligatorio material de consulta para historiadores, familias relacionadas a esta amplia descripción genealógica y todo aquel que sienta algún tipo de vínculo con nuestro amado Montalbán.

Haré gala de una cualidad que me precio de tener: mi capacidad de ser objetivo, para hacer una breve reseña de Ricardo José Manzo Manzo. Me comprometo a evitar, en lo posible, hablar como su tío quien le vio crecer, realizar sus estudios de ingeniería con gran responsabilidad consultando mis libros, formar familia, emigrar cuando todavía no era lo que, lamentablemente, luego se volvió normal en nuestra Venezuela de inicios del siglo XXI y finalmente ser testigo del empeño que le puso a esta obra que ahora tienes frente a ti.

Ricardo siempre le ha imprimido una importante dosis de pasión a todo lo que hace, y es así como desde las páginas iniciales de su libro nos expresa "que quien no tiene información relativa a sus vínculos familiares estaría perdido y se dedicaría a buscar la información que le devuelva su identidad". Esta declaración cobró vida en mí en la medida que fui leyendo el libro, hasta el punto de cambiar mi perspectiva sobre la importancia de conocer mis orígenes. De esta manera apasionada nos introduce en este maravilloso viaje que le tomó 16 años de trabajo e investigación que le han permitido dar a luz esta importante obra. También debió leer y consultar unos 40.000 manuscritos y 340 libros de carácter histórico, los cuales le permitieron entrelazar y corroborar hechos, para contribuir de esa forma a esclarecer pasajes que se mantenían en la oscuridad. Así también hubo consultas a expertos en diversos tópicos, tales como el uso de abreviaturas y otras costumbres de quienes escribían los textos para aquellos tiempos.

Los razonamientos de Ricardo para llegar a conclusiones que establezcan una determinada postura frente a polémicas entre historiadores están marcadamente influenciados por su formación de ingeniero, utilizando la lógica en cada análisis. Con este enfoque vamos navegando a través de las páginas del libro con cierta avidez por saber un poco más. Le corresponde en diversas ocasiones a Ricardo rectificar errores históricos sobre matrimonios, descendientes y otros eventos, lo que hace de manera muy seria con base a argumentos resultantes de profundas investigaciones, comparación de nombres repetitivos, cercanía en las fechas citadas que se presta a confusión, entre otros. Esto es una muestra más de la pasión puesta en este trabajo, así como de un gran apego a la verdad, la cual logra esclarecer en diversas ocasiones.

Desentrañar es un verbo que me vino a la mente con mucha frecuencia mientras leía esta valiosa obra de consulta. Buenos ejemplos de lo que menciono son lo de apellidos que desaparecían (ej. el Gómez de Juan Manuel Gómez Pinto para quedar solo como Juan Manuel Pinto) y la destrucción de los libros más antiguos de la Parroquia Montalbán en 1926. Con estas dificultades, y algunas otras, el trabajo realizado por Ricardo es más que titánico y lo obligó a consultar innumerables fuentes de información, así también como a hacer deducciones lógicas que lo llevaron a descartar teorías escritas por otros historiadores.

Para llevarnos a conocer los diferentes árboles genealógicos, los cuales se terminan entrelazando debido a diversos motivos que nos irá explicando, Ricardo acostumbra iniciar con una persona elegida por su importancia para mostrarnos los descendientes de la población de Montalbán. Este es el caso de los cuatro pilares fundadores de Montalbán, y también lo hace con el fundador del apellido Manzo en este poblado, Francisco Manzo Lartigue. La compleja genealogía se va haciendo más amena con diversos hechos históricos, no sólo de Montalbán sino de nuestra historia colonial e independentista.

En varias formas la lectura de este libro me remontó a la lectura de los libros de mi papá, Torcuato Manzo Núñez, con un lenguaje técnico pero sencillo. Por otra parte es justo destacar que Ricardo a diferencia de mi padre tuvo acceso a la información almacenada, hoy día, en forma electrónica. No digo que sea fácil navegar por la web y obtener la información, pero sí que facilitó su investigación, sin tener que hacer grandes y diversos viajes como lo hiciera mi papá. Ricardo, muy generosamente, declara que la inspiración y las bases de su estudio son un legado que le dejó su abuelo, y expresa su gratitud dedicándole el libro.

En los primeros capítulos nos presenta la numerosa descendencia de los primeros cuatro patriarcas fundadores de Montalbán, Juan Tomás de Salvatierra, Juan Manuel Gómez Pinto, Manuel Salvador Tortolero y Antonio Rodríguez de Ortega. Me resultó emocionante ir viendo cómo se daban innumerables matrimonios entre primos, con diverso grado de consanguinidad, los cuales debían solicitar dispensa eclesiástica. En dicho trámite, algunos no conseguían la dispensa, generalmente por los numerosos parentescos sanguíneos.

Me conmovió leer la historia de cómo nuestro antepasado Andrés Pérez Blanco (mi tatarabuelo), de escasos diecisiete años de edad, muy valerosamente, se matriculó en las fuerzas patriotas afectas al Libertador Simón Bolívar. Enrolado en el ejército patriota, Andrés va sorteando distintos enfrentamientos con las fuerzas realistas, lo que le va haciendo merecedor de ascensos hasta 1825, cuando pidió su baja por razones de salud. Para ese momento contaba con 29 años de edad y muchos reconocimientos, siendo el más importante el de la Orden de los Libertadores. Andrés se motivó a enfilarse junto a los patriotas inspirado por las primeras hazañas del Libertador y otros próceres. En esta narración Ricardo va hilando hábilmente de manera de entrelazar hechos históricos ampliamente conocidos con la participación de Andrés Pérez, un joven héroe casi anónimo.

Me parece necesario mencionar que en la parte final del libro, en el capítulo dedicado a reseñar los orígenes en España del apellido Manzo, Ricardo destaca la importancia de unas ordenanzas recopiladas durante el reinado de Felipe II en 1.634, las cuales regularon muchos aspectos de las actividades comerciales y sociales de la colonia. Estas normativas y los registros eclesiásticos permitieron a Ricardo reconstruir muchas de las genealogías de esta obra. Un trabajo sin duda de gran envergadura y de hilar fino para, siguiendo una rigurosa metodología, ir llevando la trazabilidad que le permitiría ir enlazando grupos familiares y armando la tan anhelada genealogía.

Definitivamente se trata de una obra que refleja un trabajo que requiere de varias cualidades que se juntaron en Ricardo. Me atrevo a decir que cualidades como organización, pensamiento analítico, disciplina, enfoque, perseverancia, paciencia, motivación al logro y capacidad de relacionarse con otros, fueron conjugados en este joven autor que nos brinda hoy los frutos de su valioso trabajo.

Al final del libro nos espera una sorpresa con lo que denominó muy sugestivamente "Juegos Genealógicos". Dejaré que el lector lo descubra por sí mismo, no sin antes deleitarse con todo lo que le precede a este interesante final.

Torcuato J. Manzo Henríquez

Introducción

Desde que el hombre evolucionó y se convirtió en un ser pensante, comenzó a preguntarse: ¿Quién soy yo? ¿De dónde vengo? ¿Soy miembro de algún grupo? Es parte de la naturaleza humana desear tener esas respuestas. Imagina por un momento el caos que experimentarías en tu vida, si un día despertaras solo en una habitación con una amnesia parcial que te permitiera recordar el oficio que haces, donde trabajas, quienes son tus amigos, entre otras cosas, pero sin poder recordar otras: ¿Estoy casado? ¿Tengo hijos? ¿Tengo padres? ¿En donde nací? Estoy seguro que todas las demás cosas pasarían a un segundo plano y te dedicarías en cuerpo y alma a obtener respuestas a esas preguntas. Así de importante es conocer tu identidad.

La mayoría de la gente se contenta con saber lo más básico: donde nació y quiénes son sus familiares más cercanos. Otros, quieren saber más… mucho más. Porque existe la necesidad humana de sentir que somos parte de algo mucho más grande, y que somos reconocidos y queridos por los integrantes de ese grupo al que pertenecemos, al cual le hemos puesto un nombre: "Familia".

Con estas interrogantes en mente, emprendí un largo viaje para investigar quienes eran los integrantes de mi familia. No solo de los más cercanos, sino también de los más lejanos. Con esto en mente, comencé estudiando a mis abuelos, luego a mis bisabuelos y a medida que subía en el tiempo, los integrantes de ese grupo que solía llamar "mi familia", fueron creciendo abrumadoramente hasta convertirse en pueblos y regiones. Acordémonos que tenemos 2 padres, 4 abuelos, 8 bisabuelos… y cada vez que subimos un escalón generacional los individuos se duplican, por lo que en 20 generaciones ya tendríamos a 2.097.152 personas; cada una de los cuales, con hermanos, cuñados, etc. Es evidente que no podía "censar" a TODOS, sino que más bien tendría que conformarme con esbozar la columna vertebral que los unía; misma que por sus numerosas conexiones con otras familias, terminó convirtiendo a mi trabajo en el estudio de las familias que crearon el pueblo de donde vinieron mis ancestros: Montalbán.

Así pues, el primero de los tres títulos que componen esta obra está enfocado en la genealogía de ese lugar, cuyas raíces muchas veces estuvieron entrelazadas con las de otros pueblos que les avecindaban: Aguirre, Bejuma, Canoabo, Chirgua, Miranda, Nirgua y Valencia, o con otras ciudades de Venezuela debido a los movimientos demográficos que produjeron sucesos tales como guerras, pandemias, industrialización, etc.

Esta realidad, muchas veces impidió el establecimiento de límites en cuando al área geográfica de estudio, y también acortó el número de personas localizables dentro de ciertos apellidos; ya que no se podía hacer una investigación documental exhaustiva en todas las ciudades del país. Por esta razón, el lector debe entender que van a existir faltantes dentro de algunas familias. Personas que no se mencionaron por diferentes razones: por no ser relevantes para la investigación propuesta, por haberse mudado a ciudades muy alejadas, o por no aparecer en los libros eclesiásticos o civiles que sobreviven hasta esta fecha, base fundamental en la que se asienta esta obra.

El primer título está dividido en cuatro capítulos centrados alrededor de la vida y descendencia de alguno de los patriarcas que fundaron Montalbán. En cada uno de ellos estudiaremos sus orígenes e historia llevándonos en algunos casos a explorar los albores de la conquista a finales del siglo XV. Resulta obvio que ya no estaremos hablando de mi familia, sino de la de todos aquellos que descendemos de aquellos aventureros que vinieron a América en búsqueda de un mejor futuro.

En el segundo título vamos de lo general a lo específico. Ya dejamos de lado el estudio de todo un pueblo para concentrarnos en la genealogía de los Manzo cuyas raíces provienen de Montalbán. Se dividió en cuatro capítulos cada uno de los cuales está encabezado por un individuo que representa un punto de referencia para toda una generación. Así, el capítulo cinco introduce al primer Manzo en nacer en territorio venezolano, y terminamos con el capítulo ocho donde analizamos al primero en inmigrar a nuestro país, así como sus raíces en la madre patria.

En todas las secciones del libro el lector encontrará pasajes históricos referentes a lugares o personas porque, aunque esta obra está centrada en genealogías, no podemos olvidar que ésta es una ciencia auxiliar de la historia con la que está íntimamente ligada y de la que no se puede separar. No obstante, si el lector desea un análisis histórico más profundo, recomiendo la lectura de alguna de las numerosas obras que han publicado historiadores y cronistas, muchas de las cuales han sido citadas en algún momento y por eso están listadas en la bibliografía.

Este libro pudiera leerse en cualquier orden, pues en muchas formas es un material de consulta. Algunas personas pudieran interesarse solamente en la historia de Montalbán, obviando la de los Manzo. Por el contrario, los miembros de esta familia pudieran desear brincarse los antecedentes e ir directo a la sección de su interés, donde probablemente son nombrados. En cualquier caso, el autor recomienda seguir el orden de los capítulos, ya que la información contenida en las primeras secciones es vital para tener un completo entendimiento de nuestras raíces y de los eventos que fueron construyendo nuestro presente. Adicionalmente, a medida que se van presentando a los personajes en cada capítulo, se les va asignando códigos de identificación que más adelante serán usados para referirnos a ellos. Estos códigos llevan una secuencia lógica basada en su localización generacional y familiar, fácilmente entendible si se lleva la secuencia desde el comienzo.

De la explicación anterior podemos deducir el por qué es importante no saltarse la siguiente sección: Sistema de Codificación. En ella, se explica el sistema de identificación jerárquico que se ha utilizado para catalogar a las personas nombradas en la presente obra. Su correcto entendimiento garantiza una lectura más fácil y previene confusiones a la hora de identificar a individuos con nombres similares.

Al final, he agregado una sección llamada juegos genealógicos donde se "juega" con la información genealógica disponible mostrando los diversos puentes que pueden existir entre una persona cualquiera, en este caso el autor, y diversos personajes famosos de la historia de Venezuela o del mundo. Téngase en cuenta que en la medida en que nos alejamos de la historia contemporánea y comenzamos a profundizar en la edad moderna y posteriormente en la edad media, la información genealógica disponible en libros o sitios especializados comienza a mostrar discrepancias, encontrándonos que algunos genealogistas especializados en determinados lugares exponen puntos de vista disputados por otros colegas. Esto no ha impedido que utilicemos el punto de vista más lógico, a mi criterio, para presentar la información… después de todo, "estamos jugando".

También, me gustaría aclarar que las sangrías de los párrafos en el cuerpo del libro no corresponden con los standares usualmente empleados, sino que han sido utizadas como una herramienta de ayuda visual para ayudar al lector a diferenciar textos referentes a personas de distintas generaciones. Así mismo, las citas textuales han sido presentadas tal y como aparecen en su fuente original, sin corregirles errores ortográficos o de redacción.

Por último, no puedo cerrar este apartado sin antes agradecer a todas las personas que han ayudado a la materialización del presente trabajo, suministrando información que no pude conseguir a través del material bibliográfico consultado: libros, catálogos, ensayos, manuscritos y websites especializados en distintas materias. Muchas de ellas aportaron material familiar de gran importancia: fotografías, documentos o información verbal pasada de generación en generación. Especialmente, quisiera agradecer a mi madre a quien tantas veces consulté. A mi tío Torcuato Manzo Henríquez por hacer el prólogo. A Rafael Herrera Hernández mi hermano, aunque no de padre ni madre, por su trabajo artístico que embellece la portada y capítulos del libro. A mi tía Egleé Manzo Travieso por la información de su familia materna. A mi tía Carmen Cecilia Manzo Henríquez por permitirme usar la pintura que hizo de su padre, en mi portada. A Durabio Moros Manzo por facilitar algunas de las fotos utilizadas en el título dos. A mis tías Mirian Manzo Rodríguez y Gisela Fuentes Manzo, a mis primos Jesús Javier Suárez Manzo, Henriette Madeleine Qüenza y Leonor Manzo Ariza. A Lucía Besozzi de Ratmiroff por su invaluable ayuda con los "jeroglíficos" que no podía interpretar y al doctor Nelson Díaz Frías por su ayuda e información sobre nuestros familiares canarios.

A todos, ¡Gracias!

Sistema de Codificación

Se han desarrollado muchos sistemas de numeración o codificación para poder expresar en formato de texto a los individuos que componen un árbol genealógico. Así, tenemos el modelo Sosa-Stradonitz, el NGSQ (National Genealogical Society Quarterly), el Henry, el Meurgey de Tupigny, el Villiers/Pama, etc.

Algunos de ellos, en mi opinión, son difíciles de entender para un lector promedio no instruido en la ciencia genealógica; mientras que otros, más simplificados, tienen la desventaja de lograr eso a costa de la perdida parcial de información.

El sistema ideal sería aquel capaz de decirnos en qué nivel generacional se encuentra un individuo, con respecto al ancestro utilizado como punto de partida, así como su posición ordinal dentro de cada grupo familiar. Por eso, he decidido usar el Modelo d'Aboville al que le he añadido una modificación para poder diferenciar diversos grupos familiares dentro del mismo libro.

Veamos un ejemplo ilustrativo. En el diagrama 1 tenemos a Andrés y sus primeras tres descendencias o generaciones. He omitido a su esposa, y a las de sus descendientes, ya que no afectan al sistema de numeración que es patriarcal; al igual que el sistema de asignación de apellidos que se usa hasta hoy día.

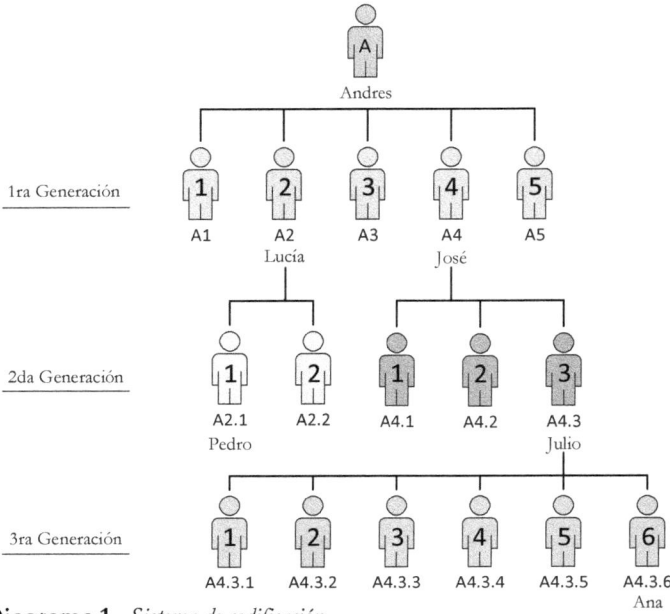

Diagrama 1. *Sistema de codificación*

En el ejemplo, se observa que Andrés ha sido identificado con la letra "A", razón por la cual todos sus descendientes serán identificados por un código que comienza con la letra "A" más un número entero correspondiente a cada hijo. Vemos en la ilustración que Andrés tuvo 5 hijos, a quienes les corresponderán los códigos: A1, A2, A3, A4 y A5. Recordemos que esto es una forma de <u>enumerar</u> a sus hijos por lo que cada uno de esos códigos representa a un hijo(a), cuyo nombre pudiera ser Juan, Ana, Antonio, etc. Así, en el ejemplo, a Lucía le corresponde el código A2, ya que es la segunda hija de Andrés.

De manera similar, vemos que Lucía tiene 2 hijos. ¿Cómo podemos representarlos? Pudiéramos decir que el primer hijo de Lucía es "Lucía.1" y el segundo sería "Lucía.2". Si cambiamos a Lucía por el código que le corresponde, tendríamos que sus hijos serán: A2.1 y A2.2. Por eso, a Pedro le corresponde el código A2.1.

Siguiendo el mismo razonamiento, podemos hallar el código de cualquier individuo de la familia. Por ejemplo, el código de José (cuarto hijo de Andrés) sería A4. Y el de Julio, tercer hijo de José, sería A4.3; mientras que el de Ana, sexta hija de Julio, es A4.3.6.

Este esquema de codificación es el que se ha usado a lo largo de toda la obra. En el apéndice se ha incluido una "Tabla de Asignación de Letras" con una lista de todas las personas a las que se ha codificado, así como la(s) letra(s) que le corresponde.

TÍTULO I

ORÍGENES GENEALÓGICOS DE MONTALBÁN

Desde mediados del siglo XVII, ya había personas viviendo en el valle de Montalbán y en las sabanas vecinas. A la gente del campo siempre le ha gustado tener esa relación íntima y aislada con la naturaleza que les da los medios para su subsistencia diaria.

El proceso de como estos asentamientos individuales fueron convirtiéndose en caseríos, para después subir a los escalafones de pueblo y villa, ha sido detalladamente descrito por el historiador Torcuato Manzo Núñez[1]. Recomiendo ampliamente su lectura.

En cuanto al origen de su nombre, ha sido muy debatido por historiadores y cronistas. Personalmente, tengo la tendencia a creer más en las fuentes con mayor cercanía cronológica a los hechos y en aquellos investigadores que soportan sus aseveraciones con documentación relevante o, en su defecto, con un análisis racional lógico.

El documento más antiguo que he podido conseguir, explicando la razón de que el poblado de Montalbán lleve ese nombre, son los apuntes estadísticos del estado Carabobo ordenados por el general Guzmán Blanco en 1874. Allí puede leerse: *"En el siglo XVII ya existía fundado*

---

1 Manzo Núñez, Torcuato. (1979). *Abrevadero*. Vol. 2. Págs. 65 al 106.

Montalbán. En su origen se llamó pueblo del arado de Montalbán, tomando este nombre de una pequeña laguna, que aún existe, y de sus fundadores que fueron naturales de Montalbán de Aragón"[2]. Luego, en 1891, Jesús Maduro apuntaba *"1630.- Se fundan en este año los pueblos de Montalbán y San Joaquín. El nombre del primero es debido a sus fundadores, naturales de Montalbán de Aragón"*[3], lo cual obviamente está mal (la fecha de fundación). Aun así, Pedro Bacalao Silva avala estas afirmaciones señalando: *"En cuanto al nombre del poblado, Don Arístides Rojas, Don Jesús M. Maduro y otros autores convienen en que se le denominó así porque sus fundadores eran originarios de Montalbán de Aragón. Como los españoles mantenían en sus fundaciones el recuerdo de sus ciudades, pueblos, aldeas, ríos, etc., nada de extraño tiene que los de Montalbán quisiesen revivir aquí su villa aragonesa o que recordaran, si éste es el caso, un lugar de Toledo llamado Puebla de Montalbán"*[4]. El doctor Ambrosio Perera critica esta postura[5] y dice que a la luz de los documentos que él había consultado no podía respaldar estas aseveraciones sino más bien cuestionarlas.

Por último, esta la postura de Torcuato Manzo Núñez que dice *"… los primeros pobladores de Montalbán eran nacidos en Sevilla con la cual colinda la encantadora aldea del Montalbán de Córdoba. De allá trajeron aquellos antepasados nuestros la sal para el bautizo del pueblo con que soñaban…"*[6].

Obviamente, el nombre lo trajeron los españoles por lo que hay que buscar su origen en la madre patria. En España hay tres ciudades que tienen ese nombre. Analicemos cada una de ellas:

1.- Montalbán de Córdoba. Pareciera una opción lógica ya que está a solo 126 kilómetros al este de Sevilla, ciudad natal de Manuel Salvador Tortolero (uno de los fundadores del poblado) y a 242 km al noreste de Cádiz, punto de partida para la mayoría de los colonos.

Estuve en dicho poblado en el verano del 2022, y pude ver que no tiene parecido alguno con su contraparte carabobeño. Para empezar,

2 Ministerio de Fomento. Dirección de Estadística (Año económico de 1873 a 1874). Pág. 48.
3 Maduro, Jesús M. (1891). *Anales de Carabobo*. Pág. 34
4 Bacalao Silva, Pedro. (1949). *Orígenes y Referencias de Montalbán*. *El Centenario de Bejuma*. Págs. 22 al 23.
5 Perera, Ambrosio. (1964) *Historia de la Organización de los Pueblos Antiguos de Venezuela*. Vol. 3. Pág. 50.
6 Manzo Núñez, Torcuato. (1979). *Abrevadero*. Vol. 2. Pág. 65.

está ubicado en la cúspide de una loma o cerro de unos 500 metros de ancho por 1400 de largo, elevada en medio de un extenso valle. En oposición, la versión venezolana está emplazada en un valle rodeado de montañas.

Cuando pregunté a los locales la razón de su nombre, me aclararon que Montalbán significa "monte blanco"[7], lo cual tenía mucho sentido pues la tierra del lugar tiene un aspecto blancuzco revelando su alto contenido calizo.

Además de su gran diferenciación geológica, los templos más antiguos del lugar, la Ermita de la Madre de Dios y la Ermita del Calvario, tampoco guardan relación con nuestra virgen de la inmaculada.

2.- Montalbán de Aragón. Elegida por los historiadores más antiguos, pero geológicamente similar a la anterior. El pueblo no se encuentra en la corona de una montaña sino más bien en sus laderas, con una considerable inclinación en muchas de sus partes.

Sus pobladores son mineros en su mayoría ya que la agricultura resulta difícil por lo abrupto del terreno y el clima hostil característico de localidades con latitud y altitud ligeramente elevadas.

Logísticamente, tampoco parece una buena elección. De las tres, es la más alejada de los puertos por donde típicamente embarcaban los colonos, ubicándose en las cercanías de Cataluña.

La iglesia del Apóstol Santiago, templo más antiguo del lugar, tampoco pareciera guardar relación alguna con el nuestro.

3.- La Puebla de Montalbán. La última de nuestras opciones se encuentra a 33 kilómetros al oeste de la antigua ciudad de Toledo, en el centro de España.

Su nombre parece provenir de las canteras de caliza que se encuentran en sus cercanías, en el paraje de la Calera.

A diferencia de las anteriores, se emplaza en un valle rodeado de terrenos cultivados y montañas en el horizonte.

---

7 Del latín Montem·Albanvm, que se traduciría como Monte Albano (blanco) o en húngaro Mont Alban, que terminaría evolucionando a Montalbán.

La ciudad tiene varios conventos, ermitas e iglesias. Interesantemente, el convento franciscano construido en 1570, contiene una iglesia que alberga un retablo dedicado a la inmaculada concepción. También existe el monasterio de la Inmaculada Concepción fundado por la santa Beatriz de Silva, en cuyo honor se creó la Orden de la Inmaculada Concepción (OIC), que subsiste hasta nuestros días.

Las coincidencias son muchas como para ser ignoradas, y hay un detalle importante que todos parecen haber pasado por alto. Mucho antes de que el pueblo se fundara, existía un lugar llamado "el valle de Montalbán", el cual es nombrado en repetidos documentos eclesiásticos a manera de referencia. Esto significa que el nombre ya fue asignado a ese lugar casi un siglo antes de que se estableciera el poblado que por lógica razón obtuvo su nombre del valle donde fue emplazado.

Así las cosas, el nombre no pudo ser seleccionado por ninguno de los fundadores, sino por los primeros conquistadores que ocuparon la zona desplazando a los indios. Tal es el caso de Juan Manuel Manrique Meneses y Padilla, a quien se le adjudicó muchas de las tierras que rodeaban Nirgua como dádiva real por haber logrado el control de la zona neutralizando a los jirajaras. Casualidad o no, Juan Manuel era natural de Toledo.

Con esta importante aclaratoria, pasemos a analizar la genealogía de los patriarcas que fundaron Montalbán.

CAPÍTULO 1

JUAN TOMÁS DE SALVATIERRA

JUAN TOMÁS DE SALVATIERRA

El capitán don Juan Tomás de Salvatierra era natural de Andalucía, España. Formó un hogar a los 24 años de edad cuando se casó en Nirgua, el 6 de febrero de 1683, con María de Jesús de la Cruz Valladares Rodríguez Pan y Agua.

Juan Tomás era contador de la real hacienda en Nirgua, donde también ejerció otros cargos públicos: alcalde ordinario en 1696 y en 1705, gobernador por vacancia en 1705 y alcalde de primera elección de dicha ciudad para el año de 1707. Fue velado el 29 de diciembre de 1719, luego de su fallecimiento a la edad de 60 años.

María de Jesús era hija de Simón Luis Álvarez de la Cruz y Valladares (L), natural de Orotava en Santa Cruz de Tenerife, y de Lucía Rodríguez Pan y Agua de la Peña.

Simón Luis era otro funcionario público del rey. Comenzó siendo procurador general en la ciudad de Santiago de León de Caracas, de donde pasó a Nirgua para ser su regidor en 1668. Luego, el 13 de marzo de 1670, licitó al título de depositario general[8] ofreciendo 1000 reales en depósito. Ganó la licitación y tomó posesión el 6 de noviembre en una ceremonia dirigida por el alcalde ordinario Domingo Sevilla de la Peña.

---

8 Recaudadores de ingresos y custodios de bienes en litigio. Tenía derecho a participar en las reuniones del cabildo.

En 1699, testó en Barquisimeto a la edad de 61 años.

En cuanto a Lucia, era natural de El Tocuyo en el estado Lara. Se casó el 27 de septiembre de 1654, a la joven edad de 14 años, con el depositario general; quien debe haber sido un hombre de carácter fuerte y tosco, como muchos de los colonos españoles en el nuevo mundo. Digo esto porque Lucia pidió el divorcio a solo un año de haberse casado; demandando a su esposo por "mal trato y mala vida", lo cual luce muy acertado a la luz de las declaraciones de los testigos que narraron como en varias ocasiones además de insultarla y golpearla, llegó incluso a amenazarla con una daga y con una espada.

Esto no pareciera tener sentido hasta que se estudia con más detalle las declaraciones juradas. Un testigo dice que Simón Luis pretendía tratarla como a una esclava, ordenándole todo tipo de oficios y pretendiendo que lo hiciera al instante, sin argumentar, atribuyendo tal comportamiento al hecho de que Lucía era una parda[9]. Esto también explicaba el por qué Simón Luis le decía que estaba arrepentido de haberse casado con ella; cosa que tal vez no hubiese hecho, de no ser por la dote[10] que recibió al casarse.

Al final, a Lucía las cosas no le salieron como esperaba pues Domingo de Grado, presbítero fiscal eclesiástico que tomó el caso, alegó que las declaraciones eran exageradas, que los testigos no eran de fiar y que no podía consentirse la abolición del santo sacramento del matrimonio por "menudeses". Esto lo dijo porque dos de los declarantes eran esclavos de Lucía y porque María Apolonia de la Peña, madre de Lucía, era criada del cura vicario de Nirgua: Bartolomé Pérez, quien había abierto la solicitud de divorcio. Obviamente, el escándalo que supondría dicha separación era algo que había que evitar a cualquier costo.

Afortunadamente, para las muchísimas personas que descendemos de ellos, todo parece indicar que se "limaron las asperezas". Durante el litigio, que ya llevaba un año, y durante el cual Lucía vivió con su madre; Simón Luis argumentó que no tenía los medios económicos para seguir con el proceso legal y que además estaba arrepentido de los malos tratos

---

9 Descendiente de un colono español con un africano o indio. Las personas que tenían la piel oscura, castaña o de un color intermedio; todos por igual entraban en este término. Los subconjuntos eran: Mulatos, hijos de españoles con africanos; y Mestizos, hijos de españoles con indios. Esto fue el mestizaje.

10 Era el patrimonio o "regalo de boda" que daban los padres de las novias a los pretendientes con que las casaban para contribuir con su manutención o con las cargas económicas del matrimonio.

que había dado a su esposa, así que el matrimonio siguió adelante con la numerosa descendencia que ya describiremos, de donde procedemos todos los montalbaneros.

Simón Luis (L) y Lucía tuvieron la siguiente descendencia:

L1. Juan Domingo Valladares y Rodríguez, bautizado el 20 de agosto de 1660 por el Pbro. Bartolomé Pérez.

L2. Buenaventura Luis de la Cruz Valladares y Rodríguez, bautizado el 21 de julio de 1664. Se casó en Valencia el 10 de abril de 1687 con María de los Reyes Rodríguez de Silva, hija de Bartolomé Rodríguez y de María de los Reyes Silva. Tuvieron por hijos a:

L2.1. Juan Joseph Rodríguez Silva, bautizado el 6 de diciembre de 1693. Se casó con Juana Beatriz Blanco y fueron padres de María Josefa Rodríguez Blanco, bautizada el 24 de enero de 1730 en San Luis Beltrán de Cabria.

L2.2. Juan de Dios Rodríguez Silva. Bautizado el 14 de abril de 1697.

L3. Ana María Valladares y Rodríguez, fallecida a los 14 años de edad el 14 de septiembre de 1681.

L4. María de Jesús Valladares Rodríguez Pan y Agua, ya citada.

L5. María Magdalena de la Cruz Valladares y Rodríguez. Bautizada por el Pbro. Nicolás Caldera, a los 6 meses de nacida, el 28 de julio de 1670. Se casó con solo 15 años de edad, el 27 de enero de 1685. El feliz contrayente fue don Manuel Gómez Pinto, otro de los patriarcas y fundadores de Montalbán. Hablaremos de su extensa descendencia en el capítulo 2.

L6. Petronila Valladares y Rodríguez, fallecida siendo una infanta el 14 de agosto de 1674.

L7. Simón Luis Valladares y Rodríguez. Bautizado el 18 de abril de 1677 por el Pbro. Alonso Cuevas.

L8. Policarpo Valladares y Rodríguez. Bautizado por el mismo cura el 29 de abril de 1680.

Volvamos una vez más con Lucía Rodríguez Pan y Agua de la Peña. Era la hija mayor de Gaspar Rodríguez de Pan y Agua (G), natural de Toledo y uno de los primeros pobladores de Nirgua, y de María Apolonia de la Peña, quienes tuvieron la siguiente descendencia a partir de 1639:

G1. Joseph Rodríguez de Pan y Agua. Defendió a su hermana de los "abusos" de su esposo como declararon varios testigos en 1655.

G2. Lucía Rodríguez de Pan y Agua, ya citada.

G3. Juana Rodríguez de Pan y Agua, casada con Pedro Pérez (un esclavo de Bartolomé Pérez) el 27 de agosto de 1657. Fueron padres de María de Jesús Pérez Rodríguez quien bautizaron el 1 de enero de 1669.

G4. María Rodríguez de la Peña. Se casó con el mariscal de campo[11] Bernardo Rodríguez de Ortega, natural de Cádiz. Hablaré de su descendencia en el capítulo 2.

G5. Santiago Rodríguez de Pan y Agua.

María Polonia enviudó joven (cuando se aperturó la solicitud de divorcio de su hija Lucía, en 1655, ya se señalaba a su esposo Gaspar como finado). También puede decirse que era bastante querida por sus vecinos a juzgar por las numerosas partidas de nacimiento donde aparece como madrina del recién nacido. Al final, volvió a casarse el 17 de junio de 1663 con Francisco Martín de Amaya (no confundirlo con el famoso jurisconsulto, rector y catedrático universitario, oidor de la cancillería de Valladolid, nacido en Málaga).

Esta María Apolonia de la Peña que acabo de mencionar es identificada por varios historiadores como hija o nieta del mariscal de campo Gutierre de la Peña y Langayo, de quien hablaré en breve. En este sentido puedo asegurar que no pudo ser su hija, por una razón cronológica. Sabemos que en este período histórico las mujeres se casaban muy jóvenes, entre 14 y 20 años de edad[12]. Como María tuvo descendencia entre 1639 y 1646, podemos inferir que debería haber nacido alrededor del año 1620. Si consideramos que el maestre de campo falleció en 1571 con 62 años de edad, tenemos una brecha de al menos 50 años que hace imposible tal hipótesis.

La confusión es muy comprensible pues entre 1620 y 1660 hubo varias mujeres que se llamaron así, todas nacidas en El Tocuyo y residentes de Nirgua, dando la impresión de ser la misma persona. Adicionalmente, los registros de defunción y matrimonios de esa época no identificaban a los padres de la(s) persona(s), solo registraban los nombres de pila de los contrayentes, haciendo muy difícil diferenciar individuos con nombres parecidos. Esto, unido a la poca documentación que sobrevive hasta nuestros días, ha dificultado mucho la correcta identificación de cada una.

---

11 Rango militar intermedio entre brigadier y teniente general. Era el primer escalón dentro de los rangos de general. A partir del 20 de julio de 1889, esta denominación fue sustituida por la actual de general de división

12 Troconis de Veracoechea, Ermila. (2021, Octubre). *Indias, esclavas, mantuanas y primeras damas*. Págs. 77 y 115.

Así, además de la ya citada, tenemos a estas otras dos:

MP1. María de la Peña. Casada con Juan de Jesús Sevilla y padres de los siguientes hijos, nacidos en Nirgua:

MP1.1. Simón Sevilla de la Peña, bautizado el 10 de noviembre de 1635.

MP1.2. Francisco Alejos Sevilla de la Peña, bautizado el 6 de diciembre de 1638. Se casó el 28 de enero de 1661 con Gerónima Lindoso. Tuvo la siguiente descendencia antes de fallecer el 20 de agosto de 1698:

MP1.2.1. Juan Joseph Sevilla Lindoso, bautizado el 20 de diciembre de 1665.

MP1.2.2. Gracia María Sevilla Lindoso, fallecida a los pocos meses de nacida el 24 de junio de 1668.

MP1.2.3. Simón Gabriel Sevilla Lindoso, bautizado el 16 de noviembre de 1669.

MP1.2.4. Francisco Alejos Sevilla Lindoso, bautizado el 22 de septiembre de 1671.

MP1.2.5. Gaspar Sevilla Lindoso, bautizado el 26 de marzo de 1674.

MP1.2.6. Rosa María Sevilla Lindoso, bautizada el 25 de enero de 1678.

MP1.2.7. Francisca Sevilla Lindoso, bautizada el 26 de diciembre de 1679.

MP1.2.8. Domingo Félix Sevilla Lindoso, bautizado el 3 de febrero de 1686.

MP1.2.9. Isabel Petrona Sevilla Lindoso, fallecida el 6 de enero de 1687 al poco tiempo de nacer.

MP1.3. Capitán Pedro Sevilla de la Peña, bautizado el 30 de abril de 1640. Fue notario público y alcalde ordinario de Nirgua en 1694. Se casó con Micaela Álvarez, con quien tuvo la siguiente descendencia antes de fallecer el 15 de marzo de 1714:

MP1.3.1. Francisco Sevilla Álvarez. Falleció el 23 de septiembre de 1690 a los 26 años de edad.

MP1.3.2. Matías Sevilla Álvarez, bautizado el 19 de febrero de 1666. Se casó con Juana Bautista Ximénez, con quien tuvo descendencia antes de fallecer el 27 de julio de 1734.

MP1.3.3. Ana María Sevilla Álvarez. Bautizada el 29 de diciembre de 1669.

MP1.4. Capitán Diego Sevilla de la Peña, nacido en 1643.

MP1.5. María Magdalena Sevilla de la Peña. Bautizada el 21 de octubre de 1646.

MP2. María de la Peña. Casada con Pedro Martín de Sevilla y padres de los siguientes hijos nacido en Nirgua:
MP2.1. María Sevilla de la Peña. Bautizada el 10 de abril de 1635.

MP2.2. Capitán Domingo Sevilla de la Peña. Se casó el 3 de junio de 1664 con Juana de los Ángeles (probablemente india). Tuvieron a:

MP2.2.1. Juan Francisco Sevilla de la Peña. Bautizado el 17 de abril de 1666, se casó con Eufemia Gerónima Quintero Velásquez.

MP2.2.2. María de Jesús Sevilla de la Peña, bautizada en marzo de 1668. Se casó con Antonio Ximénez el 30 de agosto de 1684 con quien tuvo descendencia antes de fallecer el 25 de enero de 1733.

MP2.2.3. Juana Sevilla de la Peña. La bautizaron el 20 de julio de 1670 y falleció infante el 18 de abril de 1673.

MP2.2.4. Domingo Sevilla de la Peña. Falleció al poco tiempo de nacer, el 12 de julio de 1672.

Una vez viudo, el capitán Domingo se casó en segundas nupcias el 20 de noviembre de 1678 con María Pérez Fernández. Tuvo la siguiente descendencia antes de fallecer el 6 de diciembre de 1700:

MP2.2.5. Domingo Francisco Sevilla Pérez, bautizado el 11 de diciembre de 1679.

MP2.2.6. María de Sevilla Pérez.

MP2.2.7. Juan del Rosario Sevilla Pérez.

MP2.2.8. Juana de los Ángeles Sevilla Pérez, casada en 1686 con Juan Pantaleón de Sequera. Fueron padres de:

MP2.2.8.1. Juana Ventura Sequera Sevilla.

MP2.2.8.2. Antonio Sequera Sevilla.

MP2.2.8.3. Juan Salvador Sequera Sevilla.

MP2.2.8.4. Luisa de los Reyes Sequera Sevilla.

MP2.2.8.5. Joseph Alejandro Sequera Sevilla.

MP2.2.8.6. Juan Sequera Sevilla.

Una vez viuda, volvió a casarse con Juan Dionisio de Olivera Herrera con quien tuvo a:

MP2.2.8.7. Joseph Bernardo Olivera Sevilla.

MP2.2.8.8. Joseph de la Candelaria Olivera Sevilla.

MP2.3. Juan Sevilla de la Peña, nacido el 20 de diciembre de 1641.

MP2.4. Ana María Sevilla de la Peña. Se casó el 1 de enero de 1662 con Jacinto Pérez, cuando tenía 17 años cumplidos. Sin descendencia, enviudó y se casó en segundas nupcias en 1667 con Bartolomé Gudiño con quien tuvo a:

MP2.4.1. María Magdalena Aguilar de la Peña, bautizada el 5 de agosto de 1668. Se casó con Juan Bernardo de Salamanca el 2 de mayo de 1685. Tuvo descendencia antes de fallecer el 21 de febrero de 1724.

MP2.4.2. Juan Pascual Gudiño Sevilla, bautizado el 6 de abril de 1671.

MP2.4.3. Feliciana Gudiño Sevilla, bautizada el 6 de abril de 1676.

MP2.4.4. Simón Gudiño Sevilla, bautizado el 9 de abril de 1679.

Ana María nuevamente enviudó; y volvió a casarse el 2 de junio de 1687 con Juan Rodríguez de Navas, de cuyo matrimonio nacieron:

MP2.4.5. Juana de la Cruz Rodríguez Sevilla, bautizada el 6 de abril de 1676.

MP2.4.6. Juan Rodríguez Sevilla, quien falleció infante el 21 de marzo de 1689.

MP2.4.7. Juana Josefa Rodríguez Sevilla, bautizada el 22 de julio de 1695.

MP2.4.8. Gregorio Joseph Rodríguez Sevilla, bautizado el 25 de diciembre de 1698.

MP2.5. Luis Sevilla de la Peña, casado con Ana Ximénez de Chávez. Fueron padres de:

MP2.5.1. Marcos Sevilla Ximénez, fallecido en su infancia el 21 de diciembre de 1675.

MP2.5.2. María de la Asunción Sevilla Ximénez, bautizada el 10 de junio de 1676.

MP2.5.3. Isabel María Sevilla Ximénez, fallecida a los 9 años de edad el 24 de mayo de 1687.

MP2.5.4. Joseph Crispín Sevilla Ximénez, bautizado el 26 de noviembre de 1680. Se casó con Isabel Hernández.

MP2.5.5. Luis Francisco Thomás Sevilla Ximénez, bautizado el 21 de diciembre de 1682. Se casó a los 32 años de edad con Pascuala del Rosario Caro Mendoza, siendo padres de:

MP2.5.5.1. Juan Sevilla Caro.

MP2.5.5.2. Bárbara Nicolasa Sevilla Caro.

MP2.5.5.3. Párvulo[13] Sevilla Caro.

MP2.5.5.4. Isabel Francisca Sevilla Caro.

MP2.5.5.5. Juan Francisco Sevilla Caro.

MP2.5.5.6. Francisco Domingo Sevilla Caro.

MP2.5.5.7. Joseph Severo Sevilla Caro.

MP2.5.5.8. Luis Francisco Sevilla Caro.

MP2.5.5.9. Francisca Petrona Sevilla Caro.

MP2.5.6. Juan Gabriel Sevilla Ximénez, bautizado el 23 de abril de 1685. Se casó a los 23 años de edad con Juana Cipriana Sequera Quintero. Fueron padres de:

MP2.5.6.1. Juana Ana Sevilla Quintero.

MP2.5.6.2. Juana de Jesús Sevilla Quintero.

MP2.5.6.3. Juan Justo Sevilla Quintero.

MP2.5.6.4. Francisco Ignacio Sevilla Quintero.

MP2.5.6.5. Josefa Rugeria Sevilla Quintero.

MP2.5.6.6. María Agustina Sevilla Quintero.

MP2.5.7. Antonio Félix Sevilla Ximénez, fallecido al poco tiempo de nacer el 25 de mayo de 1688.

MP2.5.8. María de la Concepción Sevilla Ximénez. También falleció infante, el 13 de diciembre de 1689.

MP2.5.9. Lázaro Sevilla Ximénez, bautizado el 3 de abril de 1691.

MP2.5.10. Luis Joseph Sevilla Ximénez. Se casó el 17 de diciembre de 1748, a la edad de 54 años, con María Isidora Aguilar Vélis.

MP2.5.11. Joseph Eleuterio Sevilla Ximénez, casado con María Bernabela Aguilar Llana. Tuvieron por hijos a:

MP2.5.11.1. Juan Antonio Sevilla Aguilar.

MP2.5.11.2. Eufemia María Sevilla Aguilar.

MP2.5.11.3. María Antonia Sevilla Aguilar.

MP2.5.11.4. María Florencia Sevilla Aguilar.

Como puede observarse, la genealogía de las otras dos María de la Peña es extensa (aun después de haberse simplificado). De las fechas expuestas más arriba, puede deducirse que todas eran originarias de El

---

13 Un niño de poca edad, generalmente menor de 5 años.

Tocuyo, ya que Nirgua fue repoblada en 1628 gracias a la intervención del capitán Juan Manuel Manrique de Meneses y Padilla, marqués de Marianela (véase la primera sección del capítulo 4). Y también, puede asegurarse que todas eran descendientes directas del mariscal de campo Gutierre de la Peña, a través de sus nietos.

Volviendo a la María de la Peña que nos concierne en este estudio, el historiador Torcuato Manzo Núñez apunta[14] que existen archivos de "limpieza de sangre"[15] presentados en San Felipe, por los Tortolero y los Salvatierra, para probar su ascendencia directa hasta el mariscal de campo Gutierre de la Peña; pasando a través de María de la Peña, a quien se identifica como hija del mariscal. Basado en todo lo expuesto arriba no puedo convalidar la última aseveración, la cual debe haber sido un error involuntario producido por la repetición de nombres, común como ya vimos en dicha época.

Para complicar más las cosas, María de la Peña no fue el único nombre que se repitió por esos años. Además del mariscal de campo, hubo otros tres Gutierre de la Peña:

1. Capitán Gutierre de la Peña Langayo y Rengel. Llamado el mozo pues era hijo del mariscal con su primera esposa.

2. Capitán Gutierre de la Peña Langayo. Hijo de Ginesa, nieta del mariscal.

3. Gutierre de la Peña y San Juan, nieto suyo a través de una hija mestiza que tuvo con una india de Coro.

El citado archivo de sangre debe haber hecho referencia a uno de estos tres hombres; lo cual daría al final el mismo resultado, es decir, su ascendencia directa hasta el mariscal. De los tres, el primero queda descartado para la hipótesis por una razón cronológica, al igual que ocurrió con su padre. El segundo tampoco pudiera ser, ya que se casó con María Isabel Martínez Gallardo, siendo imposible que generen una niña parda, criada del vicario local. Esto nos lleva a concluir que se trató de Gutierre de la Peña y San Juan, hijo del capitán conquistador Francisco de San Juan y de María de la Peña.

De este tercer Gutierre de la Peña, no he podido encontrar ninguna partida de matrimonio hasta los momentos. Posiblemente, María de la

---

14 Manzo Núñez, Torcuato. (1979). *Abrevadero*. Vol. 2. Pág. 27.

15 Se refiere a la documentación genealógica que solicitaba la realeza española a todo individuo que pretendiese aspirar a un cargo oficial. El objetivo era evitar que judíos o nuevos conversos ocuparan dichas vacantes.

Peña fue hija natural suya con una india local. Estas asunciones se ajustan satisfactoriamente a todas las referencias y documentos referentes a nuestra María Apolonia de la Peña, por lo cual las tomaré como ciertas.

Aclarado este importante punto, podemos continuar nuestro trabajo analizando los orígenes de Gutierre de la Peña y San Juan, así como los de su abuelo: el mariscal de campo Gutierre de la Peña Castro y Langayo.

En la época de la conquista, ocurrió mucho que los conquistadores tenían amoríos o relaciones íntimas con las indias en los territorios ocupados, esto fue el comienzo del mestizaje. Por supuesto, estos actos y la explotación de los indios fue objeto de repudio por buena parte del clero eclesiástico, lo cual manifestaron por escrito cada vez que podían.

El conquistador Gutierre de la Peña Castro y Langayo fue uno más que sucumbió ante la belleza indígena. En este sentido el 20 de octubre de 1550 el obispo Fray Jerónimo de Ballesteros le escribía una carta al rey, cuando estuvo en Venezuela investigando los "excesos" de que se acusaban a los expedicionarios en el nuevo mundo, acusando a Gutierre de estar *amancebado*[16] *con cinco o seis indias y de haber herrado indios amigos, pese a todo lo cual el Chantre*[17], *Juan Rodríguez de Robledo, cada vez que se confesaba lo absolvía y le administraba el Santísimo Sacramento.*

Con al menos una de estas indias de Coro, Gutierre tuvo descendencia. A este respecto, se decía que Gutierre trataba y quería por igual a sus hijos naturales como a los legítimos. Un buen ejemplo de esto fue su hija mestiza María de la Peña, a quien casó en el Tocuyo con Francisco de San Juan (F), capitán conquistador natural de Alcobendas en la provincia de Madrid, poco después de derrotar al tirano Aguirre en 1561. Francisco era hijo de Mari Rodríguez y del escribano Diego de San Juan, hijo de Juan Lorenzo Hernández Gatada y de Isabel de San Juan. Fue uno de los fundadores de El Tocuyo, en donde fue escribano público al igual que en Coro y Nueva Segovia de Barquisimeto. También fue teniente gobernador de Borburata y de Trujillo.

Francisco de San Juan (F) y María de la Peña fueron padres de:

F1. Francisco de San Juan y de la Peña. Teniente contador de la Real Hacienda, casado con Lucía de Villegas y Osorio de Losada, una de las hijas del regidor perpetuo de El Tocuyo Francisco Pacheco Ruíz

---

16 Este término se usaba para referirse a un colono que tenía relaciones carnales y periódicas con una mujer que no era su esposa.

17 Derivado del francés Chanter y del latín Cantare (cantar). Se refería al sacerdote encargado del coro o canto en el templo.

de Villegas y de su esposa Beatríz Osorio de Lozada, hija del capitán conquistador y fundador de la ciudad de Santiago de León de Caracas, Diego de Losada. Fueron padres de:

F1.1. Beatríz de Villegas, casada con el vasco Fernando de Aranguren.

F1.2. María de Villegas. Se casó con el maestre de campo Francisco Fernández de Escorcha, administrador de la real hacienda, regidor, alcalde ordinario y provincial de la Santa Hermandad en El Tocuyo. Hijo de Francisco Fernández de Escorcha y Leiva; y de Ginesa Márquez.

F1.3. Juan Angulo de Villegas, casado con María Sánchez Camacho.

F1.4. Manuela de Losada Osorio, esposa de su primo tercero el escribano público Luis de la Peña y Castro (véase GP2.2).

F1.5. Luis Ventura de Villegas.

Todos los arriba citados con descendencia.

F2. Isabel de San Juan y de la Peña. Tomó estado con Pedro de Colmenares, natural de la villa de Carrión de los Condes, uno de los primeros conquistadores de Venezuela e hijo de Juan de Colmenares y de María Villegas.

Isabel y Pedro tuvieron a:

F2.1. Juan Colmenares de San Juan. Se casó con Juana Peraza de Betancourt, hija de Pedro de Alarcón Betancourt (natural de Ayamonte en Huelva) y de Elvira Peraza de León y Pérez de Munguía. Padres de:

F2.1.1. Francisca de Colmenares, casada con el regidor Alonso Pacheco Villanueva

F2.1.2. Capitán Juan de Colmenares Betancourt. Se casó con su prima cuarta María Torralba de Almodóvar y Sotomayor, hija del maestre de campo y regidor de El Tocuyo Tomás de Torralba Almodóvar y Sotomayor; y de María Bartola de Silva y Peña. A su vez, Tomás era hijo del regidor perpetuo de El Tocuyo capitán Bartolomé de Torralba Almodóvar, natural de la Villa del Cañete en Cuenca e hijo de Antón Díaz de Almodóvar y de Antonia Torralba; y de Magdalena de Sotomayor y Hervás, hija de Juan de Hervás y Écija, y de Catalina Aguirre y Sotomayor, naturales de Domingo de la Cuenca en Castilla. En cuanto a María Bartola, era hija del alguacil mayor de El Tocuyo Manuel de Silva y Acosta, natural de Oporto e hijo de George de Silva y de Isabel de Acosta, y de María Ginesa de la Peña y Castro (véase GP2.1).

Una vez viudo, contrajo segundas nupcias con Magdalena de

Esqueda Narváez, natural de Carora e hija de Juan de Esqueda Riquelme y de Catalina de Narváez.

F2.1.3. Manuel Colmenares Betancourt, casado con Catalina Torrealba de Almodóvar y Peña, hermana de María citada en el apartado anterior. Con descendencia.

F2.1.4. Isabel de San Juan, casada con Pedro Martínez Guerrero.

F2.1.5. María de Colmenares, bautizada en Trujillo el primero de febrero de 1611. La única de sus hermanos sin descendencia.

F2.2. Isabel de Colmenares y San Juan.

F3. Ana María de San Juan. Se casó en Caracas el 14 de mayo de 1584 con Alonso Vásquez, con quien tuvo a:

F3.1. Juana Vásquez de San Juan, nacida el 19 de noviembre de 1592.

F3.2. Antonio Vásquez de San Juan, nacido el 15 de noviembre de 1597.

Al enviudar, tomo estado nuevamente el 27 de noviembre de 1600 con el sevillano Juan Torres Maldonado, hijo de Pedro Torres Maldonado y de Inés de Rivera. De su segundo matrimonio tuvo a:

F3.3. Andrés Torres Maldonado y San Juan, bautizado en Caracas el 22 de febrero de 1604. Se casó con su prima cuarta Magdalena de la Peña, hija de Juan Delgado y de María Polanco.

F4. Magdalena de la Peña. Se casó con Juan Navarro y fueron padres de Francisca Navarro de la Peña, bautizada en Caracas el 12 de noviembre de 1580.

F5. Diego de la Peña y San Juan. Nacido en El Tocuyo hacia 1571.

F6. Juan de Angulo, casado con Beatríz Treviño.

F7. **Gutierre de la Peña y San Juan**, ya citado y razón de este análisis.

F8. Catalina de San Juan, casada con Lorenzo García.

F9. Juana de Castro de San Juan. Tomó estado con el capitán Pedro Rodríguez Moreno.

Resumiendo, María Apolonia de la Peña era hija natural de Gutierre de la Peña y San Juan, quien a su vez era hijo de María de la Peña. Esta última, hija natural del mariscal de campo con una india de Coro.

Así las cosas, ahora le dedicaré unas líneas a este gran personaje, Gutierre de la Peña Castro y Langayo, quien ya he mencionado en repetidas ocasiones. Nació en Toledo en el año de 1509 del matrimonio de Juan Fernández de la Peña, escribano, y Juana de Castro Langayo. A su vez, Juan era hijo de Catalina Hernández y de Gutierre Fernández de la Peña, escribano del rey Felipe II. Como puede notarse ese oficio fue característico de la familia "de la Peña" ya que se repitió de generación en generación.

El padre de Gutierre Fernández de la Peña, Fernando de la Peña, tuvo el mismo cargo hasta el 2 de abril de 1487; fecha en que los reyes católicos decidieron retirárselo pues se sospechaba tenía raíces judías, lo cual lo rotulaba automáticamente como hereje. Esta sanción imposibilitó a su heredero de ejercer dicho cargo hasta que Carlos I tomó el trono.

Todos los "de la Peña" arriba mencionados, eran naturales de Toledo en Castilla la Mancha. En la misma ciudad y en el mismo momento histórico estaban otros "de la Peña" cuyo oficio fue el de regidores. Así, en 1473, tenemos a un Gutierre de la Peña regidor de la ciudad, al que le sigue Juan de la Peña, en tiempos de los reyes católicos. También estuvo Antonio de la Peña quien era regidor en 1493 y estuvo en dicho cargo hasta su muerte en 1522.

Algunos historiadores señalan que los "de la Peña" regidores y los escribanos eran parte de una misma familia por su similitud en cuanto a estrato social y económico. Esta teoría se acrecienta enormemente al estudiar el caso de nuestro maestre de campo quien es enviado a Venezuela ya con el cargo de regidor.

Juana de Castro Langayo, su madre, era el puente que lo conectaba a la realeza española. Para describir sus múltiples ascendencias necesitaría un libro por separado, así que haré un muy breve recuento: Juana era hija de Alonso de Castro, natural de Galicia y señor de Castroverde, y de María Lorenza de Langayo y León. Esta última, hija de Francisco de Langayo y Castro, natural de Recas, y de Beatríz de León Angulo; siendo Francisco un noble hijodalgo que había sido escribano, alcalde y más tarde jurado de la ciudad de Toledo, en la parroquia de San Andrés, quien también tuvo un pleito de hidalguía… *"y provo que provenia de hombres limpios cristianos viejos e hidalgos notorios y en tal possion han estado avidos y comunmente reputados en la dicha ciudad de toledo como en los lugares que han vivido y recidido y que por hijosdalgos nunca fueron empadronados en los pechos"*[18]. En la Real Cancillería de Valladolid se encuentra su expediente en la Sección de Hijosdalgo, legajo 18, expediente 7, Testimonios de Hidalguía. Allí también reposa el Escudo de Armas de los Langayo de Castro de Toledo.

En cuanto a Alonso de Castro, era hijo de Álvaro Pérez de Castro, conde de Arraiolos y Viana, y señor de Cadaval y Ferreira (nacido en Lisboa hacia 1310) y de María Ponce de León. A su vez, Álvaro era hijo

---

18 Real Cancillería de Valladolid. Archivo Secreto Cajón 12, No 6, legajo 3, Aconfused smiley: 836. Años de 1559 a 1596.

de Pedro Fernández de Castro (señor y fundador de la casa de Castro en Lisboa y nieto materno de Sancho IV, rey de Castilla y Aragón) y de María de Molina. Fue sepultado junto con su esposa en la capilla de Santa Catalina del convento de Santo Domingo de Lisboa.

Como es de esperarse, Sancho IV lo conecta con muchos de los demás reyes de Castilla, Aragón y Portugal: Alfonso X, Fernando III, Alfonso IX, Fernando II, Alfonso VII, Raimundo de Borgoña, etc.

Tal vez por ser parte de la nobleza, Gutierre de la Peña y Langayo recibió el título de regidor de la provincia de Venezuela. Se lo otorgó Carlos I en cédula real fechada el 28 de octubre de 1534. Sin embargo, cuando se disponía a salir para tomar posesión de su cargo, hubo muy mal tiempo y tormentas que imposibilitaron su salida, por lo que el nombramiento hubo de ser prorrogado por otra real cedula del 22 de enero de 1535. Finalmente, embarcó con sus padres hacia Venezuela el 20 de junio de 1535[19], acompañándole una armada liderada por el gobernador alemán Jorge de Espira (George Hohermuth von Speyer).

Gutierre venía con la misión de regir ciudades que ya habían sido fundadas por conquistadores españoles, y ahora eran gobernadas por expedicionarios alemanes presentes en Venezuela desde 1528[20]. Ejemplo de ello era Santa Ana de Coro que había sido fundada el 26 de julio de 1527 por Juan Martín de Ampíes, pero gobernada por Ambrosio Alfinger (Ambrose von Alfinger) hasta su muerte en mayo de 1533. De esta forma fue regidor de Coro en 1538, 1541 y 1542, y de El Tocuyo en 1546. En 1551 fue nombrado gobernador interino de la isla Margarita por la Real Audiencia de Santo Domingo; misma que el 24 de marzo de 1558 lo nombra gobernador y capitán general interino de la provincia de Venezuela, tomando posición de dicho cargo el 7 de junio del siguiente año, en El Tocuyo.

Obviamente, tener un título por derecho de nacimiento no es suficiente para sobresalir en el difícil y rudo entorno que implicaba la conquista de América. Había que tener carácter... y vaya que Gutierre lo tenía: *"Es hombre muy desasosegado y de grande escándalo, y los pobres de esta tierra pasan gran zozobra con él. Mató a un hombre aquí, y a lo que dicen, mal muerto y contra toda razón ..."*, descripción que hacía el obispo Fray Jerónimo de Ballesteros

---

19 *Bermúdez Plata, Cristóbal. (1942). Catálogo de Pasajeros a Indias. Durante los siglos XVI, XVII y XVIII. Volumen II. (1535 – 1538).* Pág. 73.

20 Familia Welser de Augsburgo, a quienes Carlos I, rey de España y del Sacro Imperio Romano Germánico, concedió en 1528 derechos para colonizar la provincia de Venezuela.

en la carta que le escribió al rey, el 20 de octubre de 1550 (ya comentada un poco más arriba).

Dejando a un lado el tema de su carácter, Gutierre de la Peña demostró ser un gran militar sirviendo al rey en la conquista y pacificación de varias regiones. Estuvo también presente en varios sucesos importantes: entre 1535 y 1538 participo como capitán de infantería en la expedición dirigida por Jorge de Espira para hallar la mítica ciudad del Dorado. El 29 de abril de 1546, siendo regidor de El Tocuyo, ayudo a apaciguar la acalorada pelea que entrabaron Felipe de Hutten y Juan de Carvajal, una vez que el primero se enterara que éste último había sido nombrado su sustituto. Así mismo, el 16 de septiembre de 1546, firmó como testigo la carta confesionaria que hiciese Juan de Carvajal, fundador de El Tocuyo, antes de ser ahorcado como castigo por ordenar la muerte de Felipe de Hutten, Bartolomé Welser y tres más de sus hombres.

En 1551 es nombrado gobernador y capitán general de la isla Margarita, por la Real Audiencia de Santo Domingo. Posteriormente pasa a Coro como regidor y, el 24 de marzo de 1558, la misma Audiencia lo designa gobernador interino de Venezuela tomando el cargo que había dejado Alonso Arias de Villasinda, a su fallecimiento en 1557. Durante su interinato envió al capitán Diego Romero para combatir a los jirajaras en Nirgua, ordenó a Francisco Ruíz el sometimiento de los cuicas poniéndolo al frente de una expedición con el fin de repoblar la ciudad de Trujillo, y autorizó a Francisco Fajardo para que poblase el oriente de la provincia desde Borburata hasta Maracapana, enclave muy disputado con los indios hasta 1568 cuando los españoles lograron el control total de la cordillera de la costa y del litoral central.

El 2 de agosto de 1559 le cede el mando a Pablo Collado, designado nuevo gobernador de Venezuela por cédula real, y se retiró a vivir a El Tocuyo. Pero el retiro no le duró mucho porque apenas dos años más tarde el tirano Lope de Aguirre desembarcó en Margarita cometiendo actos de verdadera barbarie, tanto a civiles como a militares, obviando todo tipo de "protocolo" de guerra. Esto asustó a mucha gente, incluyendo al gobernador Collado quien, bajo pretexto de enfermedad, optó por asignarle la tarea de detenerlo a Gutierre de la Peña; nombrándolo para tal fin: general.

Inmediatamente, nuestro valiente héroe comenzó a reunir soldados y pertrechos para ir a su encuentro. Se le unió en el camino el maestre de campo capitán Diego García de Paredes, procedente de Mérida, y Pedro Bravo de Molina teniente de justicia de la misma ciudad; enviados también por Collado con el fin de reunir gente suficiente como para hacerle frente al tirano. Aun así, tenían desventaja militar pues, aunque contaban con similar número de combatientes (unos 150 por bando), los de Aguirre estaban bien armados mientras que los Gutierre solo contaban con 2 arcabuces[21], algunas lanzas, y adargas[22] hechas de cuero crudo.

No obstante, sí tenían muchas personas a caballo mientras que Aguirre solo tenía a tres. Esta ventaja la supo aprovechar Gutierre de la Peña quien tenía más experiencia militar y era un estratega nato. Esta cualidad le hizo adelantarse a Barquisimeto donde estudió el terreno, comprobando que no le convenía una lucha dentro de la ciudad conde la caballería sería inútil y donde los soldados de Aguirre podrían esconderse para dispararles con facilidad. Así pues, optó por evacuar a la ciudad y dejársela al tirano: no sin antes dejar, estratégicamente distribuidos, volantes de papel ofreciéndoles perdón del rey a todos aquellos que dejaran a Aguirre para unirse a las fuerzas reales. Esta fue una de las muchas estrategias que terminarían asegurándole la victoria.

Aguirre venía de Valencia donde la gente había abandonado la ciudad para evitar una muerte segura, llegando a Barquisimeto el 22 de octubre de 1561. Gutierre de la Peña hizo su campamento en el valle que había a un lado del rio Barquisimeto (hoy día, rio Turbio), donde podía utilizar eficientemente a su caballería. Varios historiadores llaman a este lugar "Las Barrancas", como si se tratara de un poblado. No existe algo así, lo que ocurre es que Barquisimeto se encuentra en una terraza cuyo lado sur se caracteriza por tener una gran pendiente o "barranca" que termina en el rio, dicha palabra fue utilizada por Oviedo y Baños[23] cuando describió estos hechos y desde entonces han seguido refiriéndose al sitio como si fuera un enclave humano.

Estando Aguirre en Barquisimeto, Paredes le cercó por la retaguardia quedando atrapado en la ciudad. En los días sucesivos cometerían diversos errores que les fue diezmando sus provisiones. También comenzaron las deserciones motivadas por el mal trato de Aguirre hacia sus hombres y a los ofrecimientos de perdón real dejados por Gutierre de la Peña en la ciudad. Eventualmente, Aguirre quedó casi solo para el 27 de dicho mes quien, anticipando un desenlace inminente, pensó en rendirse no sin antes quitarle la vida a su propia hija para evitarle los "abusos" que

---

21 Antigua arma de fuego que se utilizaba a corta distancia (aproximadamente 50 metros). Sustituida más tarde por el Mosquete con balas y alcance que le duplicaban.

22 Escudo de forma ovalado o de corazón.

23 Oviedo y Baños, José de. (1824). *Historia de la conquista y población de la Provincia de Venezuela*. Págs. 310 al 359.

los vencedores habrían de propinarle. Y antes de que pudiera entregarse, dos de sus propios soldados optaron por dispararle para entregarlo y redimirse ante los realistas.

Por la lejanía a que estaban las indias, así como por las tardías y deficientes comunicaciones para informar a los reyes, los oficiales que hacían actos heroicos preferían ir y presentarse en persona ante el rey para buscar ser recompensados. Esto fue lo que hicieron Paredes y de la Peña, obteniendo este último el título de Mariscal de Campo de la Provincia de Venezuela y 2000 escudos, por cedula real del 5 de abril de 1563. También se le dio escudo de nobleza y el título de regidor perpetuo de todas las ciudades de Venezuela por cédula real del 6 de junio de 1563.

Con todas estas "gracias reales" (y siendo viudo de su primera esposa, María López de Triana), no es de sorprendernos que también obtuviera una esposa. Se casó en la corte con María Catalina López de Mendoza de la casa del duque del Infantado, dama de honor de la reina Isabel, tercera esposa del rey Felipe II. Como es de esperarse, la genealogía de Catalina es muy larga como para ser cubierta en detalle.

Catalina nació en Toledo del matrimonio de Íñigo López Hurtado de Mendoza y Sotomayor, marqués de Mondeiar en el reino de Nápoles, y de María de Mendoza y Aragón. Íñigo era hijo de Luis Hurtado de Mendoza y Pacheco, II marqués de Mondéjar, y de Catalina Mendoza de Zúñiga. A través de ellos, su genealogía se extiende por numerosos marquesados y ducados. Lo mismo ocurre por su línea materna pues María era hija de Íñigo López de Mendoza y Pimentel, IV duque del infantado, y de Isabel de Aragón y Portugal, duquesa del infantado.

Terminadas las celebraciones, el ahora mariscal de campo regresó a Venezuela el 17 de septiembre de 1563[24] junto a su esposa, algunos familiares y amigos. Entre los familiares que le acompañaban estaba su media hermana la monja Francisca Hernández, de 50 años de edad, hija de su padre con Margarita Hernández (probablemente una esclava negra de Guinea)[25]. Francisca pasó a Venezuela por cédula real del 25 de abril de 1563 junto con dos monjas más como sirvientas.

Del matrimonio de Gutierre de la Peña con Catalina López de Mendoza, nació en El Tocuyo el Capitán Ambrosio de la Peña y Mendoza (AP); quien se casó con Catalina Rodríguez de Porras y Gutiérrez, hija del capitán Juan Rodríguez de Porras y de su primera esposa Elvira Gutiérrez

---

24 Romero Iruela, Luis y Galbis Díez, Ma. Del Carmen. (1980). *Catálogo de Pasajeros a Indias. Durante los siglos XVI, XVII y XVIII. Volumen IV. (1560 – 1566)*. Pág. 361.

25 Rubio y Moreno, Luis. *Pasajeros a Indias*. Tomo I. Págs. 169 al 170.

de Céspedes. Juan era oriundo de Zamora, de las casas solariegas de los Porras en el reino de León y también de los Rodríguez de Salamanca. Entre otras cosas, al capitán Juan se le atribuye su participación en las expediciones dirigidas por García de Paredes para conquistar a los Cuicas, y de ser alcalde ordinario de la ciudad de Trujillo en 1569. De allí pasó a El Tocuyo como teniente gobernador y regidor perpetuo.

Ambrosio de la Peña (AP) y Catalina tuvieron entre otros hijos a:

AP1.   Inés de la Peña y Mendoza, casada con el capitán portugués Alonso de Freire y Andrade, natural de Lisboa. Alonso estuvo en la conquista de la provincia de Riohacha (actual Colombia), erradicándose luego en El Tocuyo donde fue teniente de tesorero de la Santa Cruzada. *"Con vino y otras provisiones ayudó a las tropas que partieron a la reducción de los indios alzados de Nirgua y el cierta ocasion en que se recogió un socorro para el Erario Real, contribuyó con la cantidad de doscientos pesos fuertes y por los servicios suyos y de sus progenitores, el Rey don Felipe IV mandó dar Real Cédula dirigida al Gobernador Núñez Meleán para que le honrasen y distinguiesen"*[26]. Alonso era hijo del maestro de la Orden del Cristo en Portugal Nuño Freire de Andrade.

Inés y Alonso fueron padres de:

AP1.1. Sargento mayor Alonso de Freire y Peña Mendoza, alguacil mayor del santo oficio de la ciudad de Guanare. Se casó con Francisca de Torralba y Sotomayor, hija del regidor perpetuo de El Tocuyo capitán Bartolomé de Torralba Almodóvar y de Magdalena de Sotomayor y Hervás, ya citados en F2.1.2.

Alfonso y Francisca tuvieron por hijos a:

AP1.1.1. Nicolasa Mendoza y Torralba, bautizada en El Tocuyo el 29 de octubre de 1660.

AP1.1.2. Nicolás Francisco Mendoza y Torralba Sotomayor, bautizado el 22 de septiembre de 1664.

AP1.1.3. Francisca de Mendoza y Sotomayor. Se casó con Juan Alonso Arias de Reinoso y Escalona, hijo del regidor de El Tocuyo capitán Alonso Arias de Reinoso, natural de Horcajo de los Montes en Castilla, y de María Escalona y Córdoba de Vásquez. A su vez, Alonso era hijo del capitán Antonio de Reinoso y de Elena Arias Valdés; mientras que María lo era del capitán Juan Luis de Escalona y Córdoba (natural de Antequera en Málaga y alcalde ordinario de

---

26 Expediente de Confirmación de Encomienda de Valle de San Miguel en Tocuyo, Venezuela, a Alonso Freire. 18 de agosto de 1631. http://pares.mcu.es/ParesBusquedas20/catalogo/description/396207

El Tocuyo en 1644), y de Ana Vásquez Pantigoso.

Francisca y Juan Alonso tuvieron a:

AP1.1.3.1. Juana Francisca Arias de Escalona y Mendoza.

AP1.1.3.2. Luis Alonso Arias de Escalona y Mendoza.

AP1.1.3.3. Cristóbal Arias de Escalona y Mendoza.

AP1.1.3.4. Teresa Arias de Escalona y Mendoza.

AP1.1.3.5. Antonio Arias de Escalona y Mendoza.

AP1.1.4. Magdalena de Mendoza Torralba y Sotomayor, casada el 23 de febrero de 1673 con el capitán Pedro Ruíz de Arguinzonis y Guevara, encomendero de La Guaira e hijo del capitán Pedro Ruíz de Arguinzóniz y Lariz, natural de Berriz y de Francisca de Guevara y Rebolledo. Magdalena y Pedro tuvieron 10 hijos:

AP1.1.4.1. María Ruíz de Arguinzonis y Mendoza.

AP1.1.4.2. Francisca Xaviera Ruíz de Arguinzonis y Mendoza.

AP1.1.4.3. Alonso Ruíz de Arguinzonis y Mendoza.

AP1.1.4.4. Juan Crisóstomo Arguinzonis y Mendoza.

AP1.1.4.5. Tomasa Rosa Arguinzonis y Mendoza.

AP1.1.4.6. Baltasar Arguinzonis y Mendoza.

AP1.1.4.7. Pedro Juan Ruíz de Arguinzonis y Lariz de Mendoza.

AP1.1.4.8. María Magdalena Arguinzonis y Mendoza.

AP1.1.4.9. María Nicolasa Arguinzonis y Mendoza.

AP1.1.4.10. José Pascual Arguinzonis y Mendoza.

AP1.1.5. Inés de Mendoza Sotomayor, casada con el alcalde ordinario y teniente gobernador de El Tocuyo capitán Diego Felipe Ruíz Valero de Aranguren, hijo del alguacil real y corregidor de Mérida capitán Alonso Ruíz Valero, natural de Hellín en Albacete, y de Ana Aranguren. De los anteriores, Alonso era hijo de Juan Ruíz Valero y de María Pérez; mientras que Ana lo era de Antonio de Aranguren y de Isabel Pérez de los Reyes.

Inés y Diego Felipe tuvieron 8 hijos:

AP1.1.5.1. Francisca Ana Ruíz Valero y Mendoza.

AP1.1.5.2. Alonso Ruíz Valero y Mendoza.

AP1.1.5.3. Francisco Ruíz Valero.

AP1.1.5.4. Felipe Nery Ruíz Valero y Mendoza.

AP1.1.5.5. Juan Ruíz Valero y Mendoza.

AP1.1.5.6. Petronila Ruíz Valero y Mendoza.

AP1.1.5.7. Fernando Ruíz Valero y Mendoza.

AP1.1.5.8. María Ruíz Valero.

AP1.1.6. Elena de Mendoza y Sotomayor.

AP1.2. Capitán Francisco de Freire y Peña Mendoza, casado con Juana de Colmenares y Betancourt, hija del capitán Juan de Colmenares Betancourt y de María Torralba de Almodóvar y Sotomayor, ya citados en F2.1.2.

Francisco y Juana tuvieron 13 hijos:

AP1.2.1. Juan Mendoza y Colmenares Betancourt.

AP1.2.2. Francisco Mendoza y Colmenares Betancourt.

AP1.2.3. Francisca María Mendoza y Colmenares Betancourt.

AP1.2.4. Inés María Mendoza y Colmenares Betancourt.

AP1.2.5. Tomás Mendoza y Colmenares Betancourt.

AP1.2.6. Isabel María Mendoza y Colmenares Betancourt.

AP1.2.7. Laurencia Mendoza y Colmenares Betancourt.

AP1.2.8. Buenaventura Mendoza y Colmenares Betancourt.

AP1.2.9. Matheo Mauricio Mendoza y Colmenares Betancourt.

AP1.2.10. Agustín Mendoza y Colmenares Betancourt.

AP1.2.11. Baltasar Carlos Mendoza y Colmenares Betancourt.

AP1.2.12. Ticio Mendoza y Colmenares Betancourt.

AP1.2.13. Ambrosio Mendoza y Colmenares Betancourt.

AP1.3. Elena de Mendoza. Se casó con Manuel Colmenares Betancourt, quien no era hermano de la Juana citada arriba, pero si su primo segundo porque era hijo de Manuel Colmenares Betancourt y de Catalina Torralba de Almodóvar y Peña, ya citados en F2.1.3.

AP1.4. Ambrosio Freire y Mendoza.

AP1.5. Francisca Freire y Peña Mendoza.

AP1.6. Juana Freire y Peña Mendoza.

AP2. María de la Peña Mendoza y Rodríguez de Porras. Se casó con su primo el maestre de campo Pedro Manuel de Velasco y Aguado, natural de Simancas en Castilla y León e hijo del segundo matrimonio de Andrés de Velasco[27] con Ana Aguado de Escudero, casados

---

27 Casado en primeras nupcias con María de la Peña Langayo y Rengel, hija del maestre de campo Gutierre de la Peña Castro y Langayo.

en Simancas el 29 de mayo de 1611. Andrés ya fue citado en GP3, mientras que Ana era hija de Hernando Aguado Santos y de Sebastiana de Campos.

Pedro Manuel y María fueron padres de:

AP2.1. Capitán Domingo de Velasco y Mendoza.

AP2.2. Juana María Velasco y Mendoza. Se casó con el capitán Juan de la Vega y Palacios. Tuvieron a:

AP2.2.1. Raimundo de la Vega

AP2.2.2. María de la Vega y Palacios Velasco.

AP2.2.3. Melchora de la Vega y Palacios Velasco.

AP2.2.4. María Inés de la Vega y Palacios Velasco.

AP2.2.5. Cristóbal de la Vega y Palacios.

AP2.2.6. Juana de la Vega Palacios.

AP2.3. Capitán Francisco Velasco y Mendoza, casado con María de Ávila y Alvarado. Padres de:

AP2.3.1. María Josefa Velasco y Ávila. Se casó con Pedro Esteban de la Cruz Velasco y Suárez de Acero.

AP2.3.2. María de Velasco y Ávila, casada con Juan Francisco Espina y Rodríguez de Ocaña.

AP2.3.3. Francisca de Paula Velasco y Ávila.

AP2.4. Francisca de Velasco y Mendoza. Se casó con Francisco de Ortega y Azarraullía. Tuvieron entre otros a:

AP2.4.1. Cristóbal Santiago de Ortega Azarraullía y Velasco, quien se casó con María García de la Latra y Cubillán de Fuentes.

AP2.4.2. Francisco Ortega Azarraullía y Velasco, casado con María Francisca García de la Lastra.

AP2.5. Maestre de campo Pedro de la Cruz Velasco y Mendoza. Se casó con Josefa Suárez de Acero y tuvieron a:

AP2.5.1. Ambrosio Velasco y Suárez de Acero.

AP2.5.2. Bartolomé Velasco y Suárez de Acero.

AP2.5.3. Pedro Esteban Velasco y Suárez de Acero.

AP2.5.4. María Josefa Velasco y Suárez de Acero.

AP2.5.5. Magdalena Velasco y Suárez de Acero.

AP2.5.6. Beatríz Velasco y Suárez de Acero.

AP2.5.7. Catalina Velasco y Suárez de Acero.

AP2.5.8. Juana Francisca Velasco y Suárez de Acero.

AP2.5.9. Leonor Velasco y Suárez de Acero.

AP2.6. Antonio de Velasco y Mendoza.

AP2.7. Casilda Velasco y Mendoza. Se casó con José de Cano y Ávila Alvarado, hijo del alcalde de Trujillo Francisco Cano de Villanueva y de Francisca de Ávila y Alvarado. Padres entre otros de:

AP2.7.1. Ambrosio Cano de Ávila Alvarado y Velasco.

AP2.7.2. María Cano de Velasco.

AP2.8. Catalina de Velasco y Mendoza. Se casó con Diego Suárez de Acero y Ávila Chacín con quien tuvo a:

AP2.8.1. Diego Suárez de Acero y Velasco, casado con Mariana Quintero Príncipe y Cepeda Santa Cruz.

AP2.8.2. Antonio Suárez de Acero y Velasco.

AP2.9. Paula Velasco y Mendoza. Se casó con Antonio Camarillo y fueron padres de:

AP2.9.1. Rosa Camarillo y Velasco, quien a su vez se casó con Juan Amaral Montero.

AP2.10. Presbítero Ambrosio Velasco y Mendoza.

AP2.11. Salvador Velasco y Mendoza. Se casó en Valladolid el 31 de octubre de 1688 con Melchora González de la Peña.

AP3. Francisco de la Peña y Mendoza. Sirvió como soldado en la provincia del Dorado por espacio de 12 años. También sirvió por 3 años en la ciudad de Cumaná, ya con el rango de alférez.

La emocionante historia del mariscal de campo Gutierre de la Peña Castro y Langayo (GP) me hizo olvidar la descendencia de su primer matrimonio. Vino de España casado con María López de Triana, natural de Tomares en Andalucía. Esta última era hija de Diego López y de Isabel López; y hermana del capitán Francisco López de Triana, uno de los primeros pobladores y regidor de El Tocuyo[28].

De su matrimonio con María López de Triana tuvieron a:

GP1. Capitán Gutierre de la Peña Langayo y Rengel, el mozo, regidor de El Tocuyo por varios años[29]. Al igual que su padre, luchó contra

---

28 María, Hermano Nectario. (1951). *Historia de la Fundación de la ciudad de Nueva Segovia de Barquisimeto.* Pág. 154.

29 Silva Montañes, Ismael. (1983) *Hombres y Mujeres del Siglo XVI venezolano.*

los indios (en este caso los Caribes) ganándose por esta razón serios altercados con el clero eclesiástico. El descrédito era el arma por excelencia… en este sentido el obispo Fray Pedro de Agreda lo describía como "totalmente incapaz de todo Gobierno" en una carta que dirigía a sus superiores. Al final, este tipo de "protesta" no llegó a nada.

GP2. Capitán Agustín de la Peña Langayo Rengel. Participó en la conquista de los indios cuicas, junto al capitán Francisco Ruíz, y fue diputado en la cofradía de la Santa Vera Cruz de Barquisimeto, una de las primeras de dicha ciudad. Se casó con Beatríz de Castro y Muñoz; esta última, hija del capitán conquistador Luis de Castro, uno de los fundadores de El Tocuyo, y de su esposa Ginesa Núñez de Montes de Oca, ambos naturales de Galicia. Agustín y Beatríz fueron padres de:

GP2.1. María Ginesa de la Peña y Castro. Se casó con el alcalde ordinario de El Tocuyo Manuel Silva y Acosta, natural de Oporto en Portugal. Manuel fue un encomendero[30] en la región de la Nueva Segovia de Barquisimeto, hijo de los portugueses George da Silva e Isabel da Acosta, naturales de Oporto quienes vinieron a Venezuela como colonos; donde fallecieron ya ancianos. Para el año de 1600, Manuel fungía de alguacil mayor de El Tocuyo y fue muy renombrado al ser acusado de haber envenenado a Fray Domingo de Salinas, obispo de Venezuela y gran defensor de los indios. La acusación no pudo ser probada por lo que fue absuelto de cargos: *"…y de ello resultó cierto indicio contra Manuel de Silva, vecino y Alguacil mayor della por vuestra magestad, el cual procuré calificar con muchas diligencias que a la dicha razón hice, prendiendo el cuerpo del referido, trayendo a la cárcel pública desta ciudad de Coro, a donde estuvo en la dicha prisión muchos días, en el curso de los cuales provó cumplidamente su descargo, por do lo deshice en dicho indicio, y conclusa la dicha causa de oficio di y pronuncié sentencia definitiva en ella por do le absolví de la ynstancia del dicho juizio"*[31].

Ya viuda, Ginesa heredó la encomienda que fue originalmente de su suegro, otorgándosela el gobernador Diego de Osorio.

Manuel y María Ginesa fueron padres de:

Tomo III. Pág. 412.

30 Las encomiendas eran derechos otorgados por el rey a un individuo o colono para utilizar un determinado grupo de indígenas (vasallos de la corona) como trabajadores de las tierras conquistadas o "encomendadas" al titular. La encomienda era vitalicia y tenía carácter hereditario.

31 Arcaya, Pedro Manuel. (1920). *Historia del Estado Falcón*. Tomo I. Págs. 323 al 324.

GP2.1.1. Ginesa de la Peña. Se casó en primeras nupcias con Luis de Gomarra; luego con Juan de Acosta.

GP2.1.2. Sargento mayor Luis de Silva y Peña, regidor de El Tocuyo. Se casó con Lucía de León y Grado, hija de Diego Felipe León Benítez y de Lucía de Grado. Tuvieron los siguientes hijos:

GP2.1.2.1. Luis Francisco Silva y Peña, casado con Francisca Ana Ruíz Valero y Mendoza (AP1.1.5.1), con quien tuvo 8 hijos:

GP2.1.2.1.1. Luisa Francisca Silva y Ruíz Valero.

GP2.1.2.1.2. Pedro Luis Silva y Peña.

GP2.1.2.1.3. Inés María Silva y Ruíz Valero.

GP2.1.2.1.4. Lucía Gregoria Silva y Ruíz Valero.

GP2.1.2.1.5. Francisco Silva y Ruíz Valero.

GP2.1.2.1.6. Juan Silva y Ruíz Valero.

GP2.1.2.1.7. Joseph Silva y Ruíz Valero.

GP2.1.2.1.8. María Teresa Silva y Ruíz Valero.

GP2.1.2.2. Diego Felipe Silva y León.

GP2.1.2.3. Luisa María Silva y Peña. Se casó el 30 de junio de 1683 con Juan Tomás Arráez de Mendoza, con quien tuvo entre otros hijos a:

GP2.1.2.3.1. Francisco Simón Arráez de Mendoza y Silva.

GP2.1.2.3.2. Juana Arráez de Mendoza.

GP2.1.2.3.3. Josefa Arráez de Mendoza y Silva.

GP2.1.2.4. Juana de Silva y Peña, casada con Juan Arráez de Mendoza y Bolívar, hijo del alférez Andrés Arráez de Mendoza y Castro y de María de Bolívar y Rebolledo.

GP2.1.2.4.1. Luis Joseph Arráez de Mendoza y Silva.

GP2.1.2.4.2. Josefa Francisca Arráez de Mendoza y Silva.

GP2.1.2.4.3. Tomás Arráez de Mendoza y Silva.

GP2.1.2.4.4. Juan Andrés Arráez de Mendoza y Silva.

GP2.1.2.4.5. Isabel Arráez de Mendoza y Silva.

GP2.1.2.4.6. Simón Arráez de Mendoza y Silva.

GP2.1.2.5. María de Silva y Peña. Se casó con el capitán Pedro Amigo de Oviedo, hijo de Jacinto Amigo de Oviedo y de Melchora de Torres y Quiróz, con quien tuvo entre otros hijos a:

GP2.1.2.5.1. Lucía Bernabela Amigo de Oviedo y Silva.

GP2.1.2.5.2. Joseph Amigo de Oviedo y Silva.

GP2.1.2.5.3. Petrona Catalina Amigo de Oviedo y Silva.

GP2.1.2.6. Lucía de Silva y Peña de León, casada con el capitán Francisco Martín de Arroyo y Villalobos, empleado público del rey quien desempeñó diversos cargos: teniente de gobernador y justicia mayor de Barquisimeto, alcalde ordinario de El Tocuyo y teniente de la real hacienda. Francisco era hijo de Francisco Martín de Arroyo y de Ana Veintemilla y Gómez de Villalobos. El primero hijo del regidor perpetuo de El Tocuyo capitán Francisco Martín de Arroyo y de Cathalina Hernández; mientras que la segunda era hija del capitán conquistador español Juan Bautista Veintemilla, fundador de Borburata y Nirgua, y de Ana Gómez de Villalobos. Tuvieron por hijos a:

GP2.1.2.6.1. Juana Martín de Arroyo y Silva.

GP2.1.2.6.2. Lucía Martín de Arroyo y Silva.

GP2.1.2.6.3. Ana María Martín de Arroyo y Silva.

GP2.1.2.6.4. Ana Martín de Arroyo y Silva.

GP2.1.2.7. Micaela de la Peña y Silva.

GP2.1.3. Juan de Silva Langayo.

GP2.1.4. Cap. Gutierre de la Peña Langayo. Nacido en El Tocuyo a comienzos del siglo XVII. Se casó con María Isabel Martínez Gámez, hija de Juan Martínez y de Leonor de Gámez.

Fueron padres de:

GP2.1.4.1. Baltasar de Silva y Peña, casado con María Benítez. Con descendencia.

GP2.1.4.2. Manuel de Silva y Peña. Contrajo primeras nupcias en Carora el 30 de enero de 1644 con Leonor Sánchez. Luego, con Ana María de Arroyo (con descendencia).

GP2.1.4.3. Juana Silva y Peña, casada con Francisco Torrellas y Vega, hijo del capitán Antonio Torrellas y Vega.

GP2.1.4.4. María Langayo de la Peña, casada con el andaluz Sebastián Pérez del Castillo, natural de Jerez de la Frontera, depositario general de El Tocuyo e hijo de Juan Pérez del Castillo y de María Quintana. Fueron padres de:

GP2.1.4.4.1. Juana Pérez Langayo. Se casó con Pedro Herrera y Sotta; hijo de Francisco Herrera Sotta y de María de Alcedo, teniendo entre otros a:

GP2.1.4.4.1.1. Agustín Joseph Herrera y Sotta, casado con

Catarina Guedez Fonseca, hija de Matheo Guedez Fonseca y Piña, y de Jacinta del Rosario Escorcha de los Reyes.

GP2.1.4.4.2. Salvador Pérez del Castillo, regidor de El Tocuyo. Se casó primero con María Tomasa Burgos y Orantes con quien tuvo a:

GP2.1.4.4.2.1. Pedro Pablo Pérez del Castillo y Burgos.

GP2.1.4.4.2.2. Juana Magdalena Pérez del Castillo y Burgos.

GP2.1.4.4.2.3. María Josefa Pérez del Castillo y Burgos.

Luego, con Teodora González Amador y Hernández de la Joya, Valenciana hija de Juan González Amador y Párraga, y de Isabel Hernández de la Joya y Pérez Moreno; siendo padres de:

GP2.1.4.4.2.4. Matea Teodora Pérez del Castillo y González.

GP2.1.4.4.2.5. Baltazar Pérez del Castillo y González.

GP2.1.4.4.3. Félix Pérez del Castillo y Langayo, bautizado en El Tocuyo el 19 de abril de 1672.

GP2.1.4.4.4. Francisca Pérez del Castillo y Langayo, casada con el capitán Buenaventura Torrealba de Almodóvar y Peña. Véase GP2.1.2.3.

GP2.1.4.4.5. Rosalía Pérez del Castillo y Langayo. Se casó con su primo hermano Alonso Torralba Almodóvar, viudo de Bárbara Mireles. Véase GP2.1.6.6.

GP2.1.4.4.6. Miguel Pérez del Castillo y Langayo, casado con Elena de Guedez y Escorcha, hija de Matheo Guedez Fonseca y Piña, y de Jacinta del Rosario Escorcha de los Reyes, ya citados en GP2.1.1.4.1.1. Tuvieron entre otros a:

GP2.1.4.4.6.1. Joseph Felipe Pérez del Castillo Guedez, casado con María Gregoria Soto Linares, hija del gallego Francisco de Soto, y de María Eugenia Linares y Falcón de Mireles; esta última, hija del procurador general de El Tocuyo Juan de Linares Valera y de Juana Petrona Falcón de Meireles. De los anteriores, el primero era hijo del encomendero capitán Francisco Ramos Valera y de María Linares y Torrellas; mientras que Juan Petrona lo era del encomendero Gervasio Falcón de Meireles, natural de Cabeceras del Basto en Braga-Portugal, y de Ginesa de Escorcha y Villegas.

GP2.1.4.4.7. María Pérez del Castillo y Langayo, quien se casó con Joseph Martínez Guerrero, encomendero de Quíbor. Padres de:

GP2.1.4.4.7.1. Leonor Martínez Guerrero y del Castillo. Se casó con Jacinto Colmenares Betancourt y Esqueda.

GP2.1.4.4.7.2. Pedro Buenaventura Martínez Guerrero, casado con Catalina de las Nieves Freytes.

GP2.1.4.4.7.3. Josefa María Martínez Guerrero, casada con Francisco de las Nieves Freytes de Viera.

GP2.1.4.4.7.4. Rosa María Martínez Guerrero. Se casó con Domingo Gervasio Freytes de Viera.

GP2.1.4.4.7.5. Juan Bautista Martínez Guerrero.

GP2.1.4.4.8. José Gutierre Pérez del Castillo. Se casó con Ana María Martín de Arroyo y Silva (GP2.1.2.6.3).

Tuvieron por hijos a:

GP2.1.4.4.8.1. Luisa María Pérez del Castillo y Arroyo.

GP2.1.4.4.8.2. Lucía Sebastiana Pérez del Castillo y Martín de Arroyo.

GP2.1.4.4.8.3. Josefa Pérez del Castillo y Martín de Arroyo.

GP2.1.4.4.8.4. Josefa Domitila del Castillo.

GP2.1.4.4.8.5. Raimundo Pérez del Castillo y Martín de Arroyo.

GP2.1.4.4.8.6. Francisco Pérez del Castillo y Arroyo.

GP2.1.4.4.8.7. Andrea Pérez del Castillo.

GP2.1.4.5. Leonor de la Peña y Martínez Gámez. Se casó con el maestre de campo Tomás de Colmenares Betancourt, hijo del notario trujillano Juan de Colmenares Betancourt y de María Torrealba de Almodóvar y Sotomayor (véase F2.1.2); ambos con dilatada hidalguía. Tuvieron numerosa descendencia, al igual que sus hijos:

GP2.1.4.5.1. Juana Colmenares Betancourt y de la Peña.

GP2.1.4.5.2. María Colmenares Betancourt y Silva.

GP2.1.4.5.3. Leonor María Colmenares Betancourt.

GP2.1.4.5.4. Tomasa Colmenares Betancourt y Silva.

GP2.1.4.5.5. Juan Félix de Peña Colmenares

GP2.1.4.5.6. Juan Félix Colmenares Betancourt y Silva.

GP2.1.4.5.7. Juan Ignacio Colmenares Betancourt y Silva.

GP2.1.4.5.8. Ambrosio Colmenares Betancourt y Silva.

GP2.1.4.5.9. Isabel Colmenares Betancourt y Silva.

GP2.1.4.5.10. Josefa Apolonia Colmenares Betancourt y Silva.

GP2.1.4.6. Capitán Esteban de la Peña

GP2.1.4.7. Juana de la Peña Langayo, nacida en Barquisimeto. Se casó con Pedro Sánchez de la Llana, viudo de Felipa Villalobos e hijo de Pedro de la Llana Gómez, y de Isabel Sánchez Trislancho y Sánchez de Oviedo. Como en el caso anterior, ambos con amplia hidalguía cuyo análisis excedería en gran medida el alcance del presente libro.

GP2.1.4.8. Catalina de la Peña.

GP2.1.5. Bartolomé de Silva Langayo, presbítero.

GP2.1.6. María Bartola Silva y Peña, casada con el maestre de campo Tomás de Torralba Almodóvar y Sotomayor, regidor perpetuo y alcalde ordinario en tres ocasiones de El Tocuyo, hijo del capitán Bartolomé de Torralba Almodóvar y de Magdalena de Sotomayor y Hervás, ya citados en F2.1.2.

María Bartola y Tomás fueron padres de:

GP2.1.6.1. Luisa de la Peña. Se casó con el capitán Francisco Martín de Arroyo y Villalobos, viudo de Lucía de la Peña y León, ya citados en GP2.1.2.6.

GP2.1.6.2. María Torrealba de Almodóvar y Sotomayor, la suegra de Leonor de la Peña y Martínez Gámez, casada con Juan de Colmenares Betancourt, ya citados en F2.1.2.

GP2.1.6.3. Juan Torrealba de Almodóvar y Peña.

GP2.1.6.4. Capitán Buenaventura Torrealba de Almodóvar y Peña, alcalde de la Santa Hermandad y heredero de la encomienda de su padre. Se casó en tres oportunidades, primero con su prima hermana Francisca Pérez del Castillo y Langayo, luego con Juana María de la Encarnación Márquez de Estrada y por último con María de Villegas. Con descendencia.

GP2.1.6.5. Josefa de Torrealba de Almodóvar y de la Peña, casada con Luis Domingo Thomás Pérez Hurtado y Torrellas, hijo de Diego Pérez de Hurtado y Molina, y de Agustina Torrellas de Sotomayor y Villegas. Con numerosa descendencia.

GP2.1.6.6. Alonso Torrealba de Almodóvar. Se casó en primeras nupcias con Bárbara Mireles, con prole. Luego, se casó con su prima hermana Rosalía Pérez del Castillo y Langayo.

GP2.1.6.7. Juan Thomás Torrealba de Almodóvar, presbítero.

GP2.1.6.8. Catalina Torrealba de Almodóvar y Peña, casada con

Manuel Colmenares Betancourt, hijo de Juan Colmenares y San Juan, y de Juana Peraza de Betancourt, ya citados en F2.1.3.

GP2.1.6.9. María Magdalena Torrealba de Almodóvar. Se casó con Juan de Aguilar Morillo, hijo de Bartolomé Aguilar y Torres y de Petrona Morillo. También con numerosa descendencia.

GP2.1.6.10. Luis Torrealba de Almodóvar.

GP2.1.7. Agustín de la Peña, casado con Damiana López Valdéz, hija de Christóbal Rodríguez Platero y de Leonor López Valdéz. Padres de:

GP2.1.7.1. José Luis de la Peña, nacido en Trujillo en 1655.

GP2.1.7.2. María de la Peña López. Bautizada en Trujillo el 2 de octubre de 1660.

GP2.1.7.3. Ana de la Peña López, bautizada donde mismo el 24 de octubre de 1662.

GP2.1.7.4. Christóbal de la Peña López. Recibió el bautismo el 1 de marzo de 1687.

GP2.1.8. Capitán Bernardo de la Peña Langayo.

GP2.2. Luis de la Peña y Castro. Escribano público casado con Manuela de Losada y Osorio (F1.4). Luis y Manuela tuvieron a:

GP2.2.1. Escolástica de la Peña y Lozada, casada con Eugenio López de la Fuente con quien tuvo a:

GP2.2.1.1. María Simona López Balconete de la Peña. Se casó con Alonso González de Yépez, con numerosa descendencia.

GP2.3. Agustina de la Peña Langayo y Castro, casada con Domingo de Grado Alzola, con quien tuvo a:

GP2.3.1. Lucía de Grado. Se casó con Diego Felipe León Benítez con quien tuvo a:

GP2.3.1.1. Lucía de León y Grado, casada con el sargento mayor Luis de Silva y Peña, ya citados en GP2.1.2.

GP2.4. Beatríz de la Peña y Castro. Tomó estado con Gerónimo de la Cuenca, siendo padres de:

GP2.4.1. Gerónimo de la Cuenca y Peña, casado con Mayor de Linares.

GP2.4.2. Isabel de la Cuenca. Se casó con Juan Esteban de Vargas y Avilés, hijo de Juan Esteban de Vargas Machuca y de Ana de Avilés.

Al enviudar Beatríz, contrajo segundas nupcias con el capitán Juan

Rodríguez de Porras, suegro de Ambrosio de la Peña y Mendoza (medio hermano de su padre), ya citados cuando hable del matrimonio de mariscal Gutierre de la Peña con Catalina López de Mendoza.

GP3. María de la Peña Langayo y Rengel. Se casó con Andrés de Velasco, natural de Simancas en Castilla y León, hijo de Juan de Velasco Merino y de María González Toribio. Tuvieron a:

GP3.1. Capitán Salvador Velasco de la Peña, quien tuvo descendencia con una india:

GP3.1.1. Domingo de Velasco, casado con la trujillana María Méndez Cabrita, nacida el 21 de abril de 1643.

GP3.1.2. Juan Velasco de la Calle, casado con Juana Luzardo, también natural de Trujillo.

GP4. Juan de la Peña, escribano público. Murió sin descendencia conocida.

Hasta aquí, la extensa genealogía ascendente de la esposa del capitán Juan Tomás de Salvatierra (**S**); la cual, a través de María Polonia de la Peña, resulta ser la misma para las esposas de los otros tres patriarcas de Montalbán, mismas que serán vistas en los próximos tres capítulos. Dicho esto, aún no hemos hablado de su descendencia.

Como apunté antes, se casó con María de Jesús Valladares Rodríguez Pan y Agua (**L4**), con quien tuvo la siguiente descendencia, nacidos casi todos en Nirgua:

S1 Teresa de Jesús Salvatierra Valladares. Se casó con el capitán Antonio Juan Francisco de León, uno de los primeros pobladores de Montalbán. El capitán León, junto a otros colonos, ayudó en la construcción de su primera iglesia con la ayuda de sus dos hijos y la mano de obra de sus esclavos. Más aún, como no había personal calificado para la tarea, el mismo hizo de albañil en la obra hasta su culminación. Fueron padres de:

S1.1. Joseph Vicente León Salvatierra. Se casó con María Ana Cesaro Castilla, hija del alférez Juan Sebastián Cesaro Castilla y de Leonarda de la Rosa Silva Rodríguez, natural de El Tocuyo.

Juan Sebastián fue alcalde provincial y teniente gobernador de Nirgua, después de su pacificación, poseyendo tierras desde Agua Negra hasta La Ceiba. También fue uno de los primeros pobladores de Montalbán. Era hijo de Alonso García de Castilla y de Catalina César y Rodríguez; esta última, bautizada en Caracas el 14 de septiembre de 1595, hija de Juan de César y de Leonor Rodríguez.

En cuanto a Leonarda de la Rosa, era hija del español alférez mayor

Francisco de Silva, alcalde ordinario de Nirgua, y de su esposa Catalina Rodríguez de la Torre.

Joseph Vicente y María Ana (Mariana en algunas referencias) tuvieron 14 hijos:

S1.1.1. Estéfana María León Cesaro, casada con Joseph Luciano Ximénez de Haro, otro de los primeros pobladores de Montalbán, hijo del capitán Pedro Ximénez de Haro y Pérez de Orellana, natural de Toledo y alcalde de Nirgua en 1723, y de Micaela de Silva Rodríguez. A su vez, Pedro era hijo del capitán Juan Ximénez de Haro y de Isabel Pérez de Orellana; mientras que Micaela era otra de las hijas del alférez mayor Francisco de Silva, ya citado en S1.1.

Estéfana y Joseph Luciano fueron padres de 6 hijos, todos nacidos en Montalbán y con numerosa descendencia:

S1.1.1.1. Joseph Matías Ximénez León.

S1.1.1.2. María de la Concepción Ximénez León.

S1.1.1.3. Benedicta Ximénez León.

S1.1.1.4. Rosalía Ximénez León.

S1.1.1.5. Rosaura Ximénez León.

S1.1.1.6. María del Carmen Ximénez León.

S1.1.2. Pablo Joseph León Cesaro. Nació el 28 de julio de 1727 en Nirgua, mismo lugar donde lo bautizaron el 29 de marzo siguiente. Fue otro de los fundadores del pueblo y constructor de su iglesia, quien se casó con su prima segunda María de la Concepción López Salvatierra (S2.8), teniendo a:

S1.1.2.1. Miguel Ángel León López, nacido en Montalbán y casado con su prima tercera María de la Encarnación Agustina Silva Henríquez (P6.2.2).

S1.1.3. María Bernarda León Cesaro. Bautizada en Nirgua el 19 de abril de 1729. Se casó con Joseph Prudencio Tortolero e Infante de Lara. Para su descendencia, véase T9.

S1.1.4. María Josefa León Cesaro. Nacida en Montalbán el 25 de octubre de 1730, mismo lugar donde la bautizaron el 12 de julio de 1731. Se casó con Baltasar Salvador García de Ledesma, hijo de Baltasar García y de Ángela Rodríguez y Pestano de Ledesma. Baltasar era hijo de Diego García, casado en 1671 en Guimar-Tenerife con Ana María Gregoria de Sosa; mientras que Ángela lo era de Gregorio Pertano de Ledesma y de Catalina Gaspar.

María Josefa y Baltasar fueron padres de:

S1.1.4.1. Joseph Antonio Ledesma León, casado con su prima cuarta Cándida Rosa Salazar Salvatierra (S3.7.6).

S1.1.4.2. María Ramona García León. Se casó en 1787 con su primo tercero Andrés Cesaro (S2.1.6.1).

Un dato curioso es que María Josefa sufrió de la enfermedad de la gota[32] desde 1780.

S1.1.5. Francisco León Cesaro. Fallecido el 28 de octubre de 1732 al poco tiempo de nacer.

S1.1.6. María de la Concepción León Cesaro. Se casó en 1770 con su triple primo segundo Joseph Antonio Cesaro López (véase S2.1.2). Tal vez, por esta razón el permiso para dicho matrimonio tardó tres años en aprobarse, tiempo en que se logró la respectiva dispensa. Tuvieron por descendencia a:

S1.1.6.1. Manuela Cesaro León.

S1.1.6.2. Hermenegildo Cesaro León.

S1.1.6.3. Isabel Antonia Cesaro León.

S1.1.6.4. María de los Ángeles Cesaro León.

S1.1.6.5. Joseph de Jesús Cesaro León.

S1.1.7. Joseph Vicente León Cesaro. Se casó en 1781 con su prima segunda María Petronila León Cesaro (S1.2.10).

S1.1.8. María Verónica León Cesaro, casada en 1788 con su primo tercero Joseph Miguel Oliveros Plaza, hijo de Juan Bautista Oliveros y de Victoria Plaza Silva, siendo Victoria hija del español Juan Martín de la Plaza y de Juana Rafaela Silva Rodríguez; esta última, hija del alférez mayor Francisco de Silva y de Catalina Rodríguez de la Torre, ya citados en S1.1.

S1.1.9. Joseph Honorio León Cesaro. Se casó en 1781 con su triple prima segunda Ignacia Benedicta Cesaro López (S2.1.3), probable razón por la cual la respectiva dispensa tardó 10 años en ser aprobada. Fueron padres de:

S1.1.9.1. Blas León Cesaro.

S1.1.9.2. María de las Mercedes León Cesaro.

S1.1.9.3. Pablo León Cesaro.

---

32 Durante siglos le decían la enfermedad de los reyes, ya que pensaban estaba asociada con los grandes banquetes que frecuentemente ostentaban. Hoy sabemos que el origen del ácido úrico elevado en sangre puede deberse a una gran cantidad de distintas razones.

S1.1.10. María de Jesús León Cesaro, casada con su cuádruple primo segundo Juan Ramón León Cesaro (véase S1.2.6).

S1.1.11. María Lorenza León Cesaro. Se casó con Simón León Cesaro (véase S1.2.7), hermano de Juan Ramón a quien acabo de citar en el punto anterior.

S1.1.12. Teresa León Cesaro. Se casó en 1781 con Pablo León Cesaro, hermano de Juan Ramón y de Simón, ya citados en los 2 puntos previos. Véase S1.2.8.

S1.1.13. Micaela León Cesaro. Tuvo acuerdos prenupciales con el sargento mayor Pablo Pantaleón Silva Pinto (P6.2) con quien daba por cierto que se casaría porque, aunque era su doble primo tercero, era un caso menos difícil que el de sus tres hermanos arriba citados. Lamentablemente, la gran diferencia de edad también era un obstáculo y al final la aprobación nunca llegó. Sin embargo, durante la espera que se suponía pudiera ser larga, tuvo a dos hijos que por la negativa de la dispensa terminarían quedando como hijos naturales:

S1.1.13.1. Félix León.

S1.1.13.2. Juan Francisco León.

S1.1.14. María Salomé León Cesaro. Se casó en 1770 con su primo tercero Nicolás Jacinto Oliveros Plaza, hijo de Juan Bautista Oliveros y Victoria Plaza Silva, ya citados en S1.1.8. Fueron padres de:

S1.1.14.1. José Oliveros León.

S1.1.14.2. Ambrosio Oliveros León.

S1.1.14.3. Laureano Oliveros León.

S1.1.14.4. Sebastián Oliveros León.

S1.1.14.5. Cándida Oliveros León.

Una vez viuda, María Ana Cesaro Castilla volvió a contraer nupcias con Simón León Cesaro (S1.2.7), sobrino de su difunto esposo.

S1.2. Joachín (Joaquín) Antonio León Salvatierra. Nació en Nirgua el 3 de marzo de 1705, donde mismo fue bautizado el 6 de abril del siguiente año. Se casó con María Petronila Cesaro Silva, hermana de María Ana la esposa de su hermano Joseph Vicente, citados en el apartado S1.1. Fueron padres de:

S1.2.1. Francisco Venancio León Cesaro. Nació en Nirgua el 1 de abril de 1727, donde mismo lo bautizaron el primero de junio siguiente. Se casó con su prima tercera María Nicolasa Salvatierra

Montero (S3.5), teniendo los siguientes hijos:

S1.2.1.1. Joseph Francisco León Salvatierra.

S1.2.1.2. Cándida León Salvatierra.

S1.2.1.3. José del Socorro León Salvatierra.

S1.2.1.4. Petronila León Salvatierra.

S1.2.1.5. Anastasia León Salvatierra.

S1.2.2. María Victoria León Cesaro, bautizada a los 3 meses de nacida el 19 de abril de 1729. Falleció infante el 27 de diciembre de 1731.

S1.2.3. María Nicolasa León Cesaro. Nació el 9 de mayo de 1730, siendo bautizada el 16 de octubre siguiente. No tomó estado ni tuvo descendencia.

S1.2.4. María Victoria León Cesaro, nacida el 23 de agosto de 1731. Recibió el bautismo el 6 de enero de 1732. Como su hermana mayor, no tomó estado.

S1.2.5. María Gregoria León Cesaro. Se casó en 1767 con Ignacio de Jesús Pinto Tortolero. Véase P12.7.

S1.2.6. Juan Ramón León Cesaro, casado con su cuádruple prima segunda María de Jesús León Cesaro (S1.1.10), con quien tuvo a:

S1.2.6.1. José Joaquín León León.

S1.2.6.2. María de Jesús León León.

S1.2.6.3. Juan Ramón León León.

S1.2.6.4. Rosalía León León.

S1.2.6.5. José Gregorio León León.

S1.2.7. Simón León Cesaro. Se casó en primeras nupcias con María Ana Cesaro Castilla (S1.1), viuda de su tío Joseph Vicente. Al enviudar, se casó por segunda vez con su cuádruple prima María Lorenza León Cesaro (S.1.1.11), con quien tuvo a:

S1.2.7.1. María de Jesús León León.

S1.2.7.2. Ángel León León.

S1.2.7.3. Joseph Ramón León León.

S1.2.7.4. María Anastasia León León.

S1.2.7.5. José Simón León León.

S1.2.8. Pablo León Cesaro. Se casó en 1781 con Teresa León Cesaro (S1.1.1.2), hermana de María Lorenza y de María de Jesús, acabadas de citar más arriba. Tuvieron a:

S1.2.8.1. Margarita León León.

S1.2.8.2. Estéfana León León.

S1.2.8.3. Teresa León León.

S1.2.8.4. Rosalía León León.

S1.2.8.5. José Francisco León León.

S1.2.8.6. Lucía León León.

S1.2.9. Martina León Cesaro, casada en 1764 con su primo cuarto Joseph Valentín Salvatierra Tortolero. Véase S6.4.

S1.2.10. María Petronila León Cesaro. Se casó en 1781con su primo segundo Joseph Vicente León Cesaro, como ya se dijo en S1.1.7.

S2 María Bernarda del Espíritu Santo Salvatierra Valladares, bautizada en Nirgua el 8 de septiembre de 1687. Se casó con el capitán Pedro Nicolás López, alguacil mayor de Nirgua en 1725 y otro de los fundadores de Montalbán (hijo de Eugenio Sánchez, fallecido en Nirgua el 8 de febrero de 1706, y de Juana María Sánchez).

Fue culpado de complicidad en la rebelión de Andresote. Véase S3 para más detalles.

Bernarda y Pedro tuvieron a:

S2.1. Juana Francisca López Salvatierra. Se casó con Joseph Fulgencio Cesaro Silva, natural de Nirgua (donde lo bautizaron el 16 de enero de 1704) e hijo del alférez Juan Sebastián Cesaro Castilla y de Leonarda de la Rosa Silva Rodríguez, ya citados en S1.1.

Juana María y Joseph Fulgencio tuvieron a:

S2.1.1. Joseph Vicencio Cesaro López. Nació en Nirgua el 19 de junio de 1730, donde también fue bautizado el 2 de febrero de 1731. No tomó estado.

S2.1.2. Joseph Antonio Cesaro López. Se casó en 1770 con su triple prima segunda María de la Concepción León Cesaro, ya citados en S.1.1.6.

S2.1.3. Ignacia Benedicta Cesaro López. Nacida en Montalbán el 25 de marzo de 1745, donde también fue bautizada por el Pbro. Joseph Valerio Pinto Valladares el 4 de abril de 1745. Contrajo nupcias en 1781 con su triple primo segundo Joseph Honorio León Cesaro, ya citados en S1.1.9.

S2.1.4. Rita Laurencia Cesaro López, nacida en Montalbán el 15 de mayo de 1751, mismo lugar donde la bautizaron 29 días más tarde. Se casó en 1780 con su primo tercero y cuarto Juan Vicente Tortolero León. Véase T9.2.

S2.1.5. Juana Josefa Cesaro López. Tomó estado con Pedro Joseph Torrens, siendo padres de:

S2.1.5.1. María de la Concepción Torrens Cesaro.

S2.1.5.2. Pablo Torrens Cesaro.

S2.1.5.3. José Ramón Torrens Cesaro.

S2.1.5.4. Rafael Torrens Cesaro.

S2.1.6. Rafaela Cesaro López. No se casó, pero tuvo un hijo natural:

S2.1.6.1. Andrés Cesaro, casado en 1787 con su prima tercera María Ramona García León (S1.1.4.2).

S2.2. Juana María López Salvatierra. Se casó en 1732 con el sevillano teniente de infantería Juan Eugenio de Salazar y Goñi, teniente de justicia mayor de Nirgua y otro de los fundadores de Montalbán. Fue este caballero el encargado de combatir el famoso "alzamiento de Andresote". Juan Eugenio era hijo del granadino Antonio de Salazar y de Juana Goñi Avendaño, natural de Zamora. Fueron padres de:

S2.2.1. María Salazar López, casada con su primo segundo Lorenzo Bernardo Henríquez Pinto. Véase P4.6.

S2.2.2. Joseph Miguel Salazar López, casado con Rosa María Salvatierra Montero. Véase S3.7.

S2.2.3. Juan Salazar Salvatierra. Nació en 1739 y prefirió la soltería.

S2.2.4. Rita Salazar López. Falleció soltera y sin hijos.

Después de enviudar, Juana María tomó estado con Juan Rosell de Lugo y Wite, quién había estado comprometido para casarse con su hermana Rosalía. Véanse los detalles en S2.5.

Tuvieron los siguientes hijos:

S2.2.5. Francisca Rosell López, casada con Carlos José Henríquez Oliveros. Véase P4.1.2.

S2.2.6. Ignacio Rosell López, nacido en Caracas el 12 de enero de 1767. Decidió mudarse a la madre patria, casándose con María Josefa Ventura Benítez de Lugo y Grimaldi, en Orotava-Canarias; mismo lugar donde fallecería el 3 de diciembre de 1789, a la joven edad de 22 años.

S2.2.7. Bernarda Francisca Rosell López. Se casó con Ignacio Ojeda Peñalosa, hijo del canario Juan Fernández de Ojeda y de Elvira Peñalosa Noda; siendo Elvira era hija de Juan Tomás de Peñalosa Sequera y de María Josefa Facunda de Noda.

A su vez, Juan Tomás era hijo de María Pascuala Hernández de Sequera y de Juan Mateo Hernández de Peñalosa; este último, hijo de Diego de Hernández y de María de Peñalosa.

Bernarda e Ignacio tuvieron a:

S2.2.7.1. Joseph María Ojeda Rosell.

S2.2.7.2. Juan Jacinto Ojeda Rosell.

S2.2.7.3. Miguel Ojeda Rosell.

S2.2.7.4. Juana Ojeda Rosell.

Al enviudar, Bernarda volvió a casarse con José Miguel Ojeda Serpa, primo segundo de su difunto esposo e hijo de Joseph Miguel de Ojeda y de Juana María Cayetana Serpa.

S2.3. Félix José López Salvatierra. Nació en Nirgua el 21 de mayo de 1716, donde también recibió el bautismo el 24 de noviembre del mismo año. No tuvo esposa o hijos conocidos.

S2.4. María de la Trinidad López Salvatierra, nacida el 12 de junio de 1718. Recibió el bautismo el 22 de noviembre siguiente, en la iglesia Nuestra señora de la Victoria de Nirgua, de manos de su párroco el Pbro. Francisco Pérez Estopiñan; siendo su madrina Lucía de los Reyes de Sequera. Tampoco se casó.

S2.5. María Rosalía López Salvatierra. Contrajo nupcias en 1740 con el teniente de justicia mayor de Nirgua Juan Rosell de Lugo y Wite, nacido el 10 de febrero de 1703 en La Laguna-Tenerife. Juan era hijo del coronel Miguel Tiburcio Rosell de Lugo y Ome, natural de Tacoronte en Canarias, y de Cornelia de Wite y Bormas, natural de Santa Cruz de Tenerife. A su vez, el coronel Miguel Tiburcio era hijo de Miguel Rosell de Lugo y Jaén, y de Clara Francisca Ome; ambos de Tacoronte.

Juan Rosell de Lugo llego a Venezuela y se residenció en Caracas donde estuvo alrededor de 4 años. Sentimentalmente hablando, tuvo una vida complicada. Según diferentes testigos, ofreció matrimonio en más de una ocasión a diversas caraqueñas, pero nada llegó a concretarse. En uno de dichos casos, se hizo un compromiso matrimonial que no llego a cumplirse y por esto tuvo un pleito legal del cual salió libre de toda culpa porque la "pretendida" ya estaba casada con otro hombre. De allí, pasó a Nirgua donde fue Teniente de Justicia Mayor. Luego, entre 1738 y 1747, estuvo establecido en Montalbán donde fue Alcalde Ordinario en 1743.

Fue en este último lugar, donde este picaflor dio su palabra de matrimonio a María Rosalía. Según él, luego de tres años, las relaciones se enfriaron y no se frecuentaron más. Argumentó que la misma Rosalía había expresado desinterés en el tema por lo que consideró disuelto el ofrecimiento. Esto no le agrado a Rosalía, quien amenazó demandarlo solicitando se le impidiera casarse con nadie más por el voto de honestidad que tenía con ella, el cual se estipulaba con una duración de 10 años. Rosell objetó esto y solicitó una dispensa al obispo, quién luego de analizar toda la documentación y testigos del caso, decidió otorgársela.

El verdadero deseo de Rosell era casarse con Juana María (hermana de Rosalía), cosa que no había podido hacer pues ésta ya estaba casada. Este impedimento se esfumó con la muerte de su marido, Juan Eugenio de Salazar y Goñi, ocasión que no dejaría pasar el caballero Rosell.

Todo esto causó un gran alboroto en el pueblo y no pocas rencillas en la familia López Salvatierra.

S2.6. Pedro Joseph López Salvatierra, nacido el 1 de agosto de 1722 y bautizado en la misma iglesia que sus hermanos el 21 de noviembre de 1722. El sacristán mayor Juan Esteban de Silva ofició el acto, siendo sus padrinos su tío Christóbal de Salvatierra y María Cesaro.

Pedro Joseph también se cuenta entre los primeros pobladores de Montalbán. Se casó con su prima tercera María Margarita Silva Pinto (P6.6) con quien tuvo a:

S2.6.1. Pedro Joseph López Silva. Se casó en 1794 con su prima cuarta María Josefa Arocha Tortolero (T2.3.8), procreando a:

S2.6.1.1. Juana María López Arocha.

S2.6.1.2. Mateo López Arocha.

S2.6.1.3. María de la Concepción López Arocha.

S2.6.1.4. Josefa López Arocha.

S2.6.2. María Chiquinquirá López Silva, casada con Joseph Bernardo Hernández de Bacalao, con quien tuvo 9 hijos:

S2.6.2.1. María de la Luz Bacalao López.

S2.6.2.2. Rafael María Bacalao López.

S2.6.2.3. Ramón María Bacalao López.

S2.6.2.4. Juana Bacalao López.

S2.6.2.5. Lorenzo Bacalao López.

S2.6.2.6. Soledad Bacalao López.

S2.6.2.7. Domingo Alfonso Bacalao López.

S2.6.2.8. Pedro Alfonso Bacalao López.

S2.6.2.9. Margarita Bacalao López.

S2.6.3. Miguel López Silva. Se casó en 1809 con su prima segunda María del Carmen Arocha Tortolero (T2.3.7), procreando a:

S2.6.3.1. Nicolasa López Arocha.

S2.6.4. José Antonio López Silva. Trató de casarse con su prima tercera Nicolasa Salvatierra León; pero la dispensa no fue otorgada así que la boda no llego a realizarse, aun cuando Nicolasa concibió un hijo suyo durante la espera. Véase S6.4.8.

S2.7. María Feliciana López Salvatierra, nacida en Nirgua el 20 de junio de 1725, donde mismo fue bautizada el 29 de marzo de 1726 por el Pbro. Juan Joseph Matute. No tomó estado.

S2.8. María de la Concepción López Salvatierra. Nació en Nirgua el 19 de febrero de 1728, donde también fue bautizada el 17 de mayo siguiente. Fue una de las primeras pobladoras de Montalbán donde se casó con su primo segundo Pablo Joseph León Cesaro (véase S1.1.2).

Una vez viuda, se casó en 1771 con su primo tercero Félix Joseph Henríquez Pinto (P4.8).

S2.9. María Antonia López Salvatierra, bautizada a los 18 meses de nacida el 3 de enero de 1732. Se casó en 1763 con su primo cuarto Joseph Miguel Conde e Infante de Lara. Véase R1.2.1.

S3 Juan Amancio Salvatierra Valladares. Oriundo de Nirgua, donde nació en 1689. Al igual que su hermano Lorenzo, entró al ejército donde alcanzó el grado de capitán de caballería.

Juan Amancio y sus hermanos, Christóbal y Lorenzo, tienen la mala reputación de haber sido cómplices de Andrés López del Rosario, un zambo natural de Valencia apodado "Andresote", protagonista de una rebelión popular ocurrida en la región entre 1730 y 1732. Andrés, junto a un puñado de esclavos y negros libres, contrabandeaban cacao y tabaco con la ayuda de los holandeses acantonados en Curazao, burlando de esta forma el monopolio que se le había otorgado a la compañía Guipuzcoana por los reyes españoles. Por supuesto, muchos criollos estaban en contra del monopolio pues los precios fijos establecidos para su comercio eran inferior al que obtendrían a través de los mercados de Amberes y Ámsterdam. Por esta razón los criollos protestantes de este sistema opresivo comenzaron a brindar protección a estos contrabandistas, deseosos de normas más liberales para su comercio.

Como es de esperarse, las autoridades no iban a permitir tal cosa por lo que comenzaron a perseguirlos, comenzando por la cabeza de la revuelta: Andresote. Estos no se rindieron, sino que consiguieron armas y municiones a través de los holandeses y algunos criollos locales, atrincherándose en los valles vecinos al rio Yaracuy.

Los alzados no combatían como un ejército formal, sino más bien como una guerrilla. Por esto, su derrota fue muy difícil. Obligó al gobernador de la provincia de Venezuela, Sebastián García de la Torre, a comandar una fuerza de 1500 hombres (el 11 de febrero de 1732) para acabar con el alzamiento. Aunque la mayoría de los negros capturados fueron ahorcados y luego descuartizados a manera de escarmiento, quedó un reducto disperso por la zona.

Los misioneros lograron someter a los rebeldes restantes en forma pacífica. *"Este mismo año 1733* --anota Carlos Felice Cardot-- *el padre Salvador de Cádiz, por orden de los señores Obispo y Gobernador, pasó en compañía del padre Fray Tomás de Pons a las costas y valles de Morón, Urama, Cabria y Canoabo, para predicar y reducir apostólicamente a los negros levantados que infestaban aquellas costas, y después de cuatro meses ... lograron reducir y sacar la cantidad de ciento y sesenta y ocho de dichos negros, zambos y mulatos levantados, ..."* [33] [34].

En el expediente contra Andresote, quien terminó escapando a Curazao, aparecen los Salvatierra como señores muy conocidos, propietarios y vecinos de Nirgua, contra quienes fue dictado mandamiento de prisión; al igual que a otros hacendados de la zona como Pablo Bernardo Henríquez, Isidro Vidal, Antonio y Francisco de Campos, etc. Y los historiadores coinciden en que este movimiento marcó la primera rebelión popular que décadas más tarde culminaría con la guerra de independencia.

Volviendo con Juan Amancio, se casó con Ana Gregoria Montero y Bolaños de los Reyes, con quien tuvo 7 hijos:

S3.1. Nicolasa de Jesús de Salvatierra Montero. Probablemente fallecida en su niñez.

S3.2. Joseph Segundo de Salvatierra Montero. Otro de los hermanos de los que no se tiene noticia alguna hasta la fecha.

S3.3. María de la Soledad de Salvatierra Montero, casada con Francisco Ramírez con quien tuvo a:

S3.3.1. Rosa María Ramírez Salvatierra, madre soltera de:

S3.3.1.1. María Antonia Ramírez.

S3.4. Mauricia de Salvatierra Montero. Tampoco se tiene noticia alguna de ella.

---

33 Valery Salvatierra, Rafael. (2003). *Epónima por justicia elemental.* Pág.136.
34 Felice Cardot, Carlos. (1957). *"La Rebelión de Andresote" (Valles del Yaracuy, 1730-1733).*

S3.5. María Nicolasa Salvatierra Montero, nacida en Nirgua el 10 de febrero de 1728, donde mismo la bautizaron el 27 de mayo siguiente. Se casó con su primo tercero Francisco Venancio León Cesaro, ya citados en el S1.2.1.

S3.6. Juana Nicolasa Salvatierra Montero. Nació el 10 de septiembre de 1730 y fue bautizada el 26 de enero del siguiente año en Nuestra Señora de la Victoria de Nirgua. Madre soltera de:

S3.6.1. Antolino Salvatierra, casado con Manuela Páez.

S3.7. Rosa María Salvatierra Montero (Rosalía), casada con su primo cuarto Joseph Miguel Salazar López (S2.2.2), con quien tuvo la siguiente descendencia:

S3.7.1. María Margarita Salazar Salvatierra, nacida en Montalbán el 4 de diciembre de 1763, mismo lugar donde la bautizaron un año y diez días más tarde. Se casó en 1790 con su primo tercero Félix León (S1.1.13.1), con quien procreó a:

S3.7.1.1. José Ramón León Salazar.

S3.7.1.2. José León Salazar.

S3.7.1.3. María Antonia León Salazar.

S3.7.1.4. Mariana León Salazar.

S3.7.1.5. Antonio León Salazar.

S3.7.2. Joseph Miguel Salazar Salvatierra, casado en 1782 con su prima cuarta María Antonia Tortolero León. Véase T9.4.

S3.7.3. Carlos Salazar Salvatierra. Se casó en 1798 con su prima tercera María Beatríz Salvatierra Ortega. Véase S6.5.3.

S3.7.4. María Josefa de la Concepción Salazar Salvatierra, nacida en Montalbán el 9 de enero de 1778, donde la bautizaron 6 días más tarde. Tomó estado en 1792 con su doble primo tercero José Gregorio León León (S1.2.6.5).

S3.7.5. Blasa Salazar Salvatierra, probablemente fallecida en su niñez.

S3.7.6. Cándida Rosa Salazar Salvatierra, casada en 1792 con su primo cuarto Joseph Antonio Ledesma León (S1.1.4.1), con quien tuvo los siguientes hijos, antes de fallecer el 6 de julio de 1852:

S3.7.6.1. Ramón Ledesma Salazar.

S3.7.6.2. Antonio Ramón Ledesma Salazar.

S3.7.6.3. Francisca Ramón Ledesma Salazar.

S3.7.6.4. Miguel Ramón Ledesma Salazar.

S3.7.6.5. María Ramón Ledesma Salazar.

S3.7.6.6. Carmen Ramón Ledesma Salazar.

S4 Lorenzo Salvatierra Valladares, bautizado en Nirgua el 7 de abril de 1692. Alcanzó el grado de capitán y, como ya apunté en el apartado anterior, estuvo implicado en la revuelta de Andresote con las respectivas implicaciones del caso.

Rafael Valery Salvatierra apunto en su libro[35] que Lorenzo se había casado en primeras nupcias con María Hilaria Henríquez Ortega (R4.1); habiendo tenido a Paula por hija, quien se había casado con Gaspar de Salvatierra Tortolero (S6.2).

Tengo que decir que esto no fue así por tres razones. Primera, porque no existe ningún documento que vincule a Lorenzo y a Hilaria como marido y mujer, o como padres de alguna persona. Segundo, porque en la cuarta línea de la partida de matrimonio de Lorenzo con Rosa María Montero de Espinosa dice que son sus primeras nupcias. Y tercero, porque en la solicitud de dispensa que envió Gaspar de Salvatierra Tortolero (S6.2) a la arquidiócesis de Caracas para que permitieran su matrimonio con su doble prima segunda Paula Salvatierra Montero (S4.5), escrito en 1764 a puño y letra de Gaspar, señala fuera de toda duda la correcta identidad de los padres de Paula. Lo que sí pudiera haber ocurrido es que Lorenzo intentase casarse con María Hilaria y por alguna razón la boda nunca llegara a concretarse.

Lorenzo se casó en Guanare el 30 de noviembre de 1720 con Rosa María Montero de Espinoza Fernández, hija de Manuel Montero de Espinosa y de Estefanía Fernández de León Pacheco. Esta última, hija del capitán conquistador Juan Fernández de León Pacheco, fundador de la ciudad del Espíritu Santo del Valle de San Juan de Guanare en 1591, y de Violante de Acosta. Tuvieron los siguientes hijos:

S4.1. Lorenzo Salvatierra y Montero de Espinosa, nacido en 1721.

S4.2. Paula Margarita Salvatierra y Montero de Espinosa, nacida en Nirgua el 18 de febrero de 1726, donde mismo la bautizaron el 23 de abril siguiente.

S4.3. María Magdalena Salvatierra y Montero de Espinosa. Nació el 2 de mayo de 1728 y fue bautizada a los 10 meses, el 27 de marzo de 1729. Falleció tres meses más tarde el 29 de junio de 1729.

S4.4. Antonio Joseph Salvatierra y Montero de Espinosa, nacido en Montalbán el 23 de mayo de 1730. Fue bautizado en Nirgua el 28 de agosto de 1730.

---

35 Valery Salvatierra, Rafael. (2003). *Epónima por justicia elemental.* Pág. 137.

Por segunda vez, me toca diferir con Rafael Valery Salvatierra[36], quien señala que se casó el 13 de abril de 1763 en la villa de San Luis de Cura con María Margarita Barrios Ojeda.

La razón del error volvemos a encontrarla en la cercanía de las fechas y en la repetición de nombres, común en esta época. También a la falta de mayor información por parte de los curas al escribir los respectivos documentos eclesiásticos. El matrimonio que se efectuó en la Villa de Cura el 18 de septiembre de 1725 fue el de Antonio Joseph Salvatierra, indio natural de Turmero y bautizado en dicha ciudad el 18 de septiembre de 1725, con María Margarita Barrios (una mestiza). Este Antonio Joseph era hijo de Pedro Salvatierra, indio de Turmero, y una india de La Victoria llamada María. Tuvieron varios hijos todos nacidos en la Villa de Cura, incluyendo uno natural. En todas sus partidas de nacimiento se les identifican como mestizos. Algunos de sus hijos fueron:

- Joseph Thomás Barrios, nacido el 20 de diciembre de 1752 y bautizado a los 8 días de nacido.
- María Simona Salvatierra Barrios, nacida el 21 de marzo de 1773 y bautizada a los 15 días.
- María de la Ascensión Salvatierra Barrios. Nació el 28 de mayo de 1776 y se bautizó a los 7 días.
- Agustín Salvatierra Barrios, quien nació el 28 de agosto de 1780 y recibió el bautismo a los 16 días.

S4.5. Paula de Jesús Salvatierra y Montero de Espinosa quien, como ya apunté más arriba, se casó luego de la respectiva dispensa con su doble primo segundo Joseph Gaspar de los Reyes Salvatierra Tortolero. Véase S6.2.

S5 Isabel María Salvatierra Valladares. Se casó con Juan Joseph Baudín, de ascendencia francesa, con quien tuvo a:

---

36 Rafael Valery Salvatierra, nacido el 24 de octubre de 1926. Aunque arquitecto de profesión, se le definía como un académico; siendo presidente del Instituto Venezolano de Genealogía desde 1991 al 2002 y académico correspondiente por Venezuela de la Real Academia Matritense de Heráldica y Genealogía, en España, desde el 30 de junio de 1993. Escribió varias obras importantes. En nuestro caso, con seguridad, *"Epónima por justicia elemental: apuntes sobre la ascendencia y obra de María de Lourdes Salvatierra Latouche, mujer de Venezuela"*. Tributo hecho a su madre, donde también citó a los principales integrantes de las familias que vivieron en Montalbán desde sus orígenes. Falleció el 23 de septiembre de 2017.

S5.1. María Tomasa Baudín Salvatierra. Trataron de casarla en 1737 cuando era "una niña bien formada..."[37], con su primo tercero Pablo Pantaleón Silva Pinto (P6.2). El matrimonio era urgente pues su padre, Juan Joseph, había fallecido; quedando la viuda con tres niñas pequeñas. Aun así, no se concretó posiblemente por los 4 vínculos de consanguinidad que los unían.

Finalmente, el 24 de septiembre de 1743 se casó en Guama con Félix Damián Osorio Pinto (P7.2), quien por cierto también era su primo tercero.

S5.2. María Teresa Baudín Salvatierra, nacida el 12 de febrero de 1727 en Nirgua, mismo sitio donde la bautizaron el 14 de abril de 1727.

S5.3. María Dionisia Baudín Salvatierra. Nació el 12 de febrero de 1729 y recibió el bautismo en Nuestra Señora de la Victoria el 19 de abril de 1729.

Como era de esperarse, Isabel María volvió a casarse el 6 de diciembre de 1735. El afortunado fue Joseph Manuel de los Reyes quien, como ella, era viudo de su primer matrimonio con Damiana de Sejas, con quien había tenido dos hijos: Joseph del Rosario y Rosalía Petronila.

Al fallecer Isabel María, Joseph Manuel se casó una vez más con Juana Eugenia de Torres con quien tuvo a María de la Chiquinquirá de los Reyes Torres.

S6 Joseph Cristóbal Salvatierra Valladares. Nació en Nirgua hacia 1695, según sus declaraciones juradas en actas matrimoniales de sus hijos y familiares. Abrazó la carrera militar donde obtuvo el rango de "capitán de infantería de milicias de blancos". En lo civil, fue alcalde de la santa hermandad en 1725 y, más importante aún, fue otro de nuestros pilares fundacionales de Montalbán, donde fue cofundador de la "Cofradía del Santísimo Sacramento"; una de las primeras instituciones religiosas del lugar.

Se casó con Victoria de la Candelaria Tortolero e Infante de Lara (T1) con quien tuvo la siguiente descendencia:

S6.1. Bárbara Salvatierra Tortolero, nacida hacia 1728.

S6.2. Joseph Gaspar de los Reyes Salvatierra Tortolero, nacido en Nirgua el 5 de enero de 1728. Allí también fue bautizado el 28 de mayo siguiente.

---

37 *"En esa época la mujer blanca tenía dos alternativas indiscutibles: o se casaba muy joven (14 o 15 años) con el novio elegido por el padre o ingresaba a un convento como monja".* Indias, esclavas, mantuanas y primeras damas. Ermila Troconis de Veracoechea. Pag 77.

Como apunté en el S4.5. se casó en 1764 con su prima segunda Paula de Jesús de Salvatierra Montero, siendo padres de los siguientes hijos:

S6.2.1. Joseph de la Encarnación Salvatierra Salvatierra, nacido en Nirgua el 16 de noviembre de 1766, donde mismo fue bautizado a los 10 días de nacido. En 1787 se casó con su doble prima segunda Rosalía Pinto Tortolero (P12.4), para ese entonces viuda de su primer matrimonio con Joseph Antonio Fuentes.

Fueron padres de:

S6.2.1.1. María de la Concepción Salvatierra Pinto.

S6.2.1.2. Josefa Salvatierra Pinto.

S6.2.1.3. Felipe Salvatierra Pinto.

S6.2.1.4. Juan Salvatierra Pinto.

S6.2.1.5. Paula Salvatierra Pinto.

S6.2.1.6. Rosa Salvatierra Pinto.

S6.2.2. Juana Salvatierra Salvatierra. No se casó porque el amor de su vida, Vicente Coronel Peñalosa, ya estaba casado (véase T8.9.3). Esto no le impidió darle tres hijos antes de fallecer en Montalbán el 22 de julio de 1862:

S6.2.2.1. Josefa Salvatierra.

S6.2.2.2. Isabel Salvatierra.

S6.2.2.3. Miguel Salvatierra.

S6.3. Lorenza Salvatierra Tortolero, nacida alrededor de 1730, de quien no tengo más noticia.

S6.4. Joseph Valentín Salvatierra Tortolero, nacido en Guama-Yaracuy el 15 de octubre de 1730. Recibió el bautismo en Nirgua el 2 de febrero de 1731.

Tuvo intenciones de casarse con su prima tercera Feliciana Petrona Henríquez Pinto (P4.7) pero, por los múltiples parentescos sanguíneos, esto no ocurrió. Aun así, de su relación quedó una hija reconocida:

S6.4.1. María Antonia Salvatierra, casada con su primo tercero Ignacio Manuel León Henríquez (P4.5.1), a quién le dio la siguiente descendencia antes de fallecer el 14 de enero de 1848:

S6.4.1.1. Teresa León Salvatierra.

S6.4.1.2. José Manuel León Salvatierra.

S6.4.1.3. José Gabriel León Salvatierra.

S6.4.1.4. Bárbara León Salvatierra.

S6.4.1.5. José Antonio León Salvatierra.

Joseph Valentín tomó estado en Guama el 5 de enero de 1756, casándose con María de la Chiquinquirá de los Reyes Torres, ya mencionada en S5, quien falleció al poco tiempo sin descendencia.

En 1764 se casó por segunda vez con su prima cuarta Martina León Cesaro (S1.2.9), luego de la respectiva dispensa matrimonial. De ellos tenemos a:

S6.4.2. María Francisca Salvatierra León. Se casó en 1797 con su triple primo tercero Joseph Benito Tortolero León (T9.9), con quien tuvo a:

S6.4.2.1. Bartolomé Tortolero Salvatierra.

S6.4.2.2. María del Carmen Tortolero Salvatierra.

S6.4.2.3. Tomasa Tortolero Salvatierra.

S6.4.3. María del Carmen Salvatierra León. No tomó estado, pero fue madre natural de:

S6.4.3.1. Ramona Salvatierra.

S6.4.3.2. Sebastián Salvatierra.

S6.4.4. Gabriela Salvatierra León. Misma situación que su hermana María del Carmen. Fue madre de un varón antes de fallecer el 13 de junio de 1852:

S6.4.4.1. Salvador Salvatierra.

S6.4.5. Joseph Miguel Salvatierra León, casado en 1807 con su prima tercera María de la Encarnación Arocha Tortolero (T2.3.5).

Concibieron a:

S6.4.5.1. María Asunción Salvatierra Arocha.

S6.4.5.2. Concepción Salvatierra Arocha.

S6.4.5.3. Rita Salvatierra Arocha.

S6.4.6. María Josefa Salvatierra León. Se casó en 1797 con su primo segundo Tadeo Tortolero Silva. Véase T9.1.2.

S6.4.7. Ignacio Salvatierra León. Se casó en 1798 con su prima cuarta Juana Ojeda Rosell, ya citada en el S2.2.7.4.

De su matrimonio tenemos a:

S6.4.7.1. Lucía Salvatierra Ojeda.

S6.4.8. Nicolasa Salvatierra León. Tuvo esponsales con su primo tercero José Antonio López Silva (S2.6.4), lo cual no llegó a concretarse. Sin embargo, fueron padres de:

S6.4.8.1. Juan Bautista Salvatierra.

S6.5. Juan Vicente Salvatierra Tortolero, casado en Montalbán en 1772 con María Antonia Ortega Cesaro (O2), con quien tuvo a:

S6.5.1. Joseph Santiago Salvatierra Ortega, casado en 1790 con su prima cuarta María de la Ascensión Henríquez Salazar (P4.6.8), con quien tuvo a:

S6.5.1.1. María de las Mercedes Salvatierra Henríquez.

S6.5.1.2. Miguel Salvatierra Henríquez.

S6.5.1.3. Pablo José Salvatierra Henríquez.

S6.5.1.4. Bárbara Salvatierra Henríquez.

S6.5.1.5. María Andrea Salvatierra Henríquez.

S6.5.1.6. Juan Bautista Salvatierra Henríquez.

S6.5.2. Blasa Salvatierra Ortega. Se casó en 1810 con su primo cuarto Laureano Oliveros León (S1.1.14.3). Luego de enviudar, volvió a casarse con José Santana Flores sin tener descendencia.

Falleció el 24 de julio de 1871.

S6.5.3. María Beatríz Salvatierra Ortega, casada en 1798 con su primo tercero Carlos Salazar Salvatierra (S3.7.3), con quien tuvo a:

S6.5.3.1. María del Carmen Salazar Salvatierra.

S6.5.3.2. Josefa Antonia Salazar Salvatierra.

S6.5.4. María de la Concepción Salvatierra Ortega. Se casó en 1807 con su primo tercero Mariano Tortolero Henríquez, con quien tuvo numerosa prole antes de fallecer en Montalbán el 26 de enero de 1877. Véase T2.2.1.

S6.5.5. Juana Salvatierra Ortega, casada en 1806 con su doble primo tercero José Antonio Ortega Henríquez. Le dio numerosa descendencia antes de fallecer el 23 de noviembre de 1868. Véase O7.1.

S6.5.6. Juan Miguel Salvatierra Ortega, casado en 1815 con su doble prima tercera María de la Trinidad Pinto León (P12.7.1), viuda de Juan Ignacio Ojeda Tortolero (T8.1.1).

S6.5.7. Ramón Salvatierra Ortega. Se casó en 1817 con su doble prima tercera Marcela Pinto León (P12.7.7), sin llegar a tener descendencia. Luego, con Basilia Polanco con quien tuvo a:

S6.5.7.1. Francisco Antonio Salvatierra Polanco.

S6.5.8. Luis Salvatierra Ortega. En 1823 tuvo sus primeras nupcias con su prima cuarta María del Carmen Ortega Oliveros (O1.2.2), teniendo por hijos:

S6.5.8.1. Trinidad Salvatierra Ortega.

S6.5.8.2. Isabel Salvatierra Ortega.

Viudo, contrajo nupcias con Concepción Rivero Román (O1.1.3.1), con quien tuvo a:

S6.5.8.3. Párvulo Salvatierra Rivero.

S6.5.8.4. Francisca Antonia Salvatierra Rivero.

Adicionalmente, Luis tuvo 2 hijas naturales con Flora Pinto:

S6.5.8.5. María Felipa Pinto.

S6.5.8.6. Josefa Pinto.

S6.6. Antonia Salvatierra Tortolero, nacida en Nirgua hacia 1736.

S6.7. Christóbal Santiago Salvatierra Tortolero. Nació en 1738 y se casó con Manuela Velasco Pinto (P11.3). Padres de un varón:

S6.7.1. Ezequiel Salvatierra Velasco, casado en 1806 con su prima tercera Ana María Pinto León (P12.7.8).

S6.8. Nicolasa Salvatierra Tortolero, nacida en Nirgua en 1740. Sin más noticia que se sepa.

S6.9. Juan Thomás Salvatierra Tortolero. Caso similar al de Nicolasa. Nació en 1741 y prefirió la soltería.

S6.10. Margarita Salvatierra Tortolero, casada en Montalbán en 1773 con Juan Antonio Ortega Cesaro. Véase O4.

S7 Francisco Antonio Salvatierra Valladares, fallecido infante en 1697.

S8 María Flora Salvatierra Valladares, fallecida siendo una niña el 22 de abril de 1705, en Nirgua.

Con esto cierro el recuento de las primeras 4 generaciones de los Salvatierra que generó Juan Thomás de Salvatierra y pasaré a analizar al siguiente patriarca de nuestra lista original: Juan Manuel Gómez Pinto.

CAPÍTULO 2

JUAN MANUEL GÓMEZ PINTO

Los historiadores suelen identificarlo como "español peninsular", pero a la luz de las investigaciones que he realizado, me veo obligado a diferir. Además del hecho de no haberse podido encontrar ningún registro que identifique a Manuel como inmigrante con destino a Venezuela, la prueba más fuerte que soporta mi hipótesis de que Manuel no era español, es la solicitud de dispensa matrimonial presentada en 1737 por el licenciado don Thomás Fernández del Castillo y Oliva, cura de los Valles de Montalbán, al arzobispado de Caracas para que autorizaran el matrimonio de Joseph Santiago Tortolero e Infante de Lara (T2) con su prima cuarta Feliciana de Silva y Pinto (P6.1), nieta de Manuel. La solicitud contiene una carta escrita a puño y letra de Joseph Santiago, el solicitante, en la que explica los nexos sanguíneos que tiene con la pretendida. Lo normal en este tipo de solicitudes es que se citen los ancestros de los pretendientes hasta llegar al familiar que tienen en común, pero el gran valor de la carta de Joseph Santiago radica en que no solo menciona a dichos ancestros sino también los orígenes de aquellos que no habían nacido en Nirgua. Así escribía *[… digan si conocieron, saben o an oydo decir que maria de la peña y lucia Rodríguez difuntas fueron hermanas legitimas hijas de Gaspar Rodriguez natural de la ciud de toledo en los Reynos de españa y de maria polonia de la peña natural de la ciud de el tocuyo en esta prova, y que la dha maria de la peña mi bisabuela caso con el capn Bernardo de ortega asi mismo español natural de la ciudad de Cadiz quienes tubieron por hija a maria de ortega mi abuela quien caso con (ilegible) Juan infante de lara natural de tenerife isla de canarias quienes tubieron por hija a maria rosa mi madre quien casada con salvador tortolero mi padre me an procreado tenido por su hijo, y asi mismo digan si saven que la dha lucia Rodriguez hermana de dha maria de la peña Rodriguez caso con el depositario Simon Luis de la Cruz natural de la Villa de la oritava en las Canarias y de su matrimonio tubieron por hija a maria magdalena quien caso con Manuel Gomez pinto y quienes tubieron por hija a andrea de la Concepcion quien caso con phelis de silva y de su matrimonio tubieron por hija la dha pheliciana con quien pretendo casarme...]* [38].

Nótese que Joseph Santiago siempre aclara los orígenes de las personas no nacidas en Nirgua y, al referirse a Manuel Gómez Pinto, solo lo menciona; si agregar nada más.

Por otra parte, de acuerdo a la información contenida en diversos manuscritos de la época, estimo que Manuel debió haber nacido aproximadamente hacia 1661. No se ha podido hallar su partida de bautismo porque justamente en ese año comienzan los primeros registros de la parroquia, que hasta hoy día sobreviven al deterioro, desgaste, incendios, guerras y demás eventos que han producido la destrucción de muchos documentos antiguos en los últimos 400 años.

En 1661 comienzan los registros de los mulatos, indios y esclavos del pueblo de Cabria, mientras que los primeros registros de bautizos de españoles (y de sus descendientes nacidos en Nirgua) comienzan en el año de 1667.

Además, los libros originales ya no existen; solo una copia parcial que hizo el padre Juan Pablo de Salazar en 1792. Así escribe el padre en la primera hoja de su libro *"En virtud de lo mandado sigase la copia de dos libros Parroquiales de los quales es el primero un quaderno maltratado que consta de treinta y sinco &* [39] *de las quales seis quedan testimoniadas en el libro anterior que acabo qe por lo mismo se continua en este dha copia y la de otras & sueltas, u apenas lejibles qe son treinta y sinco de partidas de Bautismos y quince de matrimonios...".*

Esto me hace pensar que tal vez nunca aparezca la partida de bautismo de Manuel, necesaria para la confirmación de mi hipótesis. Aun así, la tomaré por cierta debido a que toda la evidencia documental que sí

---

38 Se mantuvo la ortografía, abreviaciones y demás características del texto original.

39 Hojas.

existe, apunta hacia ella. Esta misma carencia de documentación impide la confirmación de otras asunciones que haré basándome en los pocos registros que sobreviven pero que igualmente tienen sentido lógico y cronológico.

Manuel, ciertamente fue el patriarca de los Pinto de Montalbán, pero no fue el único ni el primero de los Pinto que habitaron en Nirgua. Después de su repoblación en 1628, una familia Pinto se estableció en sus parajes. Españoles o descendientes de éstos pues así se les asentaba en los libros eclesiásticos. La familia estaba compuesta de:

1. Francisco Pinto, casado en Nirgua con María Sánchez Valera el 2 de abril de 1674.

2. Juana Pinto. Se casó con Francisco Núñez de la Peña con quien tuvo la siguiente descendencia antes de fallecer el 5 de agosto de 1691:

    2.1. Juan Esteban Núñez Pinto, bautizado el 9 de enero de 1675. Se casó en Guanare el 1 de octubre de 1698 con Nicolasa Andrade y Romero, hija de Benito Romero y de María Andrade Ledesma. Tuvieron 2 hijos:

        2.1.1. Juan Joseph Núñez Andrade, casado en Guanare con María Nicolasa Noda Ariza, hija de Gabriel Gutiérrez de Noda y de Ignacia Ariza Núñez.

        2.1.2. Pedro Núñez Andrade. Se casó con María Josefa, hermana de Nicolasa la esposa de su hermano.

    2.2. Sargento Francisco Núñez Pinto. Se casó con Beatríz Andrade y Madroñero, hija de Francisco de Andrade y de Petrona Fernández Madroñero, con quien tuvo a:

        2.2.1. Juana Núñez Andrade, bautizada en Guanare el 12 de abril de 1694. Se casó con Francisco Bonifacio Ariza el 4 de mayo de 1712, siendo padres de una hija:

            2.2.1.1. Ignacia Ariza Núñez, ya citada en el 2.1.1.

        2.2.2. Domingo Joseph Núñez Andrade, casado con Juana Escolástica León Peraza y Fernández, natural de El Tocuyo e hija del capitán Juan de León Peraza y de Francisca Fernández Madroñero, hermana de Petrona ya citada en el 2.2.

3. Bartolomé Pinto. Se casó con Agustina Díaz de Ávila, natural de Maracaibo, teniendo la siguiente descendencia antes de fallecer en

Nirgua el 24 de febrero de 1682:

    3.1. María de la Cruz Pinto de Ávila, bautizada el 2 de julio de 1677.

    3.2. Juan Pascual Pinto de Ávila, bautizado el 27 de junio de 1680.

4. Sebastiana Pinto, casada con Juan de Dios Ximénez hasta su fallecimiento el 16 de mayo de 1680. Tuvieron un hijo:

    4.1. Francisco Pinto, bautizado el 1 de mayo de 1678.

5. María Magdalena Pinto. Se casó con Alonso de Ojeda y tuvieron a:

    5.1. María Manuela Ojeda Pinto, bautizada el 21 de septiembre de 1686.

6. Dionisia Pinto. Fallecida el 9 de agosto de 1706 en Nirgua.

7. Juan Manuel Pinto, de quien se trata este capítulo.

De acuerdo a la cronología, Juan Manuel Gómez Pinto sería el último de estos hermanos que solían omitir el Gómez, como también lo haría Manuel en el futuro. Esta práctica de cambiar apellidos compuestos por su versión simplificada ocurrió mucho durante los siglos XVII y XVIII. Los apellidos compuestos estaban formados por un apellido auxiliar acompañado del principal. García, Gómez, Rodríguez y Díaz, entre otros, podían ser el apellido único de una persona; pero también se usaron como auxiliares de uno compuesto: García de Ávila, García de Borges, Rodríguez de Ortega, Rodríguez de Castro, etc. Este fue el caso con los Gómez Pinto de Nirgua. Hay otras hipótesis a este respecto de las cuales hablaré en el capítulo 8.

Con todas estas introducciones y aclaratorias, ahora sí podemos concentrarnos en nuestro patriarca. Una vez adulto, abrazó el gusto por la carrera militar llegando al rango de sargento mayor de las milicias de Nirgua, el cual mantuvo durante la mayor parte de su vida adulta. En 1722, en la partida de bautismo de su hijo Juan Agustín se le identifica con el rango de maestre de campo, ultimo que obtendría en su carrera militar.

En el ámbito civil también destacó al ser alcalde ordinario de Nirgua, en 1721. A pesar de ser su alcalde, no vivía dentro de la ciudad; sino en sus afueras. Como la mayoría de los otros colonos españoles, no vivían dentro de la ciudad debido a las pugnas raciales que durante varias décadas mantuvieron con los mulatos que vivían y controlaban la mayoría de los poderes dentro de dicha ciudad[40]. Fue la recompensa que recibieron por ayudar a Juan de Meneses a "eliminar" la amenaza de los Jirajaras como se verá cuando hablemos de los Ortega en el capítulo 4.

Manuel tenía una hacienda arbolada en Canoabo y otra en Agua de Obispos, con sus respectivas casas. Esta última tenía un oratorio privado que usaba junto a sus amistades más cercanas. Allí, el presbítero Pedro Juan Díaz de Orgaz atendía las necesidades espirituales de los fieles.

A este mismo sacerdote se le concedió permiso el 17 de enero de 1732 para tramitar la construcción de un templo que, bajo la advocación de la Inmaculada Concepción de María, sería la primera iglesia del lugar. Así se sentaron las bases para la fundación de un nuevo pueblo: Montalbán. La historia de todo ese proceso ha sido detalladamente explicada por Torcuato Manzo Núñez.[41]

Juan Manuel Gómez Pinto se casó en Nirgua el 26 de enero de 1685 con María Magdalena de la Cruz Valladares y Rodríguez (L5), una de las hijas del depositario Simón Luis de la Cruz Valladares ya mencionados en el capítulo anterior. De este matrimonio nacieron 8 hijos:

P1. María del Rosario Pinto Valladares, nacida en Nirgua el 8 de septiembre de 1687. Falleció soltera a los 27 años de edad, el 8 de febrero de 1715.

P2. Manuel Mathías Pinto Valladares. Fue bautizado en Nirgua el 18 de marzo de 1690 por el cura Francisco Muñoz Zevallos, en la iglesia Nuestra Señora de la Victoria.

---

40 El obispo Mariano Martín escribía en su diario personal: *"Según el parecer del doctor Rodríguez, que fue Cura y Vicario de esta ciudad de Nirgua, y del Cura y Vicario Figueroa, la gente de este pueblo es muy mala, y no es de admirar, porque todos son mulatos, sambos, etc., a excepción de muy pocos, y no han tenido crianza alguna. Son gente bronca, basta y de ninguna finura, están agavillados y unidos y se puede temer de ellos algún atentado"*. Luego agrega, *"Los vecinos de este pueblo no tienen las puertas de sus casas en las calles, sino que se entra a ella por los patios o corrales, porque dicen que el tener puerta en las calles es de revendedores, y tal vez no hay en todo este pueblo quatro casas que tengan puerta a la calle. Estas gentes son muy atrevidas y se desmandaban contra su Cura y Sacristán"*. Así pues, no es de extrañar que los españoles tuviesen recelo de vivir con ellos y quisieran fundar otro pueblo independiente de Nirgua.

41 Manzo Núñez, Torcuato. (1979). *Abrevadero*. Vol. 2. Pág. 27 y Págs. 53 - 119

Escogió en un principio la vida eclesiástica siendo ordenado por el obispo José Félix Valverde. Luego, llegó a la conclusión de que ese no era su camino así que dejó los hábitos y se enlistó en el ejército; donde alcanzó el rango de capitán, casándose luego con Isabel Marín con quien compartió el resto de su vida hasta su fallecimiento el 20 de julio de 1731. No tuvo descendencia.

P3. Joseph Valerio Pinto Valladares. Al igual que su hermano mayor, escogió el camino religioso, al cual le dedicaría toda su vida. También fue ordenado por el obispo Valverde, sirviendo primero en Nirgua (su ciudad natal) para luego hacerlo en Montalbán, donde fungió como cura capellán a partir de la primera semana de agosto de 1729.

P4. María Feliciana de los Santos Pinto Valladares, bautizada el 27 de noviembre de 1695 por el cura Santiago de Ávila. Se casó con el maestre de campo Pablo Bernardo Henríquez de Ortega (véase R4.3), hijo del alférez Juan Bautista Enríquez y de Elvira Ortega de la Peña.

El alférez tenía una hacienda arboleada en el valle de San Luis de Cabria. Dicho valle, y la población del mismo nombre que allí se asentaba, estaba a medio camino entre San Felipe y Urama. Era un poblado mayormente de mulatos, indios y esclavos que trabajaban en las fincas de Cacao. *"Sus avitantes entre varones Grandes y pequeños 187 y Mujeres lo mismo que hazen en todo 189, cuias dos partidas componen el total de 376 personas que viben en 60 casas"* [42].

Aunque vivían en Cabria, ésta funcionaba bajo el ala de Nirgua; lugar donde se casó con Elvira el 18 de abril de 1689. El cura Francisco Muñoz Zevallos ofició la ceremonia y fueron testigos el alcalde ordinario Bernardo Díaz de Ainaga, Pedro Sevilla de la Peña y Juan de Ortega, entre otras personas.

En cuanto a Elvira, era hija del mariscal de campo Bernardo Rodríguez de Ortega (R) y de María de la Peña Rodríguez (G4), ya mencionados al comienzo de estos análisis genealógicos en el capítulo 1, pero de cuya descendencia no habíamos comentado. Tuvieron 4 hijos:

R1. María del Espíritu Santo Ortega de la Peña, bautizada en Nirgua el 23 de mayo de 1660. Se casó con el alférez Juan Bautista Infante

42 Altolaguirre y Duvale, Angel. (1909). *Relaciones geográficas de la gobernación de Venezuela (1767-68).* Pág. 73.

de Lara, natural de Tenerife, el 15 de mayo de 1693; residenciándose en Canoabo, donde tenían una hacienda arboleada. El alférez le daría dos hijas antes de fallecer el 13 de febrero de 1721:

R1.1. Rosa Santa María Infante de Lara y Ortega de la Peña. Se casó con el sevillano Manuel Salvador Tortolero (T), fundador de este apellido en la región. De su descendencia hablaremos extensamente en el capítulo 3.

R1.2. Alvina María Christina Infante de Lara y Ortega de la Peña, bautizada en Canoabo el 31 de agosto de 1698. Se casó con el español Miguel Conde con quien tuvo entre otros a:

R1.2.1. Joseph Miguel Conde e Infante de Lara, casado con María Antonia López de Salvatierra (S2.9).

Tuvieron por hijos a:

R1.2.1.1. Isabel Conde López.

R1.2.1.2. Joseph Vicente Conde López.

R1.2.1.3. María Josefa Conde López.

R2. Juan Luis Ortega de la Peña, bautizado el 21 de diciembre de 1662.

R3. María Ortega de la Peña. Se casó el 8 de julio de 1679, a los 16 años de edad, con Joseph de Castro.

R4. Elvira Ortega de la Peña, ya citada en P4. De su matrimonio con al alférez Juan Bautista Enríquez tuvieron a:

R4.1. María Hilaria Henríquez Ortega, ya citada en S4.

R4.2. Joseph Antonio Henríquez Ortega, bautizado en Nirgua el 9 de noviembre de 1691.

R4.3. Maestre de campo Pablo Bernardo Henríquez Ortega, bautizado el 20 de enero de 1690, esposo de María Feliciana de los Santos Pinto Valladares que acabamos de citar en el P4.

Pablo Bernardo heredó las haciendas de su padre en Cabria y Agua de Obispo, siendo uno de los hacendados que más propulsó la fundación del pueblo de Montalbán. Tanto fue así, que los primeros herrajes utilizados para la construcción de la primera iglesia del pueblo, fueron fundidos en una fragua de su propiedad. Años más tarde, sus hijos y nietos señalarían esto en sus solicitudes de dispensa matrimonial como prueba del compromiso de su familia con la iglesia católica.

Sin embargo, el maestre de campo fue acusado en 1733 de haber dado refugio a Andrés López del Rosario (Andresote) durante su famosa rebelión y de haberle comprado ropa contrabandeada a través de sus cómplices (los holandeses). Fue imputado por estos delitos, acompañado de muchos otros hacendados de los alrededores de Nirgua, como los hermanos Salvatierra Valladares, Isidro Vidal, Martín de Ascanio, Antonio y Francisco de Campos. Los detalles ya fueron dados en S3.

Pablo Bernardo y María Feliciana fueron padres 10 hijos:

P4.1. Carlos Joseph Henríquez Pinto, casado con su prima segunda Patricia Gabriela Oliveros Silva (P6.3.1.1), con quien tuvo a:

P4.1.1. Bárbara Gabriela Henríquez Oliveros, nacida en Montalbán el 18 de abril de 1763. Se casó en 1785 con Joseph Santiago Tortolero Silva (véase T2.2). En 1803, ya viuda, se casó en segundas nupcias con su primo tercero el subteniente Marcos Pinto Ortega (véase P12.3.5).

P4.1.2. Carlos José Henríquez Oliveros, casado en 1849 con Ana Joaquina León. Este matrimonio debió dejar una fuerte marca en la vida de Carlos José, pues los cuatro hijos que tuvieron murieron siendo infantes debido a la epidemia de fiebre amarilla que azotaba al país. Como si esto no fuera suficiente, su esposa también fallecería luego del último parto, el 28 de octubre de 1855. Estos fueron sus hijos:

P4.1.2.1. Juan de la Cruz Henríquez León.

P4.1.2.2. María Ramona Henríquez León.

P4.1.2.3. María Rafaela Henríquez León.

P4.1.2.4. José Emilio Henríquez León.

Contrajo segundas nupcias el 13 de noviembre de 1858 con Narcisa Hernández Castro, hija de Fabián Hernández y de María del Carmen Castro, sin descendencia conocida.

Carlos José enviudó nuevamente y se volvería a casar con Francisca Rosell López (S2.2.5), con quien tuvo 2 hijas:

P4.1.2.5. Juana Henríquez Rosell.

P4.1.2.6. María Antonia Henríquez Rosell.

P4.2. Gabriela Josefa Henríquez Pinto. Falleció durante su infancia, al igual que sus siguientes dos hermanas, debido a la fiebre amarilla.

P4.3. Juana Josefa Henríquez Pinto, nacida el 10 de junio de 1721.

P4.4. Rosa Venancia Henríquez Pinto.

P4.5. Paula Petrona Henríquez Pinto, casada con Joseph del Socorro León, con quien tuvo la siguiente prole:

P4.5.1. Ignacio Manuel León Henríquez, casado con María Antonia Salvatierra. Ya citados en S6.4.1.

P4.5.2. Bernarda León Henríquez. Se casó con Juan José Romero Rivero, hijo de Pedro Romero y de María de la Concepción Rivero Romano; esta última, hija de Juan Ángel Rivero Suárez y de María Dominga de la Encarnación Romano.

Bernarda y Juan José fueron padres de:

P4.5.2.1. Juana León.

P4.5.2.2. María Rita Romero León.

P4.5.2.3. Manuel Romero León.

P4.5.2.4. Paula Romero León.

P4.5.3. José Fernando León Henríquez. Se casó con Juana de la Candelaria Rivero Ojeda, hija de Joseph Manuel Casimiro Rivero Romano y de María Antonia Ojeda Peñalosa. Joseph Manuel Casimiro era hermano de María de la Concepción, ya citada en P4.5.2; mientras que María Antonia era hija del canario Juan Fernández de Ojeda y de Elvira Peñalosa Noda, ya citados en S2.2.7.

José Fernando y Juana de la Candelaria tuvieron 9 hijos:

P4.5.3.1. Francisco Antonio León Rivero.

P4.5.3.2. Rafael León Rivero.

P4.5.3.3. Bárbara León Rivero.

P4.5.3.4. Inés Antonia León Rivero.

P4.5.3.5. Agustina León Rivero.

P4.5.3.6. María Celedonia León Rivero.

P4.5.3.7. Cornelio León Rivero.

P4.5.3.8. Juan José León Rivero.

P4.5.3.9. José María León Rivero.

Al enviudar, José Fernando volvió a casarse con Manuela Rivero Peñalosa, viuda de Ramón Coronel Rivero e hija de Salvador Rivero Romano y de Antonia Peñalosa Ojeda.

De los anteriores, Salvador era hijo de Juan Ángel Rivero Suárez y de María Dominga de la Encarnación Romano, ya citados en P4.5.2; mientras que Antonia era hija de Pedro Peñalosa Noda y de María de la Concepción Ojeda Serpa.

A su vez, Pedro era hijo de Juan Thomás Peñalosa Sequera y de María Josefa Facunda de Noda; siendo Juan Thomás hijo de Juan Mateo Hernández de Peñalosa y de María Pascuala de Hernández y Sequera. En cuanto a María de la Concepción, era hija de Joseph Miguel de Ojeda y de Juana María Cayetana Serpa, ya citados en S2.2.7.

P4.6. Lorenzo Bernardo Henríquez Pinto, nacido en 1727. Se casó con su prima segunda María Salazar López (S2.2.1), con quien tuvo 12 hijos:

P4.6.1. Cándida Henríquez Salazar, casada en 1785 con Gregorio Ortega Cesaro (véase O7).

P4.6.2. José Gabriel Henríquez Salazar. Se casó en enero de 1794 con María de la Concepción Torrens Cesaro (S2.1.5.1).
Fueron padres de:

P4.6.2.1. Pablo Henríquez Torrens.

P4.6.2.2. Gabriel Henríquez Torrens.

P4.6.2.3. Juan José Henríquez Torrens.

P4.6.2.4. José Ramón Henríquez Torrens.

P4.6.3. Rosa Henríquez Salazar, casada en 1782 con su primo tercero Antonio Eusebio Tortolero Silva (véase T8.5).

P4.6.4. María del Rosario de la Trinidad Henríquez Salazar, casada en 1793 con su primo tercero Manuel Salvador Tortolero Silva (véase T8.7).

Al enviudar, contrajo segundas nupcias en 1805 con Miguel Ojeda Rosell (S2.2.7.3), con quien tuvo una hija:

P4.6.4.1. Ana María Josefa Ojeda Henríquez.

P4.6.5. Joseph Miguel Henríquez Salazar. Falleció siendo un infante.

P4.6.6. Bartolomé Henríquez Salazar. Ídem.

P4.6.7. Ignacio Henríquez Salazar, casado en 1790 con su prima cuarta Bárbara María Tortolero León (T9.5), con quien tuvo a:

P4.6.7.1. María Henríquez Tortolero.

Al enviudar, volvió a casarse en 1806 con Mauricia Romero León, hija de Miguel Romero y de Cándida León Salvatierra (S1.2.1.2), con quien tuvo a otra hija:

P4.6.7.2. María Hipólita del Carmen Henríquez Romero.

P4.6.8. María de la Ascensión Henríquez Salazar, nacida el 19 de abril de 1767. Contrajo nupcias en 1790 con su primo cuarto Joseph Santiago Salvatierra Ortega, ya citados en S6.5.1.

P4.6.9. José Cirilo Henríquez Salazar, casado en 1800 con su prima tercera Mariana Tortolero Cesaro (T9.2.1), con quien tuvo 6 hijos:

P4.6.9.1. José Miguel Henríquez Tortolero.

P4.6.9.2. María del Carmen Henríquez Tortolero.

P4.6.9.3. José Custodio Henríquez Tortolero.

P4.6.9.4. María de las Mercedes Henríquez Tortolero.

P4.6.9.5. María de Jesús Henríquez Tortolero.

P4.6.9.6. Jacinto Henríquez Tortolero.

P4.6.10. María de Jesús Henríquez Salazar. Se casó el 18 de enero de 1787 con su primo cuarto Joseph Manuel Tortolero León. Para detalles, véase T9.6.

P4.6.11. Pablo Henríquez Salazar, casado en 1798 con María de las Mercedes Ojeda Tortolero (T8.1.6), con quien tuvo 9 hijos:

P4.6.11.1. María de la Concepción Henríquez Ojeda.

P4.6.11.2. Joseph Miguel Henríquez Ojeda.

P4.6.11.3. Rosa Ramona Henríquez Ojeda.

P4.6.11.4. Nazaria María Henríquez Ojeda.

P4.6.11.5. José Rafael Henríquez Ojeda.

P4.6.11.6. Francisco José Henríquez Ojeda.

P4.6.11.7. Juan Bautista Henríquez Ojeda.

P4.6.11.8. José María de la Concepción Henríquez Ojeda.

P4.6.11.9. María Celedonia Henríquez Ojeda.

P4.6.12. José Amador Henríquez Salazar. Se casó en 1796 con Manuela Cesaro León (S1.1.6.1), con quien tuvo 9 hijos:

P4.6.12.1. Blas José Amador Henríquez Cesaro.

P4.6.12.2. José Gabriel Henríquez Cesaro.

P4.6.12.3. Rita Antonia Henríquez Cesaro.

P4.6.12.4. Manuela María Henríquez Cesaro.

P4.6.12.5. José Rafael Henríquez Cesaro.

P4.6.12.6. José Mariano Henríquez Cesaro.

P4.6.12.7. José de Jesús Henríquez Cesaro.

P4.6.12.8. José Antonio Henríquez Cesaro.

P4.6.12.9. María de la Concepción Henríquez Cesaro.

P4.7. Feliciana Petrona Henríquez Pinto. Trató de casarse con su primo tercero Joseph Valentín Salvatierra Tortolero, pero no se pudo. Véase detalles en S6.4.

P4.8. Félix Joseph Henríquez Pinto, nacido en Nirgua el 18 de octubre de 1730. Se casó en 1771 con su prima tercera María de la Concepción López Salvatierra (S2.8), viuda de Pablo Joseph León Cesaro (S1.1.2).

P4.9. Manuel Henríquez Pinto. Fallecido durante su infancia.

P4.10. Úrsula Henríquez Pinto, casada con su primo hermano el sargento mayor Pablo Pantaleón Silva Pinto (véase P6.2.).

P5. Plácida Dionisia Pinto Valladares, bautizada en Nirgua el 28 de abril de 1696. Prefirió la vida de soltera.

P6. Andrea de la Concepción Pinto Valladares. Tomó estado con el capitán Félix Joseph Silva Rodríguez, natural de El Tocuyo. Félix Joseph era hijo del alférez mayor Francisco de Silva y de Catalina Rodríguez de la Torre, ya citados en S1.1.

Tuvieron los siguientes hijos:

P6.1. Feliciana Silva Pinto, casada en 1737 con Joseph Santiago Tortolero e Infante de Lara (véase T2).

P6.2. Pablo Pantaleón Silva Pinto. Alcanzó el rango de sargento mayor, heredando las tierras y esclavos de su padre. También, fue uno de los primeros moradores de Montalbán, donde fue alcalde ordinario en 1747.

Como ya expliqué en S5.1. se le trató de casar con su prima María Tomasa Baudín Salvatierra cuando era muy joven, lo cual no ocurrió por los múltiples enlaces sanguíneos que los unían. Algo similar ocurrió con su prima Micaela León Cesaro (véase S1.1.13).

Irónicamente, terminó casándose con su prima hermana Úrsula Henríquez Pinto (P4.10), con quien tuvo a:

P6.2.1. María Antonia Silva Henríquez, casada en 1769 con Joseph Raymundo Tortolero León. Véase T9.1.

P6.2.2. María de la Encarnación Agustina Silva Henríquez. La casaron a muy corta edad (en 1779) con su primo tercero Miguel Ángel León López (S1.1.2.1). Tuvieron una hija:

P6.2.2.1. Ana María León Silva.

P6.2.3. Francisca Silva Henríquez.

P6.2.4. Ignacia Silva Henríquez. Tuvo un hijo natural reconocido por su padre biológico Mateo Oliveros Silva (P6.3.2):

P6.2.4.1. Juan Nepomuceno Silva.

P6.3. María Apolonia Silva Pinto, nacida en Nirgua el 6 de febrero de 1721 y bautizada el 14 de abril siguiente. Tomó estado con Pablo de Olivera con la siguiente descendencia:

P6.3.1. Patricia Gabriela Oliveros Silva. Se casó con Juan Pablo Ochoa, con quien tuvo una hija:

P6.3.1.1. María José Ochoa Oliveros.

Luego de enviudar, se casó por segunda ocasión con su primo segundo Carlos Joseph Henríquez Pinto, ya citados en P4.1.

P6.3.2. Mateo Oliveros Silva. Aunque permaneció soltero, tuvo un hijo reconocido con Ignacia Silva Henríquez, como ya vimos en P6.2.4.

P6.3.3. María Josefa Oliveros Silva. Se casó con Fernando Machado Soto, hijo de Joseph Machado Rivero y de Juana Soto; siendo Joseph hijo de Joseph Machado y de María Rivero.

Tuvieron un hijo:

P6.3.3.1. Miguel Machado Oliveros, casado en 1799 con Josefa Romero Rivero, hija de Pedro Romero y de María de la Concepción Rivero Romano, ya citados en P4.5.2.

Viuda, contrajo segundas nupcias con Pedro Mena con quien tuvo un hijo:

P6.3.3.2. Pedro Mena Oliveros.

Enviudó nuevamente y no volvió a casarse. Sin embargo, fue madre soltera en tres oportunidades. Aparentemente, todos hijos de Blas Tortolero Silva (T9.1.4):

P6.3.3.3. María del Rosario Oliveros

P6.3.3.4. Antonia Oliveros.

P6.3.3.5. Manuela Oliveros.

P6.3.4. Juan Bautista Oliveros Silva. Se casó en 1768 con su prima hermana María Josefa Tortolero Silva. Véase T2.1.

P6.3.5. Joseph Manuel Oliveros Silva. Se casó el 20 de mayo de 1779 con Juana Aguilar Leal, hija de Manuel Florencio Aguilar Vélis y de María Juliana Leal Matheos. A su vez, Manuel Florencio era hijo de Francisco Feliciano de Aguilar y de Felipa Santiaga Vélis; mientras que María Juliana lo era de Juan Francisco Leal y de Juana Matheos Rumbos.

P6.4. Francisca Andrea Silva Pinto, nacida en Nirgua el 1 de diciembre de 1724. Solicitó dispensa en 1746 para casarse con su primo cuarto Joseph Salvador Tortolero e Infante de Lara, residenciándose en Montalbán. Véase T8.

P6.5. Joseph de la Encarnación Silva Pinto. Nació en Nirgua el 28 de marzo de 1727, mismo lugar donde lo bautizarían el 1 de junio siguiente. Se casó en San Luis Beltrán de Cabria el 31 de octubre de 1758 con María Acosta Machado, hija de Diego de Acosta y de Juana Machado. Sin descendencia.

P6.6. María Margarita Silva Pinto, casada con Pedro Joseph López Salvatierra. Ya citados en S2.6.

Al enviudar, Andrea de la Concepción Pinto Valladares se casó por segunda vez con el capitán de infantería de milicias de blancos Isidro Vidal Porreros, terrateniente de los valles de Nirgua y otro de los primeros pobladores de Montalbán. Era hijo del capitán Hilario Vidal Gómez, alcalde ordinario de Nirgua en 1697, y de Paula Margarita Porreros Noguera. Esta última, hija de Pedro Porreros y de Margarita Noguera de Roxas.

El capitán Isidro fue otro de los hacendados implicados en el alzamiento de Andresote, como ya se dijo en S3.

María Margarita e Isidro tuvieron los siguientes hijos:

P6.7. Josefa Dionisia Vidal Pinto, nacida el 14 de febrero de 1729. Se casó con Diego de Mérida, con quien tuvo a:

P6.7.1. Clara María Mérida Vidal, casada en 1784 con su medio primo hermano Joseph Martín Tortolero Silva (véase T8.4).

P6.7.2. María Desideria Mérida Vidal, nacida en Montalbán el 24 de mayo de 1751. Se casó en 1776 con su primo segundo Joseph Santiago Pinto Tortolero (véase P12.8).

P6.7.3. Gregorio Mérida Vidal, casado en 1800 con su prima cuarta Juana Mercedes Tortolero Silva (T9.1.5). Sin descendencia.

P6.8. María Victoria Vidal Pinto, bautizada a los 4 meses de nacida el 26 de enero de 1731. Falleció a los 6 meses de vida.

P6.9. Esteban Dionisio Vidal Pinto, bautizado el 14 de abril de 1732, con 4 meses de edad.

P7. María Flora Pinto Valladares, casada con Sebastián de Osorio con quien tuvo 2 hijos:

P7.1. Una párvula que falleció al poco tiempo de nacer, el 20 de junio de 1720.

P7.2. Félix Damián Osorio Pinto, casado en Guama el 24 de septiembre de 1743 con su prima tercera María Tomasa Baudín Salvatierra (S5.1), con quien tuvo a:

P7.2.1. Blasa Osorio Baudín. Se casó con Francisco Javier del Valle Pinto, hijo de Bartolomé del Valle Márquez y de Paula Bernarda Pinto Plaza (véase P8.5). Fueron padres de:

P7.2.1.1. Felipe Antonio del Valle.

P7.2.1.2. María Francisca del Valle y Osorio.

P7.2.1.3. Tomasa del Valle.

P7.2.1.4. Francisca Rafaela del Valle.

P7.2.1.5. María Candelaria Josefa del Valle.

P7.2.2. Antoniana Osorio Baudín, casada con Matías Pereda con quien tuvo los siguientes hijos:

P7.2.2.1. Juana Bautista Rafaela Pereda Osorio.

P7.2.2.2. Rafaela de las Angustias Pereda Osorio.

P7.2.2.3. José Miguel Pereda Osorio.

P7.2.2.4. Rafael Pereda Osorio.

P8. Juan Alberto Pinto Valladares, casado con María Magdalena de la Plaza, con quien tuvo 8 hijos:

P8.1. Dionisia Plácida Pinto Plaza, casada en Guama con Manuel Leaño y Vargas. Al enviudar, contrajo segundas nupcias el 16 de diciembre de 1745 con Ángel Fernández del Castillo.

P8.2. Casilda Pinto Plaza, nacida en Canoabo el 13 de abril de 1727.

P8.3. Luisa María Pinto Plaza. Nació en Nirgua el 15 de agosto de 1728, siendo bautizada a los 7 meses de edad el 20 de marzo de 1729.

P8.4. Párvulo, fallecido al poco tiempo de nacer en Nirgua, el 27 de febrero de 1730.

P8.5. Paula Bernarda Pinto Plaza, bautizada el 14 de abril de 1732. Se casó en Guama el 4 de octubre de 1750 con Bartolomé del Valle Márquez, natural de Cádiz e hijo de Roque del Valle y de Estéfana Márquez, ya citados en P7.2.1. Fueron padres de:

P8.5.1. Francisco Javier del Valle y Pinto, casado con Blasa Osorio Baudín, ya citada en P7.2.1.

P8.5.2. Francisco Andrés del Valle y Pinto, bautizado en Guama el 28 de mayo de 1765.

P8.5.3. Francisco Ignacio del Valle y Pinto.

P8.6. Teodoro del Espíritu Santo Pinto Plaza, bautizado el 24 de diciembre de 1740.

P8.7. Blas Ignacio Pinto Plaza. Recibió el bautismo en Guama el 14 de agosto de 1741, al igual que su hermano Teodoro.

P8.8. María Magdalena Pinto Plaza, bautizada el 19 de agosto de 1743 en el mismo lugar.

Luego de enviudar, Juan Manuel Gómez Pinto tomó estado por segunda ocasión con Catalina de San Pedro Silva Rodríguez, natural de El Tocuyo e hija del alférez mayor Francisco de Silva y de Catalina Rodríguez de la Torre, ya citados en S1.1.

Tuvieron los siguientes 11 hijos:

P9. Eusebio Pinto Silva, casado con Estéfana de León. Sin descendencia.

P10. Manuel Pinto Silva. Se casó con Dominga Durán y se establecieron en la recién fundada Montalbán. Tuvieron un hijo:

P10.1. Francisco Antonio Pinto Durán. Se casó en Canoabo en 1798 con María Josefa Romero Ochoa (P14.2.3).

P11. Rosa (Rosalía) Pinto Silva, nacida en la casa de campo de su padre, en Agua de Obispos. Se casó el 8 de enero de 1741 con el canario Domingo Luis de la Cruz Velasco, hijo de Salvador Luis de la Cruz Velasco y de Francisca Rodríguez. Tuvieron por hijos a:

P11.1. Nicolasa Velasco Pinto, casada con José Cristóbal Gabriel Tortolero e Infante de Lara (T3).

P11.2. Rosalía Velasco Pinto. Se casó en Canoabo el 6 de julio de 1768 con Juan Joseph Herrera, natural de Tenerife e hijo de Joseph Herrera y de Gracia María Fernández. Fueron padres de:

P11.2.1. Gabriela Herrera Velasco, casada en 1804 con su primo cuarto José Gregorio Romero Ortega (O5.3).

P11.2.2. Josefa Herrera Velasco. Se casó en 1801 con su primo cuarto Francisco Romero Ortega (O5.2), hermano de José Gregorio el esposo de su hermana.

P11.3. Manuela Velasco Pinto, casada con Christóbal Santiago de Salvatierra Tortolero, ya citados en S6.7.

P11.4. Antonia Ignacia Velasco Pinto. Fallecida soltera y sin hijos.

P11.5. Luis Velasco Pinto. Se casó en Canoabo en 1773 con Gregoria Molina Hernández, hija de Vicente Molina y de Rosa María Hernández.

P12. Bernardino Pinto Silva, otro de los primeros moradores de Montalbán. Se casó con Catalina Tortolero e Infante de Lara (T4), con quien tuvo 8 hijos:

P12.1. Bernardino Pinto Tortolero. Se casó en 1785 con su prima hermana María Rosa Tortolero Silva (T2.10), con quien tuvo la siguiente descendencia antes de fallecer el 28 de diciembre de 1813:

P12.1.1. Rafael Pinto Tortolero. Se casó en 1811 con su prima tercera Juana Bacalao López (S2.6.2.4), con quien tuvo a:

P12.1.1.1. Bernardino Pinto Bacalao.

P12.1.1.2. Manuela Pinto Bacalao.

P12.1.1.3. Rafael María Pinto Bacalao.

P12.1.2. Carlos Pinto Tortolero. Se casó en 1809 con su prima segunda Gracia María Pinto Ortega (P12.7.3.1), siendo padres de:

P12.1.2.1. Ramón Pinto Pinto.

P12.1.2.2. María de la Trinidad Pinto Pinto.

P12.1.2.3. Tomasa Pinto Pinto.

P12.1.2.4. María de la Concepción Pinto Pinto.

P12.1.2.5. Rosa Pinto Pinto.

Al enviudar, contrajo segundas nupcias con Manuela Torrens Cesaro, hija de José Ramón Torrens Cesaro (S2.1.5.3) y de María de los Ángeles Cesaro León (S1.1.6.4), con quien tuvo a:

P12.1.2.6. Marta Pinto Torrens.

P12.1.2.7. Francisco Pinto Torrens.

P12.1.2.8. María del Carmen Pinto Torrens.

P12.1.3. Isabel Pinto Tortolero. Se casó en 1809 con su primo hermano Juan Eugenio Ruíz Tortolero (T2.9.1), teniendo por descendientes a:

P12.1.3.1. María Juliana Manuela Ruíz Pinto.

P12.1.3.2. Joseph Justo Ruíz Pinto.

P12.1.3.3. Josefa Ruíz Pinto.

P12.1.3.4. Jesús María Ruíz Pinto.

P12.2. Agustín de la Encarnación Pinto Tortolero. Contrajo nupcias en 1768 con su doble prima segunda y doble prima tercera Bárbara Gabriela Tortolero Silva (T2.6). Fueron padres de:

P12.2.1. Paula Petrona Pinto Tortolero. Se casó en 1797 con Andrés Joseph Latouche Ojeda, viudo de María de la Concepción Oliveros Tortolero (véase T2.1.2). Paula tuvo 10 hijos con Andrés, antes de fallecer el 28 de marzo de 1858:

P12.2.1.1. Miguel Antonio Latouche Pinto.

P12.2.1.2. Ana María Latouche Pinto.

P12.2.1.3. José María Latouche Pinto.

P12.2.1.4. Ana Josefa Latouche Pinto.

P12.2.1.5. Ramón Latouche Pinto.

P12.2.1.6. Joaquín Latouche Pinto.

P12.2.1.7. Ana Josefa Latouche Pinto.

P12.2.1.8. Escolástico Latouche Pinto.

P12.2.1.9. Joaquina Latouche Pinto.

P12.2.1.10. Lorenza Latouche Pinto.

P12.2.2. María de los Ángeles Pinto Tortolero. Se casó en 1809 con su primo segundo Joseph Antonio Fuentes Pinto (P12.4.2). Falleció el 27 de junio de 1856, sin descendencia.

P12.2.3. Gerónima Pinto Tortolero, casada en 1808 con su doble primo cuarto Rafael Ortega Henríquez. Véase O7.2.

P12.2.4. María de la Concepción Pinto Tortolero. Se casó en 1797 con su doble primo tercero Joseph Lino Ojeda Tortolero (T8.2.2). Tuvieron por descendientes a:

P12.2.4.1. María de la Trinidad Ojeda Pinto.

P12.2.4.2. Rosa María Ojeda Pinto.

P12.2.4.3. Manuela Ojeda Pinto.

P12.2.4.4. Manuel Ojeda Pinto.

P12.2.4.5. María del Carmen Ojeda Pinto.

P12.2.4.6. José María Ojeda Pinto.

P12.2.5. Félix Miguel Pinto Tortolero. Se casó en 1809 con su prima tercera María de la Luz Bacalao López (S2.6.2.1). Tuvo 8 hijos con ella, antes de fallecer el 12 de enero de 1867:

P12.2.5.1. María Lucía Pinto Bacalao.

P12.2.5.2. María del Carmen Pinto Bacalao.

P12.2.5.3. María Luisa Pinto Bacalao.

P12.2.5.4. Félix Miguel Pinto Bacalao.

P12.2.5.5. Elisa Pinto Bacalao.

P12.2.5.6. María de la Concepción Pinto Bacalao.

P12.2.5.7. Simón Pinto Bacalao.

P12.2.5.8. José Pinto Bacalao.

P12.2.6. Merced Pinto Tortolero. Falleció en Montalbán, soltera y sin descendencia, el 29 de mayo de 1861.

P12.2.7. Juana Pinto Tortolero, casada con Joseph Latouche, con quien tuvo una hija:

P12.2.7.1. María Josefa Latouche Pinto.

P12.2.8. Marcelo Pinto Tortolero. Se casó en 1797 con su doble prima tercera Bárbara Ojeda Tortolero (T8.2.3), hermana de Lino (el esposo de su hermana María de la Concepción).

Marcelo y Bárbara fueron padres de:

P12.2.8.1. Lino Pinto Ojeda.

P12.2.8.2. Isabel Pinto Ojeda.

A pesar de estar casado con Bárbara Gabriela, Agustín Pinto Tortolero (P12.2) tuvo varios hijos por fuera de su matrimonio. Mayoritariamente con Juana Francisca, una de sus esclavas (hija natural de María Pinto Moreno), con quien tuvo a:

P12.2.9. Julián Pinto. Se casó con Petronila Pinto, esclava de Josefa Pinto y luego de Juan Bautista Ochoa. Fueron padres de:

P12.2.9.1. Casimiro Pinto Pinto.

P12.2.9.2. Dionisio Pinto Pinto.

P12.2.9.3. José Manuel Salvador Pinto Pinto.

P12.2.10. Agustina Pinto. Se casó el 29 de enero de 1798 con Andrés Ainaga Henríquez, hijo de Joseph de Ainaga y de María Petronila Henríquez; todos esclavos de Pablo Bernardo Henríquez (R4.3). Agustina le dio 9 hijos a Andrés antes de fallecer el 19 de agosto de 1861:

P12.2.10.1. Simón Jacinto Henríquez Pinto.

P12.2.10.2. Gabriel Henríquez Pinto.

P12.2.10.3. Aurelio Henríquez Pinto.

P12.2.10.4. Manuel Henríquez Pinto.

P12.2.10.5. Francisca Henríquez Pinto.

P12.2.10.6. Amador Henríquez Pinto.

P12.2.10.7. María Polonia Henríquez Pinto.

P12.2.10.8. Salvador Henríquez Pinto.

P12.2.10.9. Ignacio Henríquez Pinto.

P12.2.11. Pastora Pinto, madre soltera de una hija:

P12.2.11.1. María Victoria Mercado Pinto

P12.2.12. Antonio Hilario Pinto, casado con Margarita López y padres de una hija:

P12.2.12.1. María de la Cruz López.

P12.2.13. Juana Francisca Pinto, casada con Raimundo Rodríguez con quien tuvo un hijo:

P12.2.13.1. Joseph Rafael Rodríguez Pinto.

Por último, y hasta donde tengo noticia, Agustín Pinto Tortolero tuvo un hijo más con una parda de Nirgua, María Ramona Ochoa, el cual no reconoció:

P12.2.14. José Vicente Ochoa. Se casó con María Josefa Ochoa, hija de Juan Bautista Ochoa y de Micaela Josefa Ochoa, con quien tuvo los siguientes hijos:

P12.2.14.1. María Francisca Ochoa Ochoa.

P12.2.14.2. José Ochoa Ochoa.

P12.2.14.3. Ana María Ochoa Ochoa.

P12.2.14.4. Antonio Vicente Ochoa Ochoa.

P12.3. Antonio Pinto Tortolero, nacido en 1751 según su declaración jurada en una de las dispensas matrimoniales donde sirvió como testigo. Se casó en 1776 con su prima tercera Teresa Ortega Cesaro (O6), con quien tuvo a:

P12.3.1. Francisca Antonia Pinto Ortega. Se casó en 1801 con su primo segundo y tercero Pedro Ortega Salvatierra, con quien tuvo descendencia antes de fallecer el 30 de mayo de 1870. Véase O4.4.

P12.3.2. María del Carmen Pinto Ortega. Se casó en 1804 con su primo segundo y tercero Blas Ortega Salvatierra, hermano de Pedro el marido de su hermana Francisca Antonia (P12.3.1). Como en el caso anterior, tuvo descendencia antes de fallecer el 5 de febrero de 1865. Véase O4.5.

P12.3.3. Andrés Miguel Pinto Ortega. Se casó en 1806 con Juana Henríquez Rosell (P4.1.2.5), con quien tuvo 5 hijos antes de fallecer el 3 de noviembre de 1849:

P12.3.3.1. Juan Bautista Pinto Henríquez.

P12.3.3.2. Manuel María Pinto Henríquez.

P12.3.3.3. Eusebio Pinto Henríquez.

P12.3.3.4. María de las Nieves Pinto Henríquez.

P12.3.3.5. María del Carmen Pinto Henríquez.

P12.3.4. Leonor Pinto Ortega. Se casó en 1801 con su primo tercero Ramón Arocha Tortolero (T2.3.1). Fueron padres de 5 hijos:

P12.3.4.1. Ramona Arocha Pinto.

P12.3.4.2. Simón Jacinto Arocha Pinto.

P12.3.4.3. Simón Arocha Pinto[43].

---

43 A veces ocurría que cuando una familia perdía a un hijo, sobre todo en su tierna infancia, se volvía a poner el mismo nombre al siguiente niño en

P12.3.4.4. Miguel Arocha Pinto.

P12.3.4.5. Eulogia Arocha Pinto.

P12.3.5. Marcos Pinto Ortega, casado en 1803 con Bárbara Gabriela Henríquez Oliveros, ya citada en el P4.1.1. Alcanzó el rango de Subteniente, luchando por el bando patriota en la guerra de independencia de Venezuela. Tuvieron un hijo:

P12.3.5.1.Marcos José Pinto Henríquez.

P12.3.6. José Matías Pinto Ortega. Al igual que su hermano, luchó valientemente por la independencia de su país. Luego de acabada la guerra, fue jefe político del cantón Bejuma en 1849. En su vida personal, contrajo nupcias en 1820 con su prima tercera María del Carmen Ojeda Pinto (P12.2.4.5), con quien tuvo una hija:

P12.3.6.1. Nicanor Pinto Ojeda.

Al enviudar, contrajo nupcias por segunda ocasión con Ramona Salvatierra (S6.4.3.1), con quien tuvo 5 hijos más antes de fallecer el 15 de agosto de 1862:

P12.3.6.2. Asunción Pinto Salvatierra.

P12.3.6.3. Quintina Pinto Salvatierra.

P12.3.6.4. María Leocadia Pinto Salvatierra.

P12.3.6.5. Loreta Pinto Salvatierra.

P12.3.6.6. Matías Pinto Salvatierra.

P12.3.7. José María Pinto Ortega, último de los hermanos Pinto Ortega que lucharon por la libertad de Venezuela. Se casó en 1822 con su prima tercera Ana Joaquina Tortolero (T8.10.1.2), con quien tuvo los siguientes hijos:

P12.3.7.1. Dionisio Pinto Tortolero.

P12.3.7.2. Ana Agripina Pinto Tortolero.

P12.3.7.3. María del Carmen Pinto Tortolero.

P12.3.8. Tomasa Pinto Ortega, casada en 1800 con su primo segundo y tercero Lorenzo Ortega Salvatierra (O4.3).

Al igual que su hermano Agustín, Antonio Pinto Tortolero tuvo hijos por fuera de su matrimonio con una esclava de su tía Feliciana Pinto

---

nacer, en el caso de que fuera del mismo sexo. Esto lo hacían en honor al fallecido.

Valladares (P4). Se llamaba Teresa de Jesús Ainaga Henríquez, hija de Joseph de Ainaga y de María Petronila Henríquez, ya citados en P12.2.10.

Antonio tuvo 3 hijos naturales:

P12.3.9. Isabel Henríquez, quien a su vez fue madre natural de:

P12.3.9.1. José de Jesús Henríquez.

P12.3.9.2. Ana Joaquina Henríquez.

P12.3.10. María de la Concepción Henríquez, también tuvo 2 hijos naturales:

P12.3.10.1. Juan José Henríquez.

P12.3.10.2. Josefa Henríquez.

P12.3.11. Isabel Henríquez, casada con Casimiro Pinto Pinto (P12.2.9.1), con quien tuvo dos hijos antes de fallecer el 7 de agosto de 1851:

P12.3.11.1. Fernando Pinto Henríquez.

P12.3.11.2. Laura Pinto Henríquez.

P12.4. Rosalía Pinto Tortolero, casada con Joseph Antonio Fuentes, natural de Las Palmas en Gran Canarias. Tuvo 3 hijos con él antes de que éste falleciera el 18 de julio de 1780:

P12.4.1. José David Fuentes Pinto. Se casó en 1801 con Soledad Bacalao López (S2.6.2.6), con la siguiente prole:

P12.4.1.1. Francisco Fuentes Bacalao.

P12.4.1.2. **María África Fuentes Bacalao**.

P12.4.1.3. María de Jesús Fuentes Bacalao.

P12.4.1.4. Manguela Fuentes Bacalao.

P12.4.2. Joseph Antonio Fuentes Pinto. Se casó en 1809 con su prima segunda María de los Ángeles Pinto Tortolero (P12.2.2).

P12.4.3. Tomasa Fuentes Pinto. En 1804 contrajo primeras nupcias, en artículos mortis[44], con Sebastián Oliveros León (S1.1.14.4),

---

44 Locución latina que significa "a punto de morir". Durante la colonia hubo muchos casos de personas que se casaban con uno de los novios en esta condición. Dada la premura existente en este tipo de situaciones (enfermedades mortales, heridas de guerra, etc.), se agilizaban los procesos y se hacía el acto en muy corto tiempo, advirtiéndosele a los contrayentes

sin descendencia. Luego, en 1805 tuvo sus segundas nupcias con Ambrosio Oliveros León, hermano de Sebastián (su primer marido), con quien tuvo dos hijos:

P12.4.3.1. Manuel Ambrosio Oliveros Fuentes.

P12.4.3.2. Josefa Oliveros Fuentes.

Al enviudar, Rosalía Pinto Tortolero volvería a casarse en 1787 con su doble primo segundo Joseph de la Encarnación Salvatierra Salvatierra, ya citados en S6.2.1.

P12.5. Rosa Pinto Tortolero, casada en 1795 con su primo segundo Juan José Ortega Salvatierra. Véase O4.2.

P12.6. José Pinto Tortolero, casado con Josefa Pinto con quien tuvo la siguiente prole:

P12.6.1. Micaela Pinto Pinto. Fue madre soltera de 3 hijas antes de fallecer soltera el 1 de agosto de 1899:

P12.6.1.1. Eusebia Pinto.

P12.6.1.2. Carmen Pinto

P12.6.1.3. Manuela Pinto.

P12.6.2. Petronila Pinto Pinto, fallecida infante el 8 de julio de 1895.

P12.6.3. Pablo Pinto Pinto, también fallecido al poco tiempo de nacer el 12 de septiembre de 1886.

P12.6.4. Facundo Pinto Pinto. Se casó el 22 de marzo de 1897 con Manuela Márquez; hija natural de Juana Márquez, fallecida en Montalbán el 8 de agosto de 1896. Facundo tuvo 5 hijos con Manuela antes de fallecer el 15 de marzo de 1907:

P12.6.4.1. María de las Mercedes Márquez.

P12.6.4.2. Camilo Pinto Márquez.

P12.6.4.3. Ricardo Manuel Pinto Márquez.

P12.6.4.4. Tomás Sabino Pinto Márquez.

P12.6.4.5. Juana de Jesús Pinto Márquez.

P12.6.5. Trinidad María Pinto Pinto. Como su hermana Micaela, fue madre soltera de 3 hijos antes de fallecer el 22 de septiembre de 1849:

que luego debían traer los recaudos faltantes a fin de legalizar el matrimonio.

P12.6.5.1. Trinidad Pinto.

P12.6.5.2. Francisca Pinto.

P12.6.5.3. José Ignacio Pinto.

P12.6.6. Regina Pinto Pinto, casada el 1 de mayo de 1868 con su primo cuarto Lorenzo Machado Ortega (O4.6.3).

P12.7. Ignacio de Jesús Pinto Tortolero. Se casó en 1767 con María Gregoria León Cesaro (S1.2.5), con quien tuvo 8 hijos:

P12.7.1. María de la Trinidad Pinto León, nacida el 16 de mayo de 1769. Se casó en 1792 con Juan Ignacio Ojeda Tortolero (T8.1.1). Al enviudar, tomó estado por segunda ocasión en 1815 con Juan Miguel Salvatierra Ortega (S6.5.6).

P12.7.2. Gabriel Pinto León. Se casó con Rosa Suárez, con quien tuvo una hija antes de fallecer el 24 de mayo de 1875:

P12.7.2.1. Concepción Pinto Suárez.

P12.7.3. Agustín Miguel Pinto León, casado en 1792 con su doble prima tercera y cuarta Máxima Ortega Salvatierra (O4.1), siendo padres de:

P12.7.3.1. Gracia María Pinto Ortega.

P12.7.3.2. Gerónima Pinto Ortega.

P12.7.3.3. María de los Santos Pinto Ortega.

P12.7.3.4. Leonor Pinto Ortega.

P12.7.3.5. Agustín Miguel Pinto Ortega.

P12.7.3.6. Francisco Antonio Pinto Ortega.

P12.7.4. Juan de Jesús Pinto León. Se casó en 1807 con Juana Ximénez, hija natural de Rosalía Ximénez León (S1.1.1.4). Tuvieron la siguiente descendencia:

P12.7.4.1. Trinidad Pinto Jiménez.

P12.7.4.2. Josefa Pinto Jiménez.

P12.7.4.3. María Ramona Pinto Jiménez.

P12.7.4.4. Rafaela Pinto Jiménez.

P12.7.5. Rosa Pinto León, casada en 1797 con su primo segundo y tercero Marcelo Ojeda Tortolero (T8.1.4), con quien tuvo 5 hijos:

P12.7.5.1. Isabel Rosa Ojeda Pinto.

P12.7.5.2. **Trinidad Ojeda Pinto**.

P12.7.5.3. Manuel Ojeda Pinto.

P12.7.5.4. Carlos Ojeda Pinto.

P12.7.5.5. Concepción Ojeda Pinto.

Al enviudar, tomó estado nuevamente en 1812 con Pablo León Cesaro (S1.1.9.3), siendo padres de:

P12.7.5.6. Ana Josefa León Pinto.

P12.7.5.7. Martín León Pinto.

P12.7.6. Juan Bartolomé Pinto León, casado en 1794 con Isabel Antonia Cesaro León (S1.1.6.3). Tuvieron la siguiente prole:

P12.7.6.1. Cayetano Pinto Cesaro.

P12.7.6.2. María Ramona Pinto Cesaro.

P12.7.6.3. Ignacio Pinto Cesaro.

P12.7.6.4. Rafael Pinto Cesaro.

P12.7.7. Marcela Pinto León. Se casó en 1817 con su doble primo tercero Ramón Salvatierra Ortega (S6.5.7). Falleció el 28 de mayo de 1849, sin descendencia.

P12.7.8. Ana María Pinto León, casada en 1806 con su primo tercero Ezequiel Salvatierra Velasco (S6.7.1).

P12.8. Joseph Santiago Pinto Tortolero. Se casó en 1776 con su prima segunda María Desideria Mérida Vidal (P6.7.2), con quien tuvo a:

P12.8.1. José de la Encarnación Pinto Mérida. Intentó casarse en 1815 con su prima segunda y cuarta Juana Mercedes Tortolero Silva (T9.1.5), viuda de Antonio Ojeda Tortolero (T8.1.8), para lo cual solicitaron la debida dispensa. El matrimonio no se efectuó por lo que siguió soltero hasta que se casó con Concepción Hernández.

P13. Párvulo. Fallecido el 11 de julio de 1717.

P14. María de la Concepción Pinto Silva. La casaron en Nirgua a muy corta edad, el 27 de diciembre de 1731, con el capitán Manuel Santiago Ochoa de Grezala y Matute, nacido en Valencia-Carabobo.

Desde joven, Manuel siguió los pasos de su padre abrazando la carrera militar donde alcanzaría el rango de capitán de infantería. Contrajo primeras nupcias en 1720 con María Nicolasa Campuzano y Vargas, hija de Juan Mateo Campuzano y de Isabel Mauricia González de Vargas; estableciéndose en el valle de Onoto (llamado así por el color rojizo característico del rio que lo cruzaba), siendo conocido como su primer morador. Con el pasar del tiempo, este lugar evolucionó hasta convertirse en el poblado de Miranda.

Manuel enviudó y se casó en segundas nupcias con María de la Concepción Pinto Silva (P14). Poco tiempo después, obtendría el cargo de teniente de justicia mayor de Nirgua que había estado en manos de Eugenio de Salazar y Goñi (ya citado en S2.2). Desde este cargo, al igual que su antecesor, ayudaría a sentar las bases para la creación de otro pueblo. *El Teniente de Gobernador Ochoa fue el que permitió construir la primera casa en el sitio de Montalbán, con el pretexto de que habitara en ella el capellán de una "hermita" que los blancos habían logrado levantar en el sitio en que surgió después el pueblo de Montalbán*[45].

Su genealogía es extensa, hagamos un breve esquema. Era hijo del regidor de Valencia, capitán de infantería Manuel Santiago Ochoa de Aguirre y Zapata, y de Juana de Matute y Pedroza; esta última, hija de Pedro Matute de la Llana y de Juana Pedroza. El regidor era hijo de Tomás Ochoa de Aguirre y del Castillo, y de Catalina Gaitán de Zapata y Rivadeneira; esta última, hija de Juan Gaitán de Torres y de Catalina Zapata Rivadeneira y Pereira. A su vez, Tomás era hijo del encomendero de Caracas capitán Juan Ochoa de Aguirre y Pacheco, y de María de Suárez del Castillo y Cañaveral. De los anteriores, Juan era hijo del alcalde ordinario de Caracas capitán Tomás de Ochoa Aguirre y Grezala, y de María Pacheco y Acosta; ésta última hija del capitán conquistador Juan Fernández de León y Pacheco.

El capitán Tomás era hijo de Juan Ochoa de Grezala y Aguirre, natural de Ceberio en el país vasco, y de Antonia de Placencia y Bazáenz. Juan era hijo de Francisco Aguirre de Grezala y Leque, y de María Martínez de Rivas y Verizqueta; esta última, hija de Juan Ochoa de Rivas y Goyri, y de María Sáenz de Verizqueta. En cuanto a Francisco, fue hijo de Pedro Aguirre de Grezala, natural de Portugalete en el país vasco, y de María Leque y Aguirre, natural de Santurtzi.

Volviendo a nuestros ancestros Pinto; María de la Concepción Pinto Silva y Manuel Santiago Ochoa tuvieron por hijos a:

---

45 Manzo Núñez, Torcuato. (1979, Julio-Septiembre). *"Montalbán hijo de la pugna racial"*. Pág. 627.

P14.1. Luciana Ochoa Pinto. Se casó en 1843 con don Eugenio Cisneros Regaliza.

Aunque en algunos documentos antiguos catalogan a Eugenio como boticario, y en otros más como procedente de Burgos; la realidad es que nació en Becerril de Campos (Palencia) y estudió medicina en el Real Colegio de Medicina y Cirugía de San Carlos en Madrid, obteniendo el título de "Cirujano Sangrador". Por cierto, su expediente académico se encuentra en el archivo histórico nacional de España, junto con su partida de nacimiento y el informe de limpieza de sangre y buena conducta que tuvo que adjuntarle para poder estudiar en dicha institución.

Después de su suegro, Eugenio fue la segunda persona que más ayudó a convertir el caserío de Onoto en el Pueblo de Miranda. Se residenció en el lugar construyendo una casa en su finca "Monte Carmelo"; llamada así en honor a la Virgen del Carmen, de la que era muy devoto. También construyó en su casa un oratorio y lo puso a disposición de los vecinos para que no tuvieran que hacer el largo trayecto a Nirgua para celebrar los oficios religiosos. Luego, trajo desde España la imagen de la virgen del Carmen, que más tarde se convertiría en la patrona del templo local que lleva su nombre.

Luciana y Eugenio fueron padres de:

P14.1.1. Doctor Eugenio Cisneros Ochoa. Siguió los pasos académicos de su padre, graduándose de médico cirujano. También fue presidente del consejo municipal del distrito Montalbán en los años de 1888 y 1892.

Se casó el 11 de enero de 1876 con Isabel Bejarano Tortolero (O8.2.4.1) y tuvieron entre otros hijos a:

P14.1.1.1. Teófilo Carlos María Cisneros Bejarano.

P14.1.1.2. José Oscar María Cisneros Bejarano.

P14.1.1.3. Jesús Cisneros Bejarano.

P14.1.1.4. Socorro Cisneros Bejarano.

P14.1.2. Miguel Cisneros Ochoa. En 1869, cuando tenía 18 años de edad, su padre lo mandó a estudiar en la facultad de farmacia de la Universidad Central de Madrid.

Se casó con Sergia María Ortega Román (O4.2.2.6), teniendo por hijos a:

P14.1.2.1. Josefa Joaquina Cisneros Ortega.

P14.1.2.2. Juana María de Lourdes Cisneros Ortega.

P14.1.2.3. Sergia Teresa Eufemia Cisneros Ortega.

P14.1.2.4. Miguel Alejandro Cisneros Ortega.

P14.1.2.5. Hipólito Cisneros Ortega.

P14.1.2.6. Antonia María Catalina Cisneros Ortega.

P14.1.3. Francisco Cisneros Ochoa, médico cirujano casado el 8 de febrero de 1880 con Eugenia Calzadilla Salvatierra, hija del comerciante Victoriano Calzadilla y de Francisca Antonia Salvatierra Rivero (S6.5.8.4). Tuvieron entre otros hijos a:

P14.1.3.1. Luisa Cisneros Calzadilla.

P14.1.3.2. Isabel Cristina Cisneros Calzadilla.

P14.1.3.3. Manuel Cisneros Calzadilla.

P14.1.4. Manuel Gregorio Cisneros Ochoa. Se casó con Hercilia Almarza, enviudando sin descendencia. Volvería a casarse en Bejuma el 26 de julio de 1891 con Julia Elvira Lara Rojas, hija del comerciante Gregorio Lara Borges y de Julia Orozco Rojas. A su vez, Gregorio Lara era hijo de Isabel Borges y de José Ramón Lara Ochoa; este último hijo de Manuel Lara y de Nicolasa Ochoa. Tuvieron la siguiente descendencia:

P14.1.4.1. Manuel Feliciano Cisneros Lara.

P14.1.4.2. Julio Gregorio Cisneros Lara.

P14.1.4.3. Julia Alcira Cisneros Lara.

P14.1.4.4. Clara Asteria Cisneros Lara.

P14.1.4.5. Antonio Julio Cisneros Lara.

P14.1.4.6. María de las Nieves Aurora Cisneros Lara.

P14.1.4.7. Alfredo Cirilo Cisneros Lara.

P14.1.4.8. María Cristina Cisneros Lara.

P14.1.4.9. Elba Elena Cisneros Lara.

P14.1.4.10. Ana María Ofelia Cisneros Lara.

P14.1.4.11. María Cristina Cisneros Lara.

P14.1.5. Ángel Cisneros Ochoa, casado en Miranda el 18 de marzo de 1885 con Juana Pinto Mérida (O9.4.4.6).

Ángel y Juana fueron padres de:

P14.1.5.1. Guillermo Cisneros Pinto.

P14.1.5.2. Alberta Cecilia Cisneros Pinto.

P14.1.5.3. María Cisneros Pinto.

P14.1.5.4. Luisa Carlota Cisneros Pinto.

P14.1.5.5. Emma Cisneros Pinto.

P14.1.5.6. Juana Cisneros Pinto.

P14.1.5.7. Manuela Cisneros Pinto.

P14.1.5.8. Miguel Cisneros Pinto.

P14.1.6. Doctor Rafael Cisneros Ochoa, casado con María Abélia Cisneros, con quien tuvo a:

P14.1.6.1. Abilia Berta Gerónima Cisneros Cisneros.

P14.1.6.2. Rafael Antonio Cisneros Cisneros.

P14.1.6.3. Alfonso Cisneros Cisneros.

P14.1.6.4. Eduardo Cisneros Cisneros.

P14.1.7. Manuela Cisneros Ochoa.

P14.2. Rosalía Ochoa Pinto, casada con Salvador Romero y padres de:

P14.2.1. María Romero Ochoa, natural de Canoabo.

Contrajo primeras nupcias en 1816 con Rafael Perdomo. Al enviudar, volvería a casarse el 3 de marzo de 1817 con Timoteo Tortolero Mérida (T8.4.4).

P14.2.2. Ignacio Romero Ochoa. Comandante político y militar de Nirgua en 1818. Se casó el 1 de junio de 1817 con María Sinforosa Arocha Tortolero, viuda de Joaquín Bernal Pulido (véase T2.3.6).

P14.2.3. María Josefa Romero Ochoa. Se casó en 1798 con Francisco Antonio Pinto Durán, ya citados en P10.1.

P15. Maestre de campo Ignacio Francisco Pinto Silva, nacido en Nirgua el 31 de julio de 1717. Se estableció en Canoabo, luego de casarse el 9 de abril de 1767 con Victoria Irene Ortega, hija natural de María Mauricia Ortega.

P16. Felicia Pinto Silva.

P17. Juan Agustín Pinto Silva, nacido en Nirgua el 28 de agosto de 1721; donde mismo sería bautizado por el cura Francisco Pérez Estopiñan, el 27 de enero de 1722. Prefirió la soltería y fue uno de los primeros pobladores de Montalbán.

P18. Josefa Pinto Silva. Se casó con su primo hermano Blas Ambrosio Ximénez Silva, hijo de Pedro Ximénez de Haro y Pérez de Orellana, y de Micaela de Silva Rodríguez, ya citados en el S1.1.1. Sin descendencia conocida.

P19. Joachín Joseph Pinto Silva, nacido el 20 de marzo de 1728 y bautizado el 30 de octubre de 1728 por el sacristán mayor de la iglesia parroquial de Nirgua, Juan Esteban de Silva.

Con Joaquín Joseph, décimo noveno hijo del sargento mayor Juan Manuel Gómez Pinto, cierro este recuento de lo que fueron sus primeras cuatro generaciones y pasamos al estudio de nuestro próximo patriarca: capitán de infantería de milicias de blancos don Manuel Salvador Tortolero.

CAPÍTULO 3

MANUEL SALVADOR TORTOLERO

MANUEL SALVADOR TORTOLERO

Hasta el presente, no se ha podido encontrar documentación alguna que indique cuando emigró a Venezuela, o cual era el nombre de sus padres. Solo sabemos que era natural de Sevilla, de acuerdo a la solicitud de dispensa matrimonial para Joseph Santiago Tortolero e Infante de Lara (T2) y Feliciana de Silva (P6.1), ya citados cuando hablamos de los Pinto.

El hecho de que en 1926 destruyeran los libros más antiguos de la parroquia Montalbán[46], nos ha dejado con un vacío documental entre los años de 1732 y 1850; obligándonos a reconstruir los hechos ocurridos durante dicho período a través de otros documentos que lograron sobrevivir hasta nuestros días, tales como las solicitudes de dispensas matrimoniales que descansan en el arzobispado de Caracas o los libros publicados por historiadores y cronistas anteriormente a dicha fecha. Con esta importante aclaratoria, hablemos del origen y etimología del apellido.

Existen opiniones divididas con respecto a su origen. Entre otras teorías, algunos señalan que es originario de Lombardía (al norte de Italia). Otros dicen que se deriva de la familia rusa Tolstoi que emigraron

---

46 Manzo Núñez, Torcuato. (1979). *Abrevadero*. Vol. 2. Págs. 71, 72 y 83.

a diversos países modificando su apellido original, siendo Tortoleri la versión italiana del mismo, que posteriormente derivó a Tortolero cuando llegó a España.

En cuanto a la etimología, suelen señalar que se deriva de la profesión de criar tórtolas: palomas del género columbina utilizadas en la antigüedad para hacer sacrificios a Dios.

En España, se considera que es originario del pueblo de Écija, a 85 kilómetros al este de Sevilla. Allí residió Pedro Gómez Tortolero, natural del valle de Santillana, hijodalgo que luchó valerosamente por el rey en las guerras contra Francia y contra los Moros en Granada, lugar donde perdió un ojo en batalla como reportó al consejo de guerra de su majestad el 28 de enero de 1445. Junto a su esposa, Catalina del Rincón, comenzaron una dinastía de regidores, alcaldes y jurados de Écija. De allí, se extendió a los pueblos vecinos: Marchena, Fuentes, Granada y finalmente Sevilla, que fue la capital política, militar y económica de la época.

La hipótesis de que Manuel Salvador Tortolero (T) se encontraba entre los pasajeros que vinieron a Venezuela a bordo del San Ignacio de Loyola[47], propiedad de la compañía Guipuzcoana, queda descartada por una razón cronológica. Veamos: la fragata "San Ignacio de Loyola" zarpó del puerto de Pasajes el 15 de julio de 1730, para luego hacer una parada en Cádiz donde abordarían más pasajeros y carga antes de continuar su viaje. En total llevaban 561 personas, muchos de ellos empleados de la citada compañía y también al nuevo gobernador y capitán general de Venezuela don Sebastián García de la Torre. Los barcos también traían hierro, municiones, jamón, especias, cera, papel, libros, medicamentos, aguardiente, harina, aceitunas, aceite, textiles y algunos otros artículos. *"El contador certificó que en estos navíos habían registrados 564 fardos, 237 cajones, 20 barriles de mercancías y 159 cesticos con crisoles"*[48]. Arribaron a Puerto Cabello el 4 de septiembre de ese mismo año.

Sin embargo, en tiempos del alzamiento de Andresote (entre 1730 y 1732, como se comentó en S3) se hizo un censo. En él, Salvador Tortolero y su esposa Rosa aparecen como residentes del valle de Bejuma, a una

---

47 Ítem. Pág. 65.
48 Amezaga Aresti, Vicente. (1963). *Los hombres de la compañía Guipuzcoana*. Volumen 2. Pág. 22.

legua de Aguirre, con 4 hijos[49]. Como todos sus hijos nacieron en Nirgua, puede deducirse que es imposible viniese en dicho buque que llegó a puerto en 1730.

Lo que sí sabemos es que debe haber nacido en 1674, de acuerdo a su propia declaración jurada cuando fue testigo para la solicitud de dispensa en el matrimonio de Pablo Pantaleón Silva Pinto (P6.2) con María Tomasa Baudín Salvatierra (S5.1) en 1737. Probablemente, pasó a indias a comienzo del siglo XVIII residenciándose en Nirgua donde conocería y se casaría con Rosa Santa María infante de Lara y Ortega de la Peña, ya citada en R1.1. Posteriormente, sería uno de los principales propulsores de la creación del poblado de Montalbán y de sus instituciones religiosas, siendo cofundador de la Cofradía del Santísimo Sacramento en 1747.

Muchas partidas bautismales de Nirgua, comprendidas entre los años 1711 y 1720, están desaparecidas. En ese mismo período debieron haber nacido sus primeros hijos, lo que nos obliga a realizar una estimación de sus fechas de nacimiento, basado en la documentación existente.

Manuel Salvador (T) y Rosa tuvieron la siguiente descendencia:

T1. Victoria de la Candelaria Tortolero e Infante de Lara, nacida hacia 1711. Se casó con Joseph Cristóbal de Salvatierra Valladares, ya citados ampliamente en S6.

T2. Joseph Santiago Tortolero e Infante de Lara. Como su padre, abrazó la carrera militar llegando a obtener el mismo rango de capitán. Más específicamente, "capitán de las primeras milicias de blancos criollos".

No solo fue uno de los primeros pobladores de Montalbán, sino que trabajó con sus propias manos para fundarla. Uno de sus hijos, Joseph Santiago, narra en su solicitud de dispensa matrimonial como su padre con sus bueyes y la ayuda de sus esclavos e hijos, aró la tierra donde luego edificaron la primera iglesia del pueblo; usando los árboles que quitaron del paraje, así como ladrillos y piedras para las rafas y cimientos, y el horno de cal para los recubrimientos.

Joseph Santiago se casó en 1737 con su prima cuarta Feliciana Silva Pinto (P6.1). Su dispensa matrimonial ya fue comentada al comienzo del capítulo 2, dedicado a Juan Manuel Gómez Pinto.

---

49 Felice Cardot, Carlos. (1957). *"La Rebelión de Andresote" (Valles del Yaracuy, 1730-1733)*. Pág. 76.

Joseph Santiago y Feliciana tuvieron 10 hijos:

T2.1. María Josefa Tortolero Silva. Se casó en 1768 con su primo hermano Juan Bautista Oliveros Silva (P6.3.4), siendo padres de 2 hijas:

T2.1.1. María Rosalía Oliveros Tortolero, casada en 1786 con su primo cuarto Francisco Ortega Cesaro. Véase O8.

T2.1.2. María de la Concepción Oliveros Tortolero. Se casó en 1796 con el comerciante Andrés Joseph Latouche Ojeda, ya citados en P12.2.1. Andrés Joseph nació en Puerto Cabello hacia 1752, siendo hijo de Gaspar Luis Latouche y de María Ignacia Josefa Ojeda. El matrimonio no tuvo descendencia.

T2.2. Joseph Santiago Tortolero Silva, casado en 1785 con su prima tercera y cuarta Bárbara Gabriela Henríquez Oliveros (P4.1.1). Fueron padres de los siguientes hijos:

T2.2.1. Mariano Tortolero Henríquez. Se casó en 1807 con su prima tercera María de la Concepción Salvatierra Ortega (S6.5.4), con quien tuvo la siguiente prole antes de fallecer el 17 de diciembre de 1870:

T2.2.1.1. Juan Tortolero Salvatierra.

T2.2.1.2. Pedro Tortolero Salvatierra.

T2.2.1.3. Manuel Tortolero Salvatierra.

T2.2.1.4. Ramón Tortolero Salvatierra.

T2.2.1.5. Francisco Tortolero Salvatierra.

T2.2.1.6. Gabriel Tortolero Salvatierra.

T2.2.1.7. Mariano Tortolero Salvatierra.

T2.2.1.8. Úrsula Tortolero Salvatierra.

T2.2.1.9. Dolores Tortolero Salvatierra.

T2.2.2. Gabriel Tortolero Henríquez, casado en 1815 con su triple prima cuarta Isabel Ortega Oliveros. Véase O8.1.

T2.2.3. Josefa Tortolero Henríquez. Se casó en 1806 con José Oliveros León (S1.1.14.1), con quien tuvo una hija:

T2.2.3.1. Micaela Oliveros Tortolero.

T2.2.4. José María Tortolero Henríquez, casado en 1827 con Vicenta Rivero Conde, hija de Perfecto Rivero Ojeda y de María Josefa

Conde López (R1.2.1.3). Siendo Perfecto, hijo de Joseph Manuel Casimiro Rivero Romano y de María Antonia Ojeda Peñalosa, ya citados P4.5.3.

José María y Vicenta fueron padres de:

T2.2.4.1. José Ramón Tortolero Rivero.

T2.2.4.2. Elodia Tortolero Rivero.

T2.2.4.3. Mariano Tortolero Rivero.

T2.2.4.4. Manuela Tortolero Rivero.

T2.2.4.5. Victoria Tortolero Rivero.

T2.2.4.6. Demetrio Tortolero Rivero.

T2.2.4.7. Eulogio Tortolero Rivero.

T2.2.4.8. Apolinario Tortolero Rivero.

T2.2.4.9. Ramona Tortolero Rivero.

T2.3. María Dionisia Tortolero Silva. Se casó con Miguel Arocha Balaustrén, hijo de Diego de Arocha y de Juana Josefa Balaustrén.

Diego era natural de San Nicolás de Tolentino, en las Islas Canarias. Al emigrar, se estableció en La Mona, a medio camino entre Tocuyito y Bejuma.

En cuanto a Juana Josefa, era natural de Canoabo e hija del capitán Juan de Wanloxten[50] y de Josefa del Valle.

Miguel y María Dionisia tuvieron 8 hijos:

T2.3.1. Ramón Arocha Tortolero. Se casó en 1801 con su prima tercera Leonor Pinto Ortega, ya citados en P12.3.4. Falleció el 29 de abril de 1848.

T2.3.2. Joseph Félix Miguel Arocha Tortolero, casado el 28 de enero de 1810 con su doble prima tercera Juana María del Carmen Figueroa Tortolero (T8.12.1), viuda de Martín Ojeda Tortolero (T8.2.4). Tuvieron por hijos a:

T2.3.2.1. Félix Miguel Arocha Figueroa.

T2.3.2.2. Martina Arocha Figueroa.

T2.3.2.3. Candelaria Arocha Figueroa.

---

50 Balaustrén fue la castellanización del apellido Wanloxtén o Vanloxtén, de origen flamenco.

T2.3.2.4. María Josefa Arocha Figueroa.

T2.3.3. Gabriela Arocha Tortolero. Se casó en 1811 con Joseph Vicente Conde López (R1.2.1.2), viudo de Isabel Perdomo (véase O7.1.8). Fueron padres de:

T2.3.3.1. María de las Mercedes Conde Arocha.

T2.3.4. Juana María Arocha Tortolero, casada en 1809 con su primo hermano Félix Ignacio Núñez Tortolero (T2.4.3). Le dio 7 hijos antes de fallecer el 4 de febrero de 1848:

T2.3.4.1. María Luisa Núñez Arocha.

T2.3.4.2. Manuel Núñez Arocha.

T2.3.4.3. José Ignacio Núñez Arocha.

T2.3.4.4. Josefa María Emerenciana Núñez Arocha.

T2.3.4.5. Isabel Núñez Arocha.

T2.3.4.6. Catalina Núñez Arocha.

T2.3.4.7. **María de la Concepción Núñez Arocha**.

T2.3.5. María de la Encarnación Arocha Tortolero. Se casó en 1807 con su primo tercero Joseph Miguel Salvatierra León, ya citados en S6.4.5.

T2.3.6. María Sinforosa Arocha Tortolero. Se casó en 1810 con Francisco Trujillo, quien le daría 3 hijos antes de fallecer el 25 de junio de 1810:

T2.3.6.1. Josefa Antonia Trujillo Arocha.

T2.3.6.2. Tomás Trujillo Arocha.

T2.3.6.3. Francisco Ramón Trujillo Arocha.

María Sinforosa volvió a casarse el 8 de diciembre de 1811 con Joaquín Bernal Pulido, natural de Santa Cruz de Aragua e hijo de Francisco Bernal y de Ana Juliana Pulido. Tuvieron un hijo:

T2.3.6.4. Víctor Ramón Bernal Arocha.

Volvió a enviudar y se casó una vez más, el primero de junio de 1817, con Ignacio Romero Ochoa (P14.2.2); con quien tuvo a:

T2.3.6.5. Pedro Mariano Romero Arocha.

T2.3.7. María del Carmen Arocha Tortolero. Se casó en 1809 con su primo tercero Miguel López Silva, ya citados en S2.6.3.

T2.3.8. María Josefa Arocha Tortolero, casada en 1794 con su primo tercero Pedro Joseph López Silva, hermano de Miguel (el esposo de su hermana María del Carmen). Ya citados en S2.6.1.

T2.4. María Rosalía Tortolero Silva, nacida el 24 de septiembre de 1750. Recibió el bautismo en Montalbán de manos del cura Fr. Antonio Abadoto Caballero el 27 de septiembre de 1750.

La casaron el 1 de junio de 1764 con Joseph Ignacio Núñez Oliveros; nacido el 31 de julio de 1735 en Barbacoas, jurisdicción de San Sebastián de los Reyes, en los llanos venezolanos.

Joseph Ignacio era hijo del capitán Francisco Núñez Urbina y de María Catharina Oliveros Ruíz. El primero, natural de Jerez de la Frontera–Andalucía e hijo de Alonso Núñez y de María de Urbina, con tierras y esclavos en El Sombrero, donde se dedicaban a la ganadería. La segunda era natural de Turmero e hija de Juan de Oliveros y de María Anna de Ruíz Espejo y Guerra. A su vez, María Anna era hija de Miguel Ruíz Espejo y de Úrsula Guerra y Aguinaga; esta última, hija de Manuel Guerra Castaño y de María de Aguinaga.

María Rosalía y Joseph Ignacio tuvieron 7 hijos:

T2.4.1. Presbítero Juan Buenaventura Núñez Tortolero, nacido en Chirgua el 10 de septiembre de 1782. Sirvió en la parroquia de Montalbán en 1818.

T2.4.2. Juan Manuel Núñez Tortolero, casado con Rita Páez con quien tuvo los siguientes hijos:

T2.4.2.1. María Gertrudis Núñez Páez.

T2.4.2.2. Francisco de Paula Núñez Páez.

T2.4.2.3. Teresa de Jesús Núñez Páez.

T2.4.2.4. Juan Manuel Núñez Páez.

T2.4.2.5. María de las Nieves Núñez Páez.

T2.4.3. Félix Ignacio Núñez Tortolero, nacido en Tocuyito hacia 1787. Se casó en 1809 con su prima hermana Juana María Arocha Tortolero, ya citados en T2.3.4.

T2.4.4. María Isabel Núñez Tortolero, nacida en Tocuyito el 8 de agosto de 1792. Fue bautizada el 18 de octubre siguiente en la iglesia de San Pablo Ermitaño de la misma ciudad.

T2.4.5. Pedro Vicente Núñez Tortolero. Nació el 21 de enero de 1795 en Tocuyito, donde mismo fue bautizado el 9 de marzo siguiente con el nombre de Pedro Vicente de la Trinidad. Encontraría el amor de su vida en el valle de Bejuma, en la persona de María Antonia Coronel Soto, hija de Pedro Pablo Coronel Soto y de Juana Bautista Rodríguez.

Pedro Pablo tenía tierras en el valle de Bejuma, las cuales donaría para la fundación del pueblo que lleva ese mismo nombre, el 18 de septiembre de 1845. Era hijo de Miguel Antonio Coronel Peñalosa y de María de la Candelaria Soto Rodríguez. El primero natural de Montalbán e hijo de Pedro José Coronel y de María Cecilia Peñalosa Noda (véase T8.2.1); y la segunda nacida en Canoabo el 2 de febrero de 1780 e hija de Joseph Cornelio Soto Castillo y de María Dámasa Rodríguez Machado.

De los anteriores, Joseph Cornelio era natural de Urama e hijo de Joseph Andrés de Soto y de Cornelia Castillo Burgos; esta última hija de Matheo del Castillo y de María Antonia Burgos.

Pedro Vicente y María Antonia tuvieron 9 hijos:

T2.4.5.1. Rafael María Núñez Coronel.

T2.4.5.2. Pedro Vicente Hermenegildo Núñez Coronel.

T2.4.5.3. Rosalía Núñez Coronel.

T2.4.5.4. María Antonia Crispina Núñez Coronel.

T2.4.5.5. Ignacio Núñez Coronel.

T2.4.5.6. Juan Buenaventura Núñez Coronel.

T2.4.5.7. **Modesto Vicente Núñez Coronel**.

T2.4.5.8. Rafaela Núñez Coronel.

T2.4.5.9. Petronila Núñez Coronel.

T2.4.6. Juana Antonia de la Luz Núñez Tortolero, nacida en Tocuyito el 20 de enero de 1797.

T2.4.7. Juana Josefa del Socorro Núñez Tortolero, gemela con Juana Antonia, siendo bautizada junto a su hermana a los 6 días de nacidas, por necesidad. Falleció a los 2 años de edad el 16 de enero de 1800.

T2.5. Blas Tortolero Silva, nacido en Montalbán hacia 1751.

T2.6. Bárbara Gabriela Tortolero Silva, casada en 1768 con su doble primo segundo y doble primo tercero Agustín de la Encarnación Pinto Tortolero, ya citados en P12.2.

T2.7. Joseph de Jesús Tortolero Silva, nacido en Montalbán hacia 1755.

Escogió el camino de la soltería.

T2.8. Antonio Vicente Tortolero Silva, siguió los pasos de su hermano mayor.

T2.9. Apolonia Tortolero Silva. Contrajo nupcias en 1780 con Juan Antonio Ruíz con quien tuvo un hijo:

T2.9.1. Juan Eugenio Ruíz Tortolero, casado en 1809 con su prima hermana Isabel Pinto Tortolero, ya citados en P12.1.3.

T2.10. María Rosa Tortolero Silva. Se casó en 1785 con su primo hermano Bernardino Pinto Tortolero, ya citados en P12.1.

T3. Joseph Cristóbal Gabriel Tortolero e Infante de Lara. Se casó en 1767, siendo bastante mayor (más de 50 años), con Nicolasa Velasco Pinto (P11.1). Se residenciaron en Canoabo, en la casa #149, donde vivieron junto con Rosalía (P11.2) y Antonia Ignacia (P11.4), hermanas de su esposa.

T4. Catalina Tortolero e Infante de Lara, casada con Bernardino Pinto Silva. Ampliamente reseñados en P12.

T5. Lucía Tortolero e Infante de Lara, nacida hacia 1718 en los valles de Montalbán.

T6. María Tortolero e Infante de Lara, nacida un año después que su hermana mayor.

Aunque algunas fuentes señalan que Lucía y María fallecieron solteras y casi centenarias, considero una hipótesis más lógica el que no llegaran a alcanzar la adultez. Esto debido a la información contenida en el censo de 1730, en tiempos del alzamiento de Andrezote. Recordemos que decía que Salvador Tortolero vivía con su esposa Rosa y 4 hijos. Asumiendo que los primeros 2 ya eran adultos (o ya se habían casado y marchado del hogar), las matemáticas nos obligan a pensar que estas 2 hermanas y Cornelio, que les sigue, no llegaron con vida a esa fecha.

T7. Cornelio Tortolero e Infante de Lara. Nació el 16 de septiembre de 1720 en Nirgua, mismo lugar donde lo bautizaron el 4 de noviembre de 1720.

T8. Joseph Salvador de los Mártires Tortolero e Infante de Lara. Nació en 1723, de acuerdo a su declaración jurada como testigo para la dispensa del matrimonio de Joseph Raymundo Tortolero León (T9.1) con María Antonia Silva Henríquez (P6.2.1).

Fue uno de los primeros moradores de Montalbán y cofundador de la

Cofradía del Santísimo Sacramento en 1747.

Solicitó dispensa en 1746 para casarse con su prima cuarta Francisca Andrea Silva Pinto (P6.4), con la cual tuvo 13 hijos:

T8.1. Lucía de la Concepción Tortolero Silva. Se casó con Antonio Vicente Ojeda Peñalosa, hijo del canario Juan Fernández de Ojeda y de Elvira Peñalosa Noda, ya citados S2.2.7.

Lucía y Antonio Vicente fueron padres de 11 hijos:

T8.1.1. Juan Ignacio Ojeda Tortolero, casado en 1792 con María de la Trinidad Pinto León, ya citados en P12.7.1.

T8.1.2. José María Ojeda Tortolero, casado en 1800 con su prima tercera María José Ochoa Oliveros (P6.3.1.1). Sus hijos fueron:

T8.1.2.1. Ramón María Ojeda Ochoa.

T8.1.2.2. María Andrea Ojeda Ochoa.

T8.1.2.3. Manuel Ojeda Ochoa.

T8.1.2.4. Francisco Ojeda Ochoa.

T8.1.3. Rosa Ojeda Tortolero. Se casó en 1792 con su primo tercero Miguel Tortolero Silva. Véase T9.1.1.

T8.1.4. Marcelo Ojeda Tortolero. Se casó en 1797 con su prima segunda y tercera Rosa Pinto León, ya citados en P12.7.5.

T8.1.5. Liberata Ojeda Tortolero. Se casó en octubre de 1795 con su primo tercero Juan Nepomuceno Silva (P6.2.4.1). Con la siguiente descendencia:

T8.1.5.1. Ramón Silva Ojeda.

T8.1.5.2. María Silva Ojeda.

T8.1.5.3. Agustín Silva Ojeda.

T8.1.5.4. Josefa Silva Ojeda.

T8.1.5.5. José del Carmen Silva Ojeda.

T8.1.5.6. Juan Bautista Silva Ojeda.

T8.1.5.7. Juan Antonio Silva Ojeda.

T8.1.5.8. José María Silva Ojeda.

T8.1.6. María de las Mercedes Ojeda Tortolero, casada en 1798 con Pablo Henríquez Salazar, ya citados en P4.6.11.

T8.1.7. Julián Ojeda Tortolero. Se casó en 1805 con su prima tercera

Rosa Salazar Tortolero (T9.4.3), con los siguientes hijos:

T8.1.7.1. José Ojeda Salazar.

T8.1.7.2. Ramona Ojeda Salazar.

T8.1.7.3. María Antonia Ojeda Salazar.

T8.1.7.4. Trinidad Ojeda Salazar.

T8.1.7.5. Manuel Felipe Ojeda Salazar.

T8.1.7.6. Rafaela Ojeda Salazar.

T8.1.8. Antonio Ojeda Tortolero. Solicitó dispensa en 1806 para casarse con su prima tercera Juana Mercedes Tortolero Silva (T9.1.5), viuda de Gregorio Mérida Vidal (P6.7.3). Todo indica que la dispensa no fue aprobada. Sin embargo, en el largo periodo de tiempo que solía durar el trámite de la misma, concibió 4 hijos con Juana Mercedes:

T8.1.8.1. Juana Ojeda Tortolero.

T8.1.8.2. Ramón Ojeda Tortolero.

T8.1.8.3. Gregorio Ojeda Tortolero.

T8.1.8.4. Gregoria Ojeda Tortolero.

Como quedó soltero, se casó con Ignacia Hernández Hernández, hija de José Alvino Hernández Oliveros y de Rosa Hernández León. A su vez, José Alvino era hijo de José de la Ascensión Hernández Plaza y de Candelaria Oliveros Plaza; mientras que Rosa lo era de Félix Hernández Plaza y de María de Jesús León León (véase T8.11.2).

De los anteriores, José de la Ascensión era hijo de Juan Hilario Hernández y de María Rosa Plaza Silva; esta última, hija de Juan Martín de la Plaza y de Juana Rafaela de Silva Rodríguez. En cuanto a Candelaria, era hija de Juan Bautista Oliveros y de Victoria Plaza Silva, ya citados en S1.1.8.

Antonio e Ignacia tuvieron a:

T8.1.8.5. Petronila Ojeda Hernández.

T8.1.8.6. Josefa María Ojeda Hernández.

T8.1.9. Luisa Ojeda Tortolero. Contrajo nupcias en 1810 con Lorenzo Bacalao López (S2.6.2.5), con quien tuvo un hijo:

T8.1.9.1. José María Bacalao Ojeda.

T8.1.10. Francisca Antonia Ojeda Tortolero, casada en 1811 con su primo hermano Fernando Tortolero Mérida (véase T8.4.2). Falleció en Montalbán el 17 de agosto de 1859.

T8.1.11. Trinidad Ojeda Tortolero. Fue madre soltera de un hijo:

T8.1.11.1. Ramón Ojeda.

T8.2. Isabel Rosa Tortolero Silva. Se casó hacia 1770 con Lino Ojeda Peñalosa, hijo de Juan Fernández de Ojeda y de Elvira Peñalosa Noda, ya citados en S2.2.7. Fueron padres de:

T8.2.1. Clara María Ojeda Tortolero. Se casó en 1792 con su primo tercero Joseph Agustín Rivero Ojeda, hijo de Cornelio Rivero Romano y de María Antonia Ojeda Peñalosa. A su vez, Cornelio era hijo de Juan Ángel Rivero Suárez y de María Dominga de la Encarnación Romano, ya citados en P4.5.2; mientras que María Antonia era hija del canario Domingo de Ojeda y de María Cecilia Peñalosa Noda; esta última, hija de Juan Thomás de Peñalosa Sequera y de María Josefa Facunda de Noda, ya citados en S2.2.7.

Del enlace de Joseph Agustín con Clara María nacieron:

T8.2.1.1. José Agustín Rivero Ojeda.

T8.2.1.2. Carlos Rivero Ojeda.

El enviudar, Clara se casó el 10 de octubre de 1812 con su primo hermano Carlos Ojeda Soto, hijo de Mateo Ojeda Peñalosa y de Luisa Soto. Siendo Mateo hijo de Juan Fernández de Ojeda y de Elvira Peñalosa Noda, ya citados en S2.2.7. Clara le dio 5 hijos a Carlos antes de fallecer el 29 de octubre de 1820:

T8.2.1.3. María Trinidad Ojeda Ojeda.

T8.2.1.4. Manuel Salvador Ojeda Ojeda.

T8.2.1.5. Joseph Manuel Antonio Ojeda Ojeda.

T8.2.1.6. José Rafael Ojeda Ojeda.

T8.2.1.7. Juan Ojeda Ojeda.

T8.2.2. Joseph Lino Ojeda Tortolero, casado en 1797 con su doble prima tercera María de la Concepción Pinto Tortolero, ya citados en P12.2.4. Una vez viudo, contrajo segundas nupcias el 8 de agosto de 1826 con María Antonia Natera.

T8.2.3. Bárbara Ojeda Tortolero. Siguió los pasos de su hermano Lino casándose en 1797 con Marcelo Pinto Tortolero, su doble primo tercero y hermano de María de la Concepción (la esposa de Lino). Su descendencia ya la vimos en P12.2.8.

También enviudó; volviendo a casarse con Joaquín Pereira, con quien tuvo a:

T8.2.3.1. Joseph Luis Joaquín Pereira Ojeda.

T8.2.3.2. Joaquín Teodoro Pereira Ojeda.

T8.2.3.3. María de la Concepción Bernardina Pereira Ojeda.

T8.2.3.4. Rosa María Pereira Ojeda.

T8.2.3.5. Juan Ramón Joaquín Pereira Ojeda.

T8.2.3.6. María de la Trinidad Pereira Ojeda.

T8.2.4. Martín Ojeda Tortolero. Se casó el 24 de noviembre de 1803 con su doble prima tercera Juana María del Carmen Figueroa Tortolero (T8.12.1), siendo padres de:

T8.2.4.1. Joseph Vicente Ojeda Figueroa.

T8.3. Joseph Félix Tortolero Silva, casado en 1781 con su prima tercera María Laura Guevara Ximénez, hija de José Guevara y de Bernabela de la Trinidad Ximénez Silva; esta última, hija de Pedro Ximénez de Haro y Pérez de Orellana, y de Micaela de Silva Rodríguez, ya citados en S1.1.1. Tuvieron una hija:

T8.3.1. María de la Concepción Tortolero Guevara. Se casó en Montalbán en 1802 con su primo tercero Juan Miguel Ximénez Tortolero (T9.3.1), con quien tuvo 10 hijos:

T8.3.1.1. Josefa Jiménez Tortolero.

T8.3.1.2. José Antonio Jiménez Tortolero.

T8.3.1.3. María Antonia Jiménez Tortolero.

T8.3.1.4. Juana Jiménez Tortolero.

T8.3.1.5. José Antonio Jiménez Tortolero.

T8.3.1.6. José de la Trinidad Jiménez Tortolero.

T8.3.1.7. José Ramón Jiménez Tortolero.

T8.3.1.8. Laura María Jiménez Tortolero.

T8.3.1.9. Andrés Miguel Jiménez Tortolero.

T8.3.1.10. María de la Paz Jiménez Tortolero.

El enviudar, Joseph Félix se casó por segunda ocasión con Ana María

Santiaga Loaisa e Iglesias, quien le daría 7 hijos más antes de fallecer el 28 de marzo de 1866:

T8.3.2. María de Jesús Tortolero Loaisa. Soltera hasta su deceso el 22 de noviembre de 1885, siendo ya octogenaria.

T8.3.3. Marcelina Tortolero Loaisa. Se casó en 1825 con José María Latouche Pinto (P12.2.1.3), con quien tuvo 7 hijos antes de fallecer el 21 de marzo de 1875:

T8.3.3.1. Sebastiana Latouche Tortolero.

T8.3.3.2. Marcos Latouche Tortolero.

T8.3.3.3. José Félix Casiano Latouche Tortolero.

T8.3.3.4. José María Latouche Tortolero.

T8.3.3.5. José de la Trinidad Latouche Tortolero.

T8.3.3.6. José Bernardo Latouche Tortolero.

T8.3.3.7. Juan José Latouche Tortolero.

T8.3.4. Martina Tortolero Loaisa, casada en 1833 con su primo cuarto Antonio María Ortega Pinto. Véase O4.4.4.

T8.3.5. Andrés Miguel Tortolero Loaisa. Se casó en 1838 con su doble prima cuarta María Ramona Tortolero Sánchez (T8.4.3.1), con quien tuvo 4 hijos antes de su fallecimiento el 9 de octubre de 1876:

T8.3.5.1. José Trinidad Tortolero Tortolero.

T8.3.5.2. María Antonia Tortolero Tortolero.

T8.3.5.3. Escolástico Tortolero Tortolero.

T8.3.5.4. Sebastiana Tortolero Tortolero.

T8.3.6. Joseph Julián Tortolero Loaisa, nacido el 15 de marzo de 1818. Se casó en 1843 con su doble prima cuarta Martina Arocha Figueroa (T2.3.2.2), con quien tendría 4 hijos antes de fallecer el 30 de septiembre de 1892:

T8.3.6.1. José del Carmen Tortolero Arocha.

T8.3.6.2. Benito Tortolero Arocha.

T8.3.6.3. Pedro Antonio Tortolero Arocha.

T8.3.6.4. José Ramón Tortolero Arocha.

T8.3.7. Dolores Tortolero Loaisa. Contrajo nupcias en 1842 con su doble primo cuarto Simón Arocha Pinto (P12.3.4.3), con quien tuvo los siguientes hijos:

T8.3.7.1. José Ignacio Arocha Tortolero.

T8.3.7.2. Juan Bautista Arocha Tortolero.

T8.3.7.3. Manuel Vicente Arocha Tortolero.

T8.3.8. Gabriel Tortolero Loaisa. Se casó el 9 de octubre de 1847 con María Juliana León Oliveros, hija de Pedro Matías León León y de Simona Oliveros León. Pedro Matías era hijo de José Francisco León León (S1.2.8.5) y de Anastasia León Salvatierra (S1.2.1.5); mientras que Simona lo era de José de Jesús Oliveros Machado y de Catalina Romero León. De estos últimos, José de Jesús era hijo de José Antonio Oliveros Plaza y de Hermenegilda Machado Soto (véase O1.2); mientras que Catalina era hija natural de Cándida León Salvatierra (S1.2.1.2).

Gabriel y María Juliana fueron padres de:

T8.3.8.1. Manuela Tortolero León.

T8.3.8.2. Felipe Tortolero León.

T8.3.8.3. Mauricio Tortolero León.

T8.4. Joseph Martín Tortolero Silva, casado en 1784 con su media prima hermana Clara María Mérida Vidal (P6.7.1).

Tuvieron por hijos a:

T8.4.1. Petronila Tortolero Mérida. Se casó en 1807 con su primo tercero Lorenzo Ortega Salvatierra (O4.3), viudo de Tomasa Pinto Ortega (P12.3.8). Tuvo una hija antes de fallecer el 30 de agosto de 1880:

T8.4.1.1. Ana Josefa Ortega Tortolero.

T8.4.2. Fernando Tortolero Mérida. Se casó en 1811 con su prima hermana Francisca Antonia Ojeda Tortolero (T8.1.10), con quien tuvo 2 hijos antes de fallecer el 20 de mayo de 1867:

T8.4.2.1. Ana Joaquina Tortolero Ojeda.

T8.4.2.2. Marcos Tortolero Ojeda.

T8.4.3. Ramón Tortolero Mérida, casado en 1815 con su prima hermana Ana Antonia Sánchez Tortolero (T8.11.3), con quien tuvo una hija antes de fallecer el 22 de diciembre de 1853:

T8.4.3.1. María Ramona Tortolero Sánchez

T8.4.4. Timoteo Tortolero Mérida. Se casó el 3 de marzo de 1817 con María Romero Ochoa (P14.2.1).

T8.4.5. José Antonio Tortolero Mérida, casado en 1824 con Ana Josefa Latouche Pinto (P12.2.1.7). Tuvieron un hijo:

T8.4.5.1. Isidro Tortolero Latouche.

T8.5. Antonio Eusebio Tortolero Silva. Contrajo nupcias en 1782 con su prima tercera Rosa Henríquez Salazar (P4.6.3). Fueron padres de:

T8.5.1. Plácido Tortolero Henríquez, uno de los primeros pobladores de Bejuma. Se casó en 1808 con su prima tercera María de los Ángeles Rivero Conde, hija de Perfecto Rivero Ojeda y de María Josefa Conde López, ya citados en T2.2.4.

Viudo y sin descendencia, se casó con Josefa Hurtado con quien tuvo la siguiente prole:

T8.5.1.1. María Dionisia Tortolero Hurtado.

T8.5.1.2. Felipa Tortolero Hurtado.

T8.5.1.3. Paula Antonia Tortolero Hurtado.

T8.5.2. Juana Tortolero Henríquez. Se casó en 1806 con Joseph María Ojeda Rosell (S2.2.7.1). Fueron padres de:

T8.5.2.1. Hipólito Ojeda Tortolero.

T8.5.2.2. Ana Josefa Ojeda Tortolero.

T8.5.3. Gabriel Tortolero Henríquez, casado el 1 de octubre de 1821 con su prima segunda María de la Trinidad Pereira Ojeda (T8.2.3.6), con la siguiente descendencia:

T8.5.3.1. María Josefa Eusebia Tortolero Pereira.

T8.5.3.2. María de la Concepción de la Paz Ojeda Tortolero.

T8.5.3.3. Manuel María Ojeda Tortolero.

T8.5.3.4. Manuela Maximiana Ojeda Tortolero.

T8.5.3.5. Sofía Ojeda Tortolero.

T8.5.3.6. Teresa Ojeda Tortolero.

T8.6. Bernarda Tortolero Silva (Bernabela), nacida hacia 1758. Fue madre soltera de una hija:

T8.6.1. Rosalía Tortolero. Se casó el 16 de junio de 1802 con Juan Inocencio Díaz Antequero, nacido en el Tocuyo de la Costa en el estado Falcón e hijo de Francisco Xavier Díaz y de Lucía

Antequero, naturales de Coro. Tuvieron por hijos a:

T8.6.1.1. María Antonia Díaz Tortolero.

T8.6.1.2. María Luisa Díaz Tortolero.

T8.6.1.3. Joseph Martín Díaz Tortolero.

T8.6.1.4. Miguel Antonio Díaz Tortolero.

T8.6.1.5. Marcos Vicente Díaz Tortolero.

T8.6.1.6. Joseph Lorenzo Díaz Tortolero.

T8.6.1.7. María Andrea Díaz Tortolero.

T8.7. Manuel Salvador Tortolero Silva, casado en 1793 con su prima tercera María del Rosario de la Trinidad Henríquez Salazar (P4.6.4), con los siguientes hijos:

T8.7.1. José Manuel Salvador Tortolero Henríquez. Falleció soltero el 9 de julio de 1880.

T8.7.2. Ramón Tortolero Henríquez, fallecido soltero el 8 de enero de 1870.

T8.7.3. María del Carmen Tortolero Henríquez. Se casó en 1819 con su primo hermano y primo tercero José Manuel Tortolero Henríquez (véase T9.6.1). Falleció el 13 de junio de 1878.

T8.8. Francisca Antonia Tortolero Silva, nacida hacia 1762 en Montalbán.

T8.9. Pedro José Tortolero Silva. Se casó en 1790 con María Rafaela Rivero Ojeda, hija de Cornelio Rivero Romano y de María Antonia Ojeda Peñalosa, ya citados en T8.2.1. Con la siguiente descendencia:

T8.9.1. Bartolomé Tortolero Rivero (Bartolo). Se casó en 1815 con su prima quinta María Antonia Manzano Coronel, hija de Diego Borges del Manzano y de María Magdalena Coronel Peñalosa. Esta última, hija de Pedro José Coronel y de María Cecilia Peñalosa Noda (ya citada T2.4.5).

Bartolomé y María Antonia fueron padres de 10 hijos:

T8.9.1.1. Ramón Tortolero Manzano.

T8.9.1.2. José María Tortolero Manzano.

T8.9.1.3. Santana Tortolero Manzano.

T8.9.1.4. Víctor Ramón Tortolero Manzano.

T8.9.1.5. María Ramona Tortolero Manzano.

T8.9.1.6. Rita Tortolero Manzano.

T8.9.1.7. Pedro Tortolero Manzano.

T8.9.1.8. María de las Mercedes Tortolero Manzano.

T8.9.1.9. Francisca Tortolero Manzano.

T8.9.1.10. Faustino Tortolero Manzano.

T8.9.2. Ramón Tortolero Rivero. Se casó en 1816 con María Antonia Rodríguez Rodríguez, viuda de Juan Ramón Romano e hija de Paulino Rodríguez Ojeda y de Bárbara Rodríguez Romano. A su vez, Paulino era hijo de Atanasio Rodríguez Peñalosa y de Josefa Ojeda; mientras que Bárbara lo era de José Santiago Rodríguez de Peñalosa y de Ana Lucía Romano Terant. De los anteriores, Atanasio y José Santiago eran hermanos.

Ramón y María Antonia tuvieron una hija:

T8.9.2.1. Teresa Tortolero Rodríguez.

T8.9.3. María Juliana Tortolero Rivero. Se casó en 1816 con Agustín Coronel Soto, hijo de Vicente Coronel Peñalosa y de Mónica de la Cruz Soto Rodríguez.

Vicente era hijo de Pedro José Coronel y de María Cecilia Peñalosa Noda, ya citados en T2.4.5; mientras que Mónica lo era de Joseph Cornelio Soto Castillo y de María Dámasa Rodríguez Machado, también citados en T2.4.5.

Agustín y María Juliana tuvieron una hija:

T8.9.3.1. Ramona Coronel Tortolero.

T8.9.4. María de la Concepción Tortolero Rivero. Se casó en 1826 con Ramón Coronel García, hijo reconocido de Vicente Coronel Peñalosa (ya citado en el punto anterior) y de Carmen García. Tuvo 4 hijos con Ramón, antes de fallecer el 10 de noviembre de 1876:

T8.9.4.1. Escolástica Coronel Tortolero.

T8.9.4.2. Ramona Coronel Tortolero.

T8.9.4.3. José de las Mercedes Coronel Tortolero.

T8.9.4.4. Petronila Coronel Tortolero.

T8.9.5. José María Tortolero Rivero, nacido el 14 de febrero de 1813 y bautizado 14 días más tarde. Prefirió la vida de soltero.

T8.10. Paula María Tortolero Silva. Fue madre soltera de una hija:

T8.10.1. Francisca Antonia Tortolero, quien también fue madre soltera de 2 hijos, antes de fallecer el 13 de marzo de 1865:

T8.10.1.1. Joaquín Tortolero.

T8.10.1.2. Ana Joaquina Tortolero.

T8.11. Lorenza Tortolero Silva. Se casó con Juan Martín Sánchez Román, hijo de Juan Bautista Sánchez y de Paula Rosalía Romano Terant. Esta última, hija de Joseph Aniceto Romano y de Felipa Terant. Lorenza y Juan Martín tuvieron 10 hijos:

T8.11.1. José María Sánchez Tortolero. Se casó en 1807 con María Celedonia León Rivero (P4.5.3.6), siendo padres de:

T8.11.1.1. Manuel Antonio Sánchez León.

T8.11.1.2. José Jesús Sánchez León.

T8.11.1.3. Patricia Sánchez León.

T8.11.1.4. María Luisa Sánchez León.

T8.11.1.5. Vicenta Sánchez León.

T8.11.1.6. María Simona Sánchez León.

T8.11.1.7. Juan José Sánchez León.

Al enviudar, contraería segundas nupcias en 1836 con Francisca Antonia Sánchez Ojeda, hija de Diego José Sánchez Román y de Juana Ojeda Soto. A su vez, Diego José era hijo de Juan Bautista Sánchez y de Paula Rosalía Romano Terant, ya citados en T8.11; mientras que Juana lo era de Mateo Ojeda Peñalosa y de Luisa Soto, ya citados en T8.2.1.

Francisca Antonia le daría 6 hijos más antes de fallecer el 19 de agosto de 1871:

T8.11.1.8. Nicolasa Sánchez Sánchez.

T8.11.1.9. Eusebio Antonio Sánchez Sánchez.

T8.11.1.10. Saturnina Sánchez Sánchez.

T8.11.1.11. Leonor Sánchez Sánchez.

T8.11.1.12. Juan Antonio Sánchez Sánchez.

T8.11.1.13. Rafael María Sánchez Sánchez.

T8.11.2. Juan Jacinto Sánchez Tortolero. Se casó en 1815 con Bárbara Hernández León, hija de Félix Hernández Plaza y de María de Jesús León León (S1.2.7.1); siendo Félix hijo de Santiago

Hernández Padrón y de María Rosa Plaza Silva.

Sin descendencia, Juan Jacinto enviudó y volvió a casarse con Concepción Rivero León, hija de José de la Cruz Rivero Ojeda y de Inés Antonia León Rivero (P4.5.3.4); siendo José de la Cruz hijo de Cornelio Rivero Romano y de María Antonia Ojeda Peñalosa, ya citados en T8.2.1.

Tampoco tuvo descendencia con su segunda esposa y una vez más, enviudó. Se casó por tercera vez con Juana Ramona Ojeda Sánchez, hija de Juan Nicolás Ojeda Romano y de Melchora Sánchez Román. A su vez, Juan Nicolás era hijo de Juan Clemente Ojeda Peñalosa y de María Antonia Romano Terant; mientras que Melchora lo era de Juan Bautista Sánchez y de Paula Rosalía Romano Terant, ya citados en T8.11.

De los anteriores, Juan Clemente era hijo del canario Juan Fernández de Ojeda y de Elvira Peñalosa Noda, ya citados en S2.2.7.

Juana Ramona le dio 4 hijos a Juan Jacinto antes de fallecer el 24 de julio de 1847:

T8.11.2.1. José María Sánchez Ojeda.

T8.11.2.2. Antonio María Sánchez Ojeda.

T8.11.2.3. Manuel María Sánchez Ojeda.

T8.11.2.4. María de la Natividad Sánchez Ojeda.

T8.11.3. Ana Antonia Sánchez Tortolero. Se casó en 1815 con su primo hermano Ramón Tortolero Mérida, ya citados en T8.4.3. Falleció el 15 de agosto de 1852.

T8.11.4. María Isabel Sánchez Tortolero. Se casó en 1818 con su primo cuarto José de los Santos Hernández León, hijo de Félix Hernández Plaza y de María de Jesús León León, ya citados en T8.11.2.

Fueron sus hijos:

T8.11.4.1. Eleuterio Hernández Sánchez.

T8.11.4.2. Máxima Hernández Sánchez.

T8.11.4.3. Juan Hernández Sánchez.

T8.11.4.4. Hipólito Hernández Sánchez.

T8.11.4.5. Pedro Antonio Hernández Sánchez.

T8.11.5. María de la Concepción Sánchez Tortolero. Se casó en 1819 con Santiago Hernández León, hermano de José de los Santos (el esposo de su hermana mayor María Isabel).

María de Concepción tuvo 9 hijos antes de fallecer el 7 de febrero de 1881:

T8.11.5.1. José Fermín Hernández Sánchez.

T8.11.5.2. Eusebio Hernández Sánchez.

T8.11.5.3. Juana Hernández Sánchez.

T8.11.5.4. Antonio María Hernández Sánchez.

T8.11.5.5. Venancio Hernández Sánchez.

T8.11.5.6. María Hernández Sánchez.

T8.11.5.7. Nicolasa Hernández Sánchez.

T8.11.5.8. Dionisia Hernández Sánchez.

T8.11.5.9. Rita Hernández Sánchez.

T8.11.6. Ignacio Sánchez Tortolero, casado con María de la Luz Oliveros León, hija de José de Jesús Oliveros Machado y de Catalina Romero León, ya citados en T8.3.8.

Ignacio y María de la Luz tuvieron por hijos a:

T8.11.6.1. Manuel Felipe Sánchez Oliveros.

T8.11.6.2. Matilde Antonia Sánchez Oliveros.

T8.11.6.3. María Isabel Sánchez Oliveros.

T8.11.6.4. José Matilde Sánchez Oliveros.

T8.11.6.5. María Ignacia Sánchez Oliveros.

T8.11.7. Pedro Sánchez Tortolero. Se casó en 1825 con María Andrea Oliveros León; hermana de María de la Luz (esposa de su hermano mayor Ignacio). Fueron padres de:

T8.11.7.1. José Ignacio Oliveros.

T8.11.7.2. Gregorio Oliveros.

T8.11.7.3. Juan Julián Sánchez Oliveros.

T8.11.8. Paula Sánchez Tortolero, casada en 1826 con Rafael León Rivero (P4.5.3.2).

Tuvo 4 hijos antes de fallecer el 28 de enero de 1868:

T8.11.8.1. Francisca León Sánchez.

T8.11.8.2. María Antonia León Sánchez.

T8.11.8.3. Pedro Pablo León Sánchez.

T8.11.8.4. María Andrea León Sánchez.

T8.11.9. Rosa Sánchez Tortolero. Se casó en 1826 con su primo cuarto José Ramón Hernández León, hermano de José de los Santos (el esposo de su hermana mayor María Isabel).

Tuvo 9 hijos antes de fallecer el 20 de diciembre de 1869:

T8.11.9.1. Rita Hernández Sánchez.

T8.11.9.2. José María Hernández Sánchez.

T8.11.9.3. José del Carmen Hernández Sánchez.

T8.11.9.4. María Emilia Hernández Sánchez.

T8.11.9.5. Isaías Hernández Sánchez.

T8.11.9.6. José Ramón Hernández Sánchez.

T8.11.9.7. María de la Cruz Hernández Sánchez.

T8.11.9.8. Hilario Hernández Sánchez.

T8.11.9.9. María Guadalupe Hernández Sánchez.

T8.11.10. Ramón Sánchez Tortolero, casado con Josefa Ortega, con quien tuvo 6 hijos antes de fallecer el 11 de enero de 1888:

T8.11.10.1. Ramón Sánchez Ortega.

T8.11.10.2. Leandra Sánchez Ortega.

T8.11.10.3. Pedro Sánchez Ortega.

T8.11.10.4. Genaro Sánchez Ortega.

T8.11.10.5. Petronila Sánchez Ortega.

T8.11.10.6. Josefa Antonia Sánchez Ortega.

T8.12. Petronila Tortolero Silva, casada con Vital Figueroa, hijo natural de la canaria Candelaria Figueroa. Fueron padres de:

T8.12.1. Juana María del Carmen Figueroa Tortolero, nacida el 28 de febrero de 1789. Se casó el 24 de noviembre de 1803 con su doble primo tercero Martín Ojeda Tortolero, ya citados en T8.2.4.

Al enviudar, se volvería a casar con su doble primo tercero Joseph Félix Miguel Arocha Tortolero, ya citados en T2.3.2.

T8.12.2. Joseph María Figueroa Tortolero. Falleció en Nirgua siendo un infante, el 28 de febrero de 1790.

T8.13. Manuela Tortolero Silva. Se casó en 1796 con su primo cuarto

Juan Candelario Ortega, Véase O3.1.

T9. Joseph Prudencio Tortolero e Infante de Lara. Otro de los primeros moradores de Montalbán y piedra angular de su fundación. Entre otras cosas, fue su primer teniente de justicia mayor y cofundador de la Cofradía del Santísimo Sacramento en 1747.

Nació en Nirgua el 6 de abril de 1727, donde mismo sería bautizado el 31 de agosto siguiente por Félix Pérez y Cugía, cura coadjutor de la iglesia parroquial, con licencia de su párroco Juan Esteban de Silva. Sus padrinos: Joseph Christóbal y Teresa de Jesús Salvatierra Valladares.

Se casó con María Bernarda León Cesaro (S1.1.3), reuniéndose así y por primera vez, todos los apellidos fundacionales de la región: Tortolero, León, Ortega, Salvatierra, Cesaro (César), Castilla(o), Silva y Rodríguez.

Joseph Prudencio y María Bernarda tuvieron 9 hijos:

T9.1. Joseph Raymundo Tortolero León, casado en 1769 con María Antonia Silva Henríquez (P6.2.1), con quien tuvo 6 hijos:

T9.1.1. Miguel Tortolero Silva, casado en 1792 con su prima tercera Rosa Ojeda Tortolero (T8.1.3), con quien tuvo 11 hijos:

T9.1.1.1. María de Jesús Tortolero Ojeda.

T9.1.1.2. Joseph María Tortolero Ojeda[51].

T9.1.1.3. Francisca Tortolero Ojeda.

T9.1.1.4. Ramón Tortolero Ojeda.

T9.1.1.5. Joseph María Tortolero Ojeda.

T9.1.1.6. María Evangelista Tortolero Ojeda.

T9.1.1.7. Ramona Tortolero Ojeda.

T9.1.1.8. Rosa Tortolero Ojeda.

T9.1.1.9. Gregoria Tortolero Ojeda.

T9.1.1.10. María Victoria Tortolero Ojeda.

T9.1.1.11. Saturnina Tortolero Ojeda.

T9.1.2. Tadeo Tortolero Silva. Se casó en 1797 con su prima segunda María Josefa Salvatierra León (S6.4.6), teniendo a:

T9.1.2.1. Concepción Tortolero Salvatierra.

---

51 Fallecido el 21 de noviembre de 1800, a 10 días de haber nacido.

T9.1.2.2. Ricardo Tortolero Salvatierra.

T9.1.3. Rosa María Tortolero Silva, casada en 1792 con su primo cuarto Joseph de Jesús Cesaro León (S1.1.6.5). Con un hijo:

T9.1.3.1. José Manuel Cesaro Tortolero.

T9.1.4. Blas Tortolero Silva. No contrajo nupcias, pero sí tuvo 3 hijos naturales con María Josefa Oliveros Silva, ya citados en P6.3.3.

T9.1.5. Juana Mercedes Tortolero Silva. Se casó en 1800 con su primo cuarto Gregorio Mérida Vidal (P.6.7.3); enviudando al poco tiempo, sin descendencia.

En 1806, solicitó dispensa para casarse por segunda ocasión con su primo tercero Antonio Ojeda Tortolero (T8.1.8). Durante el tiempo de espera concibió 4 hijos con Antonio, como ya vimos en T8.1.8. Sin embargo, todo indica que la dispensa no fue aprobada porque en 1815 Juana Mercedes volvió a solicitar dispensa para casarse con su primo segundo y cuarto José de la Encarnación Pinto Mérida. En el documento la describen como viuda de Gregorio Mérida Vidal y no hacen ninguna mención a Antonio. De cualquier forma, el matrimonio tampoco llegó a materializarse como ya se dijo en P12.8.1, posiblemente por los hijos que ya tenía con Antonio.

T9.1.6. Venancio Tortolero Silva. Contrajo nupcias por primera vez en 1812 con su doble prima tercera Clara Hernández León, hija de Félix Hernández Plaza y de María de Jesús León León, ya citados en T8.11.2.

Falleció Clara y Venancio tomaría estado nuevamente con su prima hermana Ana María León Silva (P6.2.2.1), con quien tampoco tuvo hijos.

Ana María también falleció por lo que Venancio trató de casarse nuevamente, ahora con su prima tercera María Antonia Henríquez Rosell (P4.1.2.6). El matrimonio no llegaría a concretarse, pero sí tuvieron una hija natural:

T9.1.6.1. Josefa Henríquez.

T9.2. Juan Vicente Tortolero León. Siguió los pasos de su padre al ser teniente de justicia mayor de Montalbán, en tiempos del gobernador Pedro Carbonell Pinto. Se casó en 1780 con su prima tercera y cuarta Rita Laurencia Cesaro López (S2.1.4), con quien tuvo por hijos a:

T9.2.1. Mariana Tortolero Cesaro, casada en 1800 con su primo tercero José Cirilo Henríquez Salazar, ya citados en P4.6.9.

Al enviudar, se casaría en 1824 con su primo tercero José Francisco León León (S1.2.8.5), viudo de Anastasia León Salvatierra (S1.2.1.5). Sin descendencia.

T9.2.2. Ana Rosa Tortolero Cesaro. Se casó en 1804 con su primo hermano Rafael Torrens Cesaro (S2.1.5.4), con quien tuvo a:

T9.2.2.1. José Fernando de la Cruz Torrens Tortolero.

T9.2.2.2. María Ignacia del Carmen Torrens Tortolero.

T9.2.3. Ana María Tortolero Cesaro. Se casó en 1812 con su primo hermano José Ximénez Tortolero (T9.3.5), con quien tuvo 2 hijas:

T9.2.3.1. Josefa María Jiménez Tortolero.

T9.2.3.2. Concepción Jiménez Tortolero.

Enviudó Ana María por lo que volvió a casarse en 1827 con otro primo hermano: Santiago Salazar Tortolero (T9.4.2).

T9.3. María Josefa Tortolero León, nacida en Nirgua el 17 de octubre de 1754. Se casó en 1781 con su primo hermano Joseph Matías Ximénez León (S1.1.1.1), con quien tuvo a:

T9.3.1. Juan Miguel Ximénez Tortolero. Se casó en 1802 con su prima tercera María de la Concepción Tortolero Guevara, ya citados en T8.3.1.

T9.3.2. María de las Mercedes Ximénez Tortolero, casada con Domingo Goimeta. Fallecido éste, volvió a casarse en 1817 con su doble primo tercero Santiago Ojeda León, hijo de Ignacio Antonio Ojeda Serpa y de Margarita León León (S1.2.8.1). Siendo Ignacio Antonio hijo de Joseph Miguel de Ojeda y de Juana María Cayetana Serpa, ya citados en S2.2.7.

Santiago y María de las Mercedes tuvieron a:

T9.3.2.1. José María Ojeda Jiménez.

T9.3.2.2. Santiago Ojeda Jiménez.

T9.3.2.3. Joaquín Ojeda Jiménez.

T9.3.3. Carlos José Ximénez Tortolero, casado con María Isabel Machado con quien tuvo 7 hijos:

T9.3.3.1. Cornelio Jiménez Machado.

T9.3.3.2. María Cipriana Jiménez Machado.

T9.3.3.3. Jesús María Jiménez Machado.

T9.3.3.4. Pantaleón Jiménez Machado.

T9.3.3.5. José Ramón Jiménez Machado.

T9.3.3.6. Alejandro Jiménez Machado.

T9.3.3.7. José María Jiménez Machado.

T9.3.4. Matías Ximénez Tortolero. Se casó en 1820 con su prima hermana Juana Salazar Tortolero (T9.4.1), con la siguiente prole:

T9.3.4.1. María Ramona Jiménez Salazar.

T9.3.4.2. María del Carmen Jiménez Salazar.

T9.3.4.3. Rosario Jiménez Salazar.

T9.3.4.4. Rita Jiménez Salazar.

T9.3.4.5. Juan José Jiménez Salazar.

T9.3.5. José Ximénez Tortolero, casado en 1812 con su prima hermana Ana María Tortolero Cesaro, ya citados en T9.2.3.

T9.3.6. Bartolomé Ximénez Tortolero. Se casó en 1816 con su prima hermana María Henríquez Tortolero (P4.6.7.1).

Contrajo segundas nupcias en 1827 con su doble prima cuarta Rafaela Ojeda Salazar (T8.1.7.6). Sin descendencia.

T9.4. María Antonia Tortolero León. Se casó en 1782 con su primo cuarto Joseph Miguel Salazar Salvatierra (S3.7.2.), con quien tuvo 6 hijos antes de fallecer el 26 de febrero de 1852:

T9.4.1. Juana Salazar Tortolero, casada en 1820 con su primo hermano Matías Ximénez Tortolero, ya citados en T9.3.4. Falleció el 8 de octubre de 1878.

T9.4.2. Santiago Salazar Tortolero, casado en 1827 con su prima hermana Ana María Tortolero Cesaro, ya citados en T9.2.3. Falleció el 26 de abril de 1848, sin descendencia conocida.

T9.4.3. Rosa Salazar Tortolero. Se casó en 1805 con su primo tercero Julián Ojeda Tortolero, ya citados en T8.1.7.

T9.4.4. Luis Salazar Tortolero. Se casó en 1818 con su prima tercera María Andrea Salvatierra Henríquez (S6.5.1.5), con quien tuvo los siguientes hijos antes de fallecer el 19 de enero de 1864:

T9.4.4.1. Ramón Salazar Salvatierra.

T9.4.4.2. Juan Salazar Salvatierra.

T9.4.4.3. María Antonia Salazar Salvatierra.

T9.4.5. Miguel Salazar Tortolero. Se casó en 1820 con Trinidad Campos Ortega, hija de Joseph Phelipe Campos y de Candelaria Ortega César. A su vez, Candelaria era hija de Domingo Ortega Oliveros (O7.1.3.5) y de Norberta César Hernández. Esta última, hija de Rafael César León y de Leonor Hernández León. De los anteriores, Rafael era hijo de Hermenegildo Cesaro León (S1.1.6.2) y de Rosalía León León (S1.2.8.4); mientras que Leonor lo era de Félix Hernández Plaza y de María de Jesús León León, ya citados en T8.11.2.

Miguel tuvo 5 hijos con Trinidad, antes de fallecer el 16 de diciembre de 1872:

T9.4.5.1. María Isidora Salazar Campos.

T9.4.5.2. Plácido Antonio Salazar Campos.

T9.4.5.3. Wenceslao Salazar Campos.

T9.4.5.4. Josefa María Salazar Campos.

T9.4.5.5. Antonio María Salazar Campos.

T9.4.6. María Josefa Salazar Tortolero, casada en 1807 con su primo tercero Juan Bautista Salvatierra (S6.4.8.1).

T9.5. Bárbara María Tortolero León, nacida en Montalbán el 25 de junio de 1758, mismo lugar donde la bautizaron al siguiente día por haber nacido con inminente peligro de muerte. Se casó en 1790 con su primo cuarto Ignacio Henríquez Salazar, ya citados en P4.6.7.

T9.6. Joseph Manuel Tortolero León. Se casó el 18 de enero de 1787 con su prima cuarta María de Jesús Henríquez Salazar (P4.6.10), de cuyo enlace nacieron 11 hijos:

T9.6.1. José Manuel Tortolero Henríquez. Se casó en 1819 con su prima hermana y prima tercera María del Carmen Tortolero Henríquez (T8.7.3), con quien tuvo 6 hijos antes de fallecer el 30 de enero de 1881:

T9.6.1.1. Juana Tortolero Tortolero.

T9.6.1.2. Norberta Tortolero Tortolero.

T9.6.1.3. Rita Tortolero Tortolero.

T9.6.1.4. José Antonio Tortolero Tortolero.

T9.6.1.5. José Félix Tortolero Tortolero.

T9.6.1.6. José Vicente Tortolero Tortolero.

T9.6.2. José Ramón Tortolero Henríquez, casado en 1820 con su doble prima cuarta María Viviana Ortega Oliveros. Véase O8.2.

T9.6.3. José Gabriel Tortolero Henríquez. Se casó en 1820 con su prima hermana María Celedonia Henríquez Ojeda (P4.6.11.9), sin descendencia. Contrajo segundas nupcias con María de la Trinidad Hernández con quien tuvo 2 hijas:

T9.6.3.1. Mercedes Tortolero Hernández.

T9.6.3.2. Ana Josefa Tortolero Hernández.

T9.6.4. Juan José Tortolero Henríquez, casado en 1824 con María Josefa Ortega Oliveros (O1.2.3), con quien tuvo 9 hijos antes de fallecer el 21 de junio de 1859:

T9.6.4.1. Miguel Nicolás Tortolero Ortega.

T9.6.4.2. José Miguel Tortolero Ortega.

T9.6.4.3. Micaela Antonia Tortolero Ortega.

T9.6.4.4. Miguel de Jesús Tortolero Ortega.

T9.6.4.5. María de la Trinidad Tortolero Ortega.

T9.6.4.6. Miguel de la Trinidad Tortolero Ortega.

T9.6.4.7. Ana Joaquina Tortolero Ortega.

T9.6.4.8. Miguel Benito Tortolero Ortega.

T9.6.4.9. Josefa María Tortolero Ortega.

T9.6.5. Manuel Tortolero Henríquez. Prefirió el camino de la soltería, falleciendo el 2 de abril de 1852.

T9.6.6. Juan Pablo Tortolero Henríquez. Se casó en 1828 con su doble prima cuarta María del Carmen Pinto Henríquez (P12.3.3.5), quien le daría una hija:

T9.6.6.1. Micaela Tortolero Pinto.

Juan Pablo se casó por segunda ocasión con Leonor Ojeda Román, hija de Juan Antonio Ojeda Ojeda y de Isabel Cayetana Román Ojeda. A su vez, Juan Antonio era hijo de Vicente Ojeda Romano y de Toribia Ignacia Ojeda Serpa; mientras que Isabel Cayetana lo era de Nicolás Romano Terant y de María Florentina Ojeda Serpa.

De estos últimos, Vicente era hijo de Juan Clemente Ojeda Peñalosa y de María Antonia Romano Terant, ya citados en T8.11.2; mientras que Toribia lo era de Joseph Miguel de Ojeda y de Juana María Cayetana Serpa, ya citados en S2.2.7.

En cuanto a Nicolás, era hijo de Joseph Aniceto Romano y de Felipa Terant, ya citados en T8.11; mientras que María Florentina lo era de Joseph Miguel de Ojeda y de Juana María Cayetana Serpa.

Juan Pablo tuvo 10 hijos con Leonor antes de fallecer el 9 de octubre de 1892:

T9.6.6.2. Josefa Antonia Tortolero Ojeda.

T9.6.6.3. Juan Antonio Tortolero Ojeda.

T9.6.6.4. Miguel Antonio Juan Pablo Tortolero Ojeda.

T9.6.6.5. María de los Ángeles Tortolero Ojeda.

T9.6.6.6. **María del Carmen Tortolero Ojeda**.

T9.6.6.7. Rafael Tortolero Ojeda.

T9.6.6.8. Isabel Tortolero Ojeda.

T9.6.6.9. Eusebia Tortolero Ojeda.

T9.6.6.10. Miguel Antonio Tortolero Ojeda.

T9.6.7. María Tortolero Henríquez, casada en 1820 con Juan José Henríquez Torrens (P4.6.2.3), con quien tuvo 6 hijos antes de fallecer en junio de 1858:

T9.6.7.1. María de la Concepción Henríquez Tortolero.

T9.6.7.2. Ramón María Henríquez Tortolero.

T9.6.7.3. Francisca Antonia Henríquez Tortolero.

T9.6.7.4. Matilde Henríquez Tortolero.

T9.6.7.5. José Rafael Henríquez Tortolero.

T9.6.7.6. María del Carmen Henríquez Tortolero.

T9.6.8. Blasa Tortolero Henríquez. Trató de casarse en 1825 con su primo hermano Pablo Henríquez Torrens (P4.6.2.1), pero el matrimonio no se dio. Blasa permaneció soltera mientras que Pablo se casaría con Trinidad Granadillo Román, hija de José Granadillo y de María Antonia Román Ojeda.

T9.6.9. María Josefa Tortolero Henríquez. Se casó en 1827 con su primo hermano José Rafael Henríquez Cesaro (P4.6.12.5). Trajo al mundo 7 hijos antes de fallecer el 14 de octubre de 1879:

T9.6.9.1. María Antonia Henríquez Tortolero.

T9.6.9.2. Bárbara María Henríquez Tortolero.

T9.6.9.3. Trinidad Henríquez Tortolero.

T9.6.9.4. Pablo María Henríquez Tortolero.

T9.6.9.5. Rosalía Henríquez Tortolero.

T9.6.9.6. José Rafael Henríquez Tortolero.

T9.6.9.7. Juana Ramona Henríquez Tortolero.

T9.6.10. Isabel Tortolero Henríquez. Tomó estado en 1827 con su primo hermano José Gabriel Henríquez Cesaro (P4.6.12.2), a quien le dio 14 hijos antes de fallecer el 9 de marzo de 1889:

T9.6.10.1. Josefa Manuela Henríquez Tortolero.

T9.6.10.2. Leandra Henríquez Tortolero.

T9.6.10.3. Andrés María Henríquez Tortolero.

T9.6.10.4. Juan Bautista Henríquez Tortolero.

T9.6.10.5. Rosa María Henríquez Tortolero.

T9.6.10.6. Félix Miguel Henríquez Tortolero.

T9.6.10.7. Perfecto Henríquez Tortolero.

T9.6.10.8. José Rafael Elías Henríquez Tortolero.

T9.6.10.9. Rita María Henríquez Tortolero.

T9.6.10.10. **Pedro Regalado Henríquez Tortolero**.

T9.6.10.11. María Vicenta Henríquez Tortolero.

T9.6.10.12. Rafael Antonio Henríquez Tortolero.

T9.6.10.13. Tomás Antonio Henríquez Tortolero.

T9.6.10.14. Vicente Henríquez Tortolero.

T9.6.11. Juana Tortolero Henríquez, quien permaneció soltera hasta su fallecimiento el 9 de febrero de 1880.

Joseph Manuel Tortolero León enviudó y volvió a casarse en 1829, casi a sus 70 años de edad, con María Antonia Ojeda Ojeda, hija de Vicente Ojeda Romano y de Toribia Ignacia Ojeda Serpa, ya citados en T9.6.6.

T9.7. María de Jesús Tortolero León.

T9.8. María Nicolasa Tortolero León, casada con el catalán Carlos Camarán con quien tendría una hija:

T9.8.1. Josefa Camarán Tortolero, quien trató de casarse en 1821 con Carlos Ojeda Soto, viudo de Clara María Ojeda Tortolero (véase T8.2.1). El matrimonio no ocurrió, pero durante la espera tuvieron un hijo natural:

T9.8.1.1. Ramón Camarán.

T9.9. Joseph Benito Tortolero León. Se casó en 1797 con su triple prima tercera María Francisca Salvatierra León, ya citados en S6.4.2.

T10. Bernabela Tortolero e Infante de Lara, fallecida el 1 de marzo de 1732, siendo un infante. Fue enterrada en la ermita de Canoabo.

Aquí cierro el segmento dedicado a los Tortolero para comenzar a estudiar al último de los patriarcas en nuestra lista: Antonio Rodríguez de Ortega.

CAPÍTULO 4

ANTONIO RODRÍGUEZ DE ORTEGA

ANTONIO RODRÍGUEZ DE ORTEGA

Los Ortegas vinieron a Venezuela en gran número a partir el siglo XVII, radicándose en ciudades de importancia para la época tales como Caracas, la Villa del Tinaco, Calabozo y Nirgua. Fue en ésta última donde se residenció, a comienzos del siglo XVIII, el capitán de infantería de milicias de blancos don Antonio Rodríguez de Ortega.

Natural de la aldea de San Nicolás de Tolentino en Las Palmas de Gran Canaria, nació en 1709 de acuerdo a su declaración jurada como testigo para la dispensa del matrimonio de Joseph Santiago Tortolero e Infante de Lara (T2) con Feliciana Silva Pinto (P6.1).

Llegó a Venezuela para ocupar el cargo de teniente gobernador[52] de Nirgua. Como todos los demás españoles blancos, no se encontró a gusto en un pueblo que estaba regido por funcionarios mayoritariamente mulatos o zambos; lo cual, probablemente, fue un caso único en la historia de la conquista de América. Veamos cómo ocurrió:

Los Jirajaras, indios que habitaron la región comprendida entre Miranda y Nirgua, fueron una de las tribus más aguerridas de sur América (y de las últimas en ser sometidas durante la conquista). Por muchos años

---

52 Un teniente gobernador era el funcionario que ostentaba el mando político y militar de una ciudad.

impidieron el establecimiento de cualquier ciudad española en sus dominios. Además, obstruían las rutas comerciales entre El Tocuyo, Barquisimeto y Valencia, causando numerosas bajas a quienes intentaban transitar por sus tierras.

La primera vez que los españoles trataron de establecer un poblado en sus dominios fue hacia 1554. Damián del Barrio había descubierto en 1551 unas minas de oro en las riberas del Buria (en las cercanías de San Felipe), por lo que el gobernador Villacinda consideró conveniente el establecimiento de un poblado español en sus inmediaciones para su correcta explotación. Para dicha tarea designo al capitán Diego de Montes, quien luego de reconocer la zona encontró un sitio apropiado *"a las riveras de un rio, que muy cercano a las minas corria, atravesado por la hermosura de un vistoso palmar"* [53]. Allí fundo la villa de Las Palmas. Pero tan pronto salió de la misma, dejándola en manos de los civiles, el lugar fue asediado por los indios y sus habitantes la abandonaron al poco tiempo.

En 1555 repoblaron la zona gracias a la intervención militar del capitán Diego de Parada, natural de Almendralejo-Extremadura. Este le cambió el nombre a Nirua, por haberla fundado en las riberas del rio que lleva ese nombre. Nuevamente, la ciudad recibió el embate de los indios quienes la acorralaron para impedir el reabastecimiento de víveres, por lo que sus habitantes la abandonaron para refugiarse en Barquisimeto.

Dos años más tarde, en tiempos del gobernador Pablo Collado, el capitán Diego Romero hizo otro intento de repoblarla. Ahora se le llamó Nueva Jerez, pero tampoco sobrevivió a los constantes ataques de los Jirajaras. Una vez más, en 1569, el gobernador don Pedro Ponce de León mandó a reconstruirla por medio de Juan de Mota, corriendo la misma suerte que las veces anteriores[54].

Esta situación era vergonzosa e inaceptable para la corona por lo que en 1625 el gobernador general de Caracas, capitán Juan Manuel Manrique de Meneses y Padilla, tuvo que buscar una solución permanente. Conformó un gran ejército con hombres de El Tocuyo, Valencia y Barquisimeto, casi todos mulatos *"por ser éstos de contextura robusta y fuerte, adecuados para la difícil tarea y complicado terreno de la zona"*. Meneses les dijo que si ganaban la guerra *"podrían ser como los señores de Castilla"*. Así las cosas, los armó bien

53 Oviedo y Baños, José de. (1824). *Historia de la conquista y población de la Provincia de Venezuela*. Pág. 221.

54 Codazzi, Agustín. (1841). *Resumen de la Geografía de Venezuela*. Pág. 403.

y colocó bajo el liderazgo del capitán español Andrés Román de Vera.

Lucharon ferozmente por tres años para lograr la capitulación o más bien el casi exterminio de los Jirajaras, tarea que no se había podido lograr hasta la fecha con los ejércitos de la corona. El 24 de enero de 1628 lograron pacificar la zona y los hombres de Meneses que habían logrado el triunfo le solicitaron que cumpliese su palabra fundando inmediatamente la ciudad y asignándoles a ellos los respectivos cargos reales.

Meneses trató de ignorar el requerimiento y regresar a Caracas, pero sus hombres le enviaron un "ultimátum" por escrito (aprovechando la presencia del escribano real) exigiéndole justicia, el cumplimiento de su palabra y que fundara la ciudad dentro de las próximas 24 horas. Este prefirió no correr riesgos y al día siguiente fundó la ciudad de "Nuestra Señora de la Victoria del Prado de Talavera". Estos eventos los explica en detalle el historiador Torcuato Manzo Núñez en su artículo *"Montalbán hijo de la pugna racial"* [55].

Pasado el tiempo, la ciudad pasó a llamarse Nirua del Collado; nombre indígena con que se le conocía en sus comienzos y que tiene su origen en la tribu indígena Nirua que habitaba una zona alta adyacente llamada la Fila del Picacho, de donde bajaba un rio hasta las cercanías de la ciudad (el rio Nirgua).

En muchas escrituras antiguas, los españoles solían cambiar las "U" por "V", por lo que Nirua lo escribieron como Nirva y luego por una cuestión de pronunciación terminó siendo llamada Nirgua.

De la narrativa anterior se deduce el por qué Nirgua estuvo bajo el control de los mulatos desde su fundación. Estos eran muy distintos culturalmente a los españoles quienes al final, siempre mantuvieron el cargo de mayor rango en la ciudad. Por esta razón, los tenientes gobernadores que se les asignó nunca quisieron vivir dentro de los límites de la ciudad, sino que construían sus casas o haciendas en terrenos alejados de la misma, como ya vimos en el caso de Manuel Gómez Pinto.

Manuel Hernández González en su libro "Los Canarios en la Venezuela Colonial (1670-1810)" [56], cita un pasaje que ilustra esto muy bien: *"se han*

---

55 Manzo Núñez, Torcuato. (1979, Julio-Septiembre). *"Montalbán hijo de la pugna racial"*. Págs. 621 al 639.

56 Hernández González, Manuel. (1999). *Los Canarios en la Venezuela Colonial (1670-1810)*. Págs. 382 al 383.

juntado muchos blancos, y como no quieren estar sujetos a los alcaldes de Nirgua, que todos son mulatos, negros o zambos, pretenden que este pueblo sea villa y que el cabildo que se erigiese o su alcalde tengan también jurisdicción en los pueblos de Canoabo, Morón, Gatón y Urama". Ese lugar que escogieron para juntarse (hacia el año de 1727) fue un valle llamado Montalbán, en las cercanías de un rio que lo atravesaba.

Antonio Rodríguez de Ortega fue uno de los que más trabajó para impulsar la transformación de dicho asentamiento en Pueblo, así como para la creación de sus instituciones religiosas. El 8 de junio de 1747, junto con su predecesor Juan Rosell de Lugo, propulsó la creación de una obra pía: la Cofradía del Santísimo Sacramento, en tierras de su propiedad cerca de las Maticas. Luego, el 11 de enero de 1767, dio poder a Vicente Morales Espino, residente en Caracas, para hacer las gestiones pertinentes al proceso de demolición de la vieja iglesia, siendo después el mayordomo (encargado) en la construcción del nuevo templo.

De vuelta a nuestro estudio genealógico, Antonio contrajo nupcias con Úrsula Teresa Cesaro y Silva, hija del alférez Juan Sebastián Cesaro Castilla y de su esposa Leonarda Silva Rodríguez, ya citados en S1.1.

De su matrimonio proviene la siguiente descendencia:

O1. Domingo Ortega Cesaro, casado con María del Pilar Rivero Romano, hija de Juan Ángel Rivero Suárez y de María Dominga de la Encarnación Romano, ya citados en P4.5.2.

Fueron padres de:

O1.1. Alvina Ortega Rivero. Se casó con su primo segundo Francisco Romano Machado, hijo de Antonio Romano (hermano de María Dominga de la Encarnación) y de Petronila Machado Rivero. Esta última, hija de Joseph Machado y de María Rivero.

Francisco y Alvira tuvieron a:

O1.1.1. María de la Victoria Romano Ortega. Se casó en 1804 con su primo tercero Alejandro Rivero Ojeda, hijo de Cornelio Rivero Romano y de María Antonia Ojeda Peñalosa, ya citados en T8.2.1, con un hijo:

O1.1.1.1. José Socorro del Carmen Rivero Romano.

O1.1.2. Joseph Thomás Romano Ortega. Contrajo nupcias en 1808 con su prima tercera Leonor Martínez Rivero, hija de Juan Lorenzo

Martínez y de Manuela Figueroa Rivero. El primero era hijo natural de Juana Leoncia Martínez, y la segunda de Joseph Ignacio Manuel Figueroa Campos y de Agueda Rivero Romano. De estos últimos, Joseph Ignacio Manuel era hijo de Francisco Antonio Figueroa y de María Petronila Bautista del Campo Muñoz; mientras que Agueda lo era de Juan Ángel Rivero Suárez y de María Dominga de la Encarnación Romano, ya citados en P4.5.2.

Joseph Thomás y Leonor tuvieron una hija:

O1.1.2.1. María de la Concepción Romano Martínez.

O1.1.3. Dionisia Romano Ortega, casada en 1811 con su primo tercero Pedro Rivero Ojeda; hermano de Alejandro, el esposo de su hermana mayor María de la Victoria (véase O1.1.1).

Fueron padres de:

O1.1.3.1. Concepción Rivero Román.

O1.1.3.2. María Josefa Rivero Román.

O1.1.3.3. María Jesús Rivero Román.

O1.1.4. Miguel Romano Ortega. Se casó en 1819 con su prima tercera Flora Martínez Figueroa; hermana de Leonor, la esposa de su hermano mayor Joseph Thomás (véase O1.1.2). Con una hija:

O1.1.4.1. Ana Josefa Román Martínez

O1.2. Ignacio Ortega Rivero, casado en 1796 con su prima cuarta Vicencia Oliveros Machado, hija de José Antonio Oliveros Plaza y de Hermenegilda Machado Soto. El primero era hijo de Juan Bautista Oliveros y de Victoria Plaza Silva (véase S1.1.8); mientras que la segunda lo era de Joseph Machado Rivero y de Juana Soto, ya citados en P6.3.3. Tuvieron 4 hijos:

O1.2.1. Rosa Ortega Oliveros. Eligió la soltería hasta su fallecimiento el 12 de septiembre de 1848.

O1.2.2. María del Carmen Ortega Oliveros. Se casó en 1823 con su primo cuarto Luis Salvatierra Ortega, ya citados en S6.5.8.

O1.2.3. María Josefa Ortega Oliveros, casada en 1824 con Juan José Tortolero Henríquez, ya citados en T9.6.4. Falleció el 9 de noviembre de 1884.

O1.2.4. Marcos Ortega Oliveros. Se casó en 1836 con su prima tercera María Josefa Rivero Román (O1.1.3.2), con quien tuvo 2 hijos antes de fallecer el 8 de septiembre de 1855:

O1.2.4.1. Antonio Ortega Rivero.

O1.2.4.2. Joaquina Ortega Rivero.

Al fallecer Vicencia, Ignacio volvió a casarse con Juana León (P4.5.2.1), hija natural de Bernarda León Henríquez (P4.5.2) y viuda de Vicente Soto. Tuvieron por hijos a:

O1.2.5. Santos Ortega León. Se casó el 20 de septiembre de 1879 con su prima tercera y cuarta Lorenza Ojeda Ortega (O7.3.4), con quien tuvo una hija antes de fallecer el 28 de febrero de 1896:

O1.2.5.1. Matilde Ortega Ojeda.

O1.2.6. José del Rosario Ignacio Ortega León, nacido el 2 de octubre de 1817.

O1.2.7. María del Pilar Ortega León. Se casó el 6 de mayo de 1847 con su primo cuarto Miguel Soto Romero, hijo de Juan Bautista Soto Ximénez y de Paula Romero León (P4.5.2.4).

A su vez, Juan Bautista era hijo de Mateo Soto Castillo y de Rosaura Ximénez León (S1.1.1.5), siendo Mateo hijo de Benito Soto y de Tadea Josefa Castillo Burgos. Esta última, natural de Urama e hija de Matheo del Castillo y de María Antonia Burgos.

María del Pilar tuvo 6 hijos con Miguel, antes de fallecer el 20 de junio de 1880:

O1.2.7.1. Félix Antonio Soto Ortega.

O1.2.7.2. Luisa Soto Ortega.

O1.2.7.3. Filomena Soto Ortega.

O1.2.7.4. Ramón Soto Ortega.

O1.2.7.5. Daniel Silverio Soto Ortega.

O1.2.7.6. María de los Dolores Soto Ortega.

O2. María Antonia Ortega Cesaro, casada en 1772 con Juan Vicente Salvatierra Tortolero, ya citados en S6.5.

O3. María de Jesús Ortega Cesaro, fue madre soltera de un varón:

O3.1. Juan Candelario Ortega. Se casó en 1796 con su prima cuarta Manuela Tortolero Silva (T8.13), siendo padres de:

O3.1.1. José Antonio Ortega Tortolero, casado en 1825 con Concepción Tortolero Salvatierra (T9.1.2.1), con quien tuvo a:

O3.1.1.1. Altagracia Ortega Tortolero.

O3.1.1.2. María Andrea Ortega Tortolero.

O3.1.1.3. Isabel Rosa Ortega Tortolero.

O3.1.2. Trinidad Ortega Tortolero. Falleció soltera el 16 de diciembre de 1849.

O3.1.3. María del Carmen Ortega Tortolero. Se casó en julio de 1835 con su primo cuarto y quinto Manuel Ambrosio Oliveros Fuentes (P12.4.3.1). Tuvieron una hija:

O3.1.3.1. Sergia Rosalía Oliveros Ortega.

O3.1.4. José Francisco Ortega Tortolero. Fue uno de los donantes de tierras el 18 de septiembre de 1845 para la fundación de Bejuma, siendo también uno de sus primeros pobladores. Se casó en 1840 con Petronila Núñez Coronel (T2.4.5.9).

O4. Juan Antonio Ortega Cesaro, casado en 1773 con Margarita Salvatierra Tortolero (S6.10). Tuvieron la siguiente prole:

O4.1. Máxima Ortega Salvatierra. Se casó en 1792 con su doble primo tercero y cuarto Agustín Miguel Pinto León, ya citados en P12.7.3.

O4.2. Juan José Ortega Salvatierra, casado en 1795 con su prima segunda Rosa Pinto Tortolero (P12.5). Fueron padres de:

O4.2.1. José Ignacio Ortega Pinto. Contrajo primeras nupcias en 1827 con Lorenza Latouche Pinto (P12.2.1.10), sin descendencia. Luego de enviudar, tuvo sus segundas nupcias con su prima hermana María de los Santos Pinto Ortega (P12.7.3.3), con quien tuvo una hija antes de fallecer el 2 de diciembre de 1884:

O4.2.1.1. Felicita Ortega Pinto.

O4.2.2. José Ramón Ortega Pinto. Se casó en 1826 con su prima hermana Ana Josefa Ortega Tortolero (T8.4.1.1), con quien tuvo 2 hijos:

O4.2.2.1. Jesús María Ortega Ortega.

O4.2.2.2. Carlos María Ortega Ortega.

Al fallecer Ana Josefa, José Ramón contrajo nupcias en 1846 con Ana Josefa Román con quien tuvo 4 hijos más antes de fallecer el 11 de abril de 1869:

O4.2.2.3. Federico Ortega Román.

O4.2.2.4. María Manuela Ortega Román.

O4.2.2.5. Euclides Ortega Román.

O4.2.2.6. Sergia María Ortega Román.

O4.2.3. Lorenzo Ortega Pinto.

O4.2.4. Formosina Ortega Pinto. Se casó en 1840 con Felipe Salvatierra, hijo natural de Isabel Salvatierra. Isabel falleció en Montalbán el 25 de julio de 1905, habiendo sido hija natural de Juana Clara Salvatierra.

O4.3. Lorenzo Ortega Salvatierra. Desde joven se enlistó en el ejército y fue uno de nuestros valientes compatriotas que luchó en la guerra independentista. Antes de eso, se había casado en el año de 1800 con su prima segunda y tercera Tomasa Pinto Ortega (P12.3.8), sin tener descendencia. Al enviudar, volvió a casarse en 1807 con su prima tercera Petronila Tortolero Mérida, ya citados en T8.4.1.

O4.4. Pedro Ortega Salvatierra. Luchó junto a su hermano Lorenzo en las batallas por la independencia de Venezuela. Antes de la guerra, ya se había casado en 1801 con su prima segunda y tercera Francisca Antonia Pinto Ortega (P12.3.1). Tuvo 8 hijos antes de fallecer el 28 de febrero de 1861:

O4.4.1. Juan José Ortega Pinto. Trabajó en varios puestos administrativo del gobierno. Uno de ellos fue como administrador de la renta del tabaco en 1830, y también como registrador subalterno del distrito Montalbán. Se casó en 1824 con su doble prima cuarta María de Jesús Fuentes Bacalao (P12.4.1.3), con quien tuvo a:

O4.4.1.1. Manuela Vicenta Ortega Fuentes.

Al enviudar, se casó por segunda ocasión con su doble prima cuarta María Juliana Manuela Ruíz Pinto (P12.1.3.1), con quien tuvo 8 hijos más antes de fallecer el 21 de febrero de 1880:

O4.4.1.2. Pablo Antonio Ortega Ruíz.

O4.4.1.3. Luisa Ortega Ruíz.

O4.4.1.4. Juan de la Cruz Ortega Ruíz.

O4.4.1.5. Rafael Ortega Ruíz.

O4.4.1.6. Vicente Ortega Ruíz.

O4.4.1.7. Jesús María Ortega Ruíz.

O4.4.1.8. Margarita Ortega Ruíz.

O4.4.1.9. Juana Ortega Ruíz.

O4.4.2. María Mónica Ortega Pinto, casada en 1825 con su primo cuarto Ramón María Bacalao López (S2.6.2.3), con quien tuvo 4 hijos antes de fallecer el 16 de diciembre de 1895:

O4.4.2.1. Sinforosa Bacalao Ortega.

O4.4.2.2. Ramón María Bacalao Ortega.

O4.4.2.3. Gregoria Delfín Bacalao Ortega.

O4.4.2.4. Adelaida Bacalao Ortega.

O4.4.3. Viviana Ortega Pinto. Escogió el camino de la soltería, falleciendo casi nonagenaria el 5 de marzo de 1896.

O4.4.4. Antonio María Ortega Pinto. Se casó en 1833 con su prima cuarta Martina Tortolero Loaisa (T8.3.4), teniendo por hijos a:

O4.4.4.1. Jesús Ortega Tortolero.

O4.4.4.2. Isabel Clara Ortega Tortolero.

O4.4.5. **María Leocadia Camila de la Concepción Ortega Pinto**, casada el 21 de noviembre de 1836 con Francisco Ramón Manzo Lartigue (M). La descendencia que dejó antes de su fallecimiento el 13 de noviembre de 1875, será vista con detalle en el capítulo 5.

O4.4.6. María del Carmen Ortega Pinto. Se casó en 1832 con su doble primo tercero Pedro Tortolero Salvatierra (T2.2.1.2), con quien tuvo la siguiente descendencia antes de fallecer el 16 de agosto de 1847:

O4.4.6.1. Pedro Pablo Tortolero Ortega.

O4.4.6.2. Josefa Manuela Tortolero Ortega.

O4.4.6.3. Isabel Rosa Tortolero Ortega.

O4.4.7. Manuel Lorenzo Ortega Pinto. Trabajó para el gobierno cumpliendo diferentes cargos: presidente del consejo municipal de Montalbán en 1890 y 1891, secretario del mismo consejo en 1873, etc. Se casó el 30 de diciembre de 1873 con Ángela Páez, con quien tuvo un hijo antes de fallecer el 3 de septiembre de 1899 por congestión cerebral:

O4.4.7.1. Rafael Manuel Ortega Páez.

O4.4.8. María Luisa Ortega Pinto, quien prefirió permanecer soltera hasta su defunción el 3 de enero de 1893.

O4.5. Blas Ortega Salvatierra. Se casó en 1804 con su prima segunda y tercera María del Carmen Pinto Ortega (P12.3.2), con quien tuvo 6 hijos antes de fallecer el 10 de agosto de 1856:

O4.5.1. José María Jorge Ortega Pinto, casado con Juana Clara Salvatierra, con quien tuvo a:

O4.5.1.1. Isabel Salvatierra.

O4.5.1.2. Ana Avelina Ortega Salvatierra.

O4.5.1.3. Genaro Ortega Salvatierra.

O4.5.2. **Josefa María Ortega Pinto** (Mamá Chepa), casada con el comandante Andrés Saturnino Pérez Blanco. Hablaremos extensamente de ellos en el capítulo 6.

O4.5.3. Cayetano Ortega Pinto. Se casó en 1831 con su prima tercera y cuarta Josefa Ruíz Pinto (P12.1.3.3), con quien tuvo los siguientes hijos:

O4.5.3.1. Felipe Ortega Ruíz.

O4.5.3.2. Filomena Reyes Ortega Ruíz.

O4.5.3.3. Félix Antonio Ortega Ruíz.

O4.5.3.4. Rafael Ortega Ruíz.

O4.5.4. Concepción Ortega Pinto. Permaneció soltera hasta su defunción el 9 de diciembre de 1851.

O4.5.5. María de los Dolores Ortega Pinto, casada en 1835 con su primo hermano Eusebio Pinto Henríquez (P12.3.3.3). Tuvieron por hijos a:

O4.5.5.1. Nicanor Pinto Ortega.

O4.5.5.2. Rodolfo Pinto Ortega.

O4.5.5.3. Juana Pinto Ortega.

O4.6. María de la Concepción Ortega Salvatierra. Se casó en 1806 con Juan Pablo Machado Ximénez, hijo de Laureano Machado Rivero y de María del Carmen Ximénez León (S1.1.1.6). Siendo Laureano hijo de Joseph Machado y de María Rivero, ya citados en P6.3.3.

Tuvieron por hijos a:

O4.6.1. Joaquina Machado Ortega. Se casó en 1833 con su doble primo tercero José Ignacio Ortega Salvatierra. Véase O7.1.3.

O4.6.2. María Agueda Machado Ortega, casada en 1832 con su primo cuarto Juan Antonio Silva Ojeda (T8.1.5.7). Padres de:

O4.6.2.1. Blas Silva Machado.

O4.6.2.2. José María Silva Machado.

O4.6.2.3. Manuel Silva Machado.

O4.6.3. Lorenzo Machado Ortega, casado el 1 de mayo de 1868 con su prima cuarta Regina Pinto Pinto (P12.6.6).

Al enviudar, Juan Antonio Ortega Cesaro se volvió a casar en 1797 con Rosa Guevara Ximénez, hija de José Guevara y de Bernabela de la Trinidad Ximénez Silva, ya citados en T8.3. Sin más descendencia hasta su fallecimiento en Montalbán el 1 de diciembre de 1863.

O5. Candelaria Ortega Cesaro, casada en 1775 con Toribio Romero con quien tuvo los siguientes hijos:

O5.1. Antonio Manuel Romero Ortega. Se casó en 1793 con su prima cuarta Marcela Machado Ximénez, hija de Laureano Machado Rivero y de María del Carmen Ximénez León, ya citados en O4.6.

O5.2. Francisco Romero Ortega. Contrajo nupcias en 1801 con su prima cuarta Josefa Herrera Velasco (P11.2.2).

O5.3. José Gregorio Romero Ortega, casado en 1804 con su prima cuarta Gabriela Herrera Velasco (P11.2.1); hermana de Josefa, la esposa de su hermano Francisco (O5.2).

O5.4. Sebastiana Romero Ortega. Se casó en 1805 con su primo cuarto Pascual Oliveros Machado, hijo de José Antonio Oliveros Plaza y de Hermenegilda Machado Soto, ya citados en O1.2.

O6. Teresa Ortega Cesaro, casada con su primo tercero Antonio Pinto Tortolero, ya citados en P12.3.

O7. Gregorio Ortega Cesaro. Se casó en 1785 con Cándida Henríquez Salazar (P4.6.1), siendo padres de:

O7.1. José Antonio Ortega Henríquez, casado en 1806 con su doble prima tercera Juana Salvatierra Ortega (S6.5.5), con quien tuvo 9 hijos antes de fallecer el 1 de diciembre de 1863:

O7.1.1. Trinidad Ortega Salvatierra. Se casó en 1829 con su triple prima cuarta María del Carmen Henríquez Tortolero (P4.6.9.2), con quien tuvo 6 hijos antes de fallecer el 6 de junio de 1873:

O7.1.1.1. Juan Félix Ortega Henríquez.

O7.1.1.2. Juan Manuel Ortega Henríquez.

O7.1.1.3. Francisco Ortega Henríquez.

O7.1.1.4. Josefa Ortega Henríquez.

O7.1.1.5. José María Ortega Henríquez.

O7.1.1.6. Pedro Ortega Henríquez.

O7.1.2. Teresa Ortega Salvatierra.

O7.1.3. José Ignacio Ortega Salvatierra. Contrajo primeras nupcias en 1833 con su doble prima tercera Joaquina Machado Ortega (O4.6.1), siendo padres de:

O7.1.3.1. Francisca Antonia Ortega Machado.

O7.1.3.2. Braulio Ortega Machado.

Al enviudar, contrajo segundas nupcias con Petronila Oliveros León, hija de Antonio Oliveros Machado y de Teresa León León (S1.2.8.3); siendo Antonio hijo de José Antonio Oliveros Plaza y de Hermenegilda Machado Soto, ya citados en O1.2.

José Ignacio tuvo 7 hijos con Petronila antes de fallecer el 27 de marzo de 1894:

O7.1.3.3. María del Carmen Ortega Oliveros.

O7.1.3.4. José Ortega Oliveros.

O7.1.3.5. Domingo Ortega Oliveros.

O7.1.3.6. Natalia Eurídice Ortega Oliveros.

O7.1.3.7. Manuel María Ortega Oliveros.

O7.1.3.8. Gregoria Ortega Oliveros.

O7.1.3.9. Juan Antonio Ortega Oliveros.

O7.1.4. Beatríz Ortega Salvatierra. Escogió la soltería hasta su fallecimiento el 23 de abril de 1899.

O7.1.5. Juan Bautista Ortega Salvatierra. Se casó el 31 de enero de 1849 con su cuádruple prima quinta Isabel Rosa Ojeda Jiménez, hija de José Ojeda Salazar (T8.1.7.1) y de Juana Jiménez Tortolero (T8.3.1.4), con quien tuvo a:

O7.1.5.1. Quintín Ojeda.

O7.1.5.2. Lucrecia de la Concepción Ortega Ojeda.

O7.1.5.3. Juan Ortega Ojeda.

O7.1.5.4. Juana María Ortega Ojeda.

O7.1.6. José Abas Ortega Salvatierra, casado en 1842 con su prima hermana Úrsula Ojeda Ortega (véase O7.3.1). Antes de su fallecimiento, el 23 de febrero de 1899, tuvo entre otros hijos a:

O7.1.6.1. Gabriel María Ortega Ojeda.

O7.1.6.2. Juan Bautista Ortega Ojeda.

O7.1.6.3. María del Carmen Ortega Ojeda.

O7.1.6.4. Paula Ortega Ojeda.

O7.1.7. María de la Concepción Ortega Salvatierra. Se casó en 1842 con su primo tercero y cuarto Juan Bautista Henríquez Ojeda (P4.6.11.7), con los siguientes hijos antes de su fallecimiento el 24 de abril de 1902:

O7.1.7.1. Estanislao Henríquez Ortega.

O7.1.7.2. José Antonio Anastasio Henríquez Ortega.

O7.1.7.3. Juan Henríquez Ortega.

O7.1.7.4. Juan Gregorio Henríquez Ortega.

O7.1.7.5. Enmanuel Henríquez Ortega.

O7.1.7.6. Víctor Henríquez Ortega.

O7.1.7.7. María Emilia Henríquez Ortega.

O7.1.8. Vicente Ortega Salvatierra. Se casó el 1 de abril de 1882 con su doble prima tercera Concepción Conde Salvatierra, hija de Alejandro Conde Padrón y de María de las Mercedes Salvatierra Henríquez (S6.5.1.1); siendo Alejandro hijo de Joseph Vicente Conde López (R1.2.1.2) y de Isabel Perdomo.

Tuvieron una hija:

O7.1.8.1. Vicenta Ortega Conde.

O7.1.9. Miguel Ortega Salvatierra, casado el 17 de agosto de 1879 con Juana Ochoa. Fallecería poco después, el 22 de febrero de 1880, dejando un hijo:

O7.1.9.1. Rafael María Ortega Ochoa.

O7.2. Rafael Ortega Henríquez. Se casó en 1808 con su doble prima cuarta Gerónima Pinto Tortolero (P12.2.3), con los siguientes hijos:

O7.2.1. José María Ortega Pinto, nacido el 26 de febrero de 1813. Contrajo nupcias con María Balbina Hernández, con quien tuvo 9 hijos antes de su fallecimiento el 10 de septiembre de 1864:

O7.2.1.1. María Ramona Ortega Hernández.

O7.2.1.2. José de Jesús Ortega Hernández.

O7.2.1.3. Josefa María Ortega Hernández.

O7.2.1.4. José Toribio Ortega Hernández.

O7.2.1.5. Rosa Ortega Hernández.

O7.2.1.6. Micaela Ortega Hernández.

O7.2.1.7. Estanislada Ortega Hernández.

O7.2.1.8. Viviana Ortega Hernández.

O7.2.1.9. José María Ortega Hernández.

O7.2.2. Asunción Ortega Pinto. Permaneció soltera hasta su defunción el 23 de octubre de 1894.

O7.2.3. José Antonio Ortega Pinto, nacido el 21 de septiembre de 1818. Se casó el 22 de julio de 1862 con su doble prima tercera Josefa Ortega Henríquez (O7.1.1.4), con quien tuvo los siguientes hijos antes de su fallecimiento el 22 de marzo de 1874:

O7.2.3.1. María Beatríz Ortega Ortega.

O7.2.3.2. Ildefonso Ortega Ortega.

O7.2.3.3. Alvina Ortega Ortega.

O7.2.3.4. José Ramón Ortega Ortega.

O7.2.3.5. Inés Ortega Ortega.

O7.2.3.6. Domingo Antonio Ortega Ortega.

O7.3. Isabel Rosa Ortega Henríquez. Se casó en 1811 con su primo cuarto Gabriel Ojeda Ximénez, hijo de Agustín Ojeda Peñalosa y de Benedicta Ximénez León (S1.1.1.3); siendo Agustín hijo de Juan Fernández de Ojeda y de Elvira Peñalosa Noda, ya citados en S2.2.7. Tuvieron por hijos a:

O7.3.1. Úrsula Ojeda Ortega, casada en 1842 con su primo hermano José Abas Ortega Salvatierra, ya citados en O7.1.6.

Falleció el 28 de julio de 1898.

O7.3.2. Claudia Ojeda Ortega. Se casó en 1842 con su primo cuarto Francisco Antonio Romero Sánchez, hijo de Manuel Romero León (P4.5.2.3) y de María del Carmen Sánchez Pérez. Esta última, hija de Marcos Sánchez Román y de Rafaela Pérez.

De los anteriores, Marcos era hijo de Juan Bautista Sánchez y de Paula Rosalía Romano Terant, ya citados en T8.11.

Claudia tuvo 6 hijos antes de fallecer el 24 de enero de 1883:

O7.3.2.1. Juana Romero Ojeda.

O7.3.2.2. Gabriel Romero Ojeda.

O7.3.2.3. Francisco Antonio Romero Ojeda.

O7.3.2.4. Adolfo Romero Ojeda.

O7.3.2.5. Bernardina Romero Ojeda.

O7.3.2.6. Julia Romero Ojeda.

O7.3.3. María Magdalena Ojeda Ortega. Se casó el 26 de julio de 1850 con José Maturell Armovar, hijo de José Ramón Maturell y de Josefa Armovar, naturales de Valencia. Fueron padres de:

O7.3.3.1. José Maturell Ojeda.

O7.3.3.2. Agustina Maturell Ojeda.

O7.3.3.3. Juana Maturell Ojeda.

O7.3.3.4. María Magdalena Maturell Ojeda.

O7.3.3.5. Manuel Maturell Ojeda.

O7.3.4. Lorenza Ojeda Ortega, casada el 20 de septiembre de 1879 con su primo tercero y cuarto Santos Ortega León, ya citados en O1.2.5. Falleció el 8 de diciembre de 1881.

O8. Francisco Ortega Cesaro. Se casó en 1786 con su prima cuarta María Rosalía Oliveros Tortolero (T2.1.1), con 2 hijas:

O8.1. Isabel Ortega Oliveros, casada en 1815 con su triple primo cuarto Gabriel Tortolero Henríquez (T2.2.2). Falleció el 14 de enero de 1861, dejando por descendientes a:

O8.1.1. Josefa Antonia Tortolero Ortega. Se casó en 1838 con su primo hermano Manuel Tortolero Salvatierra (T2.2.1.3), con quien tuvo 11 hijos antes de fallecer el 20 de diciembre de 1903:

O8.1.1.1. María Viviana Tortolero Tortolero.

O8.1.1.2. María de la Concepción Tortolero Tortolero.

O8.1.1.3. María del Carmen Tortolero Tortolero.

O8.1.1.4. Manuel Tortolero Tortolero.

O8.1.1.5. Isabel Tortolero Tortolero.

O8.1.1.6. Rafael Tortolero Tortolero.

O8.1.1.7. Matilde Tortolero Tortolero.

O8.1.1.8. Mercedes Tortolero Tortolero.

O8.1.1.9. Josefa María Tortolero Tortolero.

O8.1.1.10. María de Jesús Tortolero Tortolero.

O8.1.1.11. Susana Tortolero Tortolero.

O8.1.2. José Antonio Gabriel Tortolero Salvatierra, nacido el 12 de agosto de 1818. Escogió la vida de soltero y falleció a los 102 años de edad, el 31 de agosto de 1920.

O8.1.3. Antonio María Tortolero Salvatierra. Se casó en 1846 con su prima tercera y cuarta Sebastiana Latouche Tortolero (T8.3.3.1), con quien tuvo 13 hijos antes de fallecer el 18 de mayo de 1872:

O8.1.3.1. Francisco Tortolero Latouche.

O8.1.3.2. Natividad Tortolero Latouche.

O8.1.3.3. Fernando Tortolero Latouche.

O8.1.3.4. Nicolás Tortolero Latouche.

O8.1.3.5. Antonio María Tortolero Latouche.

O8.1.3.6. Eduardo Tortolero Latouche.

O8.1.3.7. Gabriel María Tortolero Latouche.

O8.1.3.8. María Josefa Tortolero Latouche.

O8.1.3.9. Ernesto Tortolero Latouche.

O8.1.3.10. María Antonia de la Cruz Tortolero Latouche.

O8.1.3.11. Gabriel Tortolero Latouche.

O8.1.3.12. Marcelina Tortolero Latouche.

O8.1.3.13. **María del Carmen Tortolero Latouche**.

O8.1.4. María Antonia Tortolero Salvatierra. Soltera hasta su fallecimiento, ya octogenaria, el 17 de marzo de 1905.

O8.2. María Viviana Ortega Oliveros. Se casó en 1820 con su doble primo cuarto José Ramón Tortolero Henríquez (T9.6.2), con quien tuvo 9 hijos antes de fallecer el 20 de diciembre de 1874:

O8.2.1. María del Carmen Tortolero Ortega. Se casó el 11 de febrero de 1852 con Miguel Bejarano Linares, hijo de Miguel Bejarano y de Manuela Linares. Fueron padres de:

O8.2.1.1. Castor Miguel Bejarano Tortolero.

O8.2.1.2. Domingo Gustavo Bejarano Tortolero.

O8.2.1.3. Miguel Bejarano Tortolero.

O8.2.1.4. María del Carmen Bejarano Tortolero.

O8.2.2. Miguel Antonio Tortolero Ortega, casado el 9 de mayo de 1862 con su triple prima cuarta María de la Cruz León Hernández, hija de Joaquín León León y de Juana Hernández Hernández. A su vez, Joaquín era hijo de José Joaquín León León (S1.2.6.1) y de María de las Mercedes León Cesaro (S1.1.9.2); mientras que Juana lo era de José Alvino Hernández Oliveros y de Rosa Hernández León, ya citados en T8.1.8.

Miguel Antonio falleció el 11 de noviembre de 1888, pero antes de eso tuvo los siguientes hijos:

O8.2.2.1. Pablo Ramón Tortolero León.

O8.2.2.2. Ramona Tortolero León.

O8.2.2.3. Santiago Antonio Tortolero León.

O8.2.2.4. Mercedes Tortolero León.

O8.2.3. Rosalía Tortolero Ortega. Aunque no tomó estado, si fue madre soltera de 6 hijos antes de fallecer el 20 de noviembre de 1890:

O8.2.3.1. Juana Ramona Tortolero.

O8.2.3.2. María del Carmen Tortolero.

O8.2.3.3. Juana Bautista Tortolero.

O8.2.3.4. Carolina Tortolero.

O8.2.3.5. Rosa Tortolero.

O8.2.3.6. María del Carmen Tortolero.

O8.2.4. María Antonia Tortolero Ortega. Se casó el 11 de febrero de 1852. Es decir, el mismo día que lo hizo su hermana María del Carmen (O8.2.1) y con un hermano de su esposo: José del Rosario Bejarano Linares.

Falleció el 29 de julio de 1889 dejando la siguiente descendencia:

O8.2.4.1. Isabel Bejarano Tortolero.

O8.2.4.2. Felipe Bejarano Tortolero.

O8.2.4.3. Francisca Manuela Bejarano Tortolero.

O8.2.4.4. María del Rosario Bejarano Tortolero.

O8.2.4.5. Emerenciana de Jesús Bejarano Tortolero.

O8.2.4.6. Miguel de los Santos Bejarano Tortolero.

O8.2.4.7. Olimpia Bejarano Tortolero.

O8.2.4.8. Josefa Bejarano Tortolero.

O8.2.5. Rosa Tortolero Ortega. Se casó el 28 de abril de 1855 con Carlos José León Salvatierra, hijo natural de Teresa León Salvatierra (S6.4.1.1). Tuvieron 2 hijas:

O8.2.5.1. María Tomasa Amelia León Tortolero.

O8.2.5.2. Frolinda León Tortolero.

O8.2.6. José Vicente Tortolero Ortega. Contrajo primeras nupcias el 4 de diciembre de 1858 con su prima hermana Ana Josefa Tortolero Hernández (T9.6.3.2), teniendo a:

O8.2.6.1. Artemio Prágedes Tortolero Tortolero.

O8.2.6.2. Petronila Concepción Tortolero Tortolero.

O8.2.6.3. Sabina Tortolero Tortolero.

O8.2.6.4. Vicente Tortolero Tortolero.

O8.2.6.5. Rafael Tortolero Tortolero.

O8.2.6.6. Pedro Julián Tortolero Tortolero.

O8.2.6.7. Benigno Tortolero Tortolero.

Ana Josefa falleció el 1 de septiembre de 1873 y José Vicente volvió a casarse el 22 de octubre de 1886 con Socorro Salcedo (tres meses antes de fallecer, el 21 de enero de 1887), con quien ya tenía 2 hijos naturales:

O8.2.6.8. Eulogio Salcedo.

O8.2.6.9. María Salcedo.

O8.2.7. Isabel Tortolero Ortega, casada el 30 de junio de 1874 con el farmacéutico Juan José Barreto. Fueron padres de:

O8.2.7.1. Francisco Aurelio Barreto Tortolero.

O8.2.7.2. Isabel Sabina Barreto Tortolero.

O8.2.7.3. Luis Eugenio Barreto Tortolero.

O8.2.8. Concepción Tortolero Ortega. Falleció soltera en Montalbán el 30 de mayo de 1909.

O8.2.9. Trinidad Tortolero Ortega. Soltera como Concepción, falleciendo el 7 de mayo de 1893.

O9. Tomasa Ortega Cesaro, casada en 1788 con Manuel Mérida, con quien tuvo los siguientes hijos:

O9.1. María Isabel Mérida Ortega. Se casó el 26 de noviembre de 1806 con José Ignacio Landaeta Hidalgo, hijo del subteniente José Ignacio Landaeta Natera y de Teresa Hidalgo; siendo José Ignacio hijo de Juan Antonio Gregorio Landaeta y de María Dolores Natera. Tuvieron un hijo:

O9.1.1. José Antonio Landaeta Mérida. No tomó estado, pero sí tuvo varios hijos a quienes reconoció. La madre fue su doble prima cuarta Mercedes Tortolero Tortolero (O8.1.1.8):

O9.1.1.1. Manuel Antonio Landaeta Tortolero.

O9.1.1.2. José Ignacio Landaeta Tortolero.

O9.1.1.3. José Antonio Landaeta Tortolero.

O9.1.1.4. Manuel Felipe Landaeta Tortolero.

O9.2. Bárbara Mérida Ortega, madre soltera de una hija:

O9.2.1. Vicenta Mérida. Se casó en 1833 con su primo tercero Marcos José Pinto Henríquez (P12.3.5.1), con quien tuvo 5 hijos antes de fallecer el 11 de febrero de 1869:

O9.2.1.1. Juan Félix Pinto Mérida.

O9.2.1.2. Juan Antonio Pinto Mérida.

O9.2.1.3. Ignacio Pinto Mérida.

O9.2.1.4. Pedro Vicente Pinto Mérida.

O9.2.1.5. Natividad Pinto Mérida.

O9.3. Josefa María Mérida Ortega, casada en Valencia el 7 de agosto de 1815 con Francisco de Paula Palacios Godín, hijo de Francisco de Paula Palacios y de María del Carmen Godín.

O9.4. María de la Candelaria Mérida Ortega. Tuvo 4 hijos con Juan Puy, quien eventualmente los reconoció antes de que Candelaria falleciera el 19 de diciembre de 1869. Solo uno de sus hijos se cambió su apellido natural, colocándose el paterno:

O9.4.1. Vicenta Mérida. Se casó el 7 de abril de 1852 con su primo tercero Manuel María Pinto Henríquez (P12.3.3.2), con la siguiente prole:

O9.4.1.1. Lucrecia Pinto Mérida.

O9.4.1.2. Amelia Pinto Mérida.

O9.4.1.3. Manuel Pinto Mérida.

O9.4.1.4. Manuel Eduardo Pinto Mérida.

O9.4.1.5. Sinecio Pinto Mérida.

O9.4.1.6. Antonio Tomás Pinto Mérida.

O9.4.1.7. Juana de Jesús Pinto Mérida.

O9.4.1.8. Manuel Vicente Pinto Mérida.

O9.4.1.9. Trinidad Pinto Mérida.

O9.4.2. Juan Antonio Puy Mérida. Contrajo nupcias el 24 de septiembre de 1853 con Francisca Antonia Fuentes Ojeda, hija de Francisco Fuentes Bacalao (P12.4.1.1) y de María Andrea Ojeda Ochoa (T8.1.2.2). Fueron padres de:

O9.4.2.1. Carlina Puy Fuentes.

O9.4.2.2. Teresa Puy Fuentes.

O9.4.2.3. Andrés Puy Fuentes.

O9.4.2.4. María Andrea Puy Fuentes.

O9.4.2.5. Francisco Puy Fuentes.

O9.4.2.6. Francisca Eugenia Puy Fuentes.

O9.4.2.7. Miguel Puy Fuentes.

O9.4.3. José Manuel María Mérida. Se casó el 26 de junio de 1854 con su prima cuarta Manuela Vicenta León Correa, hija de Blas León Cesaro (S1.1.9.1) y de Eduvigis Correa Machado; esta última hija de Feliciano Correa y de Vicenta Machado Ximénez.

José Manuel y Manuela Vicenta tuvieron por hijos a:

O9.4.3.1. Manuela Vicenta Mérida León.

O9.4.3.2. Isabel María Mérida León.

O9.4.3.3. María Herminia Mérida León.

O9.4.3.4. Miguel Ramón Mérida León.

O9.4.3.5. Blas Antonio Mérida León.

O9.4.3.6. María Domitila Mérida León.

O9.4.3.7. Víctor Manuel Mérida León.

O9.4.3.8. Liduvina Mérida León.

O9.4.3.9. Manuel Vicente Mérida León.

Manuela Vicenta falleció el 17 de enero de 1880 y José Manuel volvió a casarse el 22 de mayo de 1882 con su prima cuarta María

Antonia Salazar Salvatierra (T9.4.4.3), sin más descendencia.

O9.4.4. María Josefa Mérida. Se casó el 15 de enero de 1855 con su primo tercero Juan Bautista Pinto Henríquez (P12.3.3.1). Tuvieron por hijos a:

O9.4.4.1. María de la Paz Pinto Mérida.

O9.4.4.2. Mercedes Pinto Mérida.

O9.4.4.3. María Pinto Mérida.

O9.4.4.4. Andrés Miguel Pinto Mérida.

O9.4.4.5. Carolina Pinto Mérida.

O9.4.4.6. Juana Pinto Mérida.

O9.4.4.7. Marcos Pinto Mérida.

O9.4.4.8. Manuel Vicente Pinto Mérida.

O10. María Bárbara Ortega Cesaro. Contrajo nupcias el 27 de septiembre de 1799 con Manuel Antonio Quiñones Mendoza, natural de Valencia e hijo de Alfonso Quiñones y de Josefa Mendoza.

Hasta aquí el análisis de las cuatro primeras generaciones de los 4 principales patriarcas de donde provienen todos los Montalbaneros.

TÍTULO II

LOS MANZO

CAPÍTULO 5

FRANCISCO RAMÓN MANZO LARTIGUE

FRANCISCO RAMÓN MANZO LARTIGUE

Para narrar la historia de un conglomerado familiar, hay que escoger un punto de referencia dentro del basto laberinto de personas que la componen. Pudiera ser cualquiera, pero tendría más sentido escoger a una que haya dejado una marca importante en la familia. Francisco Manzo Lartigue es ese faro que buscamos en este mar de almas. Es el puente entre el viejo continente y la nueva América.

Aunque los Manzo comenzaron a llegar a Venezuela desde poco después del descubrimiento; el primero de nuestra línea genealógica, nacido en Venezuela, fue Francisco Manzo Lartigue. También fue el primero de nuestra familia en llegar y radicarse en Montalbán, poblado en el estado Carabobo querido por muchos y cuna de tantas personas que se han destacado en el país por su trabajo y legado.

Fig. 1. *Francia en el Siglo XVIII*

Fuente: Wikimedia Commons. Rowan-windwhistler.https://commons.wikimedia.org/wiki/File:Trait%C3%A9_de_Bretigny-es.svg

Francisco era hijo del español Domingo Manzo Pérez, de quien hablaremos en detalle en el capítulo ocho, y de Francisca Gabriela Lartigue Pasquier. Francisca y su hermano Luis eran hijos del matrimonio de don Ramón Lartigue Payor, natural de la Provincia de Guyena en Francia, con Petronila Antonia Pasquier Medina.

A su vez, Petronila Antonia, Isabel Antonia, María de Jesús, María Rudecinda y Diego Remigio eran los hijos de don Louis Pasquier Harpín, quien se casó en la catedral de Caracas el 15 de febrero de 1747 con Juana Severina Medina Domínguez.

Sobre Diego Remigio hablaremos en el capítulo ocho. De María de Jesús y María Rudecinda no hay noticia conocida, posiblemente hayan muerto siendo muy jóvenes. En cuanto a Isabel Antonia, se casó con Manuel de Acorrás y falleció en Caracas, el 30 de julio de 1804, sin dejar descendencia y habiendo testado el día previo en el convento de San Jacinto ante el escribano público don Juan José Tirado.

Juana Severina, junto a su hermana Juana Isabel, eran las hijas de Bernardo Medina y de Apolonia de Jesús Domínguez, españoles residenciados en el valle de la Yaguara al norte de la laguna de Tacarigua[57]. Este matrimonio fue uno de los primeros pobladores blancos en el lugar, que debía su nombre a los indios que lo habitaron por milenios y donde, doscientos años después de la conquista, se

Fig. 2. *Venezuela 1656*

Nota: Adaptado de Terre Ferme de N. Sanson d'Abbeville, 1656.

---

57 No se hace referencia a la Laguna de Tacarigua ubicada en el Estado Miranda, sino más bien a lo que hoy día se conoce como el lago de Valencia. Su nombre original era Tacarigua debido a que ese era el nombre de una de las tribus indígenas que habitaba en sus riberas. La palabra Tacarigua era el nombre con que dichos indios llamaban a un tipo de árbol de la familia Bombacaceae que abundaba en sus orillas, también conocido como Balso, y que usaban para la construcción de sus piraguas, entre otras cosas. Su nombre botánico es Ochroma pyramidale.

fundó el pueblo de Yagua el 20 de febrero de 1694[58].

Juana Isabel se casó en Caracas en la iglesia de nuestra señora de la Altagracia, el 8 de abril de 1753, con Estheban Antonio de Otamendi; nacido en Bilbao e hijo de Juan Joseph de Otamendi y de Isabel Beitía, naturales de Itsasondo, Guipúzcoa, en el país vasco.

Volviendo a Ramón Lartigue Payor (el esposo de Petronila Antonia), había sido cirujano de navío, al igual que su suegro, quien lo había rescatado en el puerto de La Guaira pues al parecer se había metido en problemas al ser un poco filibustero[59]. Era hijo de Ramón Lartigue y de María Payor, franceses que a mediados del siglo XVIII se radicaron en el Valle de Cata de Aragón en la costa norte de la gobernación de Venezuela, hoy día estado Aragua[60].

Fig. 3. *Venezuela 1656*

Nota: Adaptado de Terre Ferme de N. San-son d'Abbeville, 1656.

Esta presencia francesa en Venezuela fue consecuencia de los cambios políticos y militares ocurrido en la España de finales del siglo XVII. Luego de fallecer el último rey de la casa Habsburgo en España, el enfermizo Carlos II, los borbones franceses tomaron el poder a través de Felipe V,

---

58 También debía su nombre a la numerosa presencia de árboles Yaguaros, como lo llamaban los indios Yaguas. El Yaguaro es un árbol resinoso cuyo nombre botánico es Caesalpinia mollis.

59 Término acuñado a los piratas que durante los siglos XVII y XVIII actuaban en el mar de las Antillas, atacando a los barcos que comerciaban con las colonias españolas de América.

60 Perera, Ambrosio. (1967). *Historial Genealógico de Familias Caroreñas*. Pág. 99.

nieto del rey sol Felipe IV de Francia. Felipe asumió el trono después de pactarse diferentes acuerdos entre todas las potencias europeas de aquel momento, con el fin de limitar su poder en el nuevo orden. La casa de los borbones dominó el trono español durante todo el siglo XVIII, por lo que hubo mucha cooperación y entendimiento entre los dos reinos. Esto se extendió a sus dominios en el nuevo mundo, por lo que comenzó a haber una presencia francesa en diferentes partes de la América colonial española.

Ramón Lartigue Payor testó en Cata-Aragua el 8 de mayo en 1790. En tiempos antiguos, la fecha en que una persona testaba se tomaba como su fecha de defunción, si esta no se conocía con precisión. Esta asunción se debía a que las personas que estaban a punto de morir, necesitaban dejar por escrito sus deseos en relación a lo que debía hacerse con sus pertenencias. También, las instrucciones de los favores, donaciones y demás prebendas que solían hacerse a la iglesia para "ganarse" una buena muerte. Es decir, para tener por destino final el cielo[61].

Sus herederos también tenían que asegurarse de que la persona testara antes de fallecer, o corrían el riesgo de perder lo poco o mucho que tuviera la familia. Así las cosas, cuando una persona estaba moribunda había que correr a buscar un cura para encomendar su alma a Dios, y a un escribano para hacer su testamento. Tómese en cuenta que la mayoría de las personas no escribían, por lo cual había que localizar a un escribano público para la tarea en cuestión.

En cuanto a don Louis Pasquier (el padre de Petronila Antonia), fue todo un personaje. Nació en Saint George, un pueblo en la provincia de Bordeaux en Girón-Francia, siendo hijo de Antonio (Antoine) Pasquier y Juana (Jeanne) Harpín. Era "cirujano de navío", al igual que su yerno Ramón de Lartigue Payor, profesión tan dura como necesaria en una época en la que los barcos tardaban meses yendo de Europa a las Américas por un camino muchas veces lleno de calamidades tales como ataques piratas, enfrentamientos con otros navíos pertenecientes a países en guerra, etc. Las batallas dejaban heridos y muchas veces había que tratarlos *in situ*, siendo la amputación de miembros una solución común para muchas situaciones.

Don Louis había llegado a Venezuela a comienzos del siglo XVIII por

61 Esteves Santamaría, María del Pilar. (2011). *Prácticas Testamentarias en el Madrid del Siglo XVI: Norma y Realidad.* Pág. 39.

accidente. El buque mercante en que viajaba había naufragado en una tormenta frente a las costas de Venezuela y había salvado su vida nadando hasta la costa. Una vez allí, ejerció varios oficios para sobrevivir hasta que terminó con el cargo de mayordomo[62] de la Hacienda Solórzano, en las cercanías del poblado de Borburata. Esta fue una de las primeras haciendas de cacao y trapiche creadas en Venezuela[63].

Para que el lector pueda hacerse una mejor idea, en 1805 la Hacienda Solorzano se componía de doce haciendas, 25 conucos, 205 esclavos, 153000 árboles de cacao y 12 tablones de caña. Este tipo de lugares demandaba muchos trabajadores por lo que pudiéramos decir que fue un factor fundamental para la formación o crecimiento del pueblo de Borburata.

El historiador Lucas Guillermo Castillo Lara narra un sonado litigio que tuvo don Louis con una Obra Pía[64] establecida en el valle de Cata por el control de ciertas tierras que cada bando en disputa daba por propio.

Las Obras Pías operaban con la aprobación y asistencia de la iglesia católica. Daban misas, celebraban matrimonios y hacían obras de caridad para los sectores más pobres de la sociedad, o aquellos en situaciones de fragilidad tales como viudas y huérfanos. Funcionaban gracias al auspicio de personas acaudaladas que antes de morir, dejaban instrucciones en su testamento para donar una cierta cantidad de su dinero, o para rentar una de sus propiedades de tal forma que con las ganancias que produjera se pagaran la realización de un determinado número de misas o servicios religiosos. Esto lo hacía el auspiciante con la intención de salvar su alma misericordiosa. Así, se "compraba" una buena muerte, como expliqué más arriba.

Castillo Lara comenta que don Luis se compró en 1759 una hacienda en Ocumare que *"se componía de 6 fanegadas[65] de tierra de riego, 4 fanegadas de*

---

62 Término con que se designaba a los caporales, capataces o encargados.

63 Aún pueden observarse sus restos pues forman parte del parque nacional San Esteban en el estado Aragua.

64 Eran instituciones piadosas creadas para fines de caridad con el objetivo de ayudar a conventos, escuelas, orfanatos, etc. Funcionaban gracias a las rentas producidas por un terreno o edificación donado por un feligrés.

65 La fanegada o hanegada era una medida de área usada durante la época colonial para asuntos agrarios. Su valor variaba de un lugar a otro. Por ejemplo, en las Canarias una fanegada equivalía a 0.52 hectáreas, en

labor, las tierras del mar y las de arriba, 347 árboles frutales, 84 horquetados y 929 resiembros, y los aparejos. El precio de venta fue de 1807 pesos, de los cuales 500 pesos era un censo del Convento de San Jacinto, y el resto a plazos. Se daban como linderos: Oriente, con serranía de Cuyagua; Poniente, con río principal; Norte, playa del mar en su puerto principal; Sur, la quebrada que llaman de las Cocuizas por detrás de la iglesia vieja". [66]

También habla de los eventos sucedidos en 1783 durante una visita que accidentalmente le dispensó Víctor-Claude Broglié, mejor conocido como el Príncipe de Broglié[67]:

"En 1783 regía la alianza franco española, que había luchado contra los ingleses en ayuda a la Independencia Norteamericana. Triunfante esta se había resuelto continuar la lucha con los ingleses en las Antillas y Mar Caribe para arrancarle sus posesiones, entre ellas Jamaica que recobraría España. La flota francesa que estaba en Norteamérica debía ir a apostarse en Puerto Cabello, un lugar seguro. Allí se le reunirían otras flotas españolas salidas de Cádiz y La Habana, a fin de emprender operaciones.

A principios de 1783 fueron arribando a Puerto Cabello los navíos de esa armada, compuesta de 28 grandes barcos, con tripulación y tropas que alcanzarían a unos 10.000 hombres. En la oficialidad, parte de la cual había estado luchando en Norteamérica, se contaba el Príncipe de Broglie, 10 Condes, 2 Vizcondes, 6 Marqueses, 4 Barones, Caballeros, etc. Durante la estadía de esa Armada en Puerto Cabello, esos señores principales se fueron a visitar a Valencia, valles de Aragua y Caracas. Otros, como el Príncipe de Broglie, prefirieron viajar por mar para su visita a Caracas". [68]

La cita la extrajo Castillo Lara de una traducción al español que hizo

---

Venezuela era de aproximadamente a 0.64 hectáreas, etc.

66 Castillo Lara, Lucas Guillermo. (2002). *Nortemar aragüeño: las querencias de azul y oro. Ocumare, Catia, Cuyagua y Turiamo.* Pág. 381.

67 Charles-Louis-Víctor de Broglie nació en Paris el 22 de septiembre de 1756. Fue el primero de los hijos de Víctor-Francois, segundo duque de Broglié y mariscal de campo en el ejército francés. Desde joven, Víctor adoptó opiniones liberales muy radicales. En 1789, fue elegido diputado de los Estados Generales. Luego, en 1790, recibe el nombramiento de secretario de la asamblea nacional constituyente después de la Revolución Francesa. Posteriormente, sirvió como jefe de personal del ejército de Rhine de la primera república. Durante el período de "el Terror" fue acusado, arrestado y guillotinado el 27 de junio de 1794, a la edad de treinta y siete años.

68 Ídem. Pág. 384

Carlos F. Duarte[69] del relato original en francés que hizo el propio príncipe de Broglié en su diario[70], del que tuve a la mano una copia.

La historia es muy interesante y descriptiva. Traduciré la parte referente a su encuentro con Luis Pasquier tratando de mantener en lo posible, las palabras exactas que usó el príncipe en su narración, así como su manera de usar las puntuaciones y demás normas de redacción para la época.

"… *fue a través de su consejo que yo y varios otros franceses emprendimos el viaje hacia Caracas, la capital de la provincia de ese nombre, y que sirve como residencia del gobernador general, una especie de virrey en esta parte del mundo. Como había tenido varios episodios de fiebre en Porto-Cabello, y todavía estaba débil, preferí ir por mar. Como resultado, me embarqué con el Sr. d'Ethy, capitán del barco "El Ciudadano", y el Sr. de Rissé en un bote. Teníamos que navegar unas treinta leguas a lo largo de la costa, para llegar a un puerto llamado La Guaira, a cinco leguas de Caracas. La navegación no habría sido gran problema, si no hubiéramos tenido que ir siempre en contra del viento, y esto gracias a una brisa de tierra bastante regular, pero a menudo débil. A duras penas navegamos unas diez leguas durante la noche. Digo a duras penas por no decir dolorosamente, porque las olas eran tan fuertes y el bote se agitaba tan prodigiosamente, que el capitán y cinco de nuestros remeros se marearon rápidamente. En tal situación, es fácil imaginarse el estado en que estaba el corazón de Rissé y el mío. Empezábamos a maldecir por habérsenos ocurrido hacer semejante viaje, cuando la brisa paró; haciéndonos hacer una escala en una pequeña bahía [71], en la cual divisamos algunos vestigios de viviendas. A medida que nos fuimos acercando a tierra, nos dimos cuenta que las olas del mar rompían con tal fuerza que tuvimos miedo por la integridad de la embarcación, y estábamos cuestionándonos lo que haríamos cuando vimos a dos negros desnudos, que se metieron en una piragua y vinieron hacia nosotros. El almirante de dicha embarcación hablaba francés. Nos ofreció su navío, y le dijo al Señor D'Ethy, que era necesario lanzar la pequeña ancla del bote en donde estábamos, porque a partir de allí no podríamos acercarnos más a tierra sin correr peligro. Anclamos y a continuación fuimos pasamos uno a uno a la piragua, donde uno de los negros usaba los remos mientras que el otro sostenía la embarcación para evitar que se volcara. Así fue que llegamos a tierra, mis dos compañeros, dos lacayos,*

---

69 Duarte, Carlos F. (1998). *Testimonios de la Visita de los Oficiales Franceses a Venezuela en 1783.*

70 Broglie, Víctor-Claude. (1903). *Journal du voyage du Prince de Broglie et Lettres du Comte de Ségur.* Mélanges publiés par la Société des Bibliophiles Francais. Deuxiéme Partie. Paris. Págs. 88 al 95.

71 La bahía de Cata, como podrá deducirse del resto de la narración.

nuestras armas, nuestras municiones, nuestro vino y el paté[72].

Esa era la lista de cosas que sospechaba necesitaríamos por cautela, como anticipaba, para no sentirnos avergonzados ante la tripulación, al ponerlos a salvo de dos enemigos muy peligrosos en la Nueva España, el hambre y los tigres.

Nuestro negro que hablaba francés en su calidad de desertor de la Martinica, inmediatamente nos propuso que nos quedaron durante el día y descansáramos hasta que volviera la brisa de la tarde, en una vivienda vecina perteneciente a un señor don Luis, a quien le atribuía tener todo tipo de hermosas cualidades, incluyendo un apasionado gusto por la hospitalidad; que era la virtud que más necesitábamos en ese momento, así que inmediatamente decidimos poner al señor don Luis en ese compromiso.

Así las cosas, caminamos media legua, pasamos un pequeño río[73] montado en la espalda del negro que nos conducía y, después de haber caminado casi todo el largo de hacienda de cacao origen de la riqueza del señor don Louis, llegamos a una especie de cabaña, muy baja y más bien pequeña: era su castillo. El negro quien, como hemos visto, nos había servido durante la última media hora como barquero, guía y de transportista en el río, hacía ahora las veces de presentador ante don Luis. Esperábamos escuchar una conversación en español entre ellos, pero nos sorprendimos mucho al ver que estaba sucediendo en francés, porque el sr. don Luis era de esa nacionalidad. Nos dio la bienvenida con toda la calidez de un buen compatriota, contándonos que había sido cirujano en Burdeos; profesión con la que se había embarcado en un buque mercante que se había hundido en esta costa; que había logrado conseguir donde vivir y ganar algo de dinero, lo que le permitió luego comprarse una por su cuenta. Añadió que se había casado de una manera bastante ventajosa, y que no tenía más desgracia que el haber olvidado el francés, porque no tenía oportunidad de hablarlo. El señor don Luis nos contó esta historia al tiempo que nos daba todo tipo de ofrecimientos y cariños, también nos comentó que desde hacía treinta y cuatro años no había tenido la suerte de tener extraños en su casa, por eso la alegría que tenía era muy franca y natural. Le agradecimos apropiadamente, y llegamos a la conclusión de que su gusto por la hospitalidad era tan grande como nuestro negro nos había asegurado, sin duda era una pasión desafortunada.

El señor don Luis nos presentó inmediatamente a su esposa, de origen español y edad avanzada, y a sus dos hijas, la mayor de las cuales estaba casada con un francés que también había sido Cirujano de un barco, para ese entonces un poco filibustero,

---

72 Un tipo de pasta untable elaborada por lo general a partir de carne picada
    o hígado y condimentada con verduras, hierbas, especias y vino.
73 El río de la bahía de cata, con toda seguridad.

y quien finalmente había sido rescatado por don Luis en el puerto de La Guaira. Con la ayuda de nuestro paté y con algunas provisiones que había en la casa de don Luis, hicimos una comida muy buena; bebimos a la salud de la Señora y de la Señorita, quienes nos correspondieron, y luego fuimos a pasear por la hacienda. Esta es bastante extensa, de riego fácil y abundante, algo esencial para ese tipo de cultivo. Aprendimos que en tan solo cuatro o cinco años de plantado, el árbol de cacao esta en plena producción, que las matas dan frutos muchas veces y que estos se madura durante todas las estaciones del año, y que los ingresos de una finca bien cuidada serían enormes si los impuestos establecidos por la corona española no fueran tan elevados [...]

Cuando la brisa que venía desde tierra comenzó a soplar, dejamos a nuestro querido señor don Luis. La despedida fue conmovedora de ambos lados, y después de habernos cargado una vez más nuestro negro para pasar el rio, nos subimos de vuelta a la piragua para llegar a nuestro bote, navegamos y remamos otras diez leguas en la noche. El mar estaba en calma [...]

De nuestro hospitalario y amigable Louis Pasquier, solo me resta agregar que falleció un año más tarde en su hacienda de Cata en agosto de 1784; siendo hasta esa fecha, la única familia de blancos en la zona como lo apuntó en su diario personal el obispo Mariano Martí[74] durante su visita pastoral en 1775.

Con esta nota, concluyo la genealogía de los ancestros de Francisca Gabriela Lartigue Pasquier, para retomar el objetivo central de este capítulo: mi cuarto abuelo Francisco Manzo Lartigue.

---

74 Mariano Francisco Tomás Martí y Estadella, originario de Tarragona-España. Nació el 24 de diciembre de 1721 en el poblado de Bráfim. Último de los 7 hijos de José Martí, médico del lugar, y de su esposa Gertrudis Estadella. A la edad de 10 años comenzó sus estudios en Tarragona para luego estudiar filosofía, leyes y cánones durante 15 años en la Real y Pontificia Universidad de Cervera; obteniendo su doctorado en 1748 y siendo ordenado como presbítero en 1749. Luego de muchos logros es nombrado obispo de la diócesis de Puerto Rico y de sus anexos insulares y continentales (Venezuela era uno de ellos). Luego de creada la diócesis de Caracas, fue su obispo desde 1770 hasta 1792. Durante dicho período hizo numerosas visitas pastorales por casi todo el territorio venezolano, tomando notas en su diario personal de la situación en que se encontraban todas las parroquias y haciendo numerosas obras por los fieles.

Ni su partida de nacimiento o su acta de bautismo ha podido ser localizada ya que muchos de estos documentos han desaparecido o fueron destruidos durante la guerra. Sin embargo, estimo que nació en la Villa de Cura entre 1803 y 1806, siendo sus padres agricultores. Desde su infancia, le tocó vivir eventos muy duros al haber nacido pocos años antes de que estallara el fervor de la guerra independentista venezolana en 1810. El peor de todos ocurrió en 1814; cuando su padre, junto a más de 2000 ciudadanos españoles, fueron fusilados a consecuencia del decreto de "Guerra a Muerte" promulgado por el libertador Simón Bolívar, para todos los que no declararan públicamente su adherencia total y absoluta a la causa patriota.

La guerra trajo grandes cambios a las familias de los agricultores quienes, hasta ese entonces, habían llevado una vida relativamente tranquila. Durante este periodo histórico muchas fincas, especialmente las ubicadas en la región centro-norte del país (epicentro del conflicto), tuvieron grandes problemas para mantenerse operativas. Primero porque muchos trabajadores abandonaron los fundos para luchar en la guerra. Segundo, porque la exportación de los bienes que producían se dificultó mucho por los bloqueos navales que ocasionalmente se les impuso a las costas. Otro gran lastre fue las constantes demandas de alimentos, ropa o cualquier otra cosa que necesitaran los soldados que pasaban por allí. Pedían a los hacendados todo eso como prueba de su "compromiso" con la causa patriota o realista (recordemos que el control de estas tierras pasó de un bando a otro en repetidas ocasiones). Para complicar más las cosas, los saqueos, vandalismos y violaciones fueron algo común cuando José Tomás Boves ocupó la zona. El lector pudiera encontrar muy interesante la lectura del libro "Historia de la Rebelión Popular de 1814" de Juan Uslar Pietri. Allí puede visualizarse la envergadura de estos sucesos y cuán difícil fue sobrevivir por aquellos años.

Durante estos trágicos años la familia decidió mudarse dejando atrás a la Villa de Cura. Desde San Francisco de los Tiznados hasta Ocumare de la Costa y desde Valencia hasta Caracas fue la región más disputada y que más veces cambio de un bando al otro durante toda la contienda independentista. Por esta razón, doña Francisca Lartigue, ahora viuda, tuvo que buscar un lugar más seguro para poder criar a sus hijos, aunque no tan alejado de lo que había conocido hasta ese entonces.

A comienzos del siglo XVII, Tocuyito era un caserío en las afueras de la ciudad "Nuestra Señora de la Anunciación de la Nueva Valencia del Rey"[75], donde existían fundos que daban trabajo a sus habitantes. El conquistador español Juan de Villegas lo visitó en 1547 y lo llamó pequeño Tocuyo, porque su paraje le recordaba al valle de la recientemente fundada ciudad de Nuestra Señora de la Pura y Limpia Concepción de El Tocuyo[76], en lo que es hoy día el estado Lara.

El caserío era de paso obligado para los que transitaban entre Borburata y el occidente de la Provincia, pues estaba justo al lado del camino y ofrecía la oportunidad de un descanso a mitad de tan largo trayecto. Siendo pequeño, y para diferenciarlo de la ciudad de El Tocuyo, se le comenzó a llamar por el diminutivo Tocuyito.

Casi dos siglos y medio más tarde, el caserío había crecido, así como la cantidad de católicos que solicitaban servicios eclesiásticos en la ya saturada ciudad de Valencia, razón por la cual el obispo Mariano Martí decide abrir nuevas parroquias en la región. Así, el 1 de agosto de 1783 erige la parroquia del pueblo de San Pablo del Tocuyito, nombre que obtuvo por estar emplazado en el valle de San Pablo.

Este pintoresco lugar le dio refugio a Francisca Lartigue Pasquier, donde inició una nueva vida junto a sus hijos quienes la acompañaron hasta su adultez. Durante su estadía en Tocuyito hicieron muchas amistades con buenas familias de la zona, lo cual se evidencia en los numerosos registros bautismales donde son mencionados como padrino o madrina del bautizado. Anexo un par de ejemplos, tomados de los libros eclesiásticos[77].

Francisca llegó a tener tierras y esclavos, con los que debe haber tenido una muy buena relación como queda evidenciado en las numerosas partidas de bautizo donde sus esclavos la escogieron como madrina de sus hijos. Algunos de ellos permanecieron con ella aun después de abolida la esclavitud.

A este respecto, en Venezuela el fin de la esclavitud fue un proceso que comenzó durante la guerra de independencia cuando ambos bandos

---

75 Actualmente, ciudad de Valencia en el estado Carabobo.
76 El Tocuyo se fundó el 7 de diciembre de 1545 por Juan de Carvajal, con la ayuda de Juan de Villegas. La palabra Tocuyo es de origen indígena y significa "agua de yuca".
77 "Venezuela, Archdiocese of Caracas, Catholic Church Records, 1638-2020", Database. FamilySearch. https://familysearch.org : 27 April 2023.

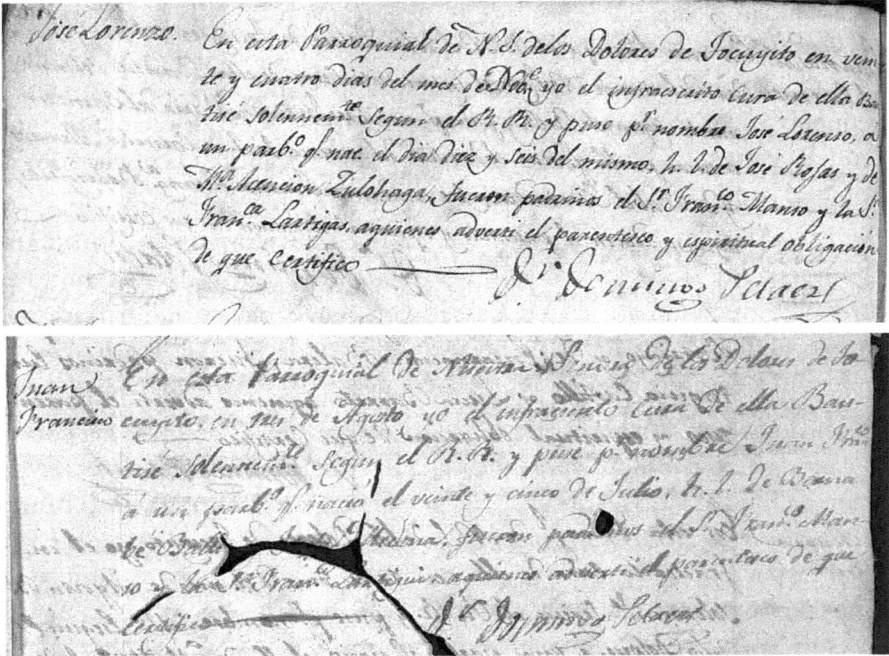

Fig. 4. *Actas de bautismo de José L. Rojas y de Juan Francisco Balles* [77]

ofrecieron emancipar a todo aquel que se uniera al ejército. Boves fue uno de los que más capitalizó esta situación. Luego de su muerte, le siguió Bolívar cuando formuló un decreto para abolirla en 1815 durante su expedición a los Cayos. No obstante, dicho decreto no se cumplió pues la guerra mantenía ocupado a los sectores políticos del país y no pudo llegarse a un acuerdo para su ejecución. Así las cosas, la emancipación termino siendo el resultado de un largo debate político que comenzó en 1821, en el congreso de Cúcuta, y terminó el 24 de marzo de 1854 cuando el presidente José Gregorio Monagas lo ratificó como ley en el congreso de la república.

Durante los 40 años que duró este proceso las personas fueron obteniendo su libertad por diversas vías. Algunos por participar en la guerra, otros porque huyeron a los campos y no los consiguieron, otros por testamento de sus antiguos "dueños" o cuando nacían, si se les otorgaba "la libertad de pila". López García lo explica muy bien: *"en el momento del bautismo, se hace constar que se registre el neobautizado en los libros de libres; pero pagando previamente el precio del rescate. La cantidad en metálico podía ser dada por los padres (raramente), por el amo (muchas veces) o por el padrino (generalmente)"* [78]. Todos los demás la obtuvieron por ley a partir de 1854.

A pesar de los horrores de la esclavitud, hubo un grupo que prefirió quedarse con sus antiguos "dueños"; ya no como esclavos, sino como empleados pues se sentían a gusto con ellos y porque habían desarrollado una relación armoniosa que prefirieron conservar. No obstante, muchas cosas cambiarían. Por ejemplo, siendo esclavos solo tenían un nombre de pila. Al libertarse, hubieron de elegir un apellido para completar su nombre y poder registrarse en cualquier municipio o parroquia. Podían escoger cualquiera que desearan por lo que imagino que aquellos que decidieron ponerse el apellido de sus antiguos dueños, lo hacían basado en la buena relación que mantenían con ellos. A estos casos se les llamaba "donación del apellido".

Francisca debe haber sido uno de estos casos. Fue esclava de su tocaya Francisca Lartigue Pasquier y, una vez libre, se puso el apellido de su antigua "dueña". Este hecho, desconocido para mí en un principio, me causó una gran confusión durante mi investigación documental; pues ignoraba que en los libros parroquiales había dos personas distintas con el mismo nombre.

La citada Francisca Lartigue (esclava de Francisca Lartigue Pasquier), se casó con José Núñez (un esclavo de Ramón Gómez, quien era otro hacendado del lugar). Tuvieron los siguientes hijos:

1.- Juan Ubaldo Núñez Lartigue, nacido el 16 de mayo de 1821 y bautizado a los 7 días. Sus padrinos: Francisco y Obdulia Manzo Lartigue.

2.- Irene María Núñez Lartigue, nacida el 18 de octubre de 1824. Fue bautizada a los 12 días, siendo su madrina Obdulia Manzo Lartigue.

3.- Cornelia Núñez Lartigue, nacida el 20 de septiembre de 1826 y bautizada a los 4 días. Por cierto, Cornelia se casó en Montalbán el 20 de enero de 1850 con Juan Agustín, natural de Curazao. Su apellido de ascendencia holandesa no se entiende bien en la partida de matrimonio, pero si se lee claramente que sus padrinos de boda eran Francisco Manzo Lartigue (que también era su padrino de bautizo) y Concepción Ortega Pinto, de quienes hablaremos en

78 López García, José Tomas. (1982). *Dos defensores de los esclavos negros en el siglo XVII. (Francisco José de Jaca y Epifanio de Moirans)*. Pág. 58.

breve. Esto refuerza mi comentario sobre la buena relación que mantuvieron.

4.- Josefa Bernarda Núñez Lartigue, nacida el 15 de agosto de 1828 y bautizada el 6 de septiembre de 1828.

5.- María de la Paz Núñez Lartigue. Nació el 18 de enero de 1830 en Tocuyito, al igual que todos sus hermanos. Fue bautizada con solo 11 días de edad.

6.- María Catalina Núñez Lartigue, nacida el 25 de noviembre de 1831. La bautizaron el 10 de diciembre de 1831.

Por aquellos años ocurría frecuentemente que, pasado el tiempo de luto, los viudos o viudas se casaban de nuevo. Francisca Lartigue Pasquier no fue la excepción, siendo don Juan Curbelo el afortunado caballero con quien decidió compartir lo que le quedaba de vida. No mucho después de casados, tuvieron dos hijos:

1.- José Feliciano Curbelo Lartigue, nacido el 10 de junio de 1820 y bautizado a los 9 días por el Pbro. Domingo Peláez. Su padrino, don Diego Peraza, un amigo de la familia.

2.- Juan Antonio Curbelo Lartigue, nacido el 7 de febrero de 1822. Como a su hermano, lo bautizó el padre Peláez a los 9 días de nacido en la iglesia parroquial de San Pablo, siendo sus padrinos su media hermana Obdulia Manzo Lartigue y Manuel Núñez.

Francisca mantuvo cercanía con sus hijos y los ayudo a establecerse, siendo una madre abnegada durante toda su vida hasta su fallecimiento el 13 de noviembre de 1836.

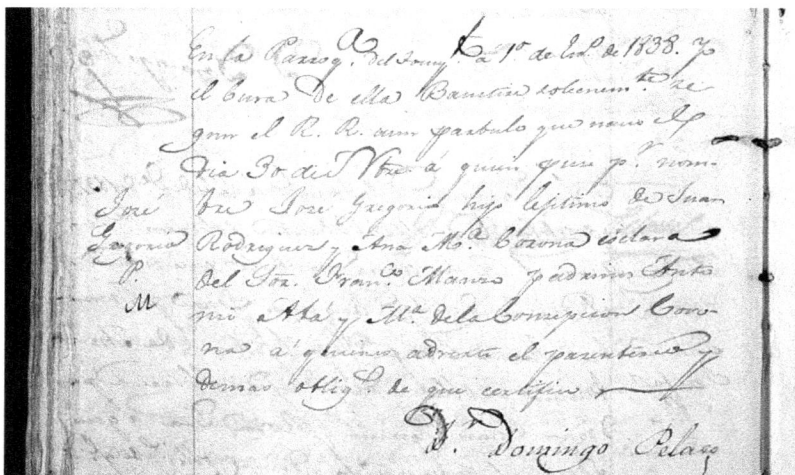

Fig. 5. *Acta de bautismo de José Gregorio Rodríguez* [79]

Desde joven, Francisco Manzo Lartigue tuvo una vida muy activa en muchos aspectos. En el económico porque ayudó a su madre en la administración y producción de sus fundos. Luego lo haría en los propios, ya que tuvo tierras y esclavos como puede evidenciarse en algunas partidas de bautizo de los hijos de sus esclavos. Arriba, un ejemplo para ilustrarlo[79].

En el ámbito social ya hemos visto su participación en numerosos bautismos y matrimonios, una muestra de su roce comunitario. Similarmente, en el terreno político tuvo una presencia activa y crítica en su comunidad. Por ejemplo, el primero de diciembre de 1829, está entre los firmantes de un pronunciamiento público hecho por los habitantes de la ciudad de Tocuyito en favor de la cosiata. Esto fue un movimiento político liderado por el general Páez (el caudillo de América), buscando la secesión o separación del departamento de Venezuela de los gobiernos

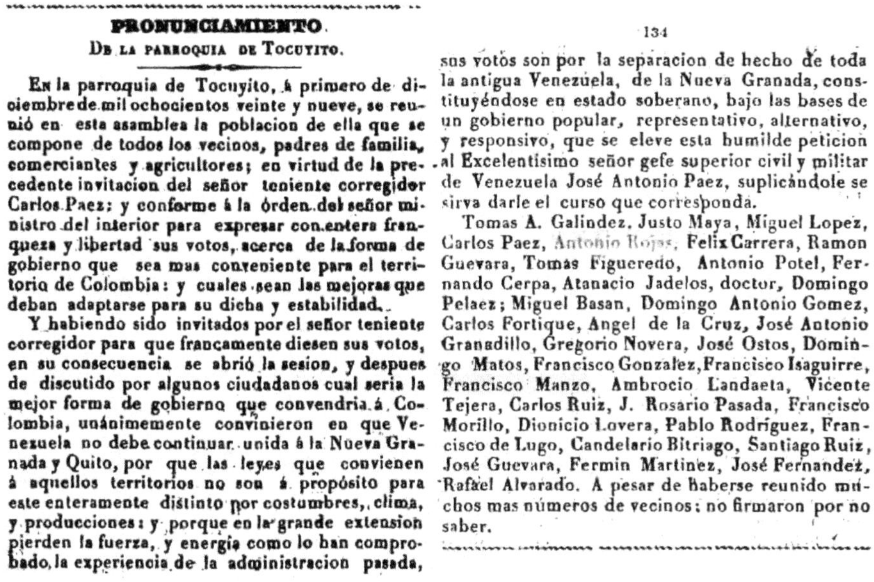

PRONUNCIAMIENTO.
DE LA PARROQUIA DE TOCUYITO.

En la parroquia de Tocuyito, á primero de diciembre de mil ochocientos veinte y nueve, se reunió en esta asamblea la poblacion de ella que se compone de todos los vecinos, padres de familia, comerciantes y agricultores; en virtud de la precedente invitacion del señor teniente corregidor Carlos Paez; y conforme á la órden del señor ministro del interior para expresar con entera franqueza y libertad sus votos, acerca de la forma de gobierno que sea mas conveniente para el territorio de Colombia: y cuales sean las mejoras que deban adaptarse para su dicha y estabilidad.

Y habiendo sido invitados por el señor teniente corregidor para que francamente diesen sus votos, en su consecuencia se abrió la sesion, y despues de discutido por algunos ciudadanos cual seria la mejor forma de gobierno que convendria á Colombia, unánimemente convinieron en que Venezuela no debe continuar unida á la Nueva Granada y Quito, por que las leyes que convienen á aquellos territorios no son á propósito para este enteramente distinto por costumbres, clima, y producciones: y porque en la grande extension pierden la fuerza, y energia como lo han comprobado la experiencia de la administracion pasada,

134

sus votos son por la separacion de hecho de toda la antigua Venezuela, de la Nueva Granada, constituyéndose en estado soberano, bajo las bases de un gobierno popular, representativo, alternativo, y responsivo, que se eleve esta humilde peticion al Excelentisimo señor gefe superior civil y militar de Venezuela José Antonio Paez, suplicándole se sirva darle el curso que corresponda.

Tomas A. Galindez, Justo Maya, Miguel Lopez, Carlos Paez, Antonio Rojas, Felix Carrera, Ramon Guevara, Tomas Figueredo, Antonio Potel, Fernando Cerpa, Atanacio Jadelos, doctor, Domingo Pelaez; Miguel Basan, Domingo Antonio Gomez, Carlos Fortique, Angel de la Cruz, José Antonio Granadillo, Gregorio Novera, José Ostos, Domingo Matos, Francisco Gonzalez, Francisco Isaguirre, Francisco Manzo, Ambrocio Landaeta, Vicente Tejera, Carlos Ruiz, J. Rosario Pasada, Francisco Morillo, Dionicio Lovera, Pablo Rodríguez, Francisco de Lugo, Candelario Bitriago, Santiago Ruiz, José Guevara, Fermin Martinez, José Fernandez, Rafael Alvarado. A pesar de haberse reunido muchos mas números de vecinos: no firmaron por no saber.

Fig. 6. *Documentos relativos a la vida pública del Libertador de Colombia y del Perú Simón Bolívar. Págs. 133 y 134.*

de Granada y Quito. Estos hechos llevaron a que en mayo de 1830 se instalara el congreso en Valencia, ciudad que pasaría a ser la capital temporal del recién formado estado de Venezuela, con el general José Antonio Páez Herrera como su primer presidente desde 1830 hasta 1835.

---

79 Ídem.

Veamos brevemente qué pasaba en Venezuela por esos años. El país se encontraba muy revuelto política, militar y civilmente. Apenas se había separado de la gran Colombia y recién se había creado la primera constitución de la república, bajo la cual el país se llamó "Estado de Venezuela". Nombre que mantuvo hasta 1856, cuando la nueva constitución de ese año lo cambió a "República de Venezuela"[80].

El presidente residía en Valencia que era la capital interina del país, a poca distancia de Tocuyito. El panorama político venezolano consistía en una especie de campamento armado de excombatientes de la guerra de independencia, muchos de los cuales habían sido recompensados otorgándoles tierras. La mayoría de ellos tenían aspiraciones políticas, pero el poder estaba centralizado bajo el control de José Antonio Páez, como lo requería la Constitución de 1830. Por esta razón, los militares-hacendados comenzaron a dirigir, entre 1830 y 1831, rebeliones en diversas partes del país. A grandes rasgos, los rebeldes pedían un gobierno federalista que protegiera sus intereses regionales. Este mismo argumento fue esgrimido más tarde por los líderes de la Revolución de las Reformas de 1835 a 1836, poniendo en claro su deseo de limitar el poder central del gobierno y favorecer así un modelo federalista de mayor participación política y económica para los hacendados locales. En este sentido, la Ley de Libertad de Contratos del 10 de abril de 1834 alivió parcialmente las tensiones entre los bandos en disputa, ayudada por un cierto grado de bonanza económica sobre todo en las zonas de producción agrícola de los valles centrales.

En 1835, el doctor José María Vargas, eminente médico y científico de la época, es electo por los diputados del congreso en elecciones indirectas para la presidencia. No obstante, el general Santiago Mariño, Pedro Carujo, Pedro Briceño Méndez, Diego Ibarra y otros generales de la independencia dirigieron un alzamiento militar, conocido como la Revolución de las Reformas, que lo derrotó ese mismo año. Los insurgentes querían instaurar un gobierno federal, luego del derrocamiento de Vargas y la posterior toma de Caracas. Designaron como jefe superior del nuevo gobierno al general Santiago Mariño y como jefe de tropas al general Pedro Carujo.

---

80 Aunque el nombre formal del país fue "Estado de Venezuela", en la práctica también se reconoció como "República de Venezuela"; al ser su forma de gobierno una república. Por ejemplo, las primeras monedas acuñada en el país en 1848 decían "República de Venezuela".

Mientras tanto, el general José Antonio Páez, quien se había alejado coyunturalmente del gobierno tras la derrota en 1834 de su candidato Carlos Soublette, había organizado un ejército con el que contraatacó a los alzados y repuso a Vargas en el gobierno el 20 de agosto del mismo año. A pesar de esto, el 14 de abril de 1836 Vargas renunció de forma irrevocable debido a las presiones a las que fue sometido. Este fue sustituido por el vicepresidente Andrés Narvarte quien ejerció sus funciones desde el 24 de abril de 1836 hasta el 20 de enero de 1837.

Queda claro que el país era un hervidero político-militar. Sin embargo, en medio de esta situación el amor sorprende a nuestro Francisco Manzo Lartigue en la persona de María Leocadia Camila de la Concepción Ortega Pinto (O4.4.5), con quien se casa eclesiásticamente el 21 de noviembre de 1836 en la Iglesia Parroquial de San Pablo del Pueblo de Tocuyito[81] (hoy día, iglesia católica San Pablo Ermitaño)[82]. El presbítero Domingo Peláez dirigió el acto, siendo los testigos Juan Antonio Pérez y Bárbara González, amigos de la familia.

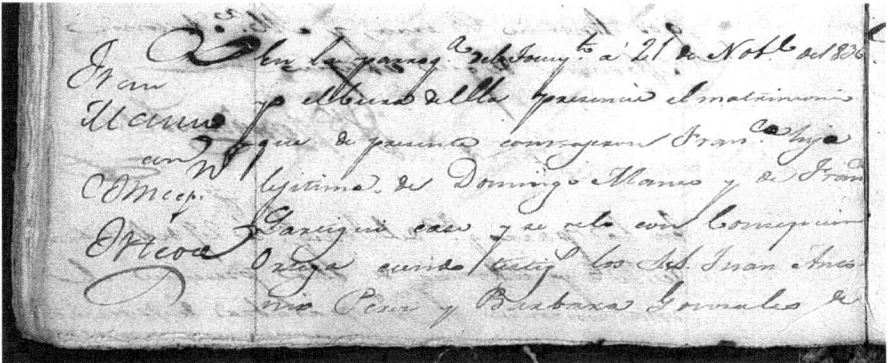

Fig. 7. *Acta de matrimonio de Francisco Manzo y Lartigue* [81]

81. "Venezuela, registros parroquiales y diocesanos, 1577-1995," database with images, FamilySearch (https: //www.familysearch.org/ ark:/61903/3:1:S3HY-DRG3-3HH?i=68&cat=1554417)

82 El Santo que da su nombre a este valle, pueblo e iglesia no es el apóstol San Pablo originario de Tarso y discípulo de Cristo, luego de su conversión. Es más bien Pablo de Tebas, nacido el Tebaida-Egipto hacia el año 228. Fue un cristiano muy devoto a pesar de quedar huérfano a los 15 años y de sufrir persecución por el emperador romano Decio. A la edad de 22 años decidió esconderse en una cueva del desierto egipcio donde vivió el resto de su vida. La iglesia lo considera el primer ermitaño que existió y su memoria litúrgica se celebra todos los 15 de enero.

Un dato curioso es que la iglesia en cuestión aún estaba en construcción para dicho momento; a pesar de que la parroquia se había creado hacía más de 36 años por el obispo Mariano Martí, como ya apunté anteriormente. El templo necesitó cerca de 90 años para estar terminado. Estos dilatados tiempos de construcción fueron cosa común para las edificaciones eclesiásticas que se erigieron en Venezuela en esta época de su historia.

Concepción Ortega Pinto era descendiente directa de cuatro de los principales fundadores del pueblo de Montalbán como quedó demostrado a lo largo de los primeros 4 capítulos.

Los Manzo tuvieron contacto con los Ortega desde su estadía en Calabozo. Allí residían, entre otros, el coronel Carlos María Ortega y Cristóbal Eusebio de Ortega. Posteriormente, otro contingente Ortega estuvo avecindado en la Villa del Tinaco y en Tocuyito. Estos roces entre estas dos familias deben haber producido el acercamiento de Francisco y Concepción.

Para el momento de casarse eclesiásticamente, Francisco ya tenía dos hijos. El primero, Miguel María Manzo Ortega, habría nacido hacia 1835 (su partida de bautismo no se ha podido localizar). El segundo, Rafael María Manzo Ortega, nació el 10 de mayo de 1836; por lo que tenía 6 meses de edad para la fecha en que sus padres se estaban casando.

A pesar de que sus padres no se habían casado por la iglesia, la partida de bautismo de Rafael María lo identificaba como "hijo legítimo"[83],

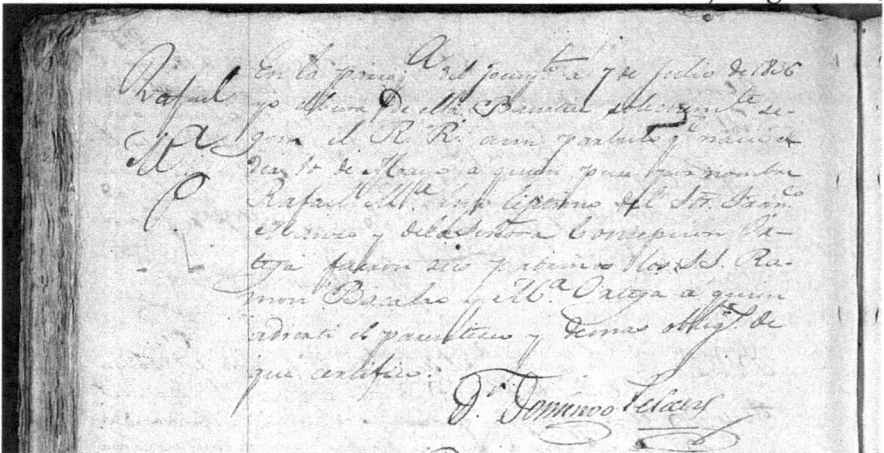

Fig. 8. *Acta de bautismo de Rafael María Manzo Ortega* [83]

83 "Venezuela, registros parroquiales y diocesanos, 1577-1995," database with images, FamilySearch (https://familysearch.org/ark:/61903/3:1:3Q9M-

término que se adjudicaba a los hijos nacidos dentro de un matrimonio. ¿Se trató de un error? ¿Lo registraron así en razón de que ya tenían esponsales para casarse desde hacía tiempo? Tal vez, nunca lo sepamos.

Lo que si sabemos es que, en este período de nuestra historia, el concubinato fue una práctica común impulsada por la gran inestabilidad social causada por la guerra de independencia y posteriormente por las guerras civiles. Por eso, el matrimonio no se creó como acto jurídico hasta el primero de enero de 1873, cuando el presidente Antonio Guzmán Blanco lo estableció en el Decreto-Ley sobre el Matrimonio Civil.

Volvamos al hogar que formaron Francisco Manzo Lartigue (M) y Concepción Ortega Pinto (O4.4.5). A partir de los documentos de bautismo de sus hijos, podemos inferir que vivieron en Tocuyito hasta 1838; mudándose luego a la Villa del Tinaco, donde permanecieron por alrededor de diez años antes de mudarse finalmente a Montalbán.

Por esa época, la Villa del Tinaco era una ciudad populosa, como se evidencia en los libros eclesiásticos. También se puede constatar que había una gran cantidad de personas con el apellido Ortega, muchos de los cuales seguramente eran familiares de Concepción. Probablemente por esta razón, tomaron la decisión de residenciarse allí antes de trasladarse definitivamente a Montalbán, donde Concepción tenía su familia más cercana.

Hasta esta fecha, no se ha podido obtener información adicional acerca de algunos de sus hijos (solo se dispone de sus partidas bautismales). Es posible que hayan muerto niños o al poco tiempo de nacer y que sus actas de defunción se hayan extraviado o destruido durante la guerra. Tal vez parezca excesivo dicha suposición, pero la tasa de mortandad infantil para esa época era increíblemente alta. Durante la colonia, los conocimientos y servicios médicos disponibles eran muy pocos, especialmente en poblados alejados de las principales ciudades. Los médicos iban de vez en cuando de visita por estas áreas y los vecinos aprovechaban para tomar nota de los recetarios y medicamentos utilizados para combatir determinadas afecciones. Pero la frecuente ausencia de médicos hacia que algunas personas se automedicaran, lo cual a veces tenía consecuencias fatales. Esta carencia de servicios médicos era una de las causas de la alta tasa de mortalidad en la zona (especialmente entre infantes y niños).

CSL8-NSCM-S?cc=1951777 : 26 August 2021), > image 1 of 1; Parroquias Católicas (Catholic Church parishes), Venezuela.

Ante esta dura realidad, imagino que la "estrategia" para sobrevivir era tener muchos hijos. Así, si algunos morían, aún quedaban suficientes para preservar el apellido. Digo esto porque es sorprendente la cantidad de niños e infantes fallecidos que se registraban en los archivos parroquiales, con relación al total de decesos. Yo diría que ese índice rondaba el 70%. Por esta razón, una parte significativa de los hijos nacidos en cualquier matrimonio, no llegaron a alcanzar la adultez.

Seguiremos buscando información de aquellos hijos de Francisco y Concepción de los que no hay más noticias, así como de aquellos que abandonaron Montalbán y se fueron a vivir en otras partes del país. Considere el lector que en otras ciudades (como Caracas), existen docenas de iglesias y municipios, cada uno de los cuales tiene miles de registros sin indexar. No obstante, veamos qué se ha podido encontrar en más de 12000 manuscritos eclesiásticos y civiles consultados:

M1. Miguel María Inocente Manzo Ortega. Le dedicaré el capítulo 6.

M2. Rafael María Manzo Ortega, nacido en Tocuyito el 10 de mayo de 1836. Fue bautizado por el presbítero Domingo Peláez en la Iglesia Parroquial de San Pablo de Tocuyito, el 7 de Julio de ese mismo año. Sus padrinos fueron Ramón María Bacalao López (S2.6.2.3) y María Mónica Ortega Pinto (O4.4.2), tíos maternos.

El sacerdote Domingo Esteban Peláez también había casado a sus padres, como apunte más arriba. Fue el segundo párroco asignado a la parroquia de Tocuyito desde su creación por el obispo Mariano Martí. Sustituyó a su predecesor, el Pbro. José Rafael Torres, el 3 de julio de 1808; manteniendo el cargo por 42 años. Domingo Peláez hizo un reporte muy interesante sobre la ciudad de Tocuyito a comienzos del siglo XIX: *"un pueblecito que tenía cinco cuadras a lo largo del camino real y que de ancho no guardaba orden, lo demás era campo con 36 haciendas y trapiches en producción con un valor de 168.100 pesos"*. En esas haciendas y trapiches se cultivaba principalmente cacao y caña de azúcar. Algunas de esas haciendas fueron: Campo Alegre, La Trinidad, Juana Paula, El Rosario, Juana Paulita, El Cují, San José y San Pablo.

Rafael María fue abogado y también abrazó la carrera militar, siendo comandante para el año de 1863 cuando gobernaba el general Falcón. Estuvo destacado un tiempo en Aragua y luego se estableció en Valencia. Allí se casó con Clemencia Guada, hija natural de Vicenta Raymunda de la Trinidad Guada Pérez. A su vez, Vicenta nació en

Valencia el 22 de enero de 1825 del matrimonio de Francisco Guada y de Teresa Pérez; esta última, natural de Ciego de Ávila en Cuba. En cuanto a Francisco, tenía por oficio el cuido y pastoreo de los ganados del Rey[84].

Rafael y Clemencia fueron padres de:

M2.1. Domingo Delfín Rafael Manzo Guada. Nació en Valencia el 21 de diciembre de 1872, donde mismo fue bautizado el 13 de septiembre de 1875 por el presbítero José Gregorio Febres Cordero. Sus padrinos: Jaime Dalman y Ana Guada de Simancas.

M2.2. Félix Clemente Manzo Guada, nacido el 21 de febrero de 1877 y bautizado el 20 de marzo de 1877 en la Candelaria.

Se residenció en la ciudad de Miranda, estado Carabobo. De allí se mudó finalmente a Valencia, donde se casó en la Iglesia Matriz el 9 de marzo de 1897 con su prima hermana Asunción Baquero Guada, hija de Enrique Baquero Rivas y de Asunción Guada. A su vez, Enrique era hijo de José Antonio Baquero y de Domitila Rivas; mientras que Asunción era hija natural de Vicenta Raymunda, ya citada en M2.

El acto lo presidió el padre Francisco Pérez, luego de cumplido todos los requerimientos civiles y eclesiásticos; incluyendo una dispensa por el vínculo de consanguinidad de segundo grado. Fueron padres de:

M2.2.1. María Ascensión Manzo Baquero, nacida el 29 de enero de 1898 en la ciudad de Miranda, estado Carabobo.

M2.2.2. Blas Andrés Clemente Manzo Baquero. Nació en Valencia el 10 de noviembre de 1899, donde también fue bautizado el 5 de enero de 1901 por el presbítero Víctor Arocha.
Vivió toda su vida en Valencia donde se casó con Emilia Arriens Luna, hija de Carlos Arriens y de Belén Luna.
Falleció a la joven edad de 34 años, el 4 de junio de 1934.

M2.2.3. María de la Encarnación Manzo Baquero, nacida en Valencia el 25 de marzo de 1902. Fue bautizada por Víctor Arocha en la Iglesia Matriz de dicha ciudad el 18 de enero de 1903.

---

84 El 15 de octubre de 1815 aparece una solicitud de cobranza a su favor, generada por el procurador Don Ramón Maucó para que se le pagaran deudas pendientes por sus servicios. Archivo General de la Nación. Issues 142-145. Pag 122.

M2.3. Alberto del Rosario Manzo Guada. Nació en Valencia el 25 de octubre de 1884, mismo lugar donde le bautizarían el 16 de agosto de 1885.

M2.4. Pablo Enrique Manzo Guada, nacido el 7 de junio de 1886 y bautizado el 14 de mayo de 1887 en la iglesia parroquial de Valencia

M3. Francisco Gregorio Manzo Ortega, nacido en Tocuyito el 24 de diciembre de 1837. Lo bautizaron el 28 de febrero de 1838 en la misma iglesia que a su hermano. El acto fue realizado por el presbítero Domingo Peláez y sus padrinos fueron los abuelos Pedro Ortega Salvatierra (O4.4) y Francisca Antonia Pinto Ortega (P12.3.1).

M4. Pablo Julián de Jesús Manzo Ortega. Nació el 17 de agosto de 1840 en la Villa del Tinaco, donde mismo fue bautizado en la iglesia católica "Nuestra Señora del Rosario de Chiquinquirá", por el presbítero José Antonio Gamarra, el 21 de agosto de ese mismo año. Sus padrinos fueron Luis María Limas y su esposa Altagracia Limas, amigos de la familia.

Vivió un tiempo en Valencia, pasando después a El Pao. Luego, se establecería en el Tinaco. Contrajo nupcias con Santiaga Mérida con quien tuvo al menos un hijo:

M4.1. Feliciano Manzo Mérida, nacido en Valencia el 9 de junio de 1869, mismo lugar donde recibió el bautismo el 16 de noviembre siguiente.

M5. María Concepción Manzo Ortega, nacida en la Villa del Tinaco el 5 de septiembre de 1841. La bautizaron con premura al siguiente día de nacida, práctica que se hacía cuando el párvulo tenía gran riesgo de morir al poco tiempo de nacer. El padre Gamarra ofició el acto y la madrina fue Francisca Mérida.

M6. María Obdulia Cecilia Manzo Ortega. Nació el 22 de noviembre de 1842 en la Villa del Tinaco. Allí mismo la bautizó el presbítero José Antonio Gamarra, el 27 de noviembre de ese mismo año, en la iglesia "Nuestra Señora del Rosario de Chiquinquirá". Sus padrinos fueron Francisco Barreto y su esposa María del Rosario Barreto.

Se casó en Valencia el 19 de julio de 1860 con el abogado Marco Antonio Freytes Elizondo y Clavijo. El acto fue celebrado por el presbítero José Silva y los testigos fueron los padres de la novia.

La familia Freytes tiene una extensa e interesante genealogía por lo que hare un paréntesis para hablar de ella.

Marco Antonio era hijo de José Joaquín Ignacio Nicanor Freytes Maya, nacido el 10 de enero de 1793, y de María Concepción Elizondo Clavijo; casados el 8 de octubre de 1824 en la parroquia San Pablo de Caracas.

María de la Concepción era hija de Bartolomé Elizondo Rodríguez y de Mercedes Clavijo; siendo Bartolomé descendiente de españoles pues era hijo legítimo de Juan Gerónimo de Elizondo Alsueta, natural de Yanci–Navarra, y de su mujer Isabel Rodríguez de Espinoza y González. Esta última, natural de San Felipe e hija del canario Esteban Rodríguez Espinoza y de su esposa Magdalena González, descendiente del capitán Diego de Sosa.

Juan Gerónimo vino a Venezuela en un buque de la "Real Compañía Guipuzcoana", residenciándose en San Felipe. Su padre, Ramón Elizondo, fue dueño y señor de la casa de Chilarena en el Baztán; siendo su madre Magdalena Alsueta.

Volviendo a la familia Freytes, José Joaquín Ignacio Nicanor era hijo de José Joaquín Freytes de Andrade, casado en San Felipe el 4 de marzo de 1792 con María Ignacia de la Candelaria Maya Vidal. A su vez, María Ignacia era hija de Gabriel de Maya y Tellechea, fundador de la familia Maya en San Felipe y natural de la Villa de Lezaca en Navarra, quien se había casado en San Felipe el 11 de diciembre de 1767 con Gerónima Vidal Tinoco.

Gabriel era hijo del Regidor de Lezaca en Baztán-Navarra, don Joseph de Maya y de María Francisca de Tellechea Lazcano; hija de Esteban de Tellechea y Estefanía Lazcano. El padre de Joseph se llamaba igual que él y también era regidor de la misma ciudad.

En cuanto a Gerónima, era hija del capitán de infantería Andrés Nicolás Vidal y de María Magdalena Tinoco; hija de Domingo Rodríguez Tinoco, natural de Villanova de Famelicon en el reino de Portugal, quien se casó el 2 de agosto de 1703 con Josepha Cipriana de la Peña. Esta última, hija de Juan José de la Peña y de Ana María de la Rosa y Pagoda.

Volviendo a José Joaquín Freytes de Andrade, nació en San Felipe el 14 de junio de 1764. Era uno de los ocho hijos legítimos del capitán portugués Francisco Martín de Freytes y de María Antonia Andrade de la Fuente. El capitán Freytes, caballero de la orden de Avis, tenía el título de Oficial Real Administrador de las Reales Rentas y participó como mayordomo en la construcción de la iglesia de San Felipe. Su hermano, Juan Martín, era poseedor de una hacienda arboleda de cacao en el valle de San Felipe en 1757. Constancia de esto puede verse en el expediente de ciencias filosóficas de don José Antonio Freytes, fundador del Colegio de Abogados de Caracas.

Por otra parte, María Antonia era hija de Thomás José de Andrade y de Legón, natural de Sevilla (hijo de Francisco de Andrade y de Francisca de Legón y Quixada), y de María Rosa Cándida Martínez de la Fuente; hija del capitán Andrés Martínez de la Fuente y de Antonia Fernándes de Silva. De estos últimos, el capitán Martínez era natural de Molina Seca en el reino de León–España e hijo de Juan Martínez de la Fuente y de Catalina García Lazo; mientras que Antonia era hija de Francisco Fernándes de Silva, natural de Braga-Portugal, y de Isabel de la Hoya.

De vuelta a los Freytes, el capitán Francisco Martín de Freytes era hijo de Juan Martín de Freytes, casado en San Cristóbal de la Laguna-Tenerife el 22 de julio de 1709 con María Ramos García; hija de los canarios Domingo Ramos y Nicolasa García. A su vez, Juan Martín de Freytes era hijo de Juan Martín de Fleitas, casado el 24 de septiembre de 1681 con María González de Campos; hija de Juan González Pargo y de María Taxera.

En cuanto a Juan Martín de Fleitas, era hijo de Amaro Martín de Fleitas, natural de Guimar en Tenerife, quien se casó el 19 de agosto de 1641 con Ángela Rodríguez.

La genealogía de los Fleitas sigue hacia arriba en el tiempo, pero creo que su análisis se extiende demasiado para los objetivos de este libro, así que cerraré este paréntesis y volveremos a los Manzo Ortega.

Del matrimonio de Marco Antonio Freytes y de María Obdulia Manzo Ortega (M6) nacieron los siguientes hijos:

M6.1. Agustina Obdulia de Jesús Freytes Manzo. Montalbanera nacida el 4 de abril de 1861 y bautizada el 28 de mayo siguiente. Se casó en San Felipe el 16 de agosto de 1882 con el general José Antonio Cordido Arévalo, natural de esta región y nacido el 7 de enero de 1854.
   El general era hijo de José Antonio Cordido Iribarren, nacido en Barquisimeto el 25 de enero de 1819, y de María Felipa Argenis Arévalo Freytes; hija de José Francisco Arévalo Arévalo, y de Francisca Vicenta de Santa Rita Freytes Sánchez. Esta última, hija

de José Joaquín Ignacio Nicanor Freytes Maya y de Josefa María Sánchez Maya, ya citados en M6.

José Antonio Cordido Iribarren era hijo del subteniente José Antonio Cao Cordido do Casal, nacido el 22 de abril de 1787 en Santiago de Compostela, y de María Inés de Belén Iribarren Chaquea con quien se casó en Barquisimeto el 27 de agosto de 1818.

María Inés nació en Araure-Portuguesa el 9 de abril de 1800. Su padre era el administrador de la real hacienda en Barquisimeto Juan Bautista de Iribarren Loyena, natural de San Juan de Luz-Navarra, quien se había casado en Araure el 12 de junio de 1794 con María Margarita Chaquea Hurtado; hija legítima de Juan Crisóstomo Chaquea y Margarita Antonia Hurtado Fernández. En cuanto a Juan Bautista, era hijo de Juan de Irribarren y de Juana Loyena de Suárez.

Volviendo con el subteniente José Antonio Cao Cordido, llegó a Venezuela como teniente de infantería del regimiento de Numancia, en la expedición del general Morillo. Natural de Santiago de Compostela, nació el 22 de abril de 1787 del matrimonio de Juan Cao Cordido Martínez y de María Antonia Sánchez do Casal, ambos naturales de la misma ciudad.

Juan Cao Cordido Martínez levantó expediente de limpieza de sangre[85] en 1786, ante el Ayuntamiento de su ciudad natal, con el fin de obtener el cargo de Escribano del Rey. Había nacido el 27 de noviembre de 1754 en el hogar de Gregorio Cao Cordido Estévez y de María Antonia Martínez.

A raíz de este expediente, la genealogía de los Cordido sigue hacia

---

85 "Limpieza de Sangre" se refiere a ciertos estatutos que se crearon en España durante la edad media. Estos exigían a los aspirantes que querían ingresar en una institución, que probaran que tanto ellos como sus ancestros abrazaban el antiguo cristianismo. Fue un mecanismo de discriminación legal hacia las minorías españolas conversas al cristianismo, pero que estaban bajo sospecha de practicar en secreto sus antiguas religiones. Se originó en 1449 a raíz de la revuelta de Pedro Sarmiento en Toledo; hechos que llevaron a la redacción del estatuto, y otros documentos justificativos, a pesar de ser rechazados incluso por el papa Nicolás V. Esta regulación tuvo una gran difusión en gobiernos municipales, universidades y órdenes militares.
En tiempos modernos, estos expedientes han ayudado a los genealogistas a rastrear los ancestros de muchas personas.

arriba en el tiempo; pero como se entenderá, escapa ampliamente a los intereses de este libro.

Volviendo con Agustina Obdulia Freytes Manzo. De su matrimonio con José Antonio Cordido Arévalo, nacieron:

M6.1.1. El doctor José Antonio Cordido Freites, ilustre abogado nacido en San Felipe el 13 de julio de 1883 y padrino de confirmación de mi tío materno Antonio Julio Manzo Henríquez (M1.7.3.1). Se casó en la Villa de Cura el 27 de diciembre de 1921 con Mercedes Savery Corso, de nacionalidad francesa; hija de Domingo Savery y de Luisa Corso.

De su matrimonio nacieron los siguientes Valencianos:

M6.1.1.1. Josefina Mercedes Cordido Savery, nacida el 27 de octubre de 1922. Se casó con Ramón Arcay Tortolero, hijo de José Felipe Arcay y de Manuela Tortolero.

M6.1.1.2. María Luisa Cordido Savery. Nació el 6 de enero de 1924 y fue bautizada el 2 de marzo de 1924.

M6.1.1.3. José Antonio Cordido Savery, nacido el 13 de diciembre de 1925. Abogado como su padre, se casó en Caracas el 17 de agosto de 1957 con Eva Mercedes Arismendi Melchert; hija de José Loreto Arismendi Arismendi y de Eva Matilde Melchert de Legórburu. Tuvieron la siguiente descendencia:

M6.1.1.3.1. Mercedes Josefina Cordido-Freytes Arismendi. Se casó el 20 de agosto de 1977 con Christer Kurowsky Egerstrom; hijo de Tadeusz Kurowsky y de Ingrid Egerstrom, naturales de Suecia.

Fueron padres de:

M6.1.1.3.1.1. Mercedes Chirstina Kurowsky Cordido-Freytes, casada con Otto Robles Mora.

M6.1.1.3.1.2. Alexandra Isabel Kurowsky Cordido-Freytes.

M6.1.1.3.1.3. Adriana Sophia Kurowsky Cordido-Freytes.

M6.1.1.3.2. José Antonio Cordido-Freytes Arismendi, nacido el 20 de diciembre de 1967. Falleció en Caracas el 11 de mayo de 2010.

M6.1.1.3.3. Elda Fernanda Cordido-Freytes Arismendi. Se casó con Enrique Abdón Urdaneta Fontiveros, hijo de Enrique

Urdaneta Carrillo y de Rosario Fontiveros. Fueron padres de:

M6.1.1.3.3.1. Elda Alejandra Urdaneta Cordido.

M6.1.1.3.3.2. Enrique José Urdaneta Cordido.

M6.1.1.3.3.3. José Antonio Urdaneta Cordido.

M6.1.1.4. Elda Guillermina Cordido Savery, nacida el 11 de abril de 1936. Se casó el 16 de julio de 1977 con Fernando Gómez Matamoros.

M6.1.1.5. José Domingo Cordido Savery. Contrajo primeras nupcias con Elba Berastegui Rojas con quien tuvo a:

M6.1.1.5.1. José Domingo Cordido Berastegui, nacido el 12 de noviembre de 1956. Se casó en Naguanagua el 7 de agosto de 1976 con Marina Arlene Hernández Vásquez, hija de Víctor Celestino Hernández y de Esther del Valle Vásquez. Con descendencia.

M6.1.1.5.2. Marielba Cordido Berastegui, nacida el 5 de diciembre de 1962.

José Domingo contrajo segundas nupcias con Adilia Pineda, de cuya unión tuvieron a:

M6.1.1.5.3. Mónica Rocsana Cordido Pineda. Nació el 23 de abril de 1974 y se casó el 20 de abril de 1996 con Wilmer José León Herde, hijo de Roberto León y de Westalia Herde.

M6.1.2. Víctor Cordido Freites, nacido en Valencia el 28 de julio de 1885. Falleció al día siguiente.

M6.1.3. Obdulia Cecilia Cordido Freites, nacida el 17 de diciembre de 1889. Se casó el 19 de enero de 1920 con Miguel Corzo de Venz, hijo de Juan Corzo y de María de Venz. Fueron padres de:

M6.1.3.1. Josefina Obdulia Corzo Cordido, nacida el 30 de septiembre de 1923. Se casó el 13 de abril de 1946 con José Rafael Viso Pittaluga, hijo de José Rafael Eliodoro Viso Rodríguez y de Blanca Pittaluga Rodríguez. Fueron padres de:

M6.1.3.1.1. Luis Rafael Viso Corzo.

M6.1.3.1.2. Cecilia Josefina Viso Corzo.

M6.1.3.2. Viviana Corzo Cordido, nacida el 17 de marzo de 1925. Se casó en Cumaná con Luis Beltrán Beauperthuy Silva, natural de dicha ciudad e hijo de Pedro Augusto Beauperthuy Mayz y de

María Concepción Silva Carranza. Con descendencia.

M6.1.3.3. José Miguel Corzo Cordido. Nació en Valencia el 27 de septiembre de 1926.

M6.1.3.4. Juan Antonio Corzo Cordido, nacido el 1 de julio de 1928. Se casó el 10 de marzo de 1950 con Gladys Cano.

M6.1.3.5. Francisco de Jesús Corzo Cordido. Contrajo primeras nupcias con Carmen Lorenza Seijas. Luego con Omaira Hernández Lares. Ambas con descendencia.

M6.1.4. Carlos José Cordido Freites, nacido en Valencia el 30 de diciembre de 1897.

M6.2. Marcos Antonio Freytes Manzo. Telegrafista de profesión, se casó con Juana Carmen Alcalá Tirado; hija de Baldomero Alcalá y de Mercedes Tirado. Tuvo 8 hijos con Juana, antes de fallecer el 14 de agosto de 1940:

M6.2.1. Obdulia Mercedes Freytes Alcalá, nacida en Barquisimeto el 9 de mayo de 1896.

M6.2.2. Josefina Freytes Alcalá. Nació el 28 de julio de 1897.

M6.2.3. Elena Matilde Freytes Alcalá, nacida en Barquisimeto el 18 de agosto de 1898. Se casó con Guillermo Baena con quien tuvo los siguientes hijos:

M6.2.3.1. Marcos Guillermo Baena Freytes.

M6.2.3.2. Margarita Baena Freytes.

M6.2.3.3. Amira de Jesús Baena Freytes.

M6.2.3.4. María Antonia Baena Freytes.

M6.2.3.5. Margot Baena Freytes.

M6.2.3.6. Elena Francia Baena Freytes.

M6.2.3.7. Cristina Antonia Baena Freytes.

M6.2.4. Marco Antonio Freytes Alcalá. Nació el 18 de diciembre de 1899.

M6.2.5. Héctor José Freytes Alcalá, nacido en Barquisimeto como su hermano mayor, el 27 de diciembre de 1904.

M6.2.6. Rafael Jesús Freytes Alcalá, nacido el 17 de abril de 1906 y casado con Carmen Toledo. Con descendencia.

M6.2.7. Carmen Leonor Freytes Alcalá. Nació en Puerto Cabello el primero de julio de 1908, donde mismo la bautizaron el 7 de diciembre siguiente. Falleció infanta el 11 de mayo de 1911.

M6.2.8. Cristina Freytes Alcalá.

M6.3. Trinidad del Socorro Freytes Manzo, nacida el 8 de noviembre de 1868. Prefirió la vida de soltera hasta su fallecimiento en Caracas el 4 de junio de 1947.

M6.4. Genaro Emilio Freytes Manzo. Nació en Valencia el 19 de septiembre de 1871, mismo lugar donde lo bautizarían el 7 de octubre siguiente.

M6.5. José Joaquín Freytes Manzo. Nació en San Carlos el 24 de marzo de 1874.

M6.6. Dolores Freytes Manzo (Lola), nacida el 10 de junio de 1880. Se casó en Barquisimeto el 16 de septiembre de 1900 con Leopoldo Torres Heredia, hijo de Leopoldo Torres Fonseca y de Tomasa Heredia Briceño. A su vez, Leopoldo era hijo de Ildefonso Torres Escalona y de María Antonia del Carmen Fonseca Garrido; mientras que Tomasa lo era de Tomás Francisco de Paula Heredia Carrillo y de Rosalía Briceño Angulo.

M7. Francisco Gabino Álvaro Manzo Ortega, nacido en la Villa del Tinaco el 19 de febrero de 1845. Fue bautizado a los cinco días de nacido por el mismo sacerdote que bautizó a sus hermanos. Sus padrinos fueron Juan Matute y Josefa Ávila.

M8. Marcos María de la Trinidad Manzo Ortega, nacido en la Villa del Tinaco el 7 de octubre de 1847. Fue bautizado por el presbítero Juan Manuel Matute el 7 de abril del siguiente año, siendo sus padrinos Miguel López y Nicolasa Limas.

Marcos pasó su niñez y juventud en Montalbán. Desde joven fue agricultor, aunque también desempeño algunos cargos públicos como está señalado en muchas de las partidas de nacimiento de sus hijos.

Se casó a los 32 años de edad, el 16 de julio de 1880, con Rita Ojeda Barela a quien le llevaba 14 años de diferencia. Como Rita aún no había cumplido los 18 años de edad, necesitó el consentimiento escrito de sus padres para poder casarse y, como los padres de Marcos ya habían muerto, también fueron los testigos de dicho acto. Otros testigos de la boda fueron: su tío político Ramón María Bacalao López (S2.6.2.3), su hermano Miguel María Manzo Ortega (M1), Gregoria Barela Coronel de Salvatierra, tía materna de la novia (véase M1.4), y Rafaela Pinto Ojeda de Bacalao.

Rita era hija de José María Ojeda Pinto, hijo natural de Trinidad Ojeda Pinto (P12.7.5.2); quien se casó el 16 de junio de 1865 con Paulina Barela Coronel. A su vez, Paulina era hija de José Isidro Barela y de Ramona Coronel Soto; siendo José Isidro hijo natural de Ramona Barela, y Ramona Coronel Soto hija de Miguel Antonio Coronel Peñalosa y de María de la Candelaria Soto Rodríguez, ya citados en T2.4.5.

El matrimonio de Marcos y Rita engendró los siguientes hijos, todos nacidos en Montalbán:

M8.1. Rita María Manzo Ojeda, nacida el 14 de junio de 1881. Recibió el sacramento de la confirmación en la iglesia de la Inmaculada Concepción el 30 de enero de 1883[86]. Falleció por catalepsia a los 5 años de edad, el 26 de enero de 1886.

M8.2. Ana Josefa Manzo Ojeda, nacida el 5 junio de 1882. Hizo su confirmación junto con su hermana Rita el 30 de enero de 1883.

M8.3. Marcos Manuel Manzo Ojeda. Nació el 17 de junio de 1883, recibiendo el bautismo el 16 de julio del mismo año y la confirmación el 12 de enero de 1887.

Marcos Manuel fue telegrafista en Caracas. Para el año de 1917, el Ministerio de Fomento lo nombró Fiscal del Cable Francés, durante el gobierno de Cipriano Castro (entiéndase que en Venezuela la telegrafía funcionó a través de una compañía Francesa de Cables Telegráficos).

Se casó con Francisca Sucre quien le acompaño hasta su deceso el primero de noviembre de 1955.

M8.4. Francisco José Manzo Ojeda, nacido el 23 de enero de 1885. Como muchos de sus hermanos, fue bautizado al poco tiempo de nacer: el 12 de febrero siguiente, recibiendo la confirmación 11 días más tarde que su hermano Marcos.

Francisco se desempeñó en el servicio telegráfico de Venezuela,

---

86 En tiempos modernos las iglesias católicas exigen que las personas que desean recibir el sacramento de la confirmación, tengan al menos diez años de edad. Esto no era así en el pasado, cuando las confirmaciones las hacían solamente los obispos durante la "visita pastoral", que no eran frecuentes, y por esta razón niños de muy corta edad eran confirmados. Tengo pruebas documentales de que varios hijos de Marcos Manzo Ojeda recibieron este sacramento con solo dos años de edad.

ocupando en 1908 la jefatura de la oficina de Ospino. En 1911 trabajó para la junta comunal y la autoridad civil del distrito en la ciudad de Puerto de Nutrias-Barinas. Y para 1939, es nombrado inspector de vehículos del estado Apure por el presidente del estado Saverio Narbarito.

M8.5. Mercedes Manzo Ojeda, gemela con María de Jesús. Nació el 24 de septiembre de 1886 y fue bautizada a los 8 días. Falleció por consunción el 12 de octubre de 1886, con 18 días de nacida.

M8.6. María de Jesús Manzo Ojeda, gemela con Mercedes. La bautizaron el mismo día que a su hermana y, como ella, falleció por consunción el 10 de octubre de 1886 a los 16 días de nacida.

M8.7. Germán Manzo Ojeda. Nació el 28 de mayo de 1888, recibiendo el sacramento de la confirmación en febrero de 1892.

Trabajó en el servicio telegráfico, al igual que sus hermanos.

Contrajo nupcias con Encarnación González con quien tuvo al menos un hijo:

M8.7.1. Germán Rafael Manzo González, nacido en Caracas el primero de febrero de 1929.

M8.8. Jesús Manzo Ojeda. Nació en 1890 e hizo su confirmación junto a su hermano Germán.

M8.9. Álvaro Manzo Ojeda, nacido en 1891.

Desempeñó varios oficios a lo largo de su vida:

Comenzó como telegrafista en Montalbán. De allí, se trasladó a Caracas donde trabajó en diferentes departamentos gubernamentales en el Ministerio de Fomento:

• En 1913 lo nombran jefe de la Estación Telegráfica de Caucagua.

• En 1940 fue nombrado por Chirinos Lares, secretario de gobierno del Distrito Federal, para desempeñar la mayordomía de la fábrica de la Iglesia Parroquial de Carayaca, de conformidad con el Art.41 de la Ley de Patronato Eclesiástico.

• En 1948 fue Suplente (junto a su primo Manuel Marvéz Manzo) del Juzgado del Distrito Montalbán, en el Ministerio de Relaciones Interiores, como consta en la gaceta oficial de los estados unidos de Venezuela del 15 de marzo de 1949, Decreto No.68 de la junta militar de gobierno.

En el plano personal, se casó en la catedral de Valencia el 25 de enero de 1953 con Josefina Barela Ortega. Para ese entonces, Álvaro ya contaba con 62 años de edad y necesitaron solicitar una dispensa para poder casarse. Veamos, Josefina era hija de José Isidro Ramón Barela Pinto y de Josefa Ramona Ortega Barela. A su vez, José Isidro era hijo de Juan Antonio Barela Coronel y de Natalia Pinto Coronel. De los anteriores, Juan Antonio era hijo de José Isidro Barela y de Ramona Coronel Soto (ya citados en M8); mientras que Natalia lo era de Agustín Miguel Pinto Ortega (P12.7.3.5) y de María Coronel Soto. Esta última, hija de Miguel Antonio Coronel Peñalosa y de María de la Candelaria Soto Rodríguez, ya citados en T2.4.5.

 En cuanto a Josefa Ramona, era hija de Félix Antonio Ortega Ruíz (O4.5.3.3) y de Matilde Barela Coronel; esta última, hija de José Isidro Barela, y de Ramona Coronel Soto, de donde viene el parentesco de consanguinidad.

Desafortunadamente, el matrimonio no duró mucho pues Álvaro falleció el 15 de diciembre de ese mismo año.

M8.10. Jacinto Martín Manzo Ojeda, nacido el 11 de noviembre de 1892. Tuvo una vida muy corta pues falleció el 26 de junio de 1894, con solo 19 meses de edad.

M8.11. Trinidad María Manzo Ojeda, nacida el 16 de agosto de 1895. Se casó en Petare el 29 de marzo de 1924 con Emigdio Ulpiano Alemán Peña, hijo de Cecilio Ulpiano Alemán Figuera y de María del Carmen Peña. De los anteriores, Cecilio Ulpiano era hijo de Eladio Rómulo Alemán y de María Catalina Figuera Pacheco.

M8.12. María del Rosario Antonia Manzo Ojeda, nacida el 3 de noviembre de 1897. También falleció siendo una niña, con apenas 4 años de edad, el 18 de julio de 1902.

M8.13. Pablo José Manzo Ojeda, nacido el 16 de marzo de 1900. Como varios de sus hermanos, ejerció el cargo de telegrafista en Caracas.

M8.14. Rafael Laureano Manzo Ojeda. Nació en Montalbán el 4 de julio de 1903, donde fallecería producto de una bronquitis aguda el 16 de diciembre de 1904, cuando contaba con un año y medio de edad.

M8.15. Luis Rafael Manzo Ojeda, nacido el 3 de febrero de 1907. Estuvo involucrado en la compra y posterior parcelamiento de terrenos en el área de Los Teques hacia 1949. El actual barrio de La Matica, se creó en tierras y parcelamientos hechos por él. Tanto así, que algunas casas contenidas en él aun se les denomina "Las casas Manzo".[87]

Se casó en Caracas el 21 de mayo de 1938 con Olga Margarita Sánchez Porrello, hija de José Sánchez y de María de la Luz Porrello Mayor. Esta última, hija del italiano Giovanni Porrello Lusso y de Apolonia Mayor González.

M8.16. Alfonzo Manzo Ojeda. Al igual que Álvaro, fue mayordomo en la construcción de la iglesia parroquial de Carayaca; cargo del que fue relevado el 19 de marzo del 1943 como consta en la Gaceta Municipal No.5885 del Distrito Federal.

Con esto, cierro el ciclo de los Manzo Ojeda y de los Manzo Ortega.

---

87 Manuel Almeida Rodríguez. (2010). *A mi barrio le ronca el mambo. Historia del Barrio "Matica Abajo" de Los Teques, Estado Miranda*. Págs. 61 y 88.

CAPÍTULO 6

MIGUEL MARÍA MANZO ORTEGA

Fig. 9. *Miguel Maria Manzo Ortega*

MIGUEL MARÍA MANZO ORTEGA

Nació en Tocuyito hacia 1834 durante una época tumultuosa caracterizada por revueltas sociales y una gran inestabilidad política. Se había logrado la independencia de España, pero el libertador había fallecido y Venezuela se había separado de la gran Colombia con José Antonio Páez a la cabeza de la presidencia. Durante estos años de guerras civiles, las oficinas municipales de los poblados tuvieron mucha inestabilidad debido a los cambios de personal que ocurrían cada vez que el bando opuesto obtenía el poder. Muchos documentos se extraviaron o destruyeron por estos años, la partida de nacimiento de Miguel María parece ser uno de ellos.

Vivió sus primeros años en la Villa del Tinaco, mudándose a Montalbán cuando ya era un adolescente. Al llegar a la adultez se enlistó en el ejército, donde llegó a alcanzar el rango de general. Luego, comenzaría su vida política donde desempeñó diversos cargos:

- Concejal del cantón Montalbán en 1858.

- El 29 de marzo de 1875 formó parte de una junta de fomento que se creó, por disposición del presidente de la república, para correr con la administración y dirección de los trabajos para la construcción de la carretera de Montalbán a Nirgua.[88]

- Fue designado vicepresidente de la asamblea constituyente en el año de 1881. Para entender un poco mejor el contexto en que recibe este cargo, citaré un artículo de Ulises Dalmau que publicó en su blog sobre Tocuyito[89]:

"1881. Tocuyito Capital provisional del Grande Estado Carabobo

Comenzando la octava década del siglo XIX, la parroquia Tocuyito contaba con una población de 12.235 habitantes, la mayor del Estado Carabobo, y el pueblo estaba flanqueado ya por dos importantes caminos carreteros: Valencia-Nirgua y Valencia-San Carlos.

A cien años de haber sido fundado, Tocuyito era epicentro de un pujante desarrollo e intercambio agropecuario y estaba rodeado de más de tres decenas de prósperas haciendas, permaneciendo bajo la guía espiritual del párroco Manuel Piñero Olivero, recordado como experto Alarife y matemático, creador de la Casa de la Beneficencia.

Cuando el presidente de Venezuela, general Antonio Guzmán Blanco, comenzó su segundo periodo denominado El Quinquenio (1879-1884), conocía bien a nuestro pueblo y sus alrededores, pues había estado aquí siete años atrás, durante el cerco y persecución que dirigió personalmente contra el general disidente Matías Salazar, despachando desde el cuartel general a través de telegramas y emisarios; visitándonos posteriormente durante la construcción e inauguración de los caminos de rueda hacia San Carlos y Nirgua. Guzmán da rienda a sus ideas centralizadoras, y promulga el 27 de abril de 1881 la Constitución de los Estados Unidos de Venezuela, que agrupaba a la nación en nueve grandes estados; y en cumplimiento de la Ley de Organización de los Grandes Estados Federales, se vio en la necesidad de ubicar un territorio neutral entre Nirgua y Valencia, con el fin de iniciar las negociaciones entre los delegados del estado Carabobo y el Departamento yaracuyano, compensando la ventaja poblacional a la que sabría sacar provecho político la élite valenciana.

Es por ello que el 19 de mayo de 1881, mediante un decreto designó a Tocuyito como Capital provisional del Grande Estado Carabobo nombrando para presidirlo provisionalmente al general Hermógenes López.

El general López fija en Tocuyito su residencia, y habilita una casona frente a lo que más adelante sería la plaza Victoria, para comenzar los preparativos y recibir

---

88 *Memoria del Ministerio de Obras Públicas al Congreso de los Estados Unidos de Venezuela en 1877.* Pág. 107.

89 Dalmau, Ulises. (2016, 1 de febrero). *1881, Tocuyito Capital provisional del Grande Estado Carabobo.* http://ulisesdalmau.blogspot.com/

a los delegados de la asamblea que iba a sancionar la Constitución del Estado, y sus leyes en los ámbitos municipal, jurídico y político. Fue así como a las 4 de la tarde del lunes 15 de agosto de 1881, se instaló en nuestro pueblo la Asamblea Constituyente del Grande Estado Carabobo, nombrando a Alejandro Wallis como presidente, a Miguel María Manzo como vicepresidente y como secretario a Francisco López Arvelo, y presentando un proyecto que fue objeto de algunas modificaciones en el transcurso de su discusión y aprobación. Una vez concluida la asamblea y sancionadas las leyes del Estado, el 3 de octubre el presidente constitucional de Carabobo, Hermógenes López nombró por decreto a los concejales valencianos y dos días después, el 5 de octubre de 1881, cuando el reloj de la torre marcaba las 8 de la noche, se instaló el nuevo Concejo Municipal de Valencia, nuevamente capital de Carabobo y convertida en Distrito.

Esa misma noche el ilustre Concejo, presidido por Fernando Malpica Lucena, procedió a seleccionar como miembros principales de la junta comunal del municipio foráneo Tocuyito, a los ciudadanos: Andrés Maya, Bonifacio Pérez, Ángel María Caballero y el Pbro. Manuel Piñero Olivero; nombrando igualmente las juntas comunales de los otros municipios foráneos: Los Guayos, San Diego, Belén, Naguanagua y Guigue.

Fue finalmente el 13 de octubre de 1881, cuando el Ministerio de Relaciones Interiores de los Estados Unidos de Venezuela, informaba en Gaceta Oficial sobre la clausura de las sesiones de la Asamblea Constituyente y el traslado de la capital del estado Carabobo a la ciudad de Valencia.

Esto daba por concluido en forma oficial, el tiempo que estuvo Tocuyito como Capital del estado Carabobo, que fue de aproximadamente cinco meses, entre el 19 de mayo y el 13 de octubre de 1881."

- Fue presidente del consejo municipal del distrito Montalbán en 1882, y en 1893.
- Diputado por el estado Carabobo de 1884 a 1886.
- Miembro del consejo de estado.
- Senador de la república.

El 4 de abril de 1908, siendo presidente de la asamblea legislativa del estado Carabobo, por decreto, promovió un certamen para componer la letra y música del himno del estado. Se designaron para formar el jurado de la letra a los doctores Francisco de Sales Pérez, Pedro Castillo y Luis Pérez Carreña, al bachiller Félix Delfín Ortega y al señor Joaquín Reverón. Los jurados de la música fueron el doctor Martín J. Requena, el presbítero Jacinto Piana, el bachiller Aquiles Antich, Luis Socorro y

Miguel Denti. Resultó ganador de la letra el poeta Santiago González Guinán y de la música el compositor Sebastián Díaz Peña.

El himno se estrenó en la Plaza Bolívar de Valencia el 5 de julio de 1908, luego de ser declarado como "Himno Oficial" por el presidente de la asamblea legislativa: Miguel María Manzo. En ese emotivo día, durante su discurso, dijo lo siguiente: *"Un pueblo que carece de poesía debe desconfiar de sus destinos; porque la mayor fuerza de las razas se guarece en el corazón de sus cantos y en el alma de sus tradiciones; y poco pudiera decirse de un pueblo que no tejió jamás una guirnalda para la frente de sus héroes, ni compuso un canto de epopeya para inmortalizar sus triunfos".*

Además de todo lo ya reseñado, Miguel María era agricultor. Tenía una finca llamada "Araguita", heredada de su suegra, donde se producían los rubros típicos de la época: café, cacao y tabaco. Y ya que mencioné a su suegra, hablaré un poco más de la familia de su esposa.

Se casó en Montalbán con su doble prima tercera María del Carmen Pérez Ortega (Carmelita), hija del matrimonio del comandante Andrés Pérez Blanco con Josefa María Ortega Pinto (Mamá Chepa), ya citados en O4.5.2.

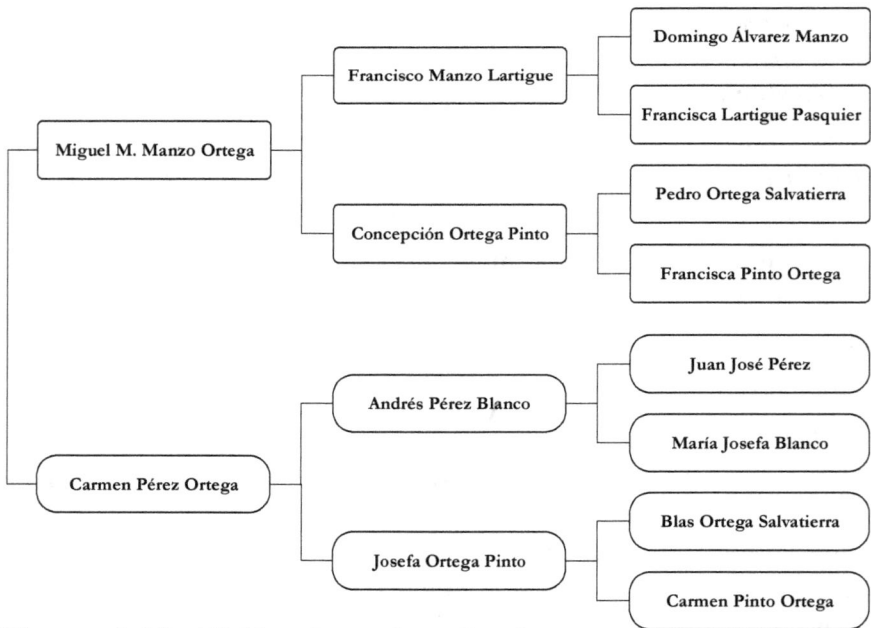

Diagrama 2. *Miguel M. Manzo Ortega y Carmen Pérez Ortega*

Nótese que Josefa tenía los mismos apellidos que la madre de Miguel María: Concepción Ortega Pinto (O4.4.5). Esa coincidencia ocurría porque eran doble primas hermanas. Y era así porque los padres y las madres de ambas, eran hermanos.

El esposo de Josefa María Ortega Pinto fue un personaje muy importante en nuestra familia y también en la historia de Venezuela; por lo que es necesario hacer otro paréntesis para ahondar en su vida.

Andrés Pérez Blanco nació en Turmero-Aragua el 30 de noviembre de 1796[90]. Hijo del matrimonio de Juan José Pérez, natural de San Nicolás de Tolentino en Las Palmas-Canarias (el mismo pueblo de donde vino Don Antonio Rodríguez de Ortega, como vimos en el capítulo 4); y de María Josefa Blanco, parda libre nacida en Turmero. Sus padres lo bautizaron el 6 de diciembre de 1797 con el nombre de Andrés Saturnino de Jesús Pérez Blanco.

Fig. 10. *Acta de bautismo de Andrés Saturnino Pérez Blanco* [90]

---

90 "Venezuela, registros parroquiales y diocesanos, 1577-1995," database with images, FamilySearch (https://familysearch.org/ark:/61903/3:1:33SQ-GRRC-9VZW?cc=1951777&wc=WNF8-F9M%3A376112401%2C37 6478501%2C376231902%2C376502301 : 14 December 2021), Aragua > Turmero > Nuestra Señora de la Candelaria > Bautismos 1735-1799 > image 2671 of 2732; Parroquias Católicas (Catholic Church parishes), Venezuela.

Hablar de la vida de Andrés Pérez Blanco es lo mismo que hablar de la historia de la Independencia de Venezuela. Pudiera parecer que estoy siendo exagerado, pero son varios los historiadores que convalidan la exactitud de mis palabras en sus libros. Invito al lector a leer la biografía que le dedica el historiador Lucas Guillermo Castillo Lara en su libro *"Los Olvidados Próceres de Aragua"*[91].

Haré un breve recuento de lo que fue su vida militar y de cómo ésta se entrelazó con la causa independentista, sin ahondar en los detalles de esta última por razones de espacio.

Como ya apunté, nació a finales del siglo XVIII momento histórico en que comienzan a surgir los primeros conatos independentistas en Venezuela. El primero de ellos es liderado por Francisco de Miranda al frente de una expedición armada desde Haití que trata de penetrar por la Vela de Coro en 1806. Aunque Miranda juzga que es un momento oportuno, desde el punto de vista histórico[92], las condiciones no eran favorables dentro del país; encontrando apatía e indiferencia de la población en general, hacia su causa. Por esta razón, fracasa en dos oportunidades desistiendo de su proyecto en el año de 1808. Para este momento los mantuanos[93], que constituían el grupo social con mayor poder en la sociedad, intentaron constituir una junta de gobierno que gobernase a la región, es decir, a la Capitanía General de Venezuela.

Es así como llegamos a la primera república el 19 de abril de 1810, cuando la junta suprema destituye en Caracas a Vicente Emparan e instala un congreso declarando su independencia el 5 de julio de 1811. El ahora país se llamó "Confederación Americana de Venezuela", teniendo como capital la ciudad de Valencia.

Hubo un sentimiento independentista y de amor a la nueva patria en

---

91 Castillo Lara, Lucas Guillermo. (1993). *Los Olvidados Próceres de Aragua*. Pág. 451.

92 Napoleón había invadido España en su cruzada conquistadora por toda Europa por lo que la corona española tenía que reforzar todas sus fronteras para hacerle frente a estos ataques.

93 Los mantuanos era una clase social compuesta por los blancos criollos (nacido en Venezuela), que conformaban la aristocracia local. Eran los descendientes de los hacendados españoles y canarios que habitaron originalmente el continente, luego de la conquista. Obviamente, eran la minoría dentro de la población que estaba también compuesta por mestizos, mulatos, negros e indios.

muchas personas. Una de ellas, Andrés Pérez Blanco, quien ahora vivía a escasos 66 kilómetros de la capital y para ese entonces contaba con 14 años de edad. Sus características físicas, como más tarde lo describirían en su hoja de servicio[94], eran: piel de color blanca, pelo negro, ojos pardos, nariz regular, boca grande y barba lampiña con un lunar en el carrillo[95] derecho.

Andrés se da cuenta que hay personas que se están jugando la vida para libertar la tierra que lo vio nacer. Miranda, Bolívar, Rivas, Mariño, son nombres que empieza a escuchar en boca de sus vecinos, así como las historias de sus hazañas y valentía. Todo esto ayudó a enervar el furor patriota que ya venía surgiendo en su alma de adolescente.

Van transcurriendo los años y la guerra avanza. Después de varias batallas perdidas, cae la primera república y Miranda capitula en San Mateo, entregando las armas a Domingo de Monteverde en 1812. Bolívar y los demás líderes políticos y militares independentistas se ven obligados a exiliarse.

Es entonces cuando Bolívar escribe su famoso manifiesto de Cartagena desde Colombia, donde analiza las causas de la derrota y el futuro de los países bajo el sistema actual. Al mismo tiempo Monteverde se prepara para atacar ya que Colombia también había soltado el grito de independencia.

Enterado Bolívar de esto, pide que se le incorpore en las tropas neogranadinas y comienza lo que más tarde se llamaría su "Campaña Admirable". Una a una, va liberando ciudades y pueblos hasta entonces en poder de los realistas y librando batallas de las que, en casi todos los casos, sale triunfante. Ocaña, La Aguada, Cúcuta, etc. Así continúa ocupando terreno por el occidente mientras Santiago Mariño hacía lo propio por oriente en lo que llegó a conocerse como la "Campaña de Oriente". De esta forma, Cumaná es liberada por Mariño el 3 de agosto de 1813, al tiempo que Bolívar entra victorioso en Caracas el 6 de agosto. Para muchos historiadores, estos sucesos marcaron el inicio de la segunda república.

Bolívar recibe el título de "El Libertador" y "General en Jefe del Ejército Republicano" por la municipalidad de Caracas. Es entonces cuando decreta su terrible decreto de "Guerra a Muerte" contra los españoles

---

94 Archivo General de la Nación. *Ilustres Próceres.* Tomo LVXII, Folio 71.
95 Parte carnosa de la cara, desde los pómulos hasta lo bajo de la quijada.

y canarios, con el consiguiente baño de sangre que esto produjo. El objetivo del documento era cambiar la opinión pública sobre la guerra venezolana de liberación para que, en vez de ser vista como una mera guerra civil en una de las colonias de España, fuera vista como una guerra internacional entre dos países, Venezuela y España. La Declaración duró hasta el 26 de noviembre de 1820, cuando el general español Pablo Morillo se reunió con Bolívar para declarar como guerra convencional a la guerra de independencia.

Pero la situación comenzaba a complicarse con la aparición de José Tomás Boves en los llanos. De origen español y dueño de una pulpería en Calabozo, había sido rechazado por los patriotas cuando intentó unirse a sus filas. Discriminaciones raciales mediaban en esto pues su actividad comercial se consideraba poco digna por los mantuanos. Además, gustaba de pasar el tiempo y compartir con los llaneros compuestos de negros, mulatos, mestizos e indios, a quienes trataba siempre de iguales y, siendo un caudillo nato, logró agruparlos y formar un ejército que finalmente puso a disposición de los realistas.

A partir de febrero de 1814 se dieron una serie de enfrentamientos entre realistas y patriotas en el área que iba desde el Lago de Valencia hasta San Mateo (hacienda de Simón Bolívar), en otras palabras, en los valles de Aragua. Ocurren represalias contra la población civil de ambos bandos y el asedio de las ciudades.

Al ser inminente la invasión de Boves a los pueblos aragüeños, muchas familias salen a Caracas para salvar sus vidas. Andrés Pérez Blanco iba en ese contingente... pero tenía otro objetivo. Al llegar a Caracas se matriculó como soldado el primero de julio de 1814, siendo asignado de inmediato a una columna de tropa enviada a contener o retardar el avance enemigo con el fin de darle tiempo a la población de Caracas de huir a oriente para salvar sus vidas. Es así como ocurre el primer enfrentamiento en que participó Andrés, con 17 años de edad y a solo 5 días de haberse enlistado como soldado.

Entre Macarao y el Guaire, en un sitio llamado La Majada, el 6 de agosto se enfrentan en combate las fuerzas patriotas al mando del comandante Guillermo Zarrasqueta y las realistas dirigidas por Lucas González. Fue una batalla sangrienta perdida por los patriotas y con numerosas bajas; donde resultó capturado el comandante Zarrasqueta, quien más tarde fue fusilado en San Sebastián de los Reyes. Algunos salvaron la vida; entre ellos el capitán José Roque Pinto, segundo en el mando, y nuestro

Andrés Pérez Blanco que logró darse a la fuga y llegar a Caracas sin ser capturado.

Al día siguiente se unía al resto de la población en su emigración hacia oriente, dirigida por el Libertador. Fue una travesía larga y difícil; especialmente para mujeres, ancianos y niños. Finalmente llegan a Barcelona donde Bolívar reorganizó su ejército, del cual Andrés era ahora parte. Se reunieron con las tropas del general Bermúdez en un poblado a 75 kilómetros al sur de Barcelona llamado la Villa de Aragua, con el objetivo de enfrentar al ejército realista comandado por Morales que, desde el llano, venía con unos 7000 hombres para tomar Barcelona.

Así las cosas, el 17 de agosto de 1814 se enfrentan en combate las dos fuerzas; estando los patriotas atrincherados en dicho poblado con apenas 3000 hombres. Aunque lucharon valerosamente, sufrieron una derrota; produciéndose numerosas bajas (1000 hombres por bando) y muchas fatalidades en la población donde estaban, que sufrió una horrible matanza al encontrarse en medio de la línea de fuego. Después, cuando los realistas ocuparon la ciudad, mataron a los prisioneros de guerra y también a algunos refugiados que habían salido de Caracas siguiendo al Libertador hasta allí.

A los patriotas, que contaban con 2000 heridos, no les quedó más remedio que la retirada. La caballería de Bermúdez hacia Maturín y la infantería con Bolívar rumbo a Barcelona. Andrés iba en este último contingente habiendo salvado su vida por segunda ocasión y luego de participar valerosamente en la batalla, razón por la cual es ascendido a cabo segundo.

El ejército patriota había quedado muy diezmado por lo que no pudieron quedarse a proteger Barcelona, viéndose forzados a retirarse a Cumaná para reunirse con Mariño. Bolívar se embarcó para Margarita, pero Manuel Carlos Piar no le permitió desembarcar y desconoció su autoridad, por lo que se vio obligado a regresar a Carúpano. El 2 de septiembre José Félix Rivas lo traiciona y se autoproclama "Jefe Supremo de Occidente", al tiempo que propone el mismo rango para Piar en Oriente.

Bolívar y Mariño quedan temporalmente incomunicados y la Asamblea de Cumaná asume, equivocadamente, que la historia de abandono de Miranda se ha repetido con Bolívar. Así que le otorgan los cargos a Rivas y Piar, quienes expulsan a los dos a Cartagena.

Al llegar Andrés a Margarita junto con el resto de los soldados patriotas, permanecieron con las tropas locales que comenzaron a reorganizarse.

En ese momento, el 15 de enero de 1815, fue ascendido a cabo primero.

Poco duró su estancia allí. Advertidos de que el 7 de abril la expedición "pacificadora" de Pablo Morillo había llegado a Carúpano (y ahora se disponía a zarpar hacia Pampatar con alrededor de 4000 hombres), Andrés y otros 300 oficiales parten hacia tierra firme junto con Bermúdez; quien finalmente se dirige a Cartagena de Indias, mientras que Andrés y otros oficiales se internan en el llano para integrarse a los grupos guerrilleros que comenzaron a formarse a favor de la causa patriota.

En Cartagena, Bolívar intentaba conseguir apoyo para una segunda "Campaña Admirable". No solo no lo consigue, sino que se entera de que Morillo enfilaba rumbo a Cartagena, luego de haber tomado control del territorio venezolano. Así las cosas, decide exiliarse a Jamaica; donde escribe su famosa Carta de Jamaica, buscando la ayuda de los liberales británicos para la campaña libertadora. Desde allí pasa a Haití, el 24 de diciembre de 1815, para continuar su agenda de conseguir ayuda y armas para la lucha independentista.

Andrés, eventualmente se enrola en las filas del legendario general Pedro Zaraza, natural de Chaguaramas, a quien muchos le atribuían la muerte de Boves en la batalla de Urica el pasado 5 de diciembre. Le acompañó en varias contiendas pequeñas en los altos llanos, tales como Terrón y "Fruta de Burro" contra el comandante realista Gregorio Machado. Así lo señala el propio Zaraza en su diario[96].

El teniente coronel J.J. Gil, jefe del estado mayor del alto llano en 1823, certifica lo arriba dicho[97]: *"El teniente del batallón Anzoátegui Andrés Pérez, vino de los Valles de Aragua en las tropas de aquellas milicias que trajo el sr. general Pedro Zaraza, y que desde entonces hasta la fecha ha estado de servicio en esta columna en que ha desempeñado varios destinos"*.

Entretanto, Bolívar consigue el apoyo del presidente Haitiano Alexandre Pétion, quien le otorga provisiones y 1000 hombres. También, los principales jefes venezolanos y neogranadinos, le ratifican el poder absoluto en una asamblea. De esta forma, se conformó la primera expedición de Haití, llegando a Margarita el 3 de mayo de 1816.

Se organizan las fuerzas y los jefes patriotas salen a cubrir diversos frentes de batalla. Bolívar zarpa hacia Carúpano, donde hace varias

---

96 Academia Nacional de la Historia (Venezuela). (2001). *Apuntes del general Pedro Zaraza. Boletín de la Academia Nacional de la Historia*. Pág. 483.
97 Archivo General de la Nación. *Ilustres Próceres*. Tomo LVXII. Folio 58.

proclamas, y después desembarca en Ocumare de la Costa. Para ese entonces, Soublette se encontraba en Maracay donde el 14 de julio enfrenta a Francisco Tomás Morales en el cerro de El Aguacate. Sufre una derrota y se ve obligado a huir.

Bolívar había estado fuera de Ocumare. Cuando regresa, el edecán de Mariño (Isidro Alzuru) le da invertido y errado el mensaje que le había mandado Soublette; donde decía que éste se había ido al llano y que los españoles tomarían pronto la playa por asalto. Bolívar zarpa de prisa esa misma noche, temiendo por su vida y dejando en la costa pertrechos y armas.

El 2 de agosto de 1816 las fuerzas del general Mc. Gregor[98], quien había bajado desde Choroní, enfrentan y vencen en Quebrada Honda[99] al coronel realista Juan Nepomuceno Quero. Parte del contingente de Mc. Gregor pertenecía a las tropas de Zaraza, con quien se había encontrado en Santa María de Ipire. Para este momento, el cabo Andrés Pérez Blanco seguía con Zaraza y había sido ascendido a sargento segundo, el pasado primero de septiembre, con escasos 19 años de edad.

Las tropas siguen hacia el este llegando a San Diego de Cabrutica, donde se les une José Tadeo Monagas con su caballería; reforzando aún más al batallón que ahora emprendía marcha al norte para llegar a la Villa de Aragua de Barcelona. El 6 de agosto, cuando iban a medio camino, se enfrentan exitosamente contra las fuerzas realistas del coronel Rafael López en un sitio llamado El Alacrán.

Bolívar, mientras tanto, luego de haber hecho paradas en Bonaire, Choroní y Chuao, se dirige a oriente llegando a Güiria el 16 de agosto. Allí lo esperaba la desagradable sorpresa de que Santiago Mariño y José Francisco Bermúdez lo expulsaban del país debido a la fracasada misión donde perdió los suministros y las armas. Así que no le quedó más remedio que regresar nuevamente a Haití.

Zaraza es enviado al oeste pues se pensaba que el realista Morales se dirigía hacia allá. Aunque no se topan con Morales, sí lo hacen con Vegas y Rondón, a quienes derrotan ganando el control desde Chaguaramas

---

98 Gregor MacGregor fue un comandante distinguido de la legión inglesa. Vino como parte del contingente de fuerzas inglesas, escocesas e irlandesas que Bolívar logró reunir para la lucha independentista.

99 Afluente hidrológico del estado Guárico que nace en las Montañas de Tamanaco. Abarca una extensión de 500 km.

hasta Orituco. Mientras tanto, Mac Gregor se había quedado en control de Aragua de Barcelona y había avanzado al oeste con sus tropas tomando El Juncal junto a Piar.

Aun con todas esas victorias, las disputas entre los jefes patriotas se hacen presentes de nuevo. Piar nuevamente pretende convertirse en una suerte de jefe supremo por lo que destituye a Mac Gregor y a Monagas, con quienes había tenido diferencias, al tiempo que se opone a los planes de Mariño y Bermúdez.

Dejando esta fractura en el bloque patriota, nombra a Zaraza comandante general de los Llanos y de la Provincia de Barcelona, al tiempo que se dispone a liberar Guayana junto con el general Cedeño que ya tenía el control de Caicara de Maturín desde hacía un año.

Ante esta situación, los jefes patriotas le piden a Bolívar que vuelva. Estando en Haití, organiza una segunda campaña a favor de la independencia y regresa a Venezuela el 1 de enero de 1817 con armas y pertrechos. Inmediatamente emprende una jornada de reclutamiento en Barcelona para poder hacerle frente a las numerosas tropas enemigas.

Los realistas realizan diferentes ataques a Barcelona, los cuales son rechazados repetidamente por los patriotas. Bolívar baja a los llanos dirigiéndose al Orinoco para tomar Guayana. En el camino, las fuerzas de Zaraza se reúnen con el Libertador en La Palmita, cerca de El Chaparro, informándole que Barcelona había caído bajo las fuerzas del coronel realista Juan de Aldama. El sargento segundo Andrés iba en el contingente.

Juntos siguen hacia el sur, pasando por San Diego de Cabrutica. Para el 27 de abril, atraviesan el Orinoco por Moitaco. Ya del otro lado del Orinoco, tuvieron que pasar el río Aro a nado y hacer una larga pica a través del tupido bosque. En sus Apuntes decía Zaraza[100]: "*Pasamos a nado el brazo[101], estuvimos tres días sin comer de suerte que la mula del Libertador la comimos*".

El 2 de mayo llegan finalmente a El Juncal, en la mesa de Angostura a unos 45 kilómetros al norte, donde Piar estaba acampado. Acababa de triunfar el 11 de abril pasado en la batalla de San Félix contra las fuerzas del brigadier Miguel de la Torre.

---

100 Academia Nacional de la Historia (Venezuela). (2001). *Apuntes del general Pedro Zaraza. Boletín de la Academia Nacional de la Historia.* Pág. 483.

101 Refiriéndose a un tramo del río.

Aunque Bolívar contaba con el reconocimiento de "Jefe Supremo" por todos los generales, Piar seguía con sus actitudes disidentes. Aun con este problema, atacan repetidamente la ciudad de Angostura hasta que la liberan y ocupan. Andrés Pérez Blanco había participado valientemente en todas estas acciones bajo el mando de Zaraza, por lo que el 1 de julio de 1817 es ascendido a sargento Primero.

El Libertador instaura en Angostura la sede de su gobierno. Desde allí podía recibir pertrechos, armas y hombres desde el exterior a través del Orinoco; y tenía comunicación con Granada a través del Casanare. El estratégico lugar también le permitía obtener llaneros, caballos y reses.

Así las cosas, Bolívar refuerza las tropas de Zaraza con una segunda división y lo envía nuevamente a los llanos altos para que controle la región desde Chaguaramas hasta Orituco. Bermúdez es enviado a Cumaná, Monagas a Barcelona y Cedeño a Guayana.

Paralelamente, José Antonio Páez estaba dominando las acciones en Apure por lo que el general Rafael Urdaneta recibe órdenes de alcanzarlo, a través del Orinoco, para organizar una reunión con Bolívar.

A mediados de septiembre la situación de Piar se hace insostenible al insubordinarse contra Bolívar, quien lo manda a apresar y se le hace un juicio militar el 3 de octubre ante un Consejo de Guerra. Hallado culpable de los cargos, es fusilado en Angostura el 16 de ese mismo mes.

El 21 de noviembre, Bolívar parte hacia el cuartel de Zaraza quien avanzaba hacia El Calvario. Ese mismo día, Zaraza se entera que Miguel de la Torre lo estaba buscando y hace un movimiento de retorno para alcanzarlo. Al día siguiente, llega a Apamates donde lo alcanza el Coronel patriota Montes de Oca para informarle las órdenes del Libertador de que se dirigiera a Santa María de Ipire. Desobedeciendo la orden, se desvía del camino y es sorprendido el 12 de diciembre en el hato La Hogaza, por las fuerzas del general La Torre. Recibe una estrepitosa derrota perdiendo casi toda la infantería y el parque, teniéndose que retirar apresuradamente para no ser preso. Andrés salva su vida una vez más, al verse envuelto en una situación de muerte segura por la imprudencia de un superior.

Bolívar llega a Caicara el 12 enero de 1818 para emprender operaciones desde Apure, encargándole a Zaraza recolectar fuerzas y dirigirse a Calabozo. Obedeciendo las ordenes, entra en dicha ciudad el 12 de febrero sorprendiendo a las tropas del general Morillo, causándoles una gran derrota y no quedándoles más remedio que abandonar el lugar y huir hacia el norte. Los patriotas le siguieron, librando dos batallas más: La

Uriosa y El Sombrero, antes de que Morillo se escapara definitivamente.

Para el 1 de marzo, Zaraza se encontraba todavía en El Sombrero donde se les unen las tropas de Bolívar para tomar parte en la "Campaña del Centro", siendo el sargento Andrés parte de este destacamento.

Cinco días más tarde, comienzan la ofensiva con la caballería de Zaraza al frente. Pasan por Ortiz y después a San Juan de los Morros; llegando a la Villa de Cura el 1 de marzo, ya abandonada por La Torre. Zaraza sigue hacia el norte ocupando Cagua y luego hacia el oeste para tomar Maracay y La Cabrera; preparándose para contener el ejército de Morillo que estaba en Valencia. Imaginemos la felicidad de Andrés pasando libertariamente por su tierra natal, con sus escasos 21 años de edad.

El Libertador dirigía el otro contingente que cargó hacia el este ocupando la Victoria y siguiendo hacia El Consejo con la idea de enfrentar a La Torre rumbo a Caracas. Estos planes se cayeron pues Morillo atacó con un contingente muy superior en número a las filas de los patriotas en La Cabrera, haciéndolos retroceder hasta Maracay. Allí, luego de un fuerte combate, no les quedó más remedio que replegarse a Cagua y a la Villa de Cura, donde los alcanzaría la columna de Bolívar para evitar quedarse aislados por la acción de los realistas.

El 16 de marzo recibían una tercera derrota en La Puerta, un poco al norte de San Juan de los Morros, haciéndolos dispersarse hacia los llanos. Bolívar los reagrupó en el Rastro y en Calabozo. Encargó a Zaraza de reunir a la caballería en la laguna de Chinea[102], a Anzoátegui para que reorganizara la infantería y a Santander a reparar las fortificaciones de la plaza.

Reorganizadas las tropas, volvieron a la carga en Ortiz donde no hubo ganador. Los realistas se retiraron a la Villa de Cura y Bolívar nuevamente reorganizó sus tropas enviando a sus jefes a controlar diversos sectores: San Francisco de los Tiznados, Ortíz, El Sombrero, El Rastro, etc. También, envía a Páez al Pao en preparativos para atacar a San Carlos.

Ocurren diversas circunstancias que le permite a un reducido grupo de atacantes realistas "colarse" entre todas estas tropas con el fin de asesinar al Libertador. El 16 de abril en la noche, alcanzan el campamento donde estaba Bolívar en la Sabana de los Toros y un grupo de ellos dispara a quemarropa las hamacas donde se suponía dormía Bolívar y otros jefes.

---

102 No existe hoy día. Se encontraba a legua y media de Calabozo (unos 7 kilómetros).

Este había sentido un ruido y alcanzó a tirarse al suelo justo antes de los disparos, salvando la vida y huyendo en medio de la confusión a la sabana donde se extravía en medio de la oscuridad. Al amanecer, el campamento lo creen muerto y sin que tuvieran chance de recomponerse, son atacados nuevamente ahora por todo el contingente realista del coronel Rafael López que, aunque gana la batalle, muere en la acción.

Bolívar consigue un caballo y logra retornar a Calabozo, donde se reúne con los demás jefes patriotas. Las fuerzas de Zaraza son enviadas de nuevo a controlar el alto llano. Estando allá, Zaraza se enferma por lo que el mando lo recibe el general Cedeño, quedando Andrés bajo su mando. El mismo Zaraza certifica más tarde que Pérez sirvió en su división y sin interrupción desde que era soldado hasta la clase de sargento primero, donde continuó sirviendo cuando pasó el mando al general Cedeño[103].

En los seis meses siguientes hubo repetidos ataques en el alto llano, Apure y Barinas. Unos ganados por los realistas y otros por los patriotas; de tal manera que el control de estas zonas paso de un bando a otro en varias ocasiones. En todas estas faenas participó estoicamente Andrés Pérez Blanco.

Hacia finales de 1818 termino la "Campaña del Centro". Hubo muchas bajas en ambos bandos, al punto que no hubo más batallas hasta junio. Bolívar, de regreso en Angostura, aprovecho este tiempo para captar reclutas por todo el territorio por medio de sus jefes colocados en puntos estratégicos a tal efecto. Reparó la flota, al tiempo que fabricaba más flecheras[104] y cañoneras. Organizó grupos de trabajo para fabricar uniformes, reparar armas y fabricar municiones. Los hospitales, llenos de heridos, recibieron varios cirujanos, ropas e insumos. En otras palabras, se preparaban para la guerra.

Para junio de 1819 Bolívar sale de Angostura y cruza el Arauca enfilando al oeste, la "Campaña de Nueva Granada" había empezado. Mariño, segundo al mando, queda a cargo y retoma operaciones en oriente. Andrés, ahora forma parte de sus filas.

Mientras tanto, Morillo envía al comandante Eugenio Arana para que proteja Barcelona. Este, a medio camino, recibe informaciones de que Mariño se encuentra en San Diego de Cabrutica por lo que sale en su

---

103 Archivo General de la Nación. *Ilustres Próceres*. Tomo LXVII. Folio 56.
104 Eran embarcaciones ligeras de Guerra que iban tripuladas por indios arqueros.

búsqueda. Cuando va llegando a El Pao, se entera de que éste le supera mucho en número pues había unificado sus fuerzas con las de Monagas, Cedeño, Rojas y Zaraza, por lo que intenta desistir de su empresa. Para su mala suerte, Mariño se entera de sus intenciones y sale a buscarlo alcanzándolo el 12 de junio en el hato de la Cantaura, a orillas del rio Unare. Aunque lo ataca de inmediato, este consigue escapar (aunque con bajas) por el cauce del río, que en esa época estaba seco y sus laderas boscosas lo protegían. Al día siguiente, Mariño entrega el mando a Bermúdez por orden del Libertador.

En Julio sale un contingente patriota desde Margarita dirigido por Urdaneta. Estaba conformado mayoritariamente por legionarios ingleses y alemanes captados en Europa gracias a los esfuerzos consulares dirigidos por Luis López Méndez, comisionado por el Libertador a tal efecto.

Lograron ocupar Barcelona, pero no pudieron con las tropas apostadas en Cumaná; así que Urdaneta enfiló sus tropas al sureste para tomar Maturín. Paralelamente, Bermúdez había salido de San Diego de Cabrutica y entraba en Barcelona, encontrando que la ciudad ya había sido tomada por Urdaneta; pero no sabía que Arana y el coronel realista Pereira habían unido sus tropas para avanzar sobre Barcelona. Así las cosas, el 13 de agosto se libra un combate en las cercanías del puente que atravesaba el Neverí. Aunque logran rechazarlos, prefieren evacuar la ciudad y tomar rumbo a Cumaná ante su desventaja numérica (1300 patriotas vs. 1700 realistas).

Al acercarse a Cumaná, ven que no es factible atacarla así que siguen a Maturín para reunirse con Urdaneta. El sargento Pérez Blanco participó en todas estas contiendas, pues formaba parte del contingente patriota dirigido por Bermúdez.

Bolívar, por su parte, había sellado la libertad de la Nueva Granada con su victoria en la batalla de Boyacá el 7 de agosto de 1819, concluyendo así la "Campaña de Nueva Granada". Esto produjo un gran impacto en la figura de Bolívar, ahora aclamado por las multitudes como Padre de la Patria y Libertador de América.

El 11 de diciembre, regresa victorioso a Angostura. Allí se reúne el congreso a los seis días para decretar la creación de la República de Colombia, compuesta por la Capitanía General de Venezuela y el

Virreinato de Nueva Granada[105]; de ahora en adelante, departamento de Venezuela y departamento de Cundinamarca.

El libertador revisa sus filas y organiza a su ejército, reconociendo a quienes han servido fielmente a la patria. De esta forma, el 16 de diciembre de 1819, Andrés Pérez Blanco sargento primero del batallón Terrible comandado por el Coronel José María Arguindegui, es ascendido al grado de Subteniente; obteniendo así el rango de oficial, a sus 23 años de edad recientemente cumplidos y muy merecido por su valentía y coraje.

En 1825 el citado coronel Arguindegui hacía una certificación de lo dicho arriba[106]: *"que en el año de diez y nueve que fui comandante del batallón Terrible, conocí sirviendo en él de sargento 1° en la cuarta compañía al teniente Andrés Pérez, que lo es ahora del de mi mando (Valeroso Anzoátegui), y me consta que en todo aquel tiempo del expresado año de diez y nueve no percibió Pérez sueldo alguno".*

Como decía más arriba, Bolívar reorganiza sus filas para continuar con la guerra. El batallón donde estaba Andrés es disuelto y pasa a formar parte de la primera compañía del batallón "Valeroso Anzoátegui de la Guardia", al cual se le llamaba simplemente "Batallón Anzoátegui"; donde permaneció hasta su retiro.

Son muchas más las batallas donde siguió participando por lo que me veo forzado a resumir su actuación en la guerra por razones de espacio. Sin embargo, no puedo dejar de apuntar sucesos muy importantes que marcaron su vida.

Aun con el rango de subteniente; un año y medio después, el 24 de junio de 1821, participó valerosamente en la Batalla de Carabobo que sellaría la independencia de Venezuela. Por su heroica actuación, el 7 de abril de 1823 recibió el "Escudo del Congreso de Colombia", y ese mismo año es ascendido a teniente.

El Coronel Francisco de Paula Alcántara de fe de lo ocurrido[107]: *"el Subteniente ciudadano Andrés Pérez se ha hallado en todas las campañas desde septiembre de mil ochocientos diez y seis, en que obtuvo el nombramiento de sargento primero, comportándose con el mayor decoro en las funciones que se le han encargado".*

Aunque la Batalla de Carabobo consolidó la independencia definitiva

105 Más tarde sería anexado Panamá (1821), Quito y Guayaquil (1822).
106 Archivo General de la Nación. *Ilustres Próceres.* Tomo LXVII. Folio 73
107 Ibidem. Folio 57.

de Venezuela, la guerra no acabó allí. Restos de las fuerzas realistas que quedaron con vida lograron escapar dispersándose unas para el oriente y otras para occidente. Estos focos serían reducidos luego.

El brigadier realista Francisco Tomás Morales logró refugiarse en el Castillo de San Felipe, en Puerto Cabello. Eran 2000 sobrevivientes, al tiempo que el castillo ya contaba con 1000. Los republicanos optaron por sitiar el castillo así que mandaron a este fin el batallón Anzoátegui, donde iba Andrés. El sitio duro dos años, con altas y bajas durante el proceso por las guerrillas reales, enfermedades y el clima severo; culminando el 10 de noviembre de 1823, con la participación del general Páez[108].

Curiosamente, tres años más tarde este batallón Anzoátegui sería capitaneado por Santiago González Romero, natural del puerto de la Guaira y nuero del general Páez pues desposó a su hija María Antonia Páez Ortiz, natural de Barinas, el 20 de diciembre de 1826.

El sitio terminó con considerables bajas en ambos bandos, así como heridos. El teniente Andrés, que ya había tenido enfrentamientos con los realistas en Bárbula, Aguas Calientes y en el Fortín Solano, fue uno de los que salió mal herido de esta contienda; como él mismo narra y pide certificación de veracidad de lo ocurrido a su superior, general Manuel Cala[109]: En octubre de 1821, el batallón Anzoátegui ocupaba el ala izquierda del sitio en Puerto Cabello. Ocasionalmente, tenían que transportar parques de guerra desde el Puerto de Borburata a Paso Real, donde se almacenaban. Las operaciones se hacían de noche por la peligrosidad de la operación, ya que el único camino disponible era el llamado Trincherón (un paso angosto entre el pie de la montaña y los manglares) que además estaba parcialmente obstruido por restos de un muro que habían explotado. Adicionalmente, los realistas habían situado flecheras armadas con cañones en la laguna frente al Trincherón, disparando constantemente.

Sucedió que una noche el teniente Ramón Sánchez le informó al teniente Andrés Pérez que, por orden de Cala, debían trasladar un cañón de gran calibre desde el puerto de Borburata hasta la casa fuerte que estaba a un lado del río San Esteban. Cuando Andrés y sus hombres pasaban por el Trincherón, una bala de cañón del enemigo se estrelló cerca de ellos y las

108 Páez, José Antonio. (1867). *Autobiografía del General José Antonio Páez.* Volumen 1. Págs. 230 al 243.

109 Archivo General de la Nación. *Ilustres Próceres.* Tomo LXVII. Folio 73

piedras despedazadas por el cañonazo les causó heridas a todos. Andrés recibió los impactos en una pierna y, antes de que pudiera recuperarse, otra bala de cañón le pasó rozando el pecho causándole contusiones. Enterado de lo sucedido, Cala mandó refuerzos inmediatamente para contrarrestar el ataque y terminar de trasportar el cañón a la casa fuerte.

Cumplida la orden, se presentó ante Cala para reportar lo sucedido. Le acompañaba el teniente Sánchez que había ido en su rescate y el capitán Pedro Rojas, a quienes hizo saber que estaba muy adolorido.

Este incidente dejó secuelas en Andrés, que tuvo que permanecer un largo tiempo en el hospital con una tos que no se le quitaba, producto de las emanaciones de la bala de cañón que le rozó el pecho. Estos malestares no mejoraban por lo que solicitó licencia de retiro; la cual le otorgó el secretario de Guerra Carlos Soublette, el 9 de diciembre de 1825. También se le daba goce de fuero[110], uso del uniforme de su clase, pensión de 13 pesos y 2 reales, con agregación al estado mayor del departamento de Venezuela.

Ese mismo año, el gobierno de Bogotá de la Gran Colombia le concedió la "Orden de los Libertadores de Venezuela". Esta condecoración fue creada por decreto del Libertador Simón Bolívar en Caracas, el 22 de octubre de 1813. Entre los considerandos, decía así el Libertador: *"Venezuela después de haber sido afligida por cuantas calamidades pueden asolar a un país de la tierra: Venezuela cubierta de ruinas y cadáveres por las convulsiones de la naturaleza; inundada de sangre por las guerras civiles; cuando las venganzas y la tiranía de la nación más feroz, iba ya a borrarla de la lista de los pueblos, se ve repentinamente arrebatada de las manos de sus destructores, libertada y restituida a su dignidad política por los esfuerzos casi sobrenaturales de un corto número de hombres que desde distancias inmensas vuelan en su socorro. ¿Quién con solo cuatrocientos soldados hubiera concebido el audaz proyecto de arrostrar el poder que oprimía a siete provincias conocidas en el mundo por su espíritu de Libertad? ¿Quién no reconoce en esta revolución el valor más heroico y la virtud más acendrada? ¿Y qué galardón sería bastante a recompensar un beneficio tan extraordinario?... ¿Cómo no hacer distinguir con caracteres propios, los autores inmortales de la Libertad de Venezuela? ¿Cómo rehusar a esta ilustre república la satisfacción de testificarles su gratitud…? Considerando por lo tanto que la voluntad manifiesta de los pueblos es dar las últimas pruebas de gratitud a los que con su espada vencedora han cortado las*

110 Entiéndase por "fuero", los derechos y/o privilegios propios de un cargo.

cadenas que los oprimían, he venido en decretar y decreto: 1° Para conceder a los hijos de Venezuela, los soldados esforzados que la han libertado, se instituye una orden militar que los distingue. 2° La venera de la orden será una estrella de siete radios, símbolo de las siete provincias que componen la república. En la orla habrá esta inscripción: LIBERTADOR DE VENEZUELA, y en la espalda el nombre del libertador. 3° Esta venera es el distintivo de todos aquellos que por una serie no interrumpida de victorias han merecido justamente el renombre de libertadores. 4° Serán considerados por la república y por el gobierno de ella como los bienhechores de la patria: serán preferidos; no podrán ser suspendidos y mucho menos despojados de sus empleos, grados…"

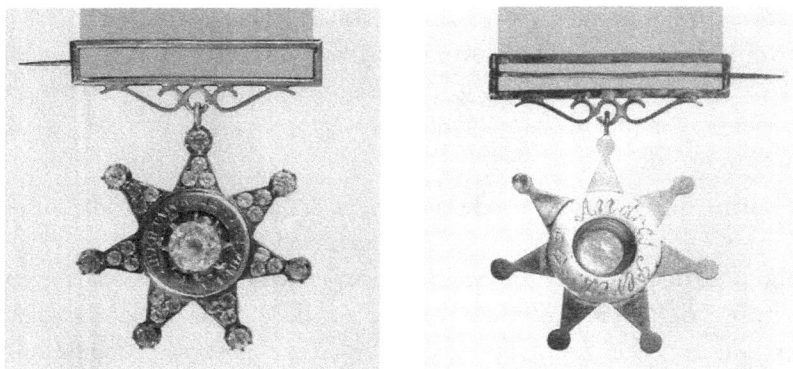

Fig. 11. *Venera "Orden de los Libertadores de Venezuela"*

Y así sigue el encendido y emotivo decreto del Libertador que, de acuerdo a lo que veremos en breve, no se cumplió a cabalidad en el caso de Andrés Pérez Blanco.

Ya fuera del ejército, con la joven edad de 29 años, se dispuso a rehacer su vida civil. De los muchos lugares que visitó en su largo peregrinaje militar, hubo uno que le llamó especialmente la atención por la belleza de sus parajes y de sus mujeres, Montalbán. Allí consiguió el amor en la persona de Josefa Ortega Pinto, de quien ya hablamos extensamente al comienzo de este capítulo.

Se casó el 27 de febrero de 1827 en la Iglesia Parroquial de la Inmaculada Concepción. El presbítero Francisco Padrón ofició el acto, siendo los testigos Eugenio Rodríguez y Bautista Silva.

Por esta época, también pasaron eventos interesantes para nuestra historia familiar. Bolívar, de regreso en Caracas el 12 de enero de 1827, indultaba a los comprometidos en la Cosiata que, como apunté en el capítulo anterior, era el movimiento que Francisco Manzo Lartigue apoyaba en Tocuyito.

Otro hecho curioso es que, a pesar de haberse retirado, llaman a Andrés de nuevo a servicio faltando pocos días para su boda. Esto ocurrió porque El Libertador nunca se olvidaba de sus fieles compañeros de lucha. Así, el 15 de febrero de 1827, lo asciende a capitán de infantería con antigüedad del pasado 2 de octubre. Además, en consideración por sus dilatados servicios a la patria, el 16 de mayo siguiente era designado Administrador de Rentas Internas y del Tabaco de la ciudad de San Felipe.

No faltó quien pensara que tanto el ascenso como el cargo, fueron un regalo de bodas de Bolívar. Pero no fue el único en acordarse de él, o en reconocerle sus méritos. Tres años más tarde, el 23 de mayo de 1830, el general José Antonio Páez lo ascendía a comandante Segundo y le daba a su mando el batallón auxiliar No. 3.

Para ese entonces, ya se había mudado a la ciudad de Valencia y por diferentes circunstancias el batallón se disolvió en cosa de pocos meses, quedando el comandante Andrés sin nadie a quien "comandar". Esto unido a los achaques físicos que seguían molestándolo, hicieron que volviera a solicitar una licencia temporal para ausentarse, la cual se le concedió el 24 de octubre de 1830 e incluía goce de la tercera parte de su sueldo. En la práctica, esta licencia terminó siendo "permanente", mudándose a Montalbán y dedicándose al cultivo del café en Araguita, la finca de su esposa.

Los problemas de salud, producto de la bala de cañón, nunca mejoraron. A lo largo de los años solicitó en varias oportunidades la pensión de invalidez, pero una y otra vez se la negaron. Tanto insistió, que logró que mandaran a hacerle una revisión médica en 1852 con los doctores Pedro Portero y Francisco Machado. El resultado del chequeo médico era elocuente. El cuerpo del comandante tenía dos heridas de lanza: una en el brazo derecho, razón por la cual presentaba debilitamiento generalizado en el miembro, y la otra a la altura del sacro, causándole debilidad en ambas piernas. Pero lo peor era la lesión orgánica que tenía en el pecho, producto de la presión ejercida por la bala de cañón al "rozarle". A todo lo anterior se le unía una Tisis[111], que había avanzado al punto de tenerlo en cama.

---

111 Tuberculosis

232 | Montalbán | Orígenes Genealógicos

Finalmente, gracias al reporte médico, consiguió la licencia de invalidez el 26 de junio de ese mismo año, otorgada por el secretario de guerra y marina, general Juan Muñoz Tébar. La licencia les daba derecho a 55 pesos mensuales, que no le duraron mucho porque a menos de un año de obtenerla, el 28 de marzo de 1853, fallecía en Valencia a los 56 años de edad. Fue enterrado en la Capilla de la Virgen del Socorro, en la Iglesia Matriz de Valencia, donde estuvo su lápida hasta la renovación de la ahora catedral en 1944.

A su viuda tampoco le fue fácil obtener la muy merecida pensión. Tuvo que usar sus mejores letras al escribirle a la autoridad a cargo del tema: *"Soy viuda, Excelentísimo Señor, de un veterano de la Independencia, de un soldado que desde sus primeros años abrazó la causa de la libertad en la tenebrosa noche de sus infortunios, y no la abandonó hasta que no vio rayar la aurora de su emancipación. Poseo su Hoja de Servicios y ella me persuade de que el hombre que he perdido, era un digno conmilitón de Bolívar, un jefe que habría llevado sus ascensos a mayor escala, si la abnegación y el patriotismo no le hubieran sido congénitos. Esa Hoja de Servicios sería hoy para mí el blasón más ilustre, la satisfacción más consoladora en medio de la aflicción que me posta, y mi voz no se haría sentir en el Gabinete de Vuestra Excelencia, si el cuadro de hijos que me rodea no me constriñese a ponerme bajo la protectora influencia de la Ley que acordó una pensión a la viuda del soldado. Yo lo soy de un libertador; soy madre, soy mujer, y por mucho que sea mi desprendimiento no puedo renunciar los efectos de aquella disposición humanitaria, sin pecar contra los preceptos de la naturaleza"* [112].

Finalmente, el 21 de enero de 1854, le es otorgada oficialmente una pensión de 18 pesos al mes. Como a su marido, tampoco le duró mucho; ya que las constantes y costosísimas guerras civiles ocurridas en la época, provocó recortes en los gastos "no esenciales" del gobierno. Esto siguió así por varios años. Para junio de 1864, Josefa seguía disputando su legítimo derecho; ahora a través de un familiar, el general José María Ortega Martínez. Pensando que, por su posición castrense dentro de la triunfante Federación, podría ayudarla más eficazmente.

Y tuvo razón, al mes siguiente le revalidaron la pensión de 24 pesos mensuales más deudas pendientes. Más tarde, con la erogación del decreto 1625 del 25 de mayo de 1867, sobre *"honores y recompensas a los antiguos servidores de la patria en la gloriosa guerra de independencia"*[113], le

---

112 Archivo General de la Nación. *Ilustres Próceres*. Tomo LXVII. Folio 55.
113 *Recopilación de Leyes y Decretos de Venezuela*. (1890). Tomo IV.

aumentaban la pensión a 35 pesos mensuales.

 Tristemente, las constantes guerras civiles y cambios de manos en el poder, pronto dieron otro giro; suspendiéndose nuevamente las pensiones. Así, en 1885, Josefa ya octogenaria le escribía al ministro de Guerra y Marina para que la auxiliara en su precaria situación: *"Hallándome hoy en una edad muy avanzada y comprometidos mis pequeños intereses agrícolas por la depreciación de los frutos, muy natural es que vuelva los ojos hacia el gobierno que dignamente preside el benemérito general Joaquín Crespo, a fin de que éste se sirva proteger los fueros de mi debilidad y mi derecho, asignándome la pensión que determina la Ley"*[114].

 Para febrero de 1886, finalmente le concedieron una pensión de 50 Bolívares al mes; más de manera similar a lo que le ocurrió a su marido, no le duró mucho debido a la avanzada edad que ya tenía.

 Volviendo a nuestro trabajo genealógico, la descendencia del matrimonio de Andrés Pérez Blanco (A) con Josefa Ortega Pinto (O4.5.2), es la siguiente:

A1. María de la Paz Pérez Ortega, nacida en Montalbán el 28 de febrero de 1828 y bautizada el 17 de marzo del mismo año, apadrinada por don Joseph Antonio Landaeta y Doña Vicenta Mérida. Se casó con el Coronel Chileno José Tomás Santander, destacado en Francia por razones diplomáticas, donde tuvo una muerte temprana en 1866. Por esta razón, no dejó descendencia.

María de la Paz fue escritora y una polemista famosa que gestionó la traída de los Padres Salesianos a Valencia, por lo cual su efigie presidía el vestíbulo del colegio Don Bosco de esta ciudad.

A continuación, cito sus datos biográficos; tal y como los redactó el escritor e historiador Luis Taborda Pérez, sobrino-nieto de María de la Paz[115]:

"[…] Su juventud transcurrió entre su tierra natal y esta ciudad de Valencia. Durante esos años, se entregó al estudio de los dogmas de la Iglesia Católica y la Filosofía, practicando diariamente la verdadera caridad cristiana.

Contrajo matrimonio con el apreciable caballero chileno Coronel José Tomás

114 Archivo General de la Nación. *Ilustres Próceres*. Tomo LXVII. Folio 146.
115 Taborda, Luis. (1959). *Datos Bibliográficos de la señora María de la Paz Pérez de Santander.*

Santander, quedando al poco tiempo viuda por muerte repentina de su esposo, el año de 1866, sin haber dejado sucesión.

El año de 1877, ya viuda, fue presidenta de la Sociedad de Beneficiencia de Valencia, en cuyo cargo desarrolló una buena y fructífera labor, no solo en la parte administrativa, sino en todo sentido, ya que atendía personalmente con cariño y eficacia a los enfermos recluidos en la Casa de Beneficiencia.

En defensa de la Fe, escribió brillantes artículos en la prensa de la época y mantuvo interesantes polémicas en el periódico "La Primera Piedra", de esta ciudad de Valencia con renombrados escritores nacionales. En el citado año de 1877, también en defensa de la Fe, sostuvo una ruidosa polémica con la escritora y periodista española María del Pilar Sinués de Marco. La notable escritora hispana la reconoció como su ilustre vencedora y le envió una pluma de oro y una elogiosa carta de felicitación.

Admiradora ferviente de la gran Obra Saleciana, sostuvo una frecuente y virtuosa correspondencia con don Bosco, canonizado el 1 de abril de 1934.

Alrededor del año de 1889, efectuó un viaje a Italia, para hablar en Turín con don Rua, primer sucesor de don Bosco. Allá trató de la posibilidad de traer a los Salesianos a Valencia y dejó en estudio este interesante asunto.

De regreso a Venezuela, dio principio a una intensa propaganda en favor de la Obra Salesiana; entre ella, la distribución de los Boletines "La Santa Infancia" y "La Obra Expiatoria".

Para obtener el monto de los pasajes de los tres primeros Sacerdotes Salesianos que llegaron a Valencia, ella, particularmente contribuyó con el valor de un pasaje, y los dos restantes, en compañía de varias señoras los recogió entre algunas familias de las que recordamos: la de don Hermógenes López, Arroyal, Michelena, Quenza, Alvarado, Pérez, Blanch, Manzo, Taborda, Zuloaga, Ortega, Tarbés, Codecido, La Hoz, Revenga y Olavarría.

A finales del año de 1894, el joven Sacerdote Pbro. Víctor Julio Arocha, se trasladó a Turín para traer a los Padres Salesianos, y en su compañía, el 1 de noviembre del mismo año, se embarcaron para Venezuela, los Sacerdotes Félix Bergeretti, Inocencio Montanari y Alfredo Savoya, llegando a Valencia el 22 del citado mes de noviembre de 1894. Una gran cantidad de personas fue a recibir a los Padres Salesianos a la estación inglesa en Camoruco, de donde se trasladaron al Templo de la Divina Pastora, para dar gracias a Dios por encontrarse felizmente en Valencia con prometedores propósitos en beneficio de la comunidad valenciana.

En el mes de enero de 1895, se abrió en Valencia, en la casa de la familia Fontainés, situada en la calle de "La Fortuna", hoy Anzoategui, el Colegio "Don

Bosco", dirigido por los Sacerdotes Salesianos, cuya brillante labor es conocida y elogiada en toda la república, por los grandes beneficios en favor de la Instrucción.

Ya instalada formalmente la Cofradía Salesiana en Valencia, la señora Pérez de Santander, efectuó otro viaje a Turín, donde fue recibida con altos honores por la Cofradía Salesiana.

En los albores de este siglo, se ausentó para la población de El Callao, estado Bolívar, en compañía de su sobrina la señora María Qüenza de Qüenza, del esposo de ésta don Henrique Qüenza y de sus pequeños hijos Benjamín y Perla Qüenza.

A los 75 años de edad, el día 27 de marzo de 1903, cuando se prometía regresar a su querida Valencia, la sorprendió la muerte, efectuándose su entierro al día siguiente en el cementerio de la lejana población de El Callao. Era a la sazón, presidenta del Apostolado de la Oración de la Parroquia de nuestra Señora del Carmen de dicha población.

El dr. Alejo Zuloaga, le escribió una sentida y elocuente necrología, y terminaba diciendo "los caudalosos ríos de Guayana, regarán siempre las flores de tu sepulcro".

El conocido escritor don Torcuato Manzo Núñez (mi abuelo materno), en su aplaudido discurso pronunciado en el Ateneo de Valencia, el día 7 de julio de 1956, con ocasión del reparto de los premios a los alumnos del colegio "Don Bosco", expuso: "María de la Paz Pérez Santander, fue la primera colaboradora de la Obra Salesiana en el estado Carabobo, y quien sopló el fuego del cielo en el corazón de Monseñor Víctor Julio Arocha, como bellamente dijera Monseñor Doctor Cesar Lucio Castellano". El excelentísimo Señor Doctor Gregorio Adam, obispo de Valencia, hablando de esta noble benefactora de la humanidad, ha dicho: "El entalle de relieve de esta caraboeña, ha sido noble ejecución de la Obra Salesiana".

Efectivamente, a María de la Paz Pérez de Santander, se le debe en primer término, que la gran Obra Salesiana esté establecida en Valencia. Colaboró fervorosamente en esta noble empresa, el virtuoso Sacerdote Víctor Julio Arocha. También se recibió ayuda del gobierno nacional, el clero y personas piadosas.

Sus restos mortales reposaron por más de medio siglo en el metálico suelo de Guayana.

Por voluntad de su sobrina, la distinguida señora María Qüenza de Qüenza (residente en Francia), serán sepultados en Valencia -ciudad que tanto amó- dormirán ahora, eternamente, en las entrañas de esta tierra heroica y bajo su cielo siempre azul, a las faldas del Guacamaya [...]"

A2. María Nicomedes Pérez Ortega, nacida en Montalbán en 1831. Se casó el 28 de abril de 1870 con el Doctor Benjamín Qüenza Castro, hijo de Jean Baptiste Qüenza Marini y Juana Paula Castro. Jean

Baptiste emigró a nuestro país en 1821 de acuerdo al libro de ciudadanos franceses matriculados en Venezuela. Allí puede leerse que nació en 1784 en Bonifacio-Córcega, de acuerdo a una carta suya enviada a la embajada el 10 de mayo de 1839. También señala que su destino final era Angostura (Ciudad Bolívar).

Jean Baptiste era hijo de Hyacinthe Qüenza Ciabrini y de Marie Catharina Marini Gavino, casados en Córcega el 9 de octubre de 1770; siendo esta última, hija de Giuseppe Marini Chiesa y de Bianca María Gavino Bocognani, todos de Bonifacio.

Fig. 12. *Nicómedes Pérez Ortega*

El Dr. Benjamín fue escritor, miembro en 1883 de la Real Academia Española de la Lengua y político; ejerciendo cargos como diputado por el estado Carabobo en 1878, presidente de la cámara de diputados en 1886 y ministro de relaciones exteriores durante la primera presidencia de Joaquín Crespo (1884 - 1886).

Benjamín y Nicomedes fueron padres de una hija:

A2.1. María de la Paz Ana de Jesús Qüenza Pérez, nacida el 18 de febrero de 1871. Se casó en la Iglesia de la Inmaculada Concepción el 15 de mayo de 1895 con Roch Henry Julien Qüenza Rocca-Serra, natural de Porto Vecchio en Córcega-Francia.

Fue María de la Paz (María para no confundirla con su tía), la primera mujer de nuestra familia en vestir con su traje de novia a la virgen de Atocha de Montalbán, lo cual se convirtió en una tradición familiar como veremos en breve.

Tengo documentado diecisiete generaciones de ancestros de Henry Julien Qüenza Rocca-Serra, siendo el más antiguo, Paolo Della Rocca Pietri di Sartè, nacido en 1402, cuarto conde de Córcega, caballero (Aragón) y vicario de Córcega (Génova). La historia de su familia es muy interesante, pero se aleja mucho del objetivo de este libro.

Henry y María tuvieron seis hijos:

A2.1.1. El doctor Benjamín Federico Qüenza Qüenza, nacido el 18 de febrero de 1896 en Valencia. Falleció a los 33 años de edad en Paris, Francia.

A2.1.2. Marie Perle Qüenza Qüenza (Perla), nacida en Montalbán el 15 de febrero de 1898. Se casó en Porto-Vecchio-Córcega en 1921 con Antoine Dominique Émilien Rocca-Serra Abbatucci. Tuvieron 4 hijos:

A2.1.2.1. Marie Henriette Rocca-Serra Qüenza.

A2.1.2.2. Jaques Pierre Rocca-Serra Qüenza.

A2.1.2.3. Jean Henri Rocca-Serra Qüenza.

A2.1.2.4. Marie Mathilde Rocca-Serra Qüenza.

A2.1.3. Henriette Qüenza Qüenza, nacida en El Callao-Bolívar el 14 de noviembre de 1902. Se casó en primeras nupcias con Pierre Casanova y posteriormente con Pierre François Paul de Montluc.

A2.1.4. Marie Qüenza Qüenza (Maita), nacida en El Callao el 14 de marzo de 1904. Se casó con Pierre Jacques Jean Quignard.

A2.1.5. Frédéric Marc Matthieu Qüenza Qüenza, nacido el 8 de agosto de 1905 en Le Cannet, provincia Alpes-Côte d'Azur en Francia. Se casó con Marguerite Anna Emily Baré Courthial, hija de Pierre Eugene Charles Baré y de Marcelle Courthial.

Fueron padres de:

A2.1.5.1. Agnes Qüenza Bare, nacida en Francia el 7 de abril de 1939.

A2.1.5.2. Giselle Qüenza Bare. Nació el 9 de abril de 1941, en Trinidad y Tobago. Falleció a los 32 años en París.

A2.1.5.3. Christiane Michelle Laurence Qüenza Bare, nacida en el Callao el 24 de septiembre de 1943. Falleció el 16 de julio de 2019 en Bonifacio, Córcega-Francia.

A2.1.5.4. Henriette Madeleine Qüenza Bare, nacida en El Callao el 8 de enero de 1947. Se casó en Norfolk-Virginia el 16 de septiembre de 1987 con Henry Michael Ziegenfuss Garza, hijo de Henry Milton Ziegenfuss y de Pilar Cecilia Garza.

A2.1.6. Laurence Marie Qüenza Qüenza, nacida el 9 de marzo de 1909 en Porto-Vecchio, Córcega. Se casó con Fernand Biré con quien tuvo descendencia antes de fallecer en Paris el 12 de agosto de 2003, a la longeva edad de 94 años.

Durante el parto de su segunda hija, Nicomedes y su bebé perdieron la vida el 17 de marzo de 1874, en Montalbán.

A3. María del Carmen Pérez Ortega (Carmelita), esposa de Miguel María Manzo Ortega (M1), nacida en Montalbán en 1834; mismo lugar donde fallecería a los 84 años de edad, el 12 de octubre de 1916. Su descendencia se verá más adelante.

A4. Andrés Pérez Ortega, el único hijo varón del matrimonio de Andrés Pérez Blanco y Josefa Ortega Pinto.

Fig. 13. *María del Carmen Pérez Ortega*

Natural de Montalbán, se casó el 21 de octubre de 1856 con María Manuela Bruguera Salvatierra; hija del primer matrimonio de José Bruguera, natural de Cataluña, con Rosa Salvatierra Pinto (S6.2.1.6). Además de María Manuela, el matrimonio tuvo a Pedro Pablo, a Nicomedes y a Josefa Manuela.

Al fallecer Rosa, José volvería a casarse el 28 de enero de 1847 con Ramona Conde Salvatierra, hija de Alejandro Conde Padrón (O7.1.8) y de María de las Mercedes Salvatierra Henríquez (S6.5.1.1); con quien tuvo 10 hijos más: Luis, Eduardo, Carmen, José Gregorio, Severiana Antonia, Leoncia, Severa Antonia, María de la Trinidad, Carmen y Rafael.

Es precisamente a la vida de Andrés Pérez Ortega (A4), que la iglesia de la Inmaculada Concepción de Montalbán debe le existencia de su muy venerada virgen de Atocha.

El historiador y cronista Torcuato Manzo Núñez explica esto en un pequeño libro[116], del cual transcribiré algunos segmentos:

"Corría el año de 1858, vísperas de la Federación, y el comandante Andrés Pérez, mi bisabuelo, depuesta la tizona guerrera y guardados en el fondo del baúl los arreos militares que en la batalla de Carabobo le consiguieron la gloria de ser incluido entre los «Libertadores de Venezuela», se dedicaba a sembrar café en su hacienda «Aragüita» […]

No duró mucho la tranquilidad del comandante en su bucólica ocupación. Los clarines guerreros le turban otra vez sus apacibles labores, y el rojo encendido y

---

116 Manzo Núñez, Torcuato. (1981). *La Virgen Negra de Montalbán. Devoción a la santísima virgen de Atocha*. Págs. 7 al 12.

fragante del fruto del café ha de tornarse ante sus pupilas por el acre y escalofriante rojo de la sangre patriota que inundaba los campos del país, donde la guerra parecía haberse convertido en profesión de muchos.

Dice Jacinto R. Pachano, en el capítulo XIV, página 46, de su obra Biografía del mariscal Juan C. Falcón: «Días después hallábase Falcón en Montalbán. Ocupado estaba allí de organizar quinientos voluntarios, QUE FUE LA BASE DEL GRAN EJERCITO DE OCCIDENTE (mayúsculas mías), cuando se presentaron los señores general Francisco Megía y doctor Pedro Bermúdez Cousin, procedentes de Valencia, y los señores..., etc., etc.».

Contra esos quinientos había de blandir la tizona del comandante, en aquella guerra fratricida, su único hijo varón, Andrés Pérez Ortega, pues ni él ni la madre y hermanas eran adictos a la causa liberal. ¡Quién había de pensar que pocos años después un joven enamorado de las ideas liberales, mi abuelo Miguel María Manzo Ortega, había de enamorarse también de Carmelita, una de las tres hijas del comandante! Pero dejemos al varón arrastrando los peligros de la guerra, y vayamos al seno del hogar, donde quedaron la madre y las tres hijas, Nicomedes, Carmelita y María de la Paz, encomendando la vida de Andrés a los santos de su devoción. Entre las muchas advocaciones de la Santísima Virgen había llamado poderosamente la atención de mis antepasados la de Nuestra Señora de los Ángeles de Atocha, y había adquirido una reproducción de esta milagrosa imagen, reproducción esta que conservo en mi poder por haberla recibido de mi madre, quien a su vez la hubo de familiares ya desaparecidos.

La Virgen de Atocha se venera «en su real iglesia de la Corte de Madrid ...» Tiene la particularidad de ser una imagen de piel negra, quizá única en la extensa lista de advocaciones con que se venera la Madre de Dios; aunque parece que hay otra en Cuba y otra en Polonia. Nicomedes, Carmelita y María de la Paz, llenos de lágrimas los ojos, acuden muchas veces ante el cuadrito que, en el altar de su habitación común, reproducía la dulce efigie de la Virgen negra; le hacen la promesa de traer de España una imagen de tamaño natural, donarla al templo parroquial y hacerse propagandistas de su devoción, siempre que el hermano vuelva ileso de la contienda bélica.

No podía la Madre de Dios desoír aquel fervoroso ruego; y fue por eso que más tarde llegó a nuestro hermoso templo parroquial esa imagen que tanto llama la atención de quienes nos visitan, especialmente la de poetas y periodistas

¿Pero por qué esa Virgen es negra, si la Augusta Madre de Dios no descendía de Cam? He aquí la historia que, por referencias familiares, puedo transmitir, dejándola sujeta a las rectificaciones que encuentre pertinentes la superioridad eclesiástica. Referían las crónicas antiguas que cuando los moros invadieron España,

al hacer su entrada al pueblecito de Las Vegas, próximo a Madrid, invadieron el templo y arrasaron con todo lo más sagrado que en él había. Los vecinos del lugar, antes de la entrada de las hordas invasoras, habían improvisado en una de las paredes del templo un nicho donde colocaron la imagen de la Santísima Virgen, que veneraban bajo la advocación de Nuestra Señora de Antioquia, por ser creencia generalizada entre ellos que la imagen era oriunda de la legendaria ciudad de Siria, y que era de facciones muy bellas. El frente del nicho fue cubierto con friso igual al del resto de las paredes, de manera que ni la más acuciosa investigación hubiera descubierto el escondite de la preciosa imagen. Fueron pasando los años, y al cabo de trescientos, que terminó el dominio de los moros, y volvió a rescatarse para el culto divino el templo profanado por los infieles, fueron a destapar el disimulado nicho donde habían escondido la Virgen, y cuyo secreto se había transmitido de generación en generación. Cuando quitaron la tapia que cubría el frente del nicho, quedaron perplejos ante el prodigio de encontrar encendida una lamparita de aceite que trescientos años atrás había encendido la mano de una devota, antes de cubrir el frente del nicho para preservar la imagen de la saña moruna. El humo había tiznado el rostro de la Virgencita, tomándoselo negro, pero dulcemente resignado. Este prodigio que acababan de presenciar escasos vecinos de Las Vegas se extendió con la rapidez que era de suponerse, y empezó un interminable peregrinar de gentes a implorar los favores de la milagrosa y enrarecida imagen.

Las Vegas se convirtieron en el más visitado suburbio de Madrid, y su aspecto se transformó, pues era frecuentado por los católicos monarcas españoles, quienes a la larga decidieron trasladar la milagrosa imagen a la real Iglesia de la Corte de Madrid. Tal es la historia de esta advocación de la Santísima Virgen. Por lo que respecta a la imagen que se venera en la iglesia parroquial de Montalbán, su devoción se ha conservado de manera tradicional en nuestra familia, y ha sido costumbre de nuestras esposas vestirla con sus trajes de novia, habiendo sido el primero que llevó el de María Qüenza Pérez de Qüenza, única hija viva de los Pérez Ortega, actualmente residenciada en Francia; y el último, el de mi esposa, que le fue cambiado en meses pasados por uno que le regaló un devoto, agradecido por un gran favor de la Virgencita negra".

Hablemos ahora de las primeras 4 generaciones de la descendencia de Andrés Pérez Ortega (A4) y María Manuela Bruguera Salvatierra. Tuvieron los siguientes hijos:

A4.1. Ana Francisca Pérez Bruguera, fallecida en Valencia el 27 de noviembre de 1935, a la edad de 78 años.

A4.2. Andrés Pérez Bruguera, nacido en Bejuma en 1860. Se casó el 5 de diciembre de 1890 con Julia Almarza Oballes (Julita), hija de

Félix Almarza Llamas y de Ernesta Oballes Soto. De los anteriores, Félix era hijo de Pablo Almarza y de Mariana Llamas; mientras que Ernesta lo era de Juan Félix Oballes y de Trinidad Soto.

Andrés y Julia tuvieron por hijos a:

A4.2.1. Manuel Tomás Pérez Almarza, nacido en Miranda el 16 de marzo de 1900. Se casó el 30 de agosto de 1930 con Amira del Carmen Amaral Guevara, hija de Claudio Amaral Pérez y de Luisa Guevara Ponte. De los anteriores, Claudio era hijo de Jesús María Amaral y de Petronila Pérez; mientras que Luis lo era de Rafael Guevara y de Luisa Bolívar y Ponte-Andrade. Esta última, tía paterna del Libertador Simón Bolívar.

Manuel Tomás y Amira fueron padres de:

A4.2.1.1. Carmen Amira Pérez Amaral.

A4.2.1.2. Julieta Pérez Amaral.

A4.2.1.3. Josefina Pérez Amaral.

A4.2.1.4. Andrés Pérez Amaral.

A4.2.1.5. Rafael Pérez Amaral.

A4.2.2. Carlos Luis Pérez Almarza, casado con Ana Mercedes Díaz. Falleció el 9 de octubre de 1956 a los 55 años de edad, dejando por descendientes a:

A4.2.2.1. Iván Jesús Pérez Díaz.

A4.2.2.2. Carlos Luis Pérez Díaz.

A4.2.3. Félix Vicente Pérez Almarza, nacido en Miranda el 9 de febrero de 1904. Se casó el 27 de febrero de 1937 con su prima hermana Josefina Arocha Almarza, hija de Ramón María Arocha Ojeda y de Mercedes Almarza Oballes. De los anteriores, Ramón María era hijo de Jesús María Arocha y de Josefa María Ojeda; mientras que Mercedes lo era de Félix Almarza Llamas y de Ernesta Oballes, ya citados en A4.2.

Félix Vicente y Josefina tuvieron por hijos a:

A4.2.3.1. María Auxiliadora Pérez Arocha.

A4.2.3.2. Benjamín Pérez Arocha.

A4.2.3.3. Carlos Enrique Pérez Arocha.

A4.2.3.4. Elsa Cristina Pérez Arocha.

A4.2.4. Andrés Gregorio Pérez Almarza.

A4.2.5. María de la Paz Pérez Almarza, nacida en Miranda el 28 de diciembre de 1907.

A4.3. María Manuela Pérez Bruguera (Manuelita). Se casó con Manuel María Taborda Azpúrua, hijo de Luis Taborda Robles y de Gertrudis Azpúrua Berbén, casados en Valencia el 22 de agosto de 1845. De los anteriores, Luis era hijo de Bernabé Taborda y Josefa María Robles; mientras que Gertrudis lo era de José Ramón Azpúrua Peláez y de Josefa Antonia del Carmen Berbén Arias. La familia de Gertrudis se extiende largamente hasta el siglo XVI, escapando de los objetivos de este trabajo.

Manuel María y María Manuela fueron padres de:

A4.3.1. Luis José del Socorro Taborda Pérez, ya mencionado en A1. Nació en Valencia el 20 de mayo de 1891, donde fue escritor e historiador. Escribió numerosos artículos de prensa y publicó el libro "Daguerrotipo del recuerdo" sobre tradiciones e historia de la ciudad de Valencia.

A4.3.2. María del Socorro Taborda Pérez, nacida en Valencia el 24 de febrero de 1893.

A4.4. María Clemencia Pérez Bruguera, nacida en Valencia el 26 de mayo de 1862. Se casó el 9 de agosto de 1895 con Francisco Camarán Olivero; hijo del abogado Francisco de Paula Camarán y de María de Jesús Oliveros Pinto, casados en Bejuma el 9 de agosto de 1862. De los anteriores, Francisco era hijo natural de Juana María Camarán; mientras que María de Jesús era hija de Matías Oliveros y de Isabel Pinto.

Francisco y María Clemencia tuvieron por descendencia a:

A4.4.1. María Clemencia Camarán Pérez, escritora de gran renombre[117]. Se casó en 1926 con el libanés Jorge Aude Sarquís, hijo de Salomón Aude y de María Sarquís, con quien tuvo 2 hijos antes de fallecer el 12 de septiembre de 1972:

A4.4.1.1. Iván Aude Camarán, nacido en Nirgua el 25 de diciembre de 1926. Se casó el 23 de febrero de 1957 con Elda Josefina

---

117 Recomiendo leer el artículo "Evocación Sentimental de María Clemencia Camarán" escrito por Alonso Marín en su blog: http://alfonsomarincronistadevalencia.blogspot.com/2016/02/octubre-de-1972.html

Hidalgo Figueredo, hija de Jesús Hidalgo Ojeda y de María Josefina Figueredo Mirabal, casados en Valencia el 14 de mayo de 1938. De los anteriores, Jesús era hijo de Gregorio Hidalgo Román y de Esther María Ojeda Correa; mientras que María Josefina lo era de Nicolás Figueredo y de Colombia Mirabal.

Iván y Elda Josefina fueron padres de:

A4.4.1.1.1. Iván Luis Aude Hidalgo.

A4.4.1.1.2. Mariela del Coromoto Aude Hidalgo.

A4.4.1.1.3. Luisa Fernanda Aude Hidalgo.

A4.4.1.2. Gloria María Aude Camarán. Se casó el 18 de octubre de 1958 con Pedro Alberto Montenegro Falótico, hijo de Julio Ramón Montenegro Piñero y de Isabel Teresa Falótico Francolino. De los anteriores, Julio Ramón era hijo de Julio Rafael Montenegro Celis y de María Piñero; mientras que Isabel Teresa lo era de Pedro Falótico y de Teresa Francolino.

Pedro Alberto y Gloria María tuvieron por hijos a:

A4.4.1.2.1. Pedro Julio Montenegro Aude.

A4.4.1.2.2. Juan Carlos Montenegro Aude.

A4.4.1.2.3. María Gloria Montenegro Aude.

A4.4.1.2.4. María Angélica Montenegro Aude.

A4.4.2. Carlota de Jesús Camarán Pérez, nacida en Nirgua el 27 de julio de 1897. Se casó el 14 de agosto de 1919 con Genaro Zamora Martí.

A4.4.3. Dolores Manuela de la Paz Camarán Pérez, nacida el 2 de marzo de 1903. Se casó con Moisés Herrera Ravelo, hijo de Esteban Herrera Cedeño y de Josefa Ravelo.

Tuvieron por hijos a:

A4.4.3.1. Yolanda Herrera Camarán. Se casó con Carlos Arminio José Borjas Hernández; hijo de Arminio Borjas Landaeta y de María Carlota Hernández Woodberry, casados en Caracas el 21 de julio de 1923. Siendo María Carlota bisnieta del prócer de la patria George Woodberry Pitman, natural de Worcestershire-Inglaterra.

A4.4.3.2. Moisés Simón Herrera Camarán, nacido el 20 de diciembre de 1930.

A4.4.3.3. Gustavo José Herrera Camarán, nacido el 29 de junio de 1932.

A4.4.3.4. Cecilia María Herrera Camarán, casada el 21 de abril de 1961 con Ricardo Francisco Barreto Muskus, hijo de Manuel Salvador Barreto y Dolores Muskus.

A4.4.3.5. Francisco Herrera Camarán.

A4.4.4. María de Jesús Camarán Pérez. Nació en Nirgua el 16 de abril de 1905.

A4.4.5. Isabel Cristina Camarán Pérez, casada con Francisco de Paula Coronel Ojeda, hijo de José Coronel y de Rafaela Ojeda. Con descendencia.

A4.4.6. Reneta Camarán Pérez. Contrajo primeras nupcias con Alfredo de Jesús Antich Lizarraga, hijo de Rafael María Antich y de Mercedes Lizarraga, siendo padres de:

A4.4.6.1. Carlos Alberto Antich Camarán.

A4.4.6.2. Yolanda Antich Camarán.

A4.4.6.3. Francisco Alfredo Antich Camarán.

A4.4.6.4. Rafael Enrique Antich Camarán.

Luego, en segundas nupcias con Luis Rafael Betancourt a:

A4.4.6.5. Luis Rafael Ignacio Betancourt Camarán.

A4.4.6.6. Oscar Augusto Betancourt Camarán.

A4.4.6.7. María Eugenia Betancourt Camarán.

A4.4.7. Francisco Ignacio Camarán Pérez, casado con Clotilde Pietri Mata, hija de Augusto Pietri y de Matilde Mata. Fueron padres de:

A4.4.7.1. Lila Clotilde Clemencia Camarán Pietri.

A4.4.7.2. Francisco Augusto Camarán Pietri.

A4.4.7.3. María Elena Camarán Pietri.

A4.4.7.4. Carlos Arturo Camarán Pietri.

A4.4.7.5. Carlota Francisca Camarán Pietri.

A4.5. Trinidad Pérez Bruguera (Trina), nacida en Montalbán en 1866. Se casó con Sinecio Pinto Mérida (O9.4.1.5) con quien tuvo los siguientes hijos:

A4.5.1. Manuel Pinto Pérez, casado en Miranda el 28 de junio de 1929 con Carmen Puig Gómez, hija de Miguel Puy Fuentes

(O9.4.2.7) y de Beatríz Gómez Ortega; esta última hija de Jorge Antonio Gómez Ochoa y de Inés Ortega Ortega.

A4.5.2. Trinidad Filomena Pinto Pérez. Se casó el 5 de octubre de 1925 con su primo hermano Luis Antonio Pinto Fuentes, hijo de Antonio Tomás Pinto Mérida (O9.4.1.6) y de Carmen Mercedes Fuentes Coronel; esta última hija de Eusebio Rafael Fuentes Soto y de María del Carmen Coronel Rodríguez.

Luis Antonio y Trinidad Filomena tuvieron a:

A4.5.2.1. Aníbal de Jesús Pinto Pinto.

A4.5.2.2. Antonio Tomás Pinto Pinto.

A4.5.2.3. Carmen Teresa Pinto Pinto.

A4.5.2.4. Manuel Arístides Pinto Pinto.

A4.5.3. Miguel Pinto Pérez, casado el primero de marzo de 1935 con Catalina Mega Ojeda, hija de Vicente Mega y de María Eustaquia de los Dolores Ojeda Cabrera.

A4.5.4. Gonzalo Pinto Pérez, nacido el primero de enero de 1904. Se casó con Juana Rafaela Arocha Almarza, hija del segundo matrimonio de Ramón María Arocha Ojeda con Ernesta María Almarza Oballes. Fueron padres de:

A4.5.4.1. Isabel Cristina Pinto Arocha.

A4.5.4.2. Elena Margarita Pinto Arocha.

A4.5.4.3. Enrique Alberto Pinto Arocha.

A4.5.4.4. Manuel Gonzalo Pinto Arocha.

A4.5.4.5. Flor de María Pinto Arocha.

A4.5.4.6. Mercedes Trinidad Pinto Arocha.

A4.5.4.7. Miguel Ramón Pinto Arocha.

A4.5.4.8. Marta Cecilia Pinto Arocha.

A4.5.5. Andrés Vicente Pinto Pérez. Se casó con Carmen Mercedes Pinto Fuentes, hija de Antonio Tomás Pinto Mérida y de Carmen Mercedes Fuentes Coronel, ya citados en A4.5.2. Tuvieron los siguientes hijos:

A4.5.5.1. Juvenal Pinto Pinto.

A4.5.5.2. Alicia del Socorro Pinto Pinto.

A4.5.5.3. José Alberto Pinto Pinto.

A4.5.5.4. Ernesto de Jesús Pinto Pinto.

A4.5.5.5. Sinecio Pinto Pinto.

A4.5.5.6. Carmen Teresa Pinto Pinto.

A4.5.6. Amparo Pinto Pérez, casada el 19 de marzo de 1921 con Antonio Félix Ríos Ojeda, hijo de Félix Antonio Ríos y de Ramona Ojeda Martínez. De los anteriores, Félix Antonio era hijo natural reconocido de Juan Ochoa y Encarnación Ríos; mientras que Ramona era hija de Juan Aniceto Ojeda y de Juana María Martínez. Fueron padres de:

A4.5.6.1. Félix Antonio Ríos Pinto.

A4.5.6.2. Trina Herminia Ríos Pinto.

A4.5.6.3. Felicia Amparo Ríos Pinto.

A4.5.6.4. Jesús de la Buena Esperanza Ríos Pinto.

A4.6. Enrique de Jesús Pérez Bruguera, nacido en Valencia el 28 de abril de 1866.

A4.7. Tomás Pérez Bruguera.

Con esto concluyo el análisis de la familia de María del Carmen Pérez Ortega (A3), esposa de Miguel María Manzo Ortega (M1), para así adentrarnos en el estudio de su descendencia.

De su unión, nacieron en Montalbán siete hijos:

M1.1. Heriberta Manzo Pérez (Eta), nacida en Montalbán en 1862. Hizo su confirmación junto con su hermano Miguel María el 30 de mayo de 1865. Su madrina fue su tía materna María de la Paz Pérez Ortega (A1). Puede apreciarse en la foto de la época que era notoriamente bajita. Falleció soltera a sus 82 años de edad, el 3 de julio 1944 por causa de una gripe muy fuerte.

M1.2. Miguel María Inocente Manzo Pérez. Recibió el sacramento de la confirmación el 30 de mayo de 1865, cuando aún era un niño de pocos años como era costumbre para la época; siendo su padrino Ramón María Bacalao López (S2.6.2.3), primo hermano de su padre.

Fig. 14. *Heriberta Manzo Perez*

Se estableció en la cercana ciudad de Miranda donde ejercía el cargo de juez en el juzgado de los municipios del occidente de Carabobo. También fue jefe civil del municipio Montalbán desde agosto hasta diciembre de 1939.

Se casó con Hermelinda de Jesús Oliveros y fueron padres de:

M1.2.1. Miguel Matías Manzo Oliveros. Nació en Miranda-Carabobo el 9 de noviembre de 1897, donde se dedicó a la agricultura. Hizo un hogar con Carmen Cecilia Ariza, hija natural de Josefa Antonia Ariza Sánchez.

Josefa Antonia, nacida en Montalbán el 9 de agosto de 1877, era hija de Leoncio Ariza Ojeda y de María Eduvigis Sánchez. De los anteriores, Leoncio era hijo de José María Ariza y de Josefa Ojeda; mientras que María Eduvigis era hija natural de María Luisa Sánchez. Esta última, hija de Julián Sánchez Ojeda y de Ramona Ledesma.

Miguel Matías se casó el 16 de marzo de 1966, cuando ya contaba con 68 años de edad y 15 hijos; falleciendo tres años más tarde, el 28 de mayo de 1968.

Veamos su descendencia:

M1.2.1.1. Armando Manzo Ariza. Nació el 5 de agosto de 1929, falleciendo muy joven.

M1.2.1.2. José Antonio Manzo Ariza, nacido el 22 de junio de 1930 y bautizado el 8 de febrero de 1931 por el presbítero Claudio Michelena, párroco de la parroquia Nuestra Señora del Carmen en Miranda. Como su hermano, falleció siendo un niño.

M1.2.1.3. Menandro Rafael Manzo Ariza, nacido el 22 de abril de 1932. Probablemente recibió su nombre en honor al mártir san Menandro que aparece en el santoral de esa semana de abril. Fue bautizado el 17 de julio de 1932 y, al igual que sus otros dos hermanos, tuvo una muerte prematura.

M1.2.1.4. Carmen Alicia Manzo Ariza, nacida el 19 de julio de 1933. Se casó el 11 de septiembre de 1971 con Luis Vicente Rodríguez Mega, hijo de Luis Ramón Rodríguez Ojeda y de Carmen Julia Mega Ojeda. De los anteriores, Luis Ramón era hijo de Luis Felipe Rodríguez Sánchez y de María Victoria Ojeda Santaella; mientras que Carmen Julia lo era de Vicente Mega y de María Eustaquia de los Dolores Ojeda Cabrera, ya citados en A4.5.3.

Fueron padres de:

M1.2.1.4.1. Luis Vicente Rodríguez Manzo, nacido el 7 septiembre de 1972 y bautizado el 7 de enero del siguiente año.

M1.2.1.4.2. Carmen Cecilia Rodríguez Manzo, nacida el 21 de noviembre de 1974 y bautizada el 25 de enero de 1976. Se casó el 19 de noviembre de 1994 con Alejandro Ríos.

M1.2.1.5. Pedro Nolasco Manzo Ariza, nacido el 1 de febrero de 1935. Se casó con María Genoveva Hernández y fueron padres de:

M1.2.1.5.1. Pedro Miguel Manzo Hernández, nacido el 27 de junio de 1968. Se casó con Mercedes Antonia Betancourt con quien tuvo a:

M1.2.1.5.1.1. María Teresa Manzo Betancourt. Nació el 18 de mayo de 1998.

M1.2.1.5.2. Jesús Alberto Manzo Hernández, nacido el 27 de octubre de 1970 y bautizado el 8 de noviembre siguiente. Se casó con Pastora Martínez con quien tuvo a:

M1.2.1.5.2.1. Jesús Manuel Manzo Martínez, nacido el 9 de junio de 1922.

M1.2.1.5.2.2. Keila Manzo Martínez.

M1.2.1.5.3. Eugenia Cecilia Manzo Hernández. Nació el 26 de diciembre de 1972 y fue bautizada el 30 de agosto de 1975 por el presbítero Eduardo Martín. Se casó con Daniel Antonio Rojas Sosa y fueron padres de:

M1.2.1.5.3.1. Daniel Alejandro Rojas Manzo.

M1.2.1.5.4. Leonor del Pilar Manzo Hernández, nacida el 6 de junio de 1975 y bautizada el 22 de agosto de 1981. Prefirió la vida de soltera.

M1.2.1.5.5. Miguel Matías Manzo Hernández. Nació el 22 de agosto de 1985, recibiendo el bautizo el 16 de agosto de 1986 por el diácono Rafael Khoury. Se casó con Carmen Rocío Garcés Sumoza con quien tuvo a:

M1.2.1.5.5.1. Roenmi Sofia Manzo Garcés.

M1.2.1.5.5.2. Mibel Ysabella Manzo Garcés.

M1.2.1.5.6. María Elena Manzo Hernández, nacida el 20 de julio de 1989. Se casó con José Alejandro Bellera Hernández con quien procreó a:

M1.2.1.5.6.1. Pilar Nathalia Bellera Manzo.

M1.2.1.5.7. María Patricia Manzo Hernández, casada con Juan Francisco Martínez con quien tuvo a:

M1.2.1.5.7.1. Juan Miguel Martínez Manzo.

M1.2.1.6. Cira Enriqueta Manzo Ariza, nacida el 15 de julio de 1936. Se casó con Ramón Argenis Aliendo, hijo natural de Ángela Aliendo, con quien tuvo 3 hijos antes de fallecer el 19 de mayo de 2019:

M1.2.1.6.1. Mariangela Coromoto Aliendo Manzo, nacida el 13 de agosto de 1969. Se casó con Ángel Machado con quien tuvo 2 hijas:

M1.2.1.6.1.1. Mariangelica Machado Aliendo.

M1.2.1.6.1.2. Mariangel Machado Aliendo.

M1.2.1.6.2. Matías Argenis Aliendo Manzo, nacido el 16 de octubre de 1972. Se casó el primero de febrero de 1997 con Aminta Lesbeth Aguilar Sánchez, con quien tuvo a:

M1.2.1.6.2.1. Rafael Andrés Aliendo Aguilar.

M1.2.1.6.2.2. Raúl Argenis Aliendo Aguilar.

Separado, tuvo otro hijo con Denis Mariely Tirado Sánchez:

M1.2.1.6.2.3. Sebastián Andrés Aliendo Tirado.

M1.2.1.6.3. Marcos Ali Aliendo Manzo, nacido el 4 de octubre de 1974. Se casó con Marilin Núñez con 2 hijas a saber:

M1.2.1.6.3.1. Mariali Valentina Aliendo Núñez.

M1.2.1.6.3.2. Aliana Aliendo Núñez.

M1.2.1.7. Miguel Augusto Manzo Ariza, nacido el 1 de septiembre de 1937. Se casó con Carmen Aida Márquez Pinto, hija de Jesús Márquez y de María Eloísa Pinto. Fueron padres de:

M1.2.1.7.1. Yoveida Marielys Manzo Márquez, nacida el 8 de octubre de 1963. Se casó el 30 de mayo de 1987 con José Manuel Esmoris Collazo, hijo de José Esmoris y de Magdalena Collazo. Tuvieron por hijos a:

M1.2.1.7.1.1. Mariel Esmoris Manzo, nacida el 7 de septiembre de 1990 y casada con Javier Andrade Martínez. Con descendencia.

M1.2.1.7.1.2. Carlos Mauricio Esmoris Manzo, casado con Claudia Andreina Estrada Veloz.

M1.2.1.7.2. Jesús Miguel Manzo Márquez, nacido el 23 de diciembre de 1965. Se casó con Oris Mercedes Salbaran Salazar, con quien tuvo a:

M1.2.1.7.2.1. Fabián Jesús Manzo Sulbaran.

M1.2.1.7.2.2. Sebastián Manzo Sulbaran.

M1.2.1.7.2.3. Moisés Manzo Sulbaran.

M1.2.1.7.3. Alicia Morelia Manzo Márquez, nacida el 7 de febrero de 1968. Se casó el 15 de diciembre de 1988 con Freddy Alejandro Facenda Hernández, con tres hijos:

M1.2.1.7.3.1. Frederik Facenda Manzo.

M1.2.1.7.3.2. Morealy Alejandra Facenda Manzo.

M1.2.1.7.3.3. Miguel Alejandro Facenda Manzo.

M1.2.1.7.4. Carlos Humberto Manzo Márquez, nacido el 18 de abril de 1970. Contrajo primeras nupcias con Dalila Margarita Parra Veloz, teniendo a:

M1.2.1.7.4.1. Ricardo Andrés Manzo Parra.

Luego, con Margaridalena del Valle Tortolero Aguilar a:

M1.2.1.7.4.2. Carlos Moisés Manzo Tortolero.

M1.2.1.8. Luis Ernesto Manzo Ariza, nacido el 10 de marzo de 1939. Falleció a los 6 meses y un día de nacido el 11 de septiembre de 1939.

M1.2.1.9. Matías Ali Manzo Ariza. Recibió el bautizo al poco tiempo de nacer, el 27 de enero de 1941, por el párroco Simón Padilla. Se casó con Silvia Schotborgh y tuvieron por hijos a:

M1.2.1.9.1. Elsi Carlota Manzo Schotborgh, nacida en Barquisimeto el 4 de noviembre de 1961.

M1.2.1.9.2. Carmen Elizabeth Manzo Schotborgh. Nació el 14 de agosto de 1966 y se casó con Humberto Sgambato, siendo padres de:

M1.2.1.9.2.1. Humberto Sgambato Manzo.

M1.2.1.9.2.2. Menalu Sgambato Manzo.

M1.2.1.9.3. Ali Miguel Manzo Schotborgh, nacido en Maturín el 12 de marzo de 1974.

M1.2.1.10. Julio Inmaculado Manzo Ariza, nacido el 8 de diciembre de 1942. Se casó con Irma del Carmen León con quien tuvo los siguientes hijos:

M1.2.1.10.1. Mariela Cecilia Manzo León, nacida el 25 de julio de 1975. Se casó con Gustavo Gonzaga Machado Abreu el 23 de diciembre de 2006. Con descendencia.

M1.2.1.10.2. Migdalia Coromoto Manzo León, nacida el 15 de febrero de 1976 y casada con Juan Nivaldo Rodríguez Tovar el 2 de agosto de 2003. Tuvieron 2 hijos:

M1.2.1.10.2.1. Milegny Coromoto Rodríguez Manzo.

M1.2.1.10.2.2. Juan Miguel Rodríguez Manzo.

M1.2.1.11. Mario Rafael Manzo Ariza, nacido el 19 de enero de 1946. Recibió su bautizo de manos del presbítero Luis María Padilla el primero de diciembre de ese mismo año. Falleció joven, sin descendencia.

M1.2.1.12. Manuel Eraclio Manzo Ariza, nacido el 10 de marzo de 1948. Se casó con Noris Francisca Briceño con quien tuvo a:

M1.2.1.12.1. Manuel José Manzo Briceño, nacido el 27 de junio de 1973. Se casó con Cristina Salvatierra. Con descendencia.

Manuel Eraclio se separó y tuvo otro hijo con Zaida Padrón:

M1.2.1.12.2. Manuel Eduardo Manzo Padrón, nacido en San Carlos el 1 de septiembre de 1980 y casado con Francy Cuellar. Con descendencia.

M1.2.1.13. Hermelinda de Jesús Manzo Ariza, nacida el 16 de junio de 1950. Se casó con Francisco Antonio Pinto Henríquez, hijo de Nelson Pinto y de Carmen Henríquez, naturales de Bejuma. Tuvieron los siguientes hijos:

M1.2.1.13.1. Francisco Antonio Pinto Manzo. Nació el 10 de abril de 1975.

M1.2.1.13.2. Frank Manuel Pinto Manzo, nacido en Bejuma el 9 de julio de 1978. Se casó con Mariana del Carmen Castillo con quien tuvo a:

M1.2.1.13.2.1. Frankder Manuel Pinto Castillo.

M1.2.1.13.2.2. Alby Rafael Pinto Castillo.

M1.2.1.13.3. David Jesús Pinto Manzo, nacido en Miranda el 10 de febrero de 1983. Se casó con Yaritza Josefina Hernández con quien procreó a:

M1.2.1.13.3.1. José David Pinto Hernández.

M1.2.1.13.3.2. Jesús David Pinto Hernández.

M1.2.1.13.4. Francis Antonieta Pinto Manzo, nacida el 5 de febrero de 1984 y casada con Fermín Alexander Salero Campos el 6 de diciembre de 2008. Con descendencia.

M1.2.1.14. Marcos Gregorio Manzo Ariza, nacido el 25 de mayo de 1952. Se casó con Adolfina Dominga Tovar con quien tuvo a:

M1.2.1.14.1. Marco Antonio Manzo Tovar, nacido en Bejuma el 22 de junio de 1983.

M1.2.1.14.2. María Cecilia Manzo Tovar, nacida el 15 de octubre de 1989 y bautizada el 23 de marzo de 1991.

M1.2.1.15. Leonor de la Paz Manzo Ariza, nacida el 1 de julio de 1959. Se casó el 12 de octubre de 1985 con Luis Felipe Merchán Rivero, hijo de Felipe Santiago Merchán y de María Aurora Rivero. Tuvieron por hijos a:

M1.2.1.15.1. Luis Miguel Merchán Manzo, nacido el primero de julio de 1986. Con descendencia.

M1.2.1.15.2. Luis Felipe Merchán Manzo. Nacido el 2 de octubre de 1987 y bautizado el 15 de octubre del siguiente año.

M1.2.2. María del Socorro Manzo Oliveros, nacida el 20 de julio de 1901. Se casó con Rosalino Gutiérrez Mendoza y fueron padres de:

M1.2.2.1. José Antonio Gutiérrez Manzo, nacido en Valencia el 30 de mayo de 1931.

M1.2.2.2. Carmen Celina Gutiérrez Manzo, nacida el 12 de mayo de 1934. Se casó con Enrique Eugenio Lara García, hijo de Carlos Gregorio Lara Sosa y de Lea García Montenegro. De los anteriores, Carlos Gregorio era hijo de Eugenio Lara Rojas y de María Teresa Sosa Coronel; mientras que Lea lo era de José Antonio García Silva y de María Salomé de las Mercedes Montenegro Pinto.

Enrique Eugenio y Carmen Celina tuvieron la siguiente prole:

M1.2.2.2.1. Beatriz Celina Lara Gutiérrez, nacida el 3 de abril de 1956. Se casó con Alejandro Gutiérrez y fueron padres de:

M1.2.2.2.1.1. Fernanda Eugenia Gutiérrez Lara, nacida en

Valencia el 3 de agosto de 1983. Se casó con Ernesto Olaizola con quien tuvo los siguientes hijos:

M1.2.2.2.1.1.1. Ernesto Enrique Olaizola Gutiérrez.

M1.2.2.2.1.1.2. Joaquina Olaizola Gutiérrez.

M1.2.2.2.1.2. Valentina de Jesús Gutiérrez Lara, nacida el 6 de enero de 1986 y casada con Michael Croes.

M1.2.2.2.2. Enrique Eugenio Lara Gutiérrez, nacido el 29 de mayo de 1957. Se casó con Norma Alejandra Vargas Ascanio, siendo padres de:

M1.2.2.2.2.1. María Alejandra Lara Vargas.

M1.2.2.2.2.2. Diego Enrique Lara Vargas.

M1.2.2.2.3. Rene Francisco Lara Gutiérrez, nacido el 23 de julio de 1961. Contrajo primeras nupcias el 17 de septiembre de 1993 con María Cristina Alvarado Vizcarrondo. Luego, en segundas nupcias con Melissa Núñez, tuvo por hijos a:

M1.2.2.2.3.1. Renata Lara Núñez.

M1.2.2.2.3.2. Maximiliano Lara Núñez.

M1.2.2.2.4. Rafael Eduardo Lara Gutiérrez, nacido el 12 de mayo de 1964. Se casó con Carolina González con quien tuvo a:

M1.2.2.2.4.1. Andrés Lara González.

M1.2.2.2.4.2. Andrea Lara González.

M1.2.2.3. Cesar Aníbal Gutiérrez Manzo, nacido el 24 de octubre de 1936. Ejerció el oficio de locutor de radio, casándose el 9 de diciembre de 1966 con Elba Graciela Pulgar Vallejos, hija de Marco Antonio Pulgar y de Elba Graciela Vallejos. Tuvieron la siguiente descendencia:

M1.2.2.3.1. Marco Antonio Gutiérrez Pulgar, nacido el 19 de abril de 1969. De profesión abogado, se casó el 18 de febrero de 2005 con la maracucha Nellynda Villalobos Faria, hija de Horacio Guillermo Villalobos y de Nelly del Carmen Faria.

M1.2.2.3.2. María Eugenia Gutiérrez Pulgar. Nació en Caracas el 5 de junio de 1971, casándose el 11 de febrero del 2000 con Ricardo José Romero. Con descendencia.

M1.2.2.3.3. María Fernanda Gutiérrez Pulgar, nacida el 17 de noviembre de 1974. Se casó con Pablo Ernesto Lizano el 23 de marzo de 2002.

M1.2.2.4. Gladys Coromoto Gutiérrez Manzo. Se casó a los 20 años de edad, el 12 de diciembre de 1964, con José Vicencio Pérez Lara, hijo de Francisco Pérez Laya y de Ana Gregoria Lara.

Fueron padres de:

M1.2.2.4.1. Vicencio José Pérez Gutiérrez. Nació el 9 de octubre de 1966 y se casó con Raquel Montero. Con un hijo:

M1.2.2.4.1.1. Eric Santiago Pérez Montero.

M1.2.3. Carmen de la Paz Manzo Oliveros. Nació en Valencia el 9 de febrero de 1902, donde también la bautizaron el 26 de diciembre siguiente. Se casó el 20 de febrero de 1923 con el farmaceuta Fermín Rafael Montagne Ojeda, hijo de Ezequiel Ramón Montagne Latouche y de Benita Mariana Rosa Ojeda Santaella, casados en Miranda el 12 de junio de 1891. De los anteriores, Benita Mariana era hija de Florencio Ojeda Jiménez y de María Ignacia Santaella; mientras que Ezequiel Ramón lo era del general Fermín Montagne Povea y de Francisca Latouche Marvéz.

El general Fermín Montagne, era hijo de Esteban Montagne y de Josefa Apolonia Povea. Debido a sus deberes militares, ya había residido en el estado Cojedes; mudándose luego a Valencia y finalmente a Miranda. Apoyó al general Hermógenes López en su alzamiento militar contra el gobierno regional de Carabobo del general Marcos López. Luego, la legislatura lo designó gobernador de Carabobo en 1868[118], sucediendo a Eusebio Pinto Henríquez (P12.3.3.3). Durante su mandato tuvo cuatro secretarios: José María Ortega Martínez, sucediéndole luego Miguel García Meza, Marcos A. Freytes y por último el Dr. José A. Zapata. Falleció el 20 de diciembre de 1906.

Volviendo a nuestro estudio genealógico, Carmen de la Paz y Rafael Fermín fueron padres de una hija:

M1.2.3.1. Carmen de la Paz Montagne Manzo, nacida en Miranda el 25 de octubre de 1923. Se casó con Paolo Novi con quien tuvo dos hijas:

M1.2.3.1.1. Milagros Elizabeth Novi Montagne. Nació en Valencia el 28 de julio de 1953 y recibió el bautismo en Caracas el 31 de enero de 1954.

---

118 *Apuntes estadísticos del estado Carabobo formados de orden del ilustre americano, general Guzmán Blanco presidente de la república.* (1873). Pág. 69.

M1.2.3.1.2. Paola Cristina Novi Montagne, nacida en Torino-Italia el 9 de octubre de 1965. Se casó en Valencia el 16 de septiembre de 1992 con Miguel Adolfo González Peña, hijo de Casto Miguel González y de Juana Bautista Peña.

Miguel y Paola fueron padres de:

M1.2.3.1.2.1. Gianpaolo González Novi, nacido el 28 de enero de 1991 y casado con Yexsy Calderón Azuaje.

M1.2.3.1.2.2. Bárbara Cristina González Novi. Nació en Valencia el 13 de junio de 1996.

M1.2.4. Hermelinda Manzo Oliveros (Mamina). Se casó con Domingo Antonio Fuentes Cámara, nacido el 20 de junio de 1898 en Río Caribe–Sucre. Domingo y sus hermanos: Jesús Nicolás, José del Carmen, Pastora Dorotea, Georgina, Asunción Manuel, Brígido Nicolás, Teresa de Jesús, María Luisa y Félix Enrique eran hijos del matrimonio de Nicolás Agustín Fuentes Amundarain y de Andrea Josefa de los Dolores Cámara Moreno. De estos últimos, Nicolás Agustín era hijo de Nicolás Antonio Fuentes y de Balbina Amundarain; mientras que Andrea Josefa lo era de Domingo Cámara y de Nicomedes Moreno.

Domingo tuvo 8 hijos con Hermelinda antes de fallecer el primero de julio de 1953:

M1.2.4.1. Domingo Antonio Fuentes Manzo. Nació en Valencia el 31 de octubre de 1930, siendo bautizado el 28 de diciembre del mismo año en la iglesia Nuestra Señora de la Candelaria. Se casó en Las Palmas de Gran Canaria–España el 30 de junio de 1953 con Esperanza Graciela Vera Rodríguez; esta última, nacida en Puerto Cabello el 18 de diciembre de 1931 e hija de Luis Rafael Vera Domínguez y de Lilia Aurora Rodríguez Martínez.

Esperanza Vera tuvo una vida pública bastante activa. Citaré la biografía que le dedicó Maruja Dagnino[119], pues resume muy bien los detalles de su dilatada trayectoria:

"Feminista de la Generación del 58. Aunque nacida en Puerto Cabello, Esperanza Vera pasó sus primeros años en la urbanización popular La Pastora, Caracas, y más tarde, desde el tercer grado de primaria hasta el tercer año de bachillerato, vivió en La Guaira y estudió en Maiquetía.

119 Dagnino, Maruja. (2019). *20 Mujeres del Siglo XX. Así cambiaron nuestra historia.* Págs. 37 al 40.

El tránsito de Caracas al litoral fue un poco traumático, porque estaba acostumbrada a vivir en un ambiente urbano. Sus padres la llevaban con frecuencia a la plaza Bolívar, donde ocurrían todos los eventos políticos importantes. Pero La Guaira, a donde se mudaron porque su padre consiguió buena remuneración en el Servicio Portuario de La Guaira, era una sociedad muy conservadora. En una entrevista concedida a Gioconda Espina, Esperanza Vera describe a Maiquetía como una ciudad dormida, donde la gente, por terror a la dictadura, "hablaba pasito". Sus padres no estaban casados, su papá era divorciado, sus ocho hermanos mayores por la línea paterna los visitaban con frecuencia en La Guaira, y unos tíos que vinieron huyendo de la guerra civil española también vivieron en su casa. Y "para colmo de males", ella era la "rara" que cada 15 días subía sola a Caracas.

Sanjuanero, su padre era considerablemente mayor que su mamá, y eso se agregaba a la ristra de "rarezas" de la familia. Como todo comunista, era ateo, pero al mismo tiempo devoto de la Virgen del Carmen, patrona del barrio San Juan. Esperanza hizo la primera comunión por decisión propia, sobre todo por influencia de los amiguitos, sin saber mucho de qué se trataba, y de allí le quedó para siempre, y ha sido el móvil de sus batallas sociales, el principio de "amar al prójimo como a sí mismo".

Luis Vera Gómez, a quien enviaron desde Maiquetía al Zulia para colaborar con la fundación del Partido Democrático Nacional (PDN) —de cuya ala no marxista salió Acción Democrática (AD)— era su hermano. En el Zulia, ya como militante de AD, fue gobernador. Y a los 12 años la adolescente Esperanza lo acompañaba a las reuniones del partido y allí le encomendaban la redacción de las actas.

Regresó a Caracas con su familia y comenzó sus estudios en el Fermín Toro, donde conoció a la escritora Elisa Lerner, quien dirigía un periódico mural que se llamaba La Chispa. Esperanza escribió allí hasta que los adecos le preguntaron por qué se vinculaba al periódico de las comunistas, pero ella confesó que fue Elisa Lerner quien le abrió las puertas a Virginia Woolf y otras escritoras que la introdujeron en el mundo del feminismo.

Aunque llegó a ser madrina del equipo de fútbol y estuvo en todo sentido integrada al liceo, las maestras se molestaban porque manifestaba "ideas contrarias", seguramente al régimen. Del nocturno del Fermín Toro la expulsaron en el quinto año "por agitadora", aunque era una excelente estudiante. De allí pasó al liceo Aplicación, "donde aceptaban a los expulsados de los otros institutos".

Luego del golpe contra Rómulo Gallegos, Esperanza Vera, con el apoyo de Guillermo García Ponce, y como espejo de la Unión de Muchachas Francesas, creó el 17 de marzo de 1951 en el Partido Comunista la Unión de Muchachas Venezolanas, de la cual salieron comités en liceos, barrios y urbanizaciones. Con Velia Bosch, María del Mar Álvarez y Martina Guerra creó el Comité Femenino en San Agustín.

De allí en adelante no cejó en sus luchas por y con las mujeres. No solo fue una gran organizadora, sino que impulsó objetivos muy puntuales, como la reforma del código civil en la década de los setenta. Fue secretaria femenina nacional de la juventud comunista, trabajó en la Asociación Venezolana de Periodistas junto a Pedro Francisco Lizardo, y de su imprenta, en la que publicaban una revista de terminales y horóscopos (estos inventados por ella, según confiesa a Gioconda Espina), salían también los panfletos y publicaciones clandestinas.

En 1967 una línea del Partido Comunista que encabezaba Pompeyo Márquez decidió no continuar con la guerrilla, y Esperanza Vera se sumó a ese grupo, en el que también estaban Gustavo Machado, Argelia Laya y Teodoro Petkoff."

Domingo tuvo 3 hijos con Esperanza antes de fallecer el 3 de abril de 2010:

M1.2.4.1.1. Marisela Fuentes Vera, nacida el 25 de julio de 1954. Se casó el 4 de noviembre de 1996 con Alexis Pérez Luna. Con descendencia.

M1.2.4.1.2. Domingo Fuentes Vera (Tortuga), nacido el 23 de agosto de 1955. Estuvo muy vinculado al beisbol pues fue Gerente de Operaciones y Prensa de los Tiburones de La Guaira, y padrino de bautizo de un hijo del popular jugador de beisbol Ozzie Guillén.

M1.2.4.1.3. Beatríz Fuentes Vera, nacida el 19 de noviembre de 1960. Se casó con Federico Augusto Torcat Alfonzo, hijo de Federico Torcat y de Mercedes Alfonzo, con quien tuvo una hija:

M1.2.4.1.3.1. Marianne Torcat Fuentes, nacida el 9 de noviembre de 1987 y casada con Álvaro Pimentel.

Beatríz tuvo segundas nupcias con Cristóbal Adolfo Bello Gómez, con quien tuvo 2 hijos más:

M1.2.4.1.3.2. Melissa Bello Fuentes.

M1.2.4.1.3.3. Christian Bello Fuentes.

M1.2.4.2. Rubén José Fuentes Manzo, nacido el 3 de diciembre de 1932. Se casó en Valencia el 24 de septiembre de 1960 con Ylse Wallis de la Plaza, hija de Alfredo Wallis y de María Isabel de la Plaza. Tuvieron por descendencia a:

M1.2.4.2.1. María Carolina Fuentes Wallis, nacida el 27 de noviembre de 1961. Se casó en Caracas el primero de agosto de 1984 con Nelson José Méndez. Fueron padres de:

M1.2.4.2.1.1. Natasha Carolina Méndez Fuentes, nacida el 13

de septiembre de 1986. Se casó con Alejandro Torres, siendo padres de:

M1.2.4.2.1.1.1. Camila Torres Méndez.

M1.2.4.2.1.1.2. Sofía Torres Méndez.

M1.2.4.2.1.2. Daniel Méndez Fuentes. Nació en Puerto Ordaz donde se casó con Naymar Méndez.

M1.2.4.2.1.3. Diego Ernesto Méndez Fuentes, nacido en Puerto Ordaz el 13 de enero de 1995.

M1.2.4.2.2. Ana Mercedes Fuentes Wallis, gemela con Ana María, nacidas el 28 de enero de 1963. Se casó en Caracas el 7 de diciembre de 1985 con Juan Bautista Blanco-Uribe Chacón con quien tuvo los siguientes hijos:

M1.2.4.2.2.1. Alejandro Antonio Blanco-Uribe Fuentes, nacido el 28 de noviembre de 1986.

M1.2.4.2.2.2. María Gabriela Blanco-Uribe Fuentes, nacida el 22 de junio de 1990.

M1.2.4.2.3. Ana María Fuentes Wallis, gemela con Ana Mercedes, nacidas el 28 de enero de 1963. Se casó con José Antonio Bigorra Prieto, hijo de José Luis Bigorra Morenilla y de María Prieto Hongeira. Fueron padres de:

M1.2.4.2.3.1. Juan Ignacio Bigorra Fuentes, nacido el 16 de octubre de 1988.

M1.2.4.2.4. Andrés Fuentes Wallis, nacido el 18 de septiembre de 1965. Se casó en Caracas el 16 de febrero de 1991 con Omaira Delia Franco Pérez, hija de Napoleón Jesús Franco y de Omaira Pérez. Tuvieron por hijos a:

M1.2.4.2.4.1. Rubén David Fuentes Franco, nacido el 15 de septiembre de 1993.

M1.2.4.2.4.2. María Andreina Fuentes Franco. Nació en Puerto Ordaz en 1997.

M1.2.4.2.5. Juan Pablo Fuentes Wallis, nacido el 8 de septiembre de 1967. Se casó el 8 de enero de 1994 con Mariella Roberts Bracho, hija de Reinaldo Roberts y de Alicia Bracho. Fueron padres de:

M1.2.4.2.5.1. Miguel Matías Fuentes Roberts, nacido el 17 de julio de 1998.

M1.2.4.2.5.2. Sebastián Fuentes Roberts, nacido el primero de noviembre de 2001, en Philadelphia.

M1.2.4.2.6. José Ignacio Fuentes Wallis, nacido el 29 de julio de 1968. José Ignacio tuvo una hija con María Eugenia Méndez:

M1.2.4.2.6.1. Amanda Fuentes Méndez, nacida en Puerto Ordaz el 10 de noviembre de 2003.

Luego, tuvo un hijo con Yelitza Gazdik:

M1.2.4.2.6.2. Ignacio Fuentes Gazdik, nacido el 18 de agosto de 2013.

M1.2.4.3. Elinda Dolores Fuentes Manzo, nacida en Valencia el 9 de octubre de 1934. Se casó en Caracas el 26 de noviembre de 1955 con el madrileño Antonio Pérez Pérez, hijo de Antonio Pérez Aguilar y de Carmen Pérez Jiménez.

Antonio y Elinda fueron padres de:

M1.2.4.3.1. Cecilia Pérez Fuentes (Ceci), nacida en Caracas el 14 de septiembre de 1957 y bautizada el 27 de abril de 1958.

M1.2.4.3.2. Elinda Margarita Pérez Fuentes, nacida el 13 de febrero de 1960. Se casó en Caracas el 11 de febrero de 1984 con Manuel Ramón Frontado Haiek, hijo de Manuel Ramón Frontado Centeno y de Juanita Haiek.

Manuel y Elinda tuvieron 2 hijas:

M1.2.4.3.2.1. Linsy Margarita Frontado Pérez, nacida el 23 de julio de 1985. Se casó el 4 de junio de 2010 con Antonio Lepore.

M1.2.4.3.2.2. María Cristina Frontado Pérez. Nació en Caracas el 11 de febrero de 1994 y recibió el bautismo el 17 de diciembre del mismo año.

M1.2.4.3.3. Gisela Pérez Fuentes, nacida el 18 de junio de 1963. Se casó en Caracas el 9 de septiembre de 1989 con Raúl Arichuna Cachazo Solorzano, hijo de Hermes Cachazo Díaz y de María Elena Solórzano.

Raúl y Gisela tuvieron una hija:

M1.2.4.3.3.1. Gabriela Carolina Cachazo Pérez, nacida en Caracas el 27 de agosto de 1992.

M1.2.4.3.4. María Eugenia Pérez Fuentes (Maru), nacida el 18 de marzo de 1966. Falleció el 18 de octubre de 2016.

M1.2.4.4. Ítalo de Jesús Fuentes Manzo. Nació el 20 de mayo de 1937 y fue bautizado el 23 de enero del siguiente año. Se casó en Caracas el 25 de octubre de 1958 con Blanca Margarita Sánchez Sánchez, hija de José Sánchez y de Solita Sánchez. Fueron padres de:

M1.2.4.4.1. Ítalo José Fuentes Sánchez, nacido el 26 de julio de 1959. Se casó el 16 de agosto de 1986 con María Graciela Zúñiga.

M1.2.4.4.2. Jesús Ricardo Fuentes Sánchez, nacido el 3 de enero de 1961. Se casó el 30 de agosto de 2003 con Norma Saavedra Aponte, con descendencia.

M1.2.4.4.3. Katiana María Fuentes Sánchez, nacida el 25 de junio de 1970 y bautizada el 25 de octubre siguiente.

M1.2.4.4.4. Katyuska Elena Fuentes Sánchez, nacida en Caracas el 10 de abril de 1976.

Luego, con Edith Luz Mendoza Bastidas (Eddy), hija de Manuel Felipe Mendoza y de Francisca Bastidas, tuvo 2 hijas más:

M1.2.4.4.5. Vanessa Carolina Fuentes Mendoza, nacida el 5 de junio de 1977 y bautizada el 14 de junio de 1980.

M1.2.4.4.6. Verónica Carolina Fuentes Mendoza, nacida el 27 de enero de 1986, recibiendo el bautismo a los 8 años de edad el 29 de enero de 1994, en Caracas.

M1.2.4.5. Carlos Wilfredo Fuentes Manzo, nacido en Valencia el 26 de enero de 1940. Se casó con Trina Margarita Espinoza con quien tuvo 3 hijos:

M1.2.4.5.1. Gabriela Mercedes Fuentes Espinoza, nacida el 13 de octubre de 1974. Se casó en el Hatillo el 5 de septiembre de 2008 con Bernardo Ignacio Padrón Salomón, hijo de Carlos Eduardo Padrón y de María Magdalena Salomón. Con 2 hijos:

M1.2.4.5.2. Carlos Wilfredo Fuentes Espinoza, nacido el 9 de diciembre de 1976. Se casó en el Hatillo el 3 de diciembre de 2010 con Geraldine Carolina del Moral Blanco, hija de Jesús Alberto del Moral y de Rosabel Blanco. Con 2 hijos.

M1.2.4.5.3. Federico Guillermo Fuentes Espinoza, nacido en Caracas el 9 de enero de 1979 y bautizado en el Hatillo el 30 de junio de 1979.

M1.2.4.6. Gisela Margarita Fuentes Manzo, nacida el 6 de diciembre de 1941. Se casó en Caracas el 16 de septiembre de 1961 con León Oscar Manzo Núñez (M1.7.11), de quien hablaremos más adelante, con quien tuvo 5 hijos:

M1.2.4.6.1. María Elena Manzo Fuentes, nacida el 17 de julio de 1962. Se casó con Franklin Ramón Arrieche Gutiérrez con quién tuvo 3 hijas nacidas en Valencia:

M1.2.4.6.1.1. María Juliana Arrieche Manzo, nacida en Valencia el 21 de noviembre de 1988.

M1.2.4.6.1.2. Ana Julia Arrieche Manzo, nacida el 16 de octubre de 1990. Se casó el 28 de septiembre de 2015 con Armando Martini.

M1.2.4.6.1.3. Mariana Eugenia Arrieche Manzo, nacida el 14 de enero de 1994.

M1.2.4.6.2. Antonio José Manzo Fuentes, nacido el 10 de febrero de 1964. Se casó en Naguanagua el 16 de septiembre de 1995 con Claudia Coromoto Arreaza Chacín, hija de Freddy Arreaza y Melania Chacín, con quien tuvo 2 hijos:

M1.2.4.6.2.1. Juan Diego Manzo Arreaza, nacido el 11 de febrero de 1998.

M1.2.4.6.2.2. María Claudia Manzo Arreaza, nacida el primero de noviembre de 2002.

M1.2.4.6.3. Domingo Augusto Manzo Fuentes, nacido el 25 de junio de 1967. Se casó en Naguanagua el 12 de junio de 1992 con María Antonieta Giordano de la Fuente (Toña), hija de Dominico Antonio Giordano y de Carmen de la Fuente, fallecida el 10 de septiembre de 2018.

Domingo y María Antonieta fueron padres de:

M1.2.4.6.3.1. Augusto Antonio Manzo Giordano, nacido el 4 de agosto de 1994.

M1.2.4.6.3.2. Eugenia del Carmen Manzo Giordano, nacida el 4 de diciembre de 2002.

M1.2.4.6.3.3. Fabiana Alejandra Manzo Giordano, nacida el primero de octubre de 2004.

M1.2.4.6.4. Gabriel Manzo Fuentes, nacido el 5 de mayo de 1969. Se casó en Naguanagua el 7 de octubre de 2006 con Jeidy

Margot Castellanos Rodríguez, hija de José Antonio Castellanos y de María Adelina Rodríguez, con 2 hijos:

M1.2.4.6.4.1. María Daniela Castellanos, nacida el 28 de abril de 1998 y bautizada el 10 de junio de 2000.

M1.2.4.6.4.2. Oscar Jesús Manzo Castellanos, nacido el 30 de junio de 2004.

M1.2.4.6.5. Oscar Andrés Manzo Fuentes, nacido en Valencia el 09 de abril de 1972 y bautizado en Caracas el primero de julio de 1972.

M1.2.4.7. Enrique Milagros Fuentes Manzo, nacido el 17 de febrero de 1946. Se casó en Caracas el 5 de diciembre de 1970 con Juana María Auxiliadora Heredia Berti, hija de Diego Bautista Heredia y de María Gracia Berti.

Tuvieron la siguiente descendencia:

M1.2.4.7.1. Mariana Fuentes Heredia, nacida el 4 de enero de 1973. Se casó con Eduardo Antonio Brito, con un hijo:

M1.2.4.7.1.1. Eduardo Tomás Brito Fuentes, nacido en Los Ángeles-USA el 25 de junio de 2006 y bautizado en Boconó el 12 de diciembre de 2009.

M1.2.4.7.2. Marieta Fuentes Heredia, nacida el 15 de junio de 1975. Se casó con William Eduardo Caballero Febres-Cordero, hijo de William Caballero Requena y de Juana Febres-Cordero, con quien tuvo 2 hijos:

M1.2.4.7.2.1. Diego Ignacio Caballero Fuentes, nacido el 5 de marzo de 2002.

M1.2.4.7.2.2. Santiago Andrés Caballero Fuentes, nacido el 29 de mayo de 2003.

M1.2.4.7.3. Enrique Ignacio Fuentes Heredia (Kike), nacido el 10 de junio de 1976. Se casó con Vivian Carolina Blanco Simmons, hija de Manuel Antonio Blanco y de Yssamary Elizabeth Simmons, con quien tuvo 2 hijos:

M1.2.4.7.3.1. Camila Elena Fuentes Blanco, nacida el 9 de marzo de 2007.

M1.2.4.7.3.2. Lorena Victoria Fuentes Blanco, nacida en Bogotá el 27 de enero de 2012.

M1.2.4.8. Graciela María Fuentes Manzo, nacida en Valencia el 5 de mayo de 1948. Se casó el 21 de octubre de 1967 con Jorge Escobar Fernández, hijo de Santos Eduardo Escobar Saluzzo y de Cecilia Fernández González. De los anteriores, Santos Eduardo era hijo de Santos Escobar Gutiérrez y de María Antonia Saluzzo d'Aubeterre; mientras que Cecilia lo era de Mariano Fernández Hurtado y de Micaela González Villasmil.

Jorge tiene una genealogía muy larga e interesante, como es lógico esperar ya que su bisabuelo paterno, Marco Antonio Saluzzo Castilla, era escritor y miembro fundador de la Academia Nacional de la Historia en Venezuela.

Curiosamente, también es descendiente directo del mariscal de campo Gutierre de la Peña Castro y Langayo, de quien hablamos extensamente en el capítulo uno. Es así porque su abuelo Mariano Fernández Hurtado era hijo de Felicia Luisa Hurtado Escalona, hija de Adelaida Escalona y Blanco, hija de Manuel Escalona y Arguinsonis, hijo de Francisca Xaviera Ruíz de Arguinzóniz y Oviedo, hija de Pedro Juan Ruíz de Arguinzóniz y Laris de Mendoza, hijo de Magdalena de Mendoza Torrealba y Sotomayor, hija de Alonso de Freire y Peña Mendoza, hijo de Inés de la Peña y Mendoza, hija de Ambrosio de la Peña y Mendoza que era hijo del mariscal y su esposa María Catalina López de Mendoza.

Volviendo a nuestro estudio, Jorge y Graciela tuvieron 5 hijos:

M1.2.4.8.1. Jorge Enrique Escobar Fuentes, nacido el 29 de agosto de 1968. Se casó en Guayaquil el 18 de diciembre de 2004 con Betty Antonieta Soledispa Vitares.

M1.2.4.8.2. Javier Ignacio Escobar Fuentes, nacido en Caracas el 16 de diciembre de 1971. Se casó con Rebeca Díez con quien tuvo un hijo:

 M1.2.4.8.2.1. Ángel Santiago Escobar Díez

M1.2.4.8.3. Fernando Alberto Escobar Fuentes, nacido el 1 de diciembre de 1975. Se casó el 24 de julio de 2004 con Arnneyd Vanessa Guevara Alarcón, hija de Argenis José Guevara y de Aneida Zulay Alarcón, con quien tuvo 2 hijos:

 M1.2.4.8.3.1. Samuel Ignacio Escobar Guevara.

 M1.2.4.8.3.2. Sabrina Escobar Guevara.

M1.2.4.8.4. Andreina Escobar Fuentes, nacida en Barquisimeto el 8 de marzo de 1977. Se casó con Mr. Lukauskis, con 2 hijos:

M1.2.4.8.4.1. Kristian Lukauskis Escobar.

M1.2.4.8.4.2. Valentina Lukauskis Escobar.

M1.2.4.8.5. Luis Simón Escobar Fuentes, nacido el 16 de agosto de 1983.

M1.2.5. Julia Manzo Oliveros. Se residenció en Macarao-Caracas donde se casó con un señor de nombre Alonso. Falleció sin dejar descendencia.

M1.3. María del Carmen Manzo Pérez, murió al poco tiempo de nacer, el 17 de mayo de 1867.

M1.4. Josefina Manzo Pérez, nacida en 1868. Se casó el 8 de octubre de 1890 con Francisco Marvéz Correa (don Pancho), maestro en la escuela de Montalbán, con quien tuvo un hijo antes de fallecer el 17 de agosto de 1943.

Ahondemos un poco más en torno al "tío Pancho" como cariñosamente le decían mis abuelos: *[…] por muchos años sirvió de faro y guía a la juventud montalbanera y en honor a él lleva su nombre el grupo escolar edificado por el Ministerio de Educación en aquella localidad. Este era un hombre de aspecto imponente; fuerte, erguido, con grandes y retorcidos bigotes, y semblante duro, como en realidad era su carácter. […]* [120]

Fig. 15. *Josefina Manzo Pérez*

Francisco era hijo de José Ignacio Marvéz Fuentes casado el 18 de mayo de 1866 con María del Pilar Correa Soto. De los anteriores, José Ignacio era hijo de Francisco Marvéz Marvéz y de María África Fuentes Bacalao (P12.4.1.2); mientras que María del Pilar lo era de Felipe Correa Machado y de Leonor Soto Romero.

A su vez, Francisco Marvéz Marvéz era hijo de Ramón Marvéz Natera y de Rosa María Marvéz Lovera. De estos, Ramón era hijo de José Francisco Marvéz Loaisa y de María Isabel Natera Landaeta; mientras que Rosa María lo era de Pedro José Marvéz Loaisa y de Francisca Ignacia Lovera Lovera. De estos últimos, José Francisco y Pedro José eran hermanos, hijos del matrimonio de José Francisco Marvéz

120 Manzo Núñez, Antonio Julio. (1986). *Bajo el signo del jebe*. Págs. 4 y 5.

Hidalgo con Luisa Josefa Rita de Loaisa y Ávila.

José Ignacio Marvéz Fuentes enviudó y luego de un tiempo se volvió a casar el 23 de noviembre de 1876 con Felicia Salvatierra Barela, hija de Eliseo Salvatierra y Gregoria Barela Coronel (casados en Montalbán el 23 de enero de 1851). De los anteriores, Eliseo era hijo natural reconocido de Eliseo Escobar y de Josefa Salvatierra Pinto (S6.2.1.2); mientras que Gregoria lo era de José Isidro Barela y de Ramona Coronel Soto, ya citados en M8.

Del segundo matrimonio de José Ignacio Marvéz Fuentes con Felicia Salvatierra Barela, nacieron los siguientes hijos en Montalbán:

1.- José Rafael Marvéz Salvatierra.

2.- Juana Felicia Marvéz Salvatierra.

3.- José Ignacio Marvéz Salvatierra.

4.- Francisca Felicia Marvéz Salvatierra.

5.- Lorenzo Marvéz Salvatierra.

6.- Trina Cecilia Marvéz Salvatierra.

7.- Reyes de Jesús Marvéz Salvatierra.

8.- Juan Bautista Marvéz Salvatierra.

9.- María Sofía Marvéz Salvatierra.

10.- Matilde Marvéz Salvatierra.

Volviendo a don Pancho, tuvo un hijo con Josefina antes de fallecer el 8 de agosto de 1927, con 56 años de edad:

M1.4.1. Manuel Guillermo Marvéz Manzo, nacido en Miranda-Carabobo el 19 de julio de 1896 y presentado ante Silvestre Olivero, primera autoridad civil de la parroquia, con el nombre de Manuel Guillermo Francisco José del Carmen. Una vez adulto, fue juez y procurador al frente del Juzgado del Distrito Montalbán en 1933.

Se casó el 25 de octubre de 1925 con Zoila Virginia Tortolero Sánchez, hija de Miguel Nacianceno Tortolero León y de Zoila Nepomuceno Sánchez Pinto (casados en Montalbán el 28 de noviembre de 1889). De los anteriores, Miguel era hijo de Mariano Tortolero Salvatierra (T2.2.1.3) y de Ana Teresa León Correa; mientras que Zoila lo era de Daniel Sánchez y Julia Pinto.

Manuel Guillermo y Zoila fueron padres de:

M1.4.1.1. Rafael Marvéz Tortolero, nacido el 13 de septiembre de 1917.

M1.4.1.2. Ramiro José Marvéz Tortolero, nacido el 6 de agosto de 1926 y bautizado el 25 de noviembre del mismo año.

Manuel Guillermo se divorció de Zoila y tuvo más descendencia con Josefa Bolívar:

M1.4.1.3. Manuel Guillermo Marvéz Bolívar, nacido el 7 de enero de 1923 (de acuerdo a su partida de nacimiento, aunque en su cédula de identidad lo señalan como del 5 de febrero). La partida lo señala como hijo natural reconocido por su padre, por lo que pasó a ser hijo legítimo una vez que la corte suprema del estado Carabobo fallara a favor de dicha solicitud presentada por su padre. Lo mismo ocurrió con sus otros hermanos.

Se casó con Sergia Escobar y tuvieron a:

M1.4.1.3.1. Manuel Guillermo Marvéz Escobar, nacido en Valencia el 12 de octubre de 1957.

M1.4.1.3.2. Fredesvinda Josefina Marvéz Escobar, nacida el 24 de febrero de 1961.

Manuel Guillermo tendría un hijo más con Alaisa María Ricón:

M1.4.1.3.3. José Ángel Manuel Marvéz Ricón, nacido el 20 de septiembre de 2000.

M1.4.1.4. Francisco José Marvéz Bolívar, nacido el 20 de octubre de 1924. Se casó con Carmen Onotia Pinto con quien tuvo a:

M1.4.1.4.1. Ramona Zunilde Marvéz Pinto.

M1.4.1.4.2. Francisco Guillermo Marvéz Pinto.

M1.4.1.4.3. Yadira Josefina Marvéz Pinto.

M1.4.1.4.4. Carmen Aracelis Marvéz Pinto.

M1.4.1.4.5. Maritza del Valle Marvéz Pinto.

M1.4.1.4.6. Yasbelis Coromoto Marvéz Pinto.

M1.4.1.4.7. Jeanette Coromoto Marvéz Pinto.

M1.4.1.5. María de la Paz Marvéz Bolívar, casada en Valencia el primero de mayo de 1965 con Simón Parra.

M1.4.1.6. Dora Marina Marvéz Bolívar, bautizada al poco tiempo de nacida el 28 de agosto de 1945. Fue madre natural de:

M1.4.1.6.1. José Rafael Marvéz.

M1.4.1.6.2. Josefa Marina Marvéz.

M1.4.1.6.3. Ana Luisa Marvéz.

M1.4.1.7. Sabina María Marvéz Bolívar. Fue madre soltera de:

M1.4.1.7.1. Teodoro José Marvéz.

Manuel Guillermo falleció el 15 de diciembre de 1967 con 71 años de edad.

M1.5. Francisco Manzo Pérez, falleció en Montalbán al poco tiempo de nacer, el 22 de agosto de 1873.

M1.6. Carmen Manzo Pérez, "Carmelita" o "Ita", nacida en Montalbán el 7 de agosto de 1874. Descrita por los familiares como alta y flaca. Falleció soltera el 6 de septiembre de 1944, cuando le faltaba un mes para cumplir los 71 años de edad, por trastornos digestivos.

M1.7. Julio Torcuato Manzo Pérez. El más pequeño de la familia y patriarca de los Manzo Núñez, a quien dedicaré el siguiente capítulo.

CAPÍTULO 7

JULIO TORCUATO MANZO PÉREZ

Fig. 16. *Julio Torcuato Manzo Pérez*

JULIO TORCUATO MANZO PÉREZ

Don Julio Torcuato Manzo Pérez (M1.7) fue el último de los hijos de Miguel María Manzo Ortega (M1) y Carmen Pérez Ortega (A3). Vino al mundo un 21 de mayo de 1877, siendo bautizado al poco tiempo por el presbítero Francisco Pérez, cura interino de la Iglesia Parroquial Matriz de Valencia. Este acto ocurrió el 25 de septiembre de 1877 y sus padrinos fueron Luis María Díaz y Heriberta Manzo (M1.1), su hermana mayor quien para dicho momento contaba con 15 años de edad. La Inmaculada Concepción no tenía sacerdote asignado en ese momento y las opciones eran bautizarlo en Canoabo con el cura interino Jesús María Alcántara, en Bejuma con el Pbro. Domingo Felipe Torres, o en la capital del estado que fue la mejor opción a ojos de su padre.

En el pasado, era costumbre ponerles a los hijos el nombre del santo señalado en el santoral para el día de su nacimiento. En este caso, el 21 de mayo era el día de san Torcuato; el primero de los siete varones apostólicos de España, obispo de Acci (actual Guadix, en la provincia de Granada) donde vivió entre el siglo III y IV. Por esta razón, Julio pasó a ser el primer Torcuato en la familia.

Montalbán lo vio crecer y convertirse en un adulto cuyo oficio principal era la agricultura. Con 33 años cumplidos, se enamoró y contrajo nupcias en su pueblo natal el 10 de septiembre de 1910, con

Natividad Felicia Núñez Tortolero. Julio Torcuato le llevaba 16 años de diferencia, pues ella había nacido el 20 de noviembre de 1893, casándose con solo 16 años y la autorización escrita de su madre, viuda para ese entonces.

Ambas cosas pudieran parecer extrañas de acuerdo a las costumbres actuales. No obstante, para la época era algo relativamente común, pues se esperaba que el varón tuviera cierta solvencia económica antes de casarse, y los matrimonios con mujeres casi adolescentes eran frecuentes desde que empezó la colonia en Venezuela.

Natividad Núñez Tortolero era hija de Rafael María Núñez Núñez (N) y de María del Carmen Tortolero Latouche (O8.1.3.13), mamá Pama, casados en

Fig.17. *Natividad Núñez Tortolero*

Montalbán el 13 de julio de 1877. A su vez, Rafael María, era hijo de Modesto Vicente Núñez Coronel (T2.4.5.7) y de María de la Concepción Núñez Arocha (T2.3.4.7), ya estudiados en el capítulo 3. Natividad fue bautizada el 18 de diciembre de 1893 en la Inmaculada Concepción de Montalbán por el Pbro. Elías Bello, siendo sus padrinos los tíos maternos Gabriel Tortolero Latouche (O1.3.11) y María Josefa Tortolero Latouche (O8.1.3.8).

Siendo Natividad un personaje importante en la historia de los Manzo, conviene hacer un análisis un poco más hondo de lo que fue su familia. Del matrimonio de sus padres, nacieron los siguientes hijos:

N1. Juana Antonia Núñez Tortolero, nacida el 2 de mayo de 1879. Falleció soltera y sin descendencia, el 11 de junio de 1902 con 18 años de edad.

N2. Sebastiana María Florentina Núñez Tortolero, nacida el 20 de junio de 1881. Se casó el 16 de abril de 1915 con Francisco Antonio Ortega, hijo natural de María del Carmen Ortega Henríquez. A su vez, María del Carmen era hija de Juan Félix Ortega Henríquez (O7.1.1.1) y de María Francisca Henríquez; esta última, hija natural de María de Jesús Henríquez Tortolero (P4.6.9.5).

Dice José Durabio Moros Manzo (M1.7.8.1) que su madre le contó que el esposo de Sebastiana se cayó de una mata de mango, muriendo por la caída y que tal suceso la afectó tanto que se fue de la casa y nunca más se supo nada de ella.

N3. Manuel Felipe Núñez Tortolero. Nació en Montalbán el 24 de mayo de 1883, mismo lugar donde lo bautizaron el 17 junio siguiente.

N4. José Rafael Núñez Tortolero, nacido el 7 de julio de 1885. Falleció debido a la fiebre cuando tenía 9 años de edad, el 24 de agosto de 1894.

N5. Gertrudis Núñez Tortolero, nacida el 16 de noviembre de 1887. Se casó el 8 de enero de 1917 con Manuel Ezequiel Mérida Salvatierra, natural de Montalbán donde nació el 28 de mayo de 1880.

Manuel y sus hermanos Rafaela, Ysnelda Pastora, Antonio Leocadio, Andrés Avelino, Miguel de Jesús, Fortunato y Juan José, eran hijos del matrimonio del general Manuel María Mérida Pinto con María de las Mercedes del Carmen Salvatierra, casados en Montalbán el 12 de agosto de 1875. De los anteriores, Manuel María era hijo del general de

Fig.18. *Gertrudis Núñez Tortolero*

brigada Manuel María Mérida y de María de la Concepción Pinto Bacalao (P12.2.5.6), mientras que María de las Mercedes era hija natural de Desideria Saturna Salvatierra Silva; esta última, hija de Juan Salvatierra Pinto (S6.2.1.4) y de María Silva Ojeda (T8.1.5.2).

Manuel y Gertrudis fueron padres de:

N5.1. Josefa Yolanda Mérida Núñez, nacida el 18 de septiembre de 1917. Se casó el 11 de octubre de 1952 con el barquisimetano Rafael Guanipa Fernández, hijo de Mariano Guanipa y de Teolinda Fernández, con quien tuvo 5 hijos nacidos en Valencia, antes de fallecer el 19 de diciembre de 2018 con 101 años de edad:

N5.1.1. Rafael Simón Guanipa Mérida, nacido el 2 de diciembre de 1936 y bautizado el 23 de abril de 1937.

N5.1.2. Mariano Ramón Guanipa Mérida, nacido el primero de junio de 1938. Se casó en Cúcuta el 25 de julio de 1970 con Trina María Corrales Fernández, hija de Antonio Domingo Corrales y de Carmen Fernández.

N5.1.3. Teolinda Guanipa Mérida, nacida el 12 de octubre de 1939. Se casó con Luis Guillermo Macías Coronel, hijo de Félix Macías Rodríguez y de Hortensia Coronel. De los anteriores, Félix era hijo de Eusebio Macías Pinto y de María Sofía Rodríguez; mientras que Hortensia era hija natural de Enriqueta Coronel. Tuvieron una hija:

N5.1.3.1. Yelitza Coromoto Macías Guanipa, nacida en Valencia el 10 de diciembre de 1980 y bautizada en Bejuma el 19 de julio de 2002. En este último sitio, se casó el 30 de diciembre de 2002 con Raúl Alexander Lago Piñero, hijo de Luis Alberto Lago y de Fanny Marina Piñero Montero; siendo Fanny hija de Juan Antonio Piñero León y de María Magdalena Montero.

N5.1.4. Victoria Coromoto Guanipa Mérida, nacida el 22 de febrero de 1948 y fallecida el 8 de mayo de 2019. Se casó el 29 de noviembre de 1969 con Claudio Robles Henríquez, hijo de Claudio Robles y de Carmen Henríquez, con quien tuvo 2 hijos:

N5.1.4.1. Claudio Narciso Robles Guanipa. Nació el 27 de octubre de 1970 y lo bautizaron el 28 de febrero de 1971.

N5.1.4.2. José Gregorio Robles Guanipa, nacido el 3 de noviembre de 1972. Se casó en Bejuma el 3 de diciembre de 2005 con María Alejandra Hernández Rincones, hija de José Miguel Hernández y de María Yolanda Rincones.

Luego, Victoria tendría 2 hijas más. Una con José Antonio Omaña:

N5.1.4.3. Trinidad José Omaña Guanipa, nacida el 19 de agosto de 1979. Se casó con Rafael Eloy Acosta Carmona, hijo de Eloy Ramón Acosta y de Basilia Carmona, con quien tuvo 4 hijos:

N5.1.4.3.1. Alexandra Acosta Omaña.

N5.1.4.3.2. Arianna Acosta Omaña.

N5.1.4.3.3. Andrés Acosta Omaña.

N5.1.4.3.4. Rafael Alejandro Acosta Omaña.

Y otra, declarada como hija natural:

N5.1.4.4. Eduarda Sofía Guanipa, nacida el 2 de diciembre de 1982 en Montalbán.

N5.1.5. Manuel Ezequiel Guanipa Mérida. Nació el 21 de junio de 1953 y contrajo nupcias el 26 de noviembre de 1977 con María Elvira Bruguera Jiménez, hija de Víctor Bruguera y de Petra Sofía Jiménez Osorio; esta última, hija de Luis María Jiménez Martínez y de María Antonia Osorio Tortolero.

Manuel no tuvo descendencia conocida con María Elvira. Luego, con Auristela González tuvo 2 hijos:

N5.1.5.1. Marianela Guanipa González, nacida el 17 de abril de 1989.

N5.1.5.2. Luis Gerardo Guanipa González, nacido en Valencia el 6 de junio de 1990 y bautizado en Tocuyito el 4 de septiembre de 1993.

N5.2. Ana Ismelda Mérida Núñez (Chicha), nacida en Montalbán el 1 de febrero de 1920.

N5.3. Francisco Rafael Mérida Núñez. Nació el 8 de enero de 1922 y se dedicó a la joyería. Contrajo nupcias en Valencia el 28 de junio de 1947 con María de Jesús Tortolero Ojeda, hija de Manuel Felipe Tortolero y de Trinidad Josefa Ojeda Ortega. De los Anteriores, Manuel Felipe era hijo natural de Ana Joaquina Tortolero Barbosa; mientras que Trinidad lo era de Antonio Félix Ojeda y de Lucrecia de la Concepción Ortega Ojeda (O7.1.5.2). Francisco y María de Jesús tuvieron 4 hijos:

N5.3.1. María del Socorro Mérida Tortolero. Nació en Valencia el 13 de junio de 1948 y se casó en Naguanagua el 3 de agosto de 1979 con Rafael Sánchez.

N5.3.2. Migdalia de la Coromoto Mérida Tortolero. Se casó en Valencia a los 23 años de edad, el 31 de marzo de 1973, con Luis Guillermo Ramírez Rodríguez, hijo de Justiniano Ramírez y de Ramona Rodríguez.

N5.3.3. Yolelt Antonieta Mérida Tortolero, casada con 21 años en Valencia, el 26 de diciembre de 1975, con el caraqueño Reinaldo Marcelo Miguel Martínez, hijo de Antero Miguel y de Agustina Martínez.

N5.3.4. Evelyn Mayela Mérida Tortolero, nacida el 13 de noviembre de 1964. Se casó el 3 de junio de 1989 con Jorge Luis Castellanos Silva, hijo de Luis Felipe Castellanos y de Rosa Aida Silva.

N5.4. Manuel María Mérida Núñez (Pelusa). Nació en Montalbán el 4 de octubre de 1923, donde mismo lo bautizaron el 6 de enero de 1924.

N5.5. Ciro Santiago Mérida Núñez. Nació el 14 de julio de 1927 y se casó el 15 de diciembre de 1951 con Benilde María Andrade Domínguez, hija de Luis Emilio Andrade y de María Domínguez. Ciro fue ahijado de Miguel María Manzo Núñez (M7.7).

N5.6. Carmen Verónica Mérida Núñez, nacida el primero de agosto de 1929. Se casó en Bejuma el 2 de octubre de 1955 con Rafael Simón Bacalao Negrette, natural de Palmarejo en el estado Zulia e hijo natural de Ángela Negrete reconocido por Ramón Bacalao Silva.

Rafael Simón y Carmen Verónica tuvieron 6 hijos:

N5.6.1. Rafael Simón Bacalao Mérida. Nació en Bejuma el 4 de julio de 1956, mismo lugar donde se casó el 27 de diciembre de 1986 con Bárbara Verónica Sipols Schweiger, hija de Roberto Sipols Krislin, natural de Riga-Latvia, y de Rose Margerite Schweiger, natural de Gengenbach-Alemania. De los anteriores, Roberto era hijo de Rodolf Sipols y de Katherine Krislin; mientras que Rose lo era de Kakob Gruber y de Stephanie Schweiger.

Por cierto, Bárbara Verónica es hermana del muy conocido y querido Rev. Mons. Roberto Sipols.

N5.6.2. Ana Belina Bacalao Mérida, nacida en Bejuma el 28 de noviembre de 1959. La abogada Ana Belina tuvo una hija con Juan M. Francisco antes de fallecer el 30 de mayo de 2018:

N5.6.2.1. Ana Belina Francisco Bacalao, nacida en Bejuma el 17 de agosto de 1990.

N5.6.3. Oreste José Bacalao Mérida, nacido el 18 de abril de 1962. Se casó en Valencia el 15 de diciembre de 1989 con María Gabriela Henríquez Sandoval, hija de Juan Rafael Henríquez Díaz y de Morella Sandoval Reverón. De los anteriores, Juan Rafael era hijo de Heraclio Henríquez Montenegro y de Carmen Hercilia Díaz Pinto; mientras que Morella lo era de Ricardo Sandoval y de Lola Reverón.

Orestes y María Gabriela tuvieron una hija:

N5.6.3.1. María Gabriela Bacalao Henríquez, nacida en Bejuma el 13 de octubre de 1992.

N5.6.4. Ramón Gerardo Bacalao Mérida. Nació en Bejuma el 23 de julio de 1964, siendo bautizado el 20 de marzo de 1965 en Guanare. Se casó en Bejuma el 13 de abril de 1991 con Norirlanda del Valle Muñoz Rincones, hija de Carlos Luis Muñoz y de Orlinda María Rincones, con quien tuvo 2 hijos:

N5.6.4.1. Ramón Eduardo Bacalao Muñoz, nacido el 20 de noviembre de 1995.

N5.6.4.2. Patricia Carolina Bacalao Muñoz, nacida en Valencia el 7 de agosto de 1998 y bautizada en Guanare el 27 de julio de 2008.

N5.6.5. Carmen Verónica de la Coromoto Bacalao Mérida, nacida en Bejuma el 7 de abril de 1966, mismo lugar donde la bautizaron el 11 de noviembre de 1967.

N5.6.6. Gertrudis Bacalao Mérida, casada en Valencia el 23 de diciembre de 1989 con Felipe Antonio Rojas Latouche, hijo de José Felipe Rojas Vásquez y de Trina Cecilia Latouche Jiménez. De los anteriores, José Felipe era hijo de Felipe Rojas y de Trina Vásquez; mientras que Trina lo era de José Bernardo Latouche Núñez y de Josefa Jiménez Ojeda.

Felipe Antonio y Gertrudis tuvieron 2 hijos:

N5.6.6.1. José Felipe Juan Rojas Bacalao, nacido en Valencia el primero de octubre de 1990.

N5.6.6.2. Gertrudis Cecilia Rojas Bacalao, nacida en Valencia el 25 de junio de 1995 y bautizada en Bejuma el primero de enero de 1995.

N5.7. Berenice Mérida Núñez.

N5.8. Julia Mérida Núñez (Martínez), adoptada por Gertrudis.

Manuel Ezequiel Mérida falleció el 6 de julio de 1931 de una "enfermedad oscura" o mal definida[121], termino con el que llamaban a las patologías desconocidas en aquella época.

N6. Ramona Núñez Tortolero, nacida en Montalbán el 28 de septiembre de 1889. Falleció a los 6 años de edad por causa de una fiebre, el 11 de junio de 1896.

N7. Modesto Núñez Tortolero. Nació el 6 de febrero de 1891, prefiriendo la vida de soltero hasta que el paludismo lo venciera el 23 de julio de 1935.

N8. Natividad Felicia Núñez Tortolero, la menor de la familia, cuyos datos ya cité al comienzo de este análisis de su familia que concluyo aquí.

Volviendo al objetico central de este capítulo, pasemosver los hijos de

M1.7. Julio Torcuato Manzo Pérez y Natividad Núñez Tortolero:

M1.7.1. Antonio Julio Manzo Núñez, nacido en Montalbán el 17 de agosto de 1911. Fue bautizado el 8 de diciembre siguiente por el presbítero Dr. Manuel María Bacalao, siendo sus padrinos de bautizo los abuelos paternos. Por cierto, Julio Torcuato y Natividad tenían una

---

121 En el siglo XIX se utilizaron los términos "enfermedad oscura", "mal definida" o "sin asistencia médica" para referirse a todas aquellas patologías desconocidas hasta la fecha. Al ignorarse la naturaleza de la enfermedad, lo único que se podía hacer era aliviar los síntomas al paciente (fiebre, dolor, etc.) hasta que la dolencia cediera por sí misma o el paciente falleciera.

gran devoción por la Virgen del Carmen, lo que dejaban claramente de manifiesto a través de sus hijos. Con la excepción de los últimos dos, sus nombres siempre terminaban en "del Carmen". Aquí he omitido esa parte por razones de espacio.

No cometeré el error de narrar su vida, pues tenemos la fortuna de contar con su autobiografía que empezó a escribir pocos años antes de fallecer, incentivado a ello por su hija Egleé Manzo Travieso (M1.7.1.3). Tristemente, no tuvo tiempo de culminarla (llegó hasta el año 1952) pero su lectura es amena, interesante y educadora, por decir lo mínimo. La tituló "Bajo el Signo del Jebe". Egleé publicó una versión digital en un blog que creó específicamente para él: www.bajoelsignodeljebe.blogspot.com

Haré un breve e incompleto recuento de su vida profesional. Texto extraído del blog de Egleé:

- Contador Público inscrito en el Colegio de Contadores Públicos del estado Miranda. No. 2443.
- Trabajó para el Banco Agrícola y Pecuario. Comenzó como jefe del servicio de inspección. Posteriormente, jefe del departamento de contabilidad y luego del de operaciones. Finalmente, subgerente de sucursal. (1939–50)
- Miembro del consejo de economía del estado Táchira (1942-43).
- Miembro de la junta directiva de la Flota Mercante Grancolombiana seccional Venezuela. (1949–50)
- Gerente de la Corporación Venezolana de Fomento, y presidente de la junta directiva de la Flota Mercante Grancolombiana seccional Venezuela. (1951-52)
- Presidente de la junta directiva de la Flota Mercante Grancolombiana, seccional Venezuela, y miembro de la comisión que representó a nuestro país en las negociaciones para su separación de dicha empresa. (1953–54)
- Gerente administrativo y gerente general de la C.A. Nacional Teléfonos de Venezuela. (1955–56)
- Profesor de contabilidad de la Universidad Central de Venezuela.
- Vicepresidente y gerente de la firma Montemayor y Cía.
- Contador público. (1957–61)
- Consultor en la administración, organización y método de la

gobernación del Distrito Federal. (1962–71). Algunos trabajos realizados:
- Sistema y manual de instrucciones de la contabilidad fiscal municipal del Distrito Federal.
- Sistema y manual de instrucciones de la contabilidad de crédito público municipal del Distrito Federal.
- Guía del contribuyente municipal, editada posteriormente por la gobernación del Distrito Federal.
- Consultor en organización y método, y en auditoría; contratado por el Banco Interamericano de Desarrollo para prestar asistencia al Banco Obrero de Venezuela.

➢ Director de administración de la presidencia de la república. (1971–73).
➢ Miembro de la junta directiva y director ejecutivo de la Asociación de Contadores de Venezuela. (1948-54)
➢ Además, entre 1955 y 1968 tuvo los siguientes cargos:
  - Presidente de la asociación de contadores de Venezuela.
  - Miembro de la asociación de sistemas y procedimientos, capítulo de Caracas.
  - Vocal del tribunal de apelaciones del impuesto sobre la renta.
  - Vicepresidente de la asociación de sistemas y procedimientos, capítulo de Caracas.
  - Secretario de la delegación de la asociación de contadores de Venezuela a la III conferencia interamericana de contabilidad, celebrada en la ciudad de Sao Paolo, Brasil, en 1956.
  - Presidente de la delegación de la asociación de contadores de Venezuela, a la IV conferencia interamericana de contabilidad, celebrada en la ciudad de New York, U.S.A. en 1962.
  - Presidente de la delegación venezolana al VIII congreso mundial de contabilidad, celebrado en la ciudad de New York, en 1962.
  - Vicepresidente de la delegación de Venezuela a la VIII conferencia interamericana de contabilidad, celebrada en Caracas, Venezuela, en 1967.
➢ Presidente de la asociación de sistemas y procedimientos, capítulo de Caracas. (1972-73)

➤ Socio principal de la firma de contadores públicos MANZO NUNEZ Y ASOCIADOS. Ejecutivo del contrato celebrado entre dicha firma y la municipalidad del Distrito Federal, como asesor en materia de organización y sistemas. (1974-82)

➤ Director de liquidación de rentas municipales de la gobernación del Distrito Federal (interino)

También recibió algunas distinciones:

❖ Medalla al mérito (Bronce) del Colegio Central de Titulares de Madrid, España.

❖ La Institución Conferencia Interamericana de Contabilidad le dio los siguientes honores:

✓ Botón de oro mención contador de las Américas.

✓ Título y diploma de veterano de la conferencia.

❖ Condecoración "Orden al Mérito en el Trabajo" en su primera clase, otorgada por el gobierno de Venezuela.

Ya en el ámbito personal, contrajo nupcias el 21 de febrero de 1942 en la basílica catedral de Valencia con Emma Evelia Sánchez Barela. De regalo de bodas tuvieron el honor de que el acto fuera oficiado por el Rvdo. Mons. Gregorio Adams al ser la novia sobrina-nieta del primer obispo de Valencia, Monseñor Francisco Antonio Granadillo Ojeda, y gracias a los lazos de amistad entre las dos familias[122]. Fueron testigos Guillermo Feo Correa y el Dr. Antonio José Escobar Auné.

Emma Evelia (Bebella), nació en Aguirre el 10 de diciembre de 1921. Era la primera hija de Manuel Vicente Sánchez y Enriqueta María Barela Granadillo, casados en Aguirre el 31 de mayo de 1920. También tuvieron a María Enriqueta Sánchez Barela (Maruja), nacida el 4 de agosto de 1923, quien prefirió la vida de soltera hasta su fallecimiento en Valencia el 27 de febrero de 2003 a los 79 años de edad.

Manuel Vicente Sánchez, nació en Aguirre el 28 de marzo de 1885, siendo bautizado el 12 de junio siguiente. Se dedicó a la agricultura, falleciendo de una "enfermedad oscura" a la joven edad de 46 años, el 9 de marzo de 1932. Al momento de su deceso, ya era viudo y solo le sobrevivía su hija Maruja quien ya vivía en Valencia.

Fig.19. *María Enriqueta Sánchez Barela*

122 Manzo Núñez, Antonio Julio. (1986). *Bajo el signo del jebe*. Pág. 52.

Manuel Vicente y sus hermanos Francisco Antonio, Félix, Isaías, Carmen, Ramón María y Juan Andrés, eran hijos naturales de María de Jesús Sánchez, quien los tuvo antes de su fallecimiento ocurrido el 23 de abril de 1933, a la longeva edad de 90 años. A su vez, María de Jesús era hija de Juan José Sánchez Ojeda, fallecido de hidropesía a los 60 años de edad el 30 de junio de 1885, y de su prima hermana María Anselma Timotea Ojeda Ojeda. De los anteriores, Juan José era hijo de Diego José Sánchez Román y de Juana Ojeda Soto, ya citados en T8.11.1; mientras que María Anselma lo era de Juan Bautista Ojeda Soto y de María del Carmen Ojeda Ximénez.

Ahondemos un poco más en los 4 abuelos de María de Jesús:

Diego José Sánchez Román era hijo de Juan Bautista Sánchez y de Paula Rosalía Romano Terant, siendo esta última hija de Joseph Aniceto Romano y de Felipa Terant, ya citados en T8.11. Se casó en Montalbán a finales del siglo XVIII con Juana Ojeda Soto, hija de Mateo Ojeda Peñalosa y de Luisa Soto (ya citados en T8.2.1), con quien tuvo 9 hijos; siendo Juan José el mayor. De estos últimos, Mateo era hijo de Juan Fernández de Ojeda y de Elvira Peñalosa Noda, ya citados en S2.2.7.

Nos faltó sus otros 2 abuelos: Juan Bautista Ojeda Soto y María del Carmen Ojeda Ximénez. Juan Bautista era hermano de Juana Ojeda Soto, la cual acabamos de mencionar. Se casó en 1813 con María del Carmen, hija de Agustín Ojeda Peñalosa y de Benedicta Ximénez León, ya citados en O7.3, con quien tuvo 8 hijos: Simona, María Anselma Timotea, Saturno, Rosa María, Manuel María, María Andrea, José León y Candelaria.

Con esto hemos cubierto toda la familia paterna de Emma Evelia Sánchez Barela, pero nos falta la materna. Su madre, Enriqueta María de Lourdes de Jesús Barela Granadillo, nació el 23 de abril de 1889 en el poblado de Aguirre. Falleció el 5 de enero de 1924 a la joven edad de 34 años, a solo 3 años de haberse casado y con 2 hijas: una de 3 y otra de 1 año de nacida. Ramón María, el hermano de su esposo Manuel Vicente, informó a Julio Carnevali, primera autoridad civil del municipio Montalbán, que el deceso ocurrió a las 8 de la noche; pero no dijo la causa. A juzgar por las fechas e historia familiar, pudiera especularse se trató de complicaciones con su tercer parto, probablemente eclampsia[123].

_____

123 Se refiere a los estados hipertensivos durante el embrazo que pueden

Enriqueta era hija de José Isidro Barela Pinto (B), fallecido el 2 enero de 1916 a la edad de 51 años, y de Eufrasia Granadillo Ojeda, casados en Aguirre el 14 de abril de 1888. Eufrasia le dio 13 hijos antes de fallecer por una lesión cardiaca el 15 de marzo de 1928, a los 62 años de edad.

José Isidro fue agricultor y, en 1894, presidente del consejo municipal de Bejuma. Era hijo de José Isidro Barela, hijo natural de Ramona Barela, y de María del Carmen Pinto Coronel. Esta última era hija de Agustín Miguel Pinto Ortega (P12.7.3.5) y de María Coronel Soto, ya citados en M8.9.

En cuanto a Eufrasia, era hija de José Antonio Granadillo Ojeda y de María de la Cruz Ojeda Ojeda. José Antonio era hijo de Simeón Granadillo Román, prócer de la independencia bajo el rango de sargento primero, y de María Agustina Ojeda Mercado. De estos, Simón era hijo de José Granadillo y de María Antonia Román Ojeda; mientras que María Agustina lo era de José Miguel Ojeda Serpa y de Juana Mercado. De los anteriores, María Antonieta era hija de Nicolás Romano Terant

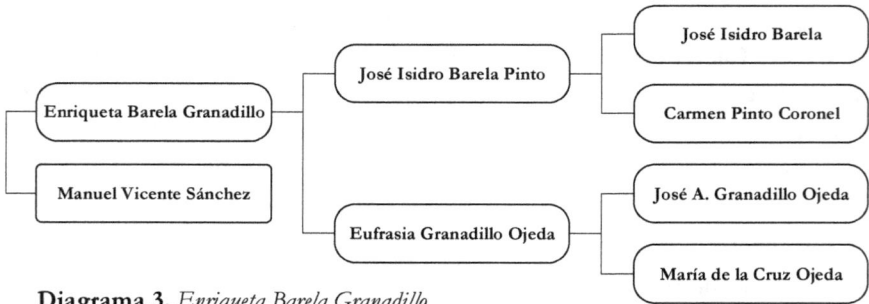

Diagrama 3. *Enriqueta Barela Granadillo*

y de María Florentina Ojeda Serpa, ya citados en T9.6.6; y José Miguel lo era de Joseph Miguel de Ojeda y de Juana María Cayetana Serpa, ya citados en S2.2.7.

Dejamos de lado la mama de Eufrasia: María de la Cruz Ojeda Ojeda. Era hija de Pedro José Ojeda Ojeda y de María del Carmen Ojeda

desencadenar el fallo de uno o varios órganos vitales. En nuestro país es una de las primeras 3 causas de muerte materna y hasta el presente permanece desconocida su causa, lo cual hace muy difícil su previsión y tratamiento. Se presenta con mayor riesgo en hijas de madres preeclámpticas.

Rivero. A su vez, Pedro José era hijo de Juan Agustín Ojeda Soto y de Juana Bautista Ojeda Ximénez, y María del Carmen lo era de Juan Jacinto Ojeda Rosell (S2.2.7.2) y de Vicencia Rivero Ojeda. La ascendencia materna de Enriqueta sigue hacia arriba, escapando del alcance de este trabajo.

Pero, hablemos un poco más de Eufrasia. Era hermana de: Juan Bautista, Moisés Antonio, Eloísa, José Antonio, María de la Cruz, Pedro Pablo, José Antonio, Carmen, María Candelaria, Deocleciana, Roque Antonio, Pedro Julián, Oscar Jesús y Francisco Antonio Granadillo Ojeda. Este último dedicó su vida a Dios, llegando a convertirse en el primer obispo de Valencia[124]. De aquí viene su parentesco con Emma Evelia Sánchez Barela, como señalaba al comienzo de este apartado.

Para no hacer demasiado extenso ente apartado, mencionaré solamente la descendencia de Eufrasia y dejaré la de sus hermanos para otro libro. Del matrimonio de José Isidro Barela Pinto (B) y de Eufrasia Granadillo Ojeda vinieron los siguientes hijos:

B1. Enriqueta María Barela Granadillo, ya citada.

B2. Emma Eloísa Barela Granadillo, nacida el 3 de julio de 1890. Se casó en Aguirre el 20 de octubre de 1907 con Edmundo Ortega Ojeda, quien fuera primera autoridad civil del municipio Montalbán entre 1919-1920, hijo de Genaro Ortega y de Juana Ojeda. Trajo al mundo a 4 hijos antes de fallecer de un infarto a la joven edad de 25 años, el 26 de diciembre de 1915:

B2.1. Ana Mercedes Ortega Barela, casada a los veintisiete años de edad el 29 de diciembre de 1935, con Ramón Romero Cotarro, hijo de Ernesto Romero y de Francisca Cotarro.

B2.2. Jorge Rafael Ortega Barela, nacido el 11 de mayo de 1911.

B2.3. Emma Elena Ortega Barela. Nació el 13 de abril de 1913.

B2.4. María Valentina Ortega Barela, nacida el 2 de noviembre de 1914.

B3. José Isidro Barela Granadillo, nacido el 23 de agosto de 1891. Falleció por una anemia el 29 de enero de 1908, con apenas 17 años.

B4. Jesús de las Mercedes Barela Granadillo. Nació el 25 de septiembre

---

124 Luego de que el obispo Rincón González lo designara su provisor y vicario general en 1916, fue promovido al obispado de Valencia el 19 de junio de 1923, consagrado el domingo 21 de octubre de ese mismo año en la catedral de Caracas por el Exceltmo señor nuncio Dr. Felipe Cortesi.

284 | Montalbán | Orígenes Genealógicos

de 1892, falleciendo a los 2 días de nacido.

B5. Jesús Agustín Barela Granadillo. Falleció por una pulmonía el 6 de abril de 1894, a los 7 meses de nacido.

B6. Gregorio Antonio Barela Granadillo, nacido el 24 de abril de 1895.

B7. Carmen María Barela Granadillo ("Cati" o "Tan"), nacida en Aguirre el 15 de noviembre de 1896. Prefirió la soltería y ayudó en la crianza de sus sobrinas Emma Evelia y María Enriqueta; huérfanas siendo niñas pequeñas.

B8. María Soledad Barela Granadillo, nacida el 23 de octubre de 1897. Falleció a los 10 meses de edad, el 3 de septiembre de 1898.

B9. Eufrasia Amadora Barela Granadillo, nacida el 30 de abril de 1900. Se casó el 4 de febrero de 1926 con Manuel Vicente Tortolero Marvéz, hijo de Fernando Tortolero Tortolero y de Isabel Marvéz Bacalao, casados en Montalbán el 6 de junio de 1877. Fernando era hijo de Ramón Tortolero Salvatierra (T2.2.1.1) y de Rita Tortolero Tortolero (T9.6.1.3); mientras que Isabel lo era de José María Marvéz Fuentes y de Prudencia Bacalao Salvatierra. De estos últimos, José María era hijo de Francisco Marvéz Marvéz y de María África Fuentes Bacalao, ya citados en M1.4, y Prudencia de Rafael María Bacalao López (S2.6.2.2) y de Josefa Salvatierra (S6.2.2.1).

Del matrimonio de Manuel Vicente con Eufrasia Amadora nacieron los siguientes hijos:

B9.1. Elodia Isabel Tortolero Barela (Yaya), nacida el 16 de mayo de 1927. Se casó con Leopoldo Romero Sandoval (Chicho), hijo de Leopoldo Romero González y de su prima hermana María de Jesús Sandoval Romero. De estos, Leopoldo era hijo de Leopoldo Romero La Roche y de María Magdalena González; mientras que María de Jesús lo era de Cruz Sandoval Peñalosa y de Rosa Romero La Roche. Esta última, hermana de Leopoldo Romero La Roche; ambos, hijos de Leopoldo Romero Irady y de Elisa La Roche.

Leopoldo y Elodia Isabel fueron padres de:

B9.1.1. Elizabeth Romero Tortolero, nacida en Valencia el 30 de abril de 1948. Se casó el 6 de abril de 1968 con el Dr. Luis Guillermo Cortéz Hernández, hijo de Luis Alberto Cortéz y de Guillermina Hernández, con quien tuvo 4 hijos:

B9.1.1.1. María Auxiliadora Cortéz Romero (Loly), nacida el 24 de mayo de 1969. Se casó el 28 de octubre de 1995 con Simón

José Rufino Barela Scaramella, hijo de José Santiago Barela Granadillo[125] y de Norma Lucila Scaramella Ochoa.

Tuvieron 2 hijos:

B9.1.1.1.1. Simón Guillermo Barela Cortéz, nacido en Valencia el 19 de julio de 1996 y bautizado en Naguanagua el 21 de septiembre de 1996.

B9.1.1.1.2. María Valentina Barela Cortéz, nacida el 21 de mayo de 1998.

B9.1.1.2. Luis Leopoldo Cortéz Romero, nacido el 20 de octubre de 1970. Se casó el 14 de abril de 2000 con Nataly Tubio Pias, hija de Ramón Tubio Campos y de María del Carmen Pias, con quien tuvo 2 hijas:

B9.1.1.2.1. Luisana Cortez Tubio.

B9.1.1.2.2. Michelle Cortez Tubio.

B9.1.1.3. Elizabeth Cortéz Romero, nacida el 13 de octubre de 1973.

B9.1.1.4. Guillermo Alejandro Cortéz Romero, nacido en Valencia el 24 de marzo de 1978. Se casó el 29 de noviembre de 2003 con Iballa de la Chiquinquirá Amaya Milano; hija de Norberto Amaya Cordovéz, originario de Vallehermoso-Gomera, y de Mireya Concepción Milano La Rosa, natural de Maiquetía. Tuvieron un hijo:

B9.1.1.4.1. Iván Cortéz Amaya.

Separado de Iballa, Guillermo Alejandro tuvo otro hijo con Ana Graciela Guedez:

B9.1.1.4.2. Adrián Cortéz Guedez.

B9.1.2. Leopoldo Romero Tortolero (Chichito), nacido el 25 de

---

125 No confundir con los Barela Granadillo ya citados. José Santiago Barela Granadillo era hijo del matrimonio de José Rufino Ramón Barela Granadillo con su prima hermana María Josefa Granadillo Díaz. De los anteriores, José Rufino Ramón era hijo de Juan Antonio Pinto y de María Candelaria Granadillo Ojeda; mientras que María Josefa lo era de José Antonio Granadillo Ojeda y de Eduarda Díaz Silva. De estos últimos, María Candelaria y José Antonio eran hermanos, hijos del canario José Antonio Granadillo Ojeda y de María de la Cruz Ojeda Ojeda, de donde viene el vínculo de consanguinidad de 2nd grado.

septiembre de 1949. Se casó el 28 de julio de 1979 con Jessie del Carmen Divo Sarquís, hija de Jacobo Divo y Odette Sarquís, con quien tuvo 3 hijos:

B9.1.2.1. Leopoldo Jacobo Romero Divo, nacido el 3 de octubre de 1980. Se casó el 21 de diciembre de 2004 con Isabel Teresa Sánchez Atomare, hija de José Antonio Sánchez y de Isabel Altomare, con quien tuvo 3 hijos:

B9.1.2.1.1. Samuel Alejandro Romero Sánchez, nacido el 29 de noviembre de 2007.

B9.1.2.1.2. Isabella Romero Sánchez. Nació el 13 de septiembre de 2009, en Valencia.

B9.1.2.1.3. Anabella Romero Sánchez, nacida el 18 de diciembre de 2011.

B9.1.2.2. Jessie Cristina Romero Divo, nacida el 13 de abril de 1982. Se casó el 17 de septiembre de 2011 con Cesar Gabriel Alam Méndez, hijo de Alí José Alam y de Lucila Méndez, con 2 hijas:

B9.1.2.2.1. Fabiana Alam Romero.

B9.1.2.2.2. Oriana Romero.

B9.1.2.3. Juan Manuel Romero Divo. Nació en Valencia el 13 de junio de 1989 y fue bautizado en San Diego el 5 de mayo de 1990. Se casó con Andreina Curiel.

B9.1.3. María Hercilia Romero Tortolero (Chicha), nacida el 15 de junio de 1951. Se casó el 19 de marzo de 1983 con José Nelson Pérez Rojas, hijo de Rubén Darío Pérez y Rosario Rojas, naturales de San Cristóbal. Fueron padres de:

B9.1.3.1. José Leonardo Pérez Romero, nacido el 28 de enero de 1984. Se casó el 20 de octubre de 2012 con Adriana Carvajal.

B9.1.3.2. José Alejandro Pérez Romero, nacido el 5 de septiembre de 1985.

B9.1.3.3. María José Pérez Romero, nacida el 7 de noviembre de 1992 y fallecida el 26 de julio de 1993.

B9.1.4. Jesús Antonio Romero Tortolero, nacido el 20 de marzo de 1953. Se casó con la Dra. Hildamar Rondón, de cuyo matrimonio nació una hija:

B9.1.4.1. Hildamar de Jesús Romero Rondón, nacida el 9 de septiembre de 1980. Se casó el 28 de diciembre de 2006 con Luis

Eliezer Salcedo Garrido, hijo de Eliezer Josue Salcedo y de Belkis Garrido, naturales de Puerto Ordaz.

B9.1.5. Rosa María Romero Tortolero. Nació en Valencia el 25 de febrero de 1955 y fue bautizada en Naguanagua el 22 de mayo de 1955.

B9.1.6. Nelly Teresa Romero Tortolero. Nació el 9 de octubre de 1957, recibiendo el bautismo el 22 de diciembre de 1957.

B9.1.7. Manuel Romero Tortolero, nacido el 24 de marzo de 1963. Se casó en Valencia el 18 de diciembre de 1988 con Silvia El Alam Hernández, hija de George El Alam y de Helena Hernández, con quien tuvo 2 hijos:

B9.1.7.1. Manuel Vicente Romero El Alam, nacido el 19 de diciembre de 1989.

B9.1.7.2. Jorge Manuel Romero El Alam, nacido el 17 de marzo de 1994.

B9.1.8. Elodia Margarita Romero Tortolero (Nena), nacida el 13 de febrero de 1965. Se casó el 25 de mayo de 1991 con Manuel Eugenio Estrada Pérez, hijo de Manuel Estrada y de Otilia Pérez Loves, naturales de Fraguas-Salamanca. Fueron padres de:

B9.1.8.1. Leopoldo Estrada Romero, nacido en Valencia el 17 de marzo de 1993.

B9.1.8.2. Andrea María Estrada Romero, nacida el 24 de marzo de 1997.

B9.1.9. Isabel Cristina Romero Tortolero (Kikina), nacida en Valencia el 23 de enero de 1968. Madre soltera de un varón:

B9.1.9.1. Gabriel Romero.

B9.1.10. Adriana Romero Tortolero, nacida el primero de diciembre de 1973. Se casó el 29 de julio de 1995 con William José León Machado, hijo de Riccio José León Baptista y de Marilyan Machado, con quien tuvo 2 hijas:

B9.1.10.1. María José León Romero, nacida en Valencia el 12 de septiembre de 1996 y bautizada en Naguanagua el primero de diciembre de ese mismo año.

B9.1.10.2. María Isabel León Romero, nacida el 8 de noviembre de 2000.

B9.2. Nelly Tortolero Barela, nacida el 3 de agosto de 1928. Prefirió la vida de soltera.

B9.3. José Fernando Tortolero Barela (Cheche), nacido en Montalbán el 12 de marzo de 1930. Se casó en Valencia el 22 de marzo de 1952 con Yolanda Josefina Lugo Granadillo, hija de Carlos Elías Lugo Malpica y de Concepción Granadillo Granadillo. De los anteriores, Carlos Elías era hijo del general Cayetano Antonio Lugo Asconegui y de Mercedes Malpica Asconegui; mientras que Concepción lo era de Juan Ramón Granadillo y de Isabel Socorro Granadillo Asconegui, estos últimos de Tinaquillo. La genealogía del General Lugo se extiendo largamente hasta España, alejándose de nuestros objetivos en el presente trabajo.

José Fernando y Yolanda Josefina fueron padres de:

B9.3.1. Carlos Manuel Tortolero Lugo, nacido el 16 de enero de 1953. Se casó el 10 de diciembre de 1982 con Dinorah Consuelo Contreras Reverón, hija de Tito Livio Contreras Otaiza y de Hilda Margarita Reverón Conde. De los anteriores, Tito era hijo de Nepomuceno Contreras y de María Otaiza; mientras que Hilda lo era de Luis Felipe Reverón Feo y de Dámasa Victoria Conde Sáenz. Carlos Manuel y Dinorah tuvieron 3 hijos:

B9.3.1.1. Andreina Tortolero Contreras. Nació el 9 de octubre de 1983 y fue bautizada el 12 de octubre de 1985.

B9.3.1.2. Carlos Fernando Tortolero Contreras, nacido el 28 de agosto de 1986.

B9.3.1.3. Marisela Auxiliadora Tortolero Contreras, nacida el 7 de mayo de 1994.

B9.3.2. Marisela Tortolero Lugo, nacida el 3 de abril de 1954. Se casó el 27 de noviembre de 1976 con Argirios Hilios Alexopoulos Añez, hijo de Argirios Alexopoulos y de Ida Añez, con quien tuvo 2 hijas:

B9.3.2.1. Ari Cristina Alexopoulos Tortolero.

B9.3.2.2. Anni Zohi Alexopoulos Tortolero.

B9.3.3. Fernando José Tortolero Lugo. Nació en Valencia el 17 de septiembre de 1955 y se casó con Florisa del Socorro Henry Malpica, hija de Juan Ernesto Henry Méndez y de Brígida Flor Malpica Oria, con quien tuvo a:

B9.3.3.1. José Fernando Tortolero Henry, nacido el 17 de marzo de 1976. Se casó el 18 de mayo de 2002 con Zaida Coromoto Noguera Sánchez, con quien tuvo una hija:

B9.3.3.1.1. Catherina Tortolero Noguera.

B9.3.3.2. Fernando José Tortolero Henry, nacido el 21 de noviembre de 1984.

B9.3.4. Yolanda Josefina Tortolero Lugo, nacida el 27 de diciembre de 1957. Se casó el 20 de diciembre de 1979 con Francisco José Barreto Alvarado, hijo de Rolando José Barreto García y de Ana Teresa Alvarado, con un hijo:

B9.3.4.1. Francisco José Barreto Tortolero (Pepe), nacido el 16 de enero de 1984.

B9.3.5. Nelly Concepción Tortolero Lugo, nacida el 17 de septiembre de 1959. Se casó el 2 de marzo de 1984 con Rolando Miguel Barreto Alvarado, hermano de Francisco José el esposo de su hermana Yolanda Josefina, citados en el punto anterior. El matrimonio tuvo 2 hijos:

B9.3.5.1. Rolando Miguel Barreto Tortolero. Nació el 25 de febrero de 1988.

B9.3.5.2. Marianne Barreto Tortolero.

B9.3.6. Jesús Ricardo Tortolero Lugo (Pilo), nacido el 16 de abril de 1961 y casado el 15 de mayo de 1987 con Carmen Beatríz Jiménez Guedez, hija de Rafael Jiménez y de Clemencia Guedez.

B9.3.7. José de Jesús Tortolero Lugo (Cheo), nacido el 6 de noviembre de 1965. Se casó el 8 de abril de 1995 con Ivette de la Milagrosa Aoún Núñez, hija de Robert Jesús Aoún y de Blanca Antonieta Núñez, con quien tuvo un hijo:

B9.3.7.1. Robert José Tortolero Aoún, nacido en Valencia el 30 de marzo de 1996.

B9.3.8. María Josefina Tortolero Lugo (Pina), nacida el 4 de junio de 1977. Se casó el 19 de mayo de 2001 con Francisco José Pérez Díaz, hijo de Francisco Pérez Pérez y de Ana María Díaz, con quien tuvo una hija:

B9.3.8.1. María Daniela Pérez Tortolero, nacida en Valencia el 21 de mayo de 2002.

B9.4. Mercedes Elena Tortolero Barela (Punga), nacida el 15 de agosto de 1932. Se casó el 23 de agosto de 1958 con Carlos Augusto Contreras Jiménez, hijo de Augusto Antonio Contreras Frontado y de Elvira María Jiménez. De los anteriores, Augusto Antonio era hijo de Bernardo Contreras y de Victoria Frontado; mientras que Elvira era hija natural de Francisca Jiménez.

Carlos Augusto y Mercedes Elena tuvieron 5 hijos:

B9.4.1. María Auxiliadora Contreras Tortolero, nacida el 6 de junio de 1959. Se casó el 25 de septiembre de 1981 con el peruano Rubén Ricardo López-Torres González, hijo de Florentino López Torres y de América González, con quien tuvo a:

B9.4.1.1. Rubén Ricardo López-Torres Contreras, nacido el 24 de abril de 1982.

B9.4.1.2. Manuel Alejandro López-Torres Contreras. Nació el 17 de abril de 1986 y se casó con Diana Carolina Simancas.

B9.4.2. Carlos Augusto Contreras Tortolero (Mico), nacido el 7 de octubre de 1960. Se casó el 31 de octubre de 1981 con Carolina Coromoto Spinelli Díaz, hija de Ludovico Spinelli y de Luz Díaz, con quien tuvo un hijo:

B9.4.2.1. Carlos Augusto Contreras Spinelli, casado el 8 de agosto de 2009 con Olga María Arcay Restrepo. Con descendencia.

Separado de Carolina, Carlos Augusto tuvo otro varón con Josefina Marval:

B9.4.2.2. Jean Paul Contreras Marval, nacido en Valencia el 12 de febrero de 1994.

B9.4.3. Orlando José Contreras Tortolero (Nene), nacido el 1 de diciembre de 1962. Se casó el 26 de noviembre de 1982 con Letty Angelina Zambrano Vega, hija de José Antonio Zambrano y de Letty Marlene Vega, con quien tuvo 3 hijos:

B9.4.3.1. Astrid Cristina Contreras Zambrano, nacida el 18 de marzo de 1987.

B9.4.3.2. Orlando José Contreras Zambrano. Nació el 21 de marzo de 1993 y recibió el bautismo el 19 de marzo de 1994.

B9.4.3.3. José Alejandro Contreras Zambrano, gemelo con Orlando José, compartiendo ambas fechas.

B9.4.4. Mercedes Elena Contreras Tortolero, nacida el 31 de marzo de 1965. Se casó el 30 de marzo de 1985 con Carlos Alberto De Sousa Domingos, hijo de Sidonio De Sousa Mendoza y de Mariana Domingos, con quien tuvo 3 hijos:

B9.4.4.1. Luz Marina De Sousa Contreras, nacida en Valencia el

23 de mayo de 1987.

B9.4.4.2. Carlos Alberto De Sousa Contreras. Nació el primero de abril de 1990 y recibió el bautismo el primero de junio de 1991.

B9.4.4.3. Alberto José De Sousa Contreras, nacido el 5 de octubre de 1994 y bautizado en San Diego el 3 de marzo de 1996.

B9.4.5. Juan Carlos Contreras Tortolero, nacido el 1 de octubre de 1968. Se casó el 2 de mayo de 1998 con Amarilis del Valle Azuaje Quintero, hija de Pedro Azuaje y de Cristina Quintero.

B9.5. María Celina Tortolero Barela, nacida el 2 de abril de 1934. Se casó el 31 de marzo de 1962 con Luis Alberto Ferrer Lozada, hijo de Luis Ferrer y de Isabel Lozada. Fueron padres de:

B9.5.1. María Celina Ferrer Tortolero, nacida el 28 de noviembre de 1963 y casada con Luis Waldemar Pieters. Tuvieron 2 hijos:

B9.5.1.1. Waldemar Gerardo Pieters Ferrer, nacido en Maracay el 7 de mayo de 1991.

B9.5.1.2. Rolando Gabriel Pieters Ferrer, nacido en Bejuma el 13 de julio de 2003.

B9.5.2. Luis Alberto Ferrer Tortolero, nacido el primero de julio de 1964. Se casó el 27 de junio de 1987 con Aguedis Coromoto García Malavé, hija de José Ernesto García y de Margarita Malavé, sin descendencia. Luego, con Rebeca Margarita Castellanos Nieto, hija de Nelson Adolfo Castellanos y de Carmen Dolores Nieto, con quien tuvo un varón:

B9.5.2.1. Alejandro Ferrer Castellanos, nacido en Bogotá el 19 de mayo de 2003.

B9.5.3. Zoraida Margarita Ferrer Tortolero, nacida el 8 de septiembre de 1965 y casada con Alonzo Quintero, con quien tuvo 2 hijos:

B9.5.3.1. Alonzo Javier Quintero Ferrer, nacido en Maracay el 20 de julio de 1995.

B9.5.3.2. Sebastián Andrés Quintero Ferrer, nacido en Valencia el 13 de abril de 2000.

B9.5.4. Martha Elena Ferrer Tortolero, nacida el 23 de noviembre de 1967. Se casó el 28 de noviembre de 1993 con Francisco Javier Pacheco Mendoza, con quien tuvo 2 hijas:

B9.5.4.1. Francys Daniela Pacheco Ferrer, nacida el 12 de diciembre de 1993.

B9.5.4.2. Gabriela Alejandra Pacheco Ferrer. Nació el 29 de enero de 2003 y la bautizaron el 3 de enero de 2004.

B9.5.5. Nelly Ana Ferrer Tortolero, nacida 17 de julio de 1971.

B9.6. Elsie Guadalupe Tortolero Barela, nacida el 12 de diciembre de 1935. Se casó el 29 de julio de 1967 con José Antonio González Palermo, hijo de José Antonio González Ibarra y de Carmen Irene Palermo Repelo; esta última hija de Antonio Palermo y de Teresa Repelo. Tuvieron 5 hijos, luego de lo cual la familia se mudó a Tenerife, limitando nuestro seguimiento. Los hijos son:

B9.6.1. Mayela González Tortolero. Nació en Valencia el 15 de abril de 1968. Se casó en las Canarias y tuvo una hija.

B9.6.2. Marielsy González Tortolero, nacida en Valencia el 2 de octubre de 1969. Se casó y tiene 2 hijos.

B9.6.3. José Antonio González Tortolero, nacido en Valencia el 5 septiembre 1972.

B9.6.4. Gabriela González Tortolero, nacida el 29 de diciembre de 1974. Se casó en Canarias el 25 de enero de 2019 con Carlos de la Rosa, con quien tiene un hijo.

B9.6.5. Carolina González Tortolero, nacida en Tenerife el 5 de enero de 1979. Se casó con Alejandro Barroso con quien tuvo 2 hijos.

B10. José Antonio Barela Granadillo, fallecido a los 4 años de edad, el 30 de junio de 1905.

B11. Ana Vestina Barela Granadillo, nacida en Aguirre el 10 de diciembre de 1903. Se casó, el 27 de febrero de 1943, con Felipe Augusto Ortega Pinto, hijo de Luis Felipe Ortega Tortolero y de Ana Dolores Pinto Núñez. De los anteriores, Luis Felipe era hijo de Felipe Ortega Ruíz y de Isabel Tortolero Tortolero; mientras que Ana Dolores lo era de Rodolfo Pinto Ortega (O4.5.5.2) y de María Sofía Núñez Latouche.

B12. María Consuelo Barela Granadillo, nacida en Montalbán el 22 de abril de 1905. Se casó el 30 de abril de 1928 con Francisco Guillermo Correa Solá, hijo de Miguel Gerónimo Correa y de Amelia Solá, con quien tuvo 2 hijas:

B12.1. Aura Correa Barela, casada con Lucas José Moreno Ecarri, hijo de José Federico Moreno Briggs y de Carmen Emilia Ecarri Suhr. De los anteriores, José Federico era hijo de Lucas Moreno Ojeda y de Adela Briggs Mujica; mientras que Carmen Emilia lo era de Domingo Ecarri Ojeda y de Rosa Suhr Coronel.

Lucas José y Aura tuvieron 2 hijas:

B12.1.1. María Consuelo Moreno Correa, nacida el 7 de abril de 1951. Se casó el 5 de marzo de 1977 con José Darío Landaeta Rincones, hijo de Simón Landaeta y de Dilia Rincones, con quien tuvo 2 hijos:

B12.1.1.1. Iván Darío Landaeta Moreno. Nació el 18 de septiembre de 1978 y se casó con Belinda Rosa Lobo, con 2 hijas.

B12.1.1.2. María Angélica Landaeta Moreno, nacida el 18 de septiembre de 1980.

B12.1.2. Floradela Moreno Correa, nacida el 24 de septiembre de 1956. Se casó el 3 de septiembre de 1982 con Humberto José Carrasco Extraño, hijo de Arcángel Carrasco Mujica y de Artenia Extraño. Fueron padres de 2 hijos:

B12.1.2.1. Humberto José Carrasco Moreno, nacido el 12 de septiembre de 1985.

B12.1.2.2. Betania Estefan Carrasco Moreno, nacida el 22 de octubre de 1994.

B12.2. Olga Correa Barela, nacida prematuramente en Montalbán, el 24 de abril de 1931 y fallecida a los 6 días.

María Consuelo Barela Granadillo falleció 29 de abril de 1931 de neumonía catarral a solo 5 días de haber traído al mundo a su segunda hija Olga.

Con esto, cierro el apartado dedicado a la familia materna de Emma Evelia Sánchez Barela.

Ahora podemos analizar la descendencia del matrimonio de Antonio Julio Manzo Núñez con Emma Evelia Sánchez Barela:

M1.7.1.1. Ricardo José Manzo Sánchez, nacido el 2 de junio de 1943. Se casó en Valencia el 29 de mayo de 1965 con su prima hermana Yolanda Manzo Henríquez (véase M1.7.3.4), con quien tuvo 5 hijos:

M1.7.1.1.1. Cristina de la Inmaculada Manzo Manzo, nacida en Caracas el 27 de marzo de 1966 y madre natural de:

M1.7.1.1.1.1. Marianna Cristina Manzo Manzo, nacida en Valencia el 5 de mayo de 1994.

Cristina contrajo nupcias en Valencia-España el 11 de junio de 2022 con Juan Carlos Aguzzi.

M1.7.1.1.2. Ricardo José Manzo Manzo, nacido el 7 de noviembre de 1968, quien escribe estas líneas. Me casé el 29 de julio de 1999 con Yuletsy Torrealba Rodríguez, hija de Rafael Ángel Torrealba Salvatierra y de Maritza Isabel Rodríguez. Siendo Rafael Ángel hijo de Rafael Antonio Torrealba Majano y de

Fig. 20. *Antonio Julio Manzo Núñez y Emma Evelia Sánchez Barela*

Hilda Rosa Salvatierra Arcila; mientras que Maritza Isabel era hija natural de Carmen Blasina Rodríguez Osabarrios, reconocida por Gonzalo Antonio Palencia Torrens.

De los abuelos de mi esposa: Rafael Antonio era hijo de José Hipólito Torrealba y de María Dolores Majano; Gonzalo Antonio era hijo de Tomás Palencia y Ana Dolores Torrens, naturales de Canoabo; y Carmen Blasina era hija natural de Rafaela Amparo Osabarrios Guevara, hija de Rafael María Ozabarrios y de Florinda Guevara.

Ahora, su abuela materna: Hilda Rosa era hija de Mariano Salvatierra Pinto y de Isabel María Arcila, hija natural de Atanasia Arcila. A su vez, Mariano, nacido en Montalbán, era hijo natural reconocido de Fernando Hernández Sánchez y de Ana Avelina Salvatierra Hernández. De los anteriores, Fernando era hijo de Pedro Pablo Hernández y de Julia Sánchez; mientras que Ana Avelina lo era de José Ramón Salvatierra Silva y de Eusebia Hernández.

Finalmente, José Ramón era hijo de Miguel Salvatierra (S6.2.2.3) y de Josefa Silva Ojeda (T8.1.5.4); mientras que Eusebia lo era de Pedro Ojeda Soto y de Rosa Hernández. De estas ascendencias, puede deducirse que tengo un parentesco de séptimo grado con mi esposa, con quien tuve 2 hijas nacidas en Miami:

M1.7.1.1.2.1. Victoria Manzo Torrealba, nacida el 23 de marzo de 2001.

M1.7.1.1.2.2. Rebecca Manzo Torrealba, nacida el 3 de junio de 2007.

M1.7.1.1.3. Verónica de la Inmaculada Manzo Manzo, nacida el 24 de julio de 1971. Se casó en Naguanagua el 24 de marzo de 2001 con Juan Carlos Venero Hernández, hijo de Pedro Pablo Venero y de Emelina Hernández, con quien tuvo a

M1.7.1.1.3.1. Luis Daniel Venero Manzo, nacido en Valencia el 6 de febrero de 2003.

M1.7.1.1.4. Reinaldo José Manzo Manzo, nacido en Caracas el 27 Julio de 1973.

M1.7.1.1.5. Gabriela de la Inmaculada Manzo Manzo, nacida en Valencia el 23 de septiembre de 1981.

Lamentablemente, el 17 de mayo de 1944, mi abuela Emma Evelia falleció debido a complicaciones durante su segundo embrazo; al igual que su bebé. Esto significó un durísimo golpe para su esposo e hijo, de apenas un año. Carlos Casanti, periodista mexicano, dijo una vez una frase muy cierta: *"Se dice que el tiempo es el que cura todas las heridas. Lo que verdaderamente las cura es el amor".* Y eso fue exactamente lo que le pasó a mi abuelo. Anduvo 5 años con esa herida en el alma, hasta que finalmente lo curó el amor. Esto ocurrió el 30 de abril de 1949, cuando se casó con Yolanda Rafaela Travieso Caballero, natural de Caicara del Orinoco, e hija de Gustavo Antonio Travieso Guerra y de Ana Julia Caballero Fuentes, casados en Ciudad Bolívar en junio de 1921.

De los anteriores, Gustavo Antonio había nacido en Barinas el 5 de febrero de 1898 del matrimonio de Hermenegildo Travieso, fallecido a los 54 años de edad en San Fernando de Apure el 10 de junio de 1903, y de Tulia Guerra Guedez; esta última, fallecida a los 61 años de edad el 26 de febrero de 1933 e hija natural de Clemencia Guedez.

En cuanto a Ana Julia, nació el 15 de septiembre de 1907 en Caicara del Orino. Era hija del doctor bogotano Sanahir Caballero y de Rafaela Fuentes; esta última, hija natural de Hercilia Fuentes Villamizar, natural de Caicara del Orinoco.

Del matrimonio de Gustavo Antonio y de Ana Julia, nacieron tres hijas en Caicara del Orinoco:

1. Yolanda Rafaela Travieso Caballero, nacida el 2 de mayo de 1922 y fallecida el 12 de diciembre de 2015 en Santo Domingo.

2. Tulia Luisa Travieso Caballero (Tulita), nacida el 11 de octubre de 1923. Se casó con el ingeniero Doménico Colarossi (Mimmo), natural de L'Aquila en Abruzzo-Italia. Doménico fue uno de tantos italianos que vino a Venezuela en búsqueda de oportunidades de trabajo. Luego de un tiempo, le ofrecieron un trabajo muy bueno en Italia y se regresó para su país con su familia. Tulia tuvo tres hijos con Doménico antes de fallecer el 19 de abril de 2012:

   2.1. Irma Isabel Colarossi Travieso, nacida en Valera el 5 de diciembre de 1952 y bautizada en Caracas el primero de abril de 1953.

   2.2. Giorgio Colarossi Travieso. Nació en L'Aquila el 16 de marzo de 1954.

   2.3. Jean Carlo Colarossi Travieso.

3. Ana Elizabeth Travieso Caballero, nacida el 11 de abril de 1925. Se casó en 1943 con Gustavo Juliac García, con quien se estableció en Maracay y tuvo los siguientes hijos:

   3.1. Amalia Juliac Travieso.

   3.2. Gustavo Eduardo Juliac Travieso.

   3.3. Antonio David Juliac Travieso.

   3.4. Alicia Juliac Travieso.

Ana Julia perdió la vida el 15 de diciembre de 1927, con apenas 20 años de edad, cuando estaba embrazada de su cuarto hijo debido a complicaciones de una engina (parotiditis).

Del matrimonio de Antonio Julio Manzo Núñez con Yolanda Rafaela Travieso Caballero, vinieron al mundo los siguientes caraqueños:

   M1.7.1.2. Julio Heriberto Manzo Travieso, nacido el 16 de marzo de 1950. Se casó en Caracas el 4 de marzo de 1977 con Maritza del Coromoto Araque Ferreira, hija de Rafael Araque y de Hayleen Ferreira, sin llegar a tener descendencia ya que perdió la vida en un accidente automotor el 28 de agosto de 1977, apenas a cinco meses de haberse casado.

   M1.7.1.3. Egleé María de la Coromoto Manzo Travieso, nacida el 9 de agosto de 1951. Es una artista muy reconocida en Venezuela y fuera de sus fronteras.

   M1.7.1.4. Olga Beatríz del Coromoto Manzo Travieso, nacida el primero de abril de 1953. Se casó el 30 de noviembre de 1974 con Luis Emilio Velutini Urbina, hijo de Guillermo José Velutini Agüero y de Josefina Urbina Rolando. De los anteriores, Guillermo José era hijo de Emilio Horacio Velutini Couturier y de Abigail Agüero Briceño; mientras que Josefina lo era de Luis de Urbina y de Josefina Rolando Padrón.

De los abuelos de Luis Emilio: Emilio Horacio era hijo de Emilio Horacio Velutini Ron y de Clara Calixta Couturier, Abigail era hija de Manuel Agüero Agüero y de Teodora Briceño Briceño y Josefina lo era del farmacéutico Andrés Rolando Monteverde y de Josefa Padrón Lovera. Las genealogías de todos ellos siguen hacia arriba escapando del alcance del presente estudio

Luis Emilio y Olga tuvieron 3 hijos:

M1.7.1.4.1. Emiliana Velutini Manzo, nacida en New York el 4 de diciembre de 1978. Se casó con Luis Enrique Fajardo Acosta, hijo de Luis Miguel Fajardo Araujo de Iris Acosta, con quien tiene 3 hijas.

M1.7.1.4.2. Daniela Velutini Manzo, nacida en Caracas el 14 de septiembre de 1980. Se casó con Carlos Vicente Puppio Vegas, hijo de Antonio José Puppio González y de Cecilia Francisca Vegas Pérez, con quien tiene 3 hijos.

M1.7.1.4.3. Luis Emilio Velutini Manzo, nacido en Caracas el 17 de junio de 1987 y casado con Isabella Braschi.

M1.7.1.5. Carlos Gustavo Manzo Travieso, nacido el 7 de noviembre de 1955. Falleció en Caracas a los 9 años de edad, el 18 de junio de 1965 por un tumor cancerígeno en el cerebro.

M1.7.2. Sergio Manzo Núñez, nacido en Montalbán el 7 de octubre de 1912. Lo bautizaron el 8 de diciembre siguiente con el nombre de Sergio del Carmen, siendo sus padrinos Francisco Marvéz Correa (M1.4) y su tía Heriberta Manzo Pérez (M1.1).

Previamente. ya hemos visto casos como este en el que se bautizaba a los niños al poco tiempo de nacer. A las personas de hoy día, esto pudiera parecerles algo apresurado de acuerdo a nuestras costumbres modernas donde típicamente se espera un año; pero para la época, era algo normal dado la altísima rata de muerte infantil. Téngase en cuenta que en las zonas rurales no se disponía de médicos para llevar un control regular del embrazo, ni de los aparatos de monitoreo que hoy día conocemos. Los alumbramientos ocurrían en las fincas, donde las futuras madres eran atendidas por parteras en condiciones de higiene muy distintas a la de una maternidad citadina.

A lo anteriormente dicho, habría que agregar los estragos producidos por la fiebre amarilla desde finales del siglo XIX hasta comienzos del XX. En su tesis de doctorado, Juan Manuel Iturbe señala lo siguiente: *"Igual cosa sucedió en la oleada epidémica que se presentó en Valencia el año de 1895. La enfermedad se localizó en los extranjeros no aclimatados, y en los criollos de raza blanca y negra aborígenes de Montalbán, Bejuma, Miranda y Nirgua, ciudades situadas al occidente de Valencia y de clima relativamente frío"* [126]. Así mismo, el Doctor Aguerrevere Pacanins reportó que las ciudades de Montalbán y Bejuma fueron diezmadas por este flagelo en el año de 1881.

Para la fecha en que nacieron los Manzo Núñez, ya existía cierto conocimiento acerca de cómo combatirla. Sin embargo, mi abuelo Antonio Julio narra en su autobiografía cómo la enfermedad seguía cobrando numerosas vidas en Montalbán, especialmente las infantiles.

Dejemos el tema de lado y volvamos con Sergio. Se dedicó enteramente a la agricultura, casándose a los 22 años de edad el 17 de agosto de 1935 con Carmen Simona Corrales Latouche, hija de Domingo Waldo Corrales Tirado y de Trinidad Mariana Latouche Núñez. El vicario Luis Padilla presidió la ceremonia en la iglesia de la Inmaculada Concepción y los testigos fueron Rafael Andrés Bacalao Pinto, Josefina Manzo Pérez (M1.4), Félix Delfín Coronel Ojeda y Francisca Corrales Tirado.

Analicemos los padres de la novia. Domingo Waldo era hijo de Clemente Corrales y de María Manuela Tirado Henríquez. Clemente era oriundo de Valencia e hijo natural de Josefa María Clemente; mientras que María Manuela era hija de Pablo José Tirado y de Manuela Henríquez Granadillo. Esta última, hija de Pablo Henríquez Torrens (P4.6.2.1) y de Trinidad Granadillo Román, ya citada en T9.6.8.

En cuanto a Trinidad Mariana, era hija de Pedro Latouche Latouche y de Trinidad Núñez. De los anteriores, Pedro era hijo de José Bernardo Latouche Tortolero (T8.3.3.6) y de Josefa Antonia Latouche Salazar; esta última, hija de Escolástico Latouche Pinto (P12.2.1.8) y de Josefa Antonia Salazar Salvatierra (S6.5.3.2). Y Trinidad era hija natural de Catalina Núñez Arocha (T2.3.4.6).

---

126 Iturbe, Juan Manuel. (1904). *Contribución al estudio de la fiebre amarilla en Venezuela*. Pág. 20.

Sergio Manzo Núñez y Carmen Corrales Latouche tuvieron 2 hijos:

M1.7.2.1. Julio de Jesús Manzo Corrales (Jota Jota), nacido el 8 de enero de 1937. Se casó en Montalbán el 3 de diciembre de 1960 con Genara María Ojeda González, hija de José Esteban Ojeda Palencia y de Isabel María González Sequera. De los anteriores, José Esteban era hijo de Mirtiliano Ojeda y de Balbina Palencia Reyes; mientras que Isabel María lo era de Juan Emeterio González y de Juana Bautista Sequera. Fueron padres de:

M1.7.2.1.1. Josefa Ramona Manzo Ojeda, nacida el 6 de noviembre de 1959. Se casó el 5 de septiembre de 1981 con Carlos Esteban López, hijo natural de Nelly López, con quien tuvo 3 hijos:

M1.7.2.1.1.1. Andreina del Carmen López Manzo, nacida el 18 de junio de 1982. Se casó con Enyón Alfredo Mejías, hijo natural de María Coromoto Mejías.

M1.7.2.1.1.2. Carlos de Jesús López Manzo, nacido el 15 de septiembre de 1987. Se casó el 8 de septiembre de 2012 con María Coromoto Gómez Amaya, hija de Heliodoro Gómez y de Mercedes Amaya, con quien tuvo 2 hijas.

M1.7.2.1.1.3. Antonieta del Valle López Manzo, nacida en Bejuma el 20 de agosto de 1992. Se casó con Oswaldo Rafael Robles Mendoza, hijo de Freddy Oswaldo Robles Román y de Leyden Josefina Mendoza. Con una hija.

M1.7.2.1.2. Beatríz de Lourdes Manzo Ojeda, nacida el 5 de octubre de 1961. Se casó con José Hipólito Aular Petit, natural del Tinaco e hijo de Otilio Aular y de Justina Petit. Fueron padres de:

M1.7.2.1.2.1. Rafael Alexander Aular Manzo, nacido el 28 de junio de 1984. Tuvo un hijo con Yulexis Castillo:

M1.7.2.1.2.1.1. Santiago Aular Castillo.

M1.7.2.1.2.2. Nataly del Carmen Aular Manzo, nacida el 2 de abril de 1986. Tiene 2 hijas con Eudis Piñero.

M1.7.2.1.2.3. José Luis Aular Manzo, nacido en Montalbán el 24 de marzo de 1988.

M1.7.2.1.2.4. Alfonso José Aular Manzo. Nació en Maracay el 24 de noviembre de 1997 y recibió el bautismo en Montalbán el 22 de agosto de 1998.

M1.7.2.1.3. Julio Rafael Manzo Ojeda, nacido el 21 de septiembre de 1962. Se casó el 19 de marzo de 1983 con Milagros del Valle Cordero Sánchez, hija de Diego Cordero y de Alida Sánchez, con quien tuvo 3 hijos:

M1.7.2.1.3.1. Julio Jesús Manzo Cordero, nacido el 15 de diciembre de 1983. Se casó con Joseline Josefina Ruíz con quien tuvo 3 hijos nacidos en Bejuma:

M1.7.2.1.3.1.1. Julio Alexander Manzo Ruíz.

M1.7.2.1.3.1.2. Guadalupe del Valle Manzo Ruíz.

M1.7.2.1.3.1.3. Anthonella Alexandra Manzo Ruíz.

M1.7.2.1.3.2. Eduardo Rafael Manzo Cordero, nacido el 14 de junio de 1989. Se casó con Yusmely Alejandra Granadillo Gómez, hija de Rafael José Granadillo y de Omaira Isabel Gómez, con quien tuvo 2 hijos:

M1.7.2.1.3.2.1. Sebastián Alexander Manzo Granadillo.

M1.7.2.1.3.2.2. Guada Manzo Granadillo.

M1.7.2.1.3.3. Alexis Enrique Manzo Cordero, nacido el 15 de julio de 1991. Se casó con Ileana del Valle Peroza Rojas, hija de Arturo Eduardo Peroza y de Elva Josefina Rojas, con quien tuvo 2 hijos:

M1.7.2.1.3.3.1. Diego Alejandro Manzo Peroza.

M1.7.2.1.3.3.2. Stephanía Manzo Peroza.

M1.7.2.1.4. Vey Isabel Manzo Ojeda, nacida el 14 de agosto de 1965. Se casó el 20 de enero de 1990 con Luis José Soto Armas, hijo de Luis José Soto Oliveros y de Carmen Armas, con quien tuvo 2 hijas:

M1.7.2.1.4.1. Mayra Alejandra Soto Manzo, nacida en Bejuma el 14 de enero de 1991. Se casó el 26 de noviembre de 2016 con Jean Carlos Navarro Quintero, hijo de Danilo Navarro y de Esther Quintero, con 2 hijos:

M1.7.2.1.4.1.1. Jeanmariel Sofía Navarro Soto.

M1.7.2.1.4.1.2. Rodrigo Navarro Soto.

M1.7.2.1.4.2. Daniela Carolina Soto Manzo, nacida el 15 de julio de 1993. Se casó con Néstor Liborio Pinto Román, hijo de Néstor Liborio Pinto y de Aleida Josefina Román, con quien tuvo un hijo:

M1.7.2.1.4.2.1. Luis Alfonzo Pinto Soto.

Daniela, contrajo segundas nupcias con Eduardo José Ollalba Bracho, hijo de Luis Fernando Ollalba y de Clara Yolanda Bracho, con quien tuvo 2 hijos:

M1.7.2.1.4.2.2. Luis Eduardo Ollalba Soto.

M1.7.2.1.4.2.3. Camila Valentina Ollalba Soto.

M1.7.2.1.5. Maira del Carmen Manzo Ojeda, nacida el 23 de septiembre de 1968. Se casó el 25 de febrero de 1989 con Jesús Javier Suárez Gómez, hijo de Jesús Florentino Suárez y de María Lastenia Gómez, con quien tuvo 3 hijos:

M1.7.2.1.5.1. Dayana Carolina Suárez Manzo, nacida en Montalbán el 13 de julio de 1989.

M1.7.2.1.5.2. María del Valle Suárez Manzo, nacida el 18 de agosto de 1993. Se casó con Rafael Herrera, con quien tuvo 2 hijos.

M1.7.2.1.5.3. Jesús Javier Suárez Manzo, nacido en Montalbán el 14 de junio de 1995.

M1.7.2.1.6. Rosa Gisela Manzo Ojeda, nacida el 29 de agosto de 1971. Se casó el primero de diciembre de 1990 con José Luis Matute Gómez, hijo de Tirso Manuel Matute y de Carmen Gómez, con quien tuvo 3 hijos:

M1.7.2.1.6.1. José Leonardo Matute Manzo, nacido el 25 de junio de 1991. Se casó con Dayana Isabel Pantoja Arias, hija de Jesús Alberto Pantoja y de Carmen Aida Arias, con quien tuvo 3 hijos.

M1.7.2.1.6.2. María Gabriela Matute Manzo, nacida el 22 de enero de 1993. Se casó el 24 de noviembre de 2013 con Isaac Enrique León Abad, hijo de Armando Enrique León y de Noris Abad, con quien tuvo 2 hijas.

M1.7.2.1.6.3. María José Matute Manzo, nacida en Valencia el 26 de agosto de 1998.

M1.7.2.2. Santiago de Lourdes Manzo Corrales, nacido el 23 de mayo de 1945. Se casó el 25 de mayo de 1968 con Carmen Dolores Sánchez Palencia, nacida en Montalbán el 15 de septiembre de 1947 del matrimonio de Miguel Antonio Sánchez Barbosa con María Palencia Ojeda. Miguel Antonio era hijo de Manuel Antonio Sánchez Sánchez y de Ignacia Barbosa Rivero; mientras que María lo era de José Antero Palencia Peña y de Francisca Ojeda González.

De los anteriores, Manuel Antonio era hijo de Sandalio Sánchez Sánchez y de Natividad Sánchez Figueredo. Ignacia era hija de José Ignacio Barbosa Soto y de María de Jesús Rivero. José Antero era hijo de Luis Palencia Palencia y de Clara Peña Páez. Francisca era hija de Encarnación Ojeda Sánchez y de Cándida Rosa González. Las genealogías de los 4 abuelos de Carmen Dolores siguen hacia arriba en el tiempo alejándose de nuestro interés, así que mejor analicemos su descendencia.

Santiago y Carmen Dolores tuvieron 3 hijos:

M1.7.2.2.1. Mary Carmen Josefina Manzo Sánchez, nacida el 3 de julio de 1969. Se casó con Pedro Tomás Matute Goyo, hijo de Pedro Tomás Matute y de Gloria María Goyo, con quien tuvo un hijo:

M1.7.2.2.1.1. Pedro José Matute Manzo, nacido en Montalbán el 18 de diciembre de 1988.

Mary Carmen también tuvo una hija natural reconocida por William José Moreno:

M1.7.2.2.1.2. Guadalupe Nazareth Moreno Manzo, nacida el 27 de febrero de 2004.

M1.7.2.2.2. Sergio Santiago Manzo Sánchez (Sergito), nacido el 14 de octubre de 1971. Se casó con Wilma Rosa Pérez Goyo, hija de Saturnino Pérez y de Marina Antonia Goyo, naturales del Tocuyo. Tuvieron una hija:

M1.7.2.2.2.1. Wilser del Valle Manzo Pérez, nacida el 20 de noviembre de 1997. Se casó con Leonardo Jesús Méndez Rangel, hijo de José Policarpo Méndez Castro y de Blanca Virginia Rangel, con quien tuvo una hija.

Sergio Santiago también reconoció un hijo natural que tuvo con Yovanny Milagros Pinto Cabrera, hija de José Manuel Pinto Granadillo y de Rafaela Cabrera:

M1.7.2.2.2.2. Sergio Yohan Manzo Pinto, nacido en Bejuma el 26 de julio de 2001

M1.7.2.2.3. Sergio Rafael Miguel Manzo Sánchez, nacido el 23 de septiembre de 1973, con 3 hijos de diferentes mujeres.

M1.7.3. Torcuato José Manzo Núñez, nacido en Montalbán el 21 de mayo de 1914. El párroco Luis Gonzaga Cortina, poseedor de una gran caligrafía, lo bautizó el 14 de junio de ese mismo año con el nombre de Torcuato José del Carmen, nombre adquirido (al igual que su padre) al haber nacido en el dia de san Torcuato en el santoral católico. Sus padrinos: Su tío-abuelo Ernesto Tortolero Latouche y María del Carmen Tortolero Latouche, su abuela materna.

Hablar de mi abuelo Torcuato implica una gran responsabilidad debido a su extensa vida pública y laboral. De él recibí la inspiración para hacer el presente trabajo, y de él vino todas las bases para su elaboración. Para abarcar todos los aspectos de su vida, necesitaría un libro completo, así que me conformaré con citar la biografía que le dedica la fundación Empresas Polar, creada por Ildefonso Méndez Salcedo, en su portal DHV (Diccionario de Historia de Venezuela): *"Escritor, historiador, periodista y agricultor. Sus primeros estudios los hizo en la única escuela que existía en Montalbán, cuyo maestro era su tío Francisco Marvéz Correa. En 1926 se trasladó a Valencia e ingresó al seminario Nuestra Señora del Socorro donde aprendió latín. Posteriormente en 1929, a raíz de la expulsión de Venezuela del obispo de Valencia, Salvador Montes de Oca, fue enviado a proseguir estudios en el seminario de Santa Rosa de Lima en Caracas, donde cursó retórica, filosofía, latín y otras materias. A principios de 1935 abandonó los estudios religiosos y comenzó a trabajar en Caracas en diversos oficios: vendedor de las primeras máquinas calculadoras llegadas al país, cobrador del acueducto de la ciudad y maestro del colegio Atenas de La Pastora. Una vez fallecido el general Juan Vicente Gómez en 1935, fue nombrado preceptor de la escuela José Félix Sosa de Montalbán, cargo en el que permaneció poco tiempo. A partir de esta época comenzó su dedicación a la agricultura, actividad que lo llevó a establecer 2 haciendas y a ensayar varios cultivos tropicales y de frutas exóticas. Como hombre del campo se preocupó por aprovechar los recursos propios de la naturaleza buscando la autosuficiencia, el abaratamiento de los costos y la puesta en práctica de técnicas desarrolladas en nuestro país. Ejemplo de esto último fueron los trabajos para riego y generación de electricidad encargados al tecnólogo popular Luis Zambrano. Paralelamente con su actividad privada desempeñó algunos cargos públicos: diputado a la asamblea legislativa del estado Carabobo (1939-1943), organismo que presidió en varias oportunidades; diputado al congreso nacional para esa entidad federal (1943-1945); presidente del concejo municipal de Montalbán, entre otros. También se desempeñó como presidente de la Cámara Agrícola de Venezuela (Seccional Carabobo) y de la Unión Nacional de Cultivadores de Tabaco. Fue fundador y profesor del liceo José Andrés Castillo y profesor de la Escuela Agronómica Salesiana, ambos de Montalbán. Como periodista fundó El Látigo (1932) y El Peñón (1940), publicaciones de Montalbán; colaboró en El*

Carabobeño y en El Gato Líder, periódicos de Valencia en los que mantuvo las secciones fijas «Desde mi atalaya» y «Abrevadero». Como escritor produjo y publicó varias obras de poesía, de evocaciones y de historia. Su preocupación por el pasado lo llevó a investigar y difundir la trayectoria de su estado natal y de ciudades y pueblos como Valencia, Bejuma, Canoabo, Montalbán y San Joaquín; igualmente se ocupó de San Carlos de Austria. Fueron varios los países que visitó en viajes de negocios o de representación cultural. Se le distinguió con varias condecoraciones y homenajes por su labor como hombre de empresa y de letras. Perteneció como individuo de número a la Sociedad Venezolana de Historia Eclesiástica y al Centro de Historia del Estado Carabobo y como miembro correspondiente a la Academia Nacional de la Historia y a la Academia Venezolana de la Lengua. En 1988 la C.A. Tabacalera Nacional creó la beca Torcuato Manzo Núñez destinada a patrocinar los estudios de postgrado en la maestría de producción agrícola a un estudiante de la Universidad Nacional Experimental de los Llanos Occidentales Ezequiel Zamora (UNELLEZ), en Barinas."

A lo anterior, me gustaría agregar que mi abuelo fue declarado hijo ilustre de Montalbán y fue su primer cronista oficial. En dicha ciudad existe una biblioteca con su nombre, "Biblioteca Municipal Torcuato Manzo Núñez". También, en un poblado aledaño (Chirgua) una escuela tiene su nombre, "Escuela Estatal Torcuato Manzo Núñez".

En vida, recibió muchas condecoraciones. Entre ellas destacan las siguientes:

- Sol de Carabobo, en el grado de "Gran Oficial".
- Francisco de Miranda, en tercera y segunda clase.
- Mérito en el trabajo, en segunda clase.
- Cruz del ejército venezolano, en tercera clase.
- Henry Pittier, en segunda clase.
- Llave de la ciudad de Maracay.
- Orden Cámara de Comercio de Valencia, en segunda clase.
- Medalla de la gratitud scout.

Volviendo a nuestro trabajo genealógico, Torcuato Manzo Núñez se casó en la catedral de Valencia el 5 de agosto de 1939 con Carmen Filomena Henríquez Henríquez. El presbítero Víctor Arocha ofició el acto que contó con la distinguida presencia del obispo diocesano Mons. Gregorio Adam, siendo los testigos los padres del novio.

Carmen Filomena era descendiente directa de algunas de las familias que fundaron Montalbán. Era hija de Francisco Ramón Henríquez

Tortolero (don Pancho) y de Ana Clara Henríquez Ortega. Don Pancho era hijo de Pedro Regalado Henríquez Tortolero (T9.6.10.10) y de María del Carmen Tortolero Ojeda (T9.6.6.6); mientras que Ana Clara lo era de José Ramón Henríquez Granadillo y de María del Carmen Ortega.

Analicemos los abuelos de Carmen Filomena:

- Pedro Regalado era hijo de José Gabriel Henríquez Cesaro (P4.6.12.2) y de Isabel Tortolero Henríquez (T9.6.10).
- María del Carmen Tortolero Ojeda era hija del segundo matrimonio de Juan Pablo Tortolero Henríquez (P9.6.6) con de Leonor Ojeda Román (T9.6.6.1).
- José Ramón era hijo de Pablo Henríquez Torrens (P4.6.2.1) y de Trinidad Granadillo Román, hija de José Granadillo y de María Antonia Román Ojeda, ya mencionados en T9.6.8.
- María del Carmen Ortega (Carmelita). Era hija natural de María del Carmen Ortega Oliveros (O7.1.3.3). Nació 5 años antes de que su madre se casara con Manuel León Torrens, hijo de Ignacio León León y de María de las Mercedes Torrens Cesaro. De los Anteriores, Ignacio era hijo de José Joaquín León León y de María de las Mercedes León Cesaro; mientras que María de las Mercedes Torrens Cesaro lo era de José Ramón Torrens Cesaro (S2.1.5.3) y de María de los Ángeles Cesaro León (S1.1.6.4).

  No hay documento alguno que aclare si Carmelita era hija biológica de Manuel León Torrens. Probablemente no lo fue, ya que de haber sido así, la hubiese reconocido y su apellido hubiese sido cambiado a León.

  Ya vista la ascendencia de Carmen Filomena, pasemos a estudiar el hogar que formaron sus padres: Francisco Ramón Henríquez Tortolero (H) se casó en Montalbán el 21 de abril de 1917 con Ana Clara Henríquez Ortega, con quien tuvo la siguiente descendencia:

H1. Carmen Filomena de la Cruz Henríquez Henríquez. Vino al mundo el 5 de julio de 1920, siendo bautizada el 4 de agosto siguiente por el presbítero José Ignacio Rincón. Sus padrinos fueron Miguel Gerónimo Correa y su media hermana mayor Eulalia María Henríquez Marvéz. En breve nos ocuparemos de su descendencia.

H2. Víctor Ramón Henríquez Henríquez, nacido el 23 de marzo de 1923. Dieciséis días después, Manuel Arocha, párroco de la Inmaculada

Concepción de Montalbán, lo bautizó al igual que a su hermana gemela Alida Margarita (H3). Sus padrinos fueron sus tíos maternos Luis Pérez Hernández y Juana del Carmen Henríquez Ortega.

Víctor Ramón tuvo una primera relación sentimental con María Torrealba con quien no se casó, pero sí tuvo 2 hijos que reconoció:

H2.1. Jesús Rafael Henríquez Torrealba (Chumito), nacido el 8 de julio de 1949. Se casó en San Rafael de Onoto el 17 de febrero de 1976 con María Dolores Ojeda Pérez, con quien tuvo 4 hijos:

H2.1.1. José Gregorio Henríquez Ojeda, nacido el 27 de diciembre de 1976. Se casó con Nirva Josefina Gómez Ortega, hija de Elio Rafael Gómez y de Nirva Josefina Ortega Rodríguez, con quien tuvo a:

H2.1.1.1. María José Henríquez Gómez.

H2.1.1.2. Minerva Valentina Henríquez Gómez.

José Gregorio también tuvo 2 hijos naturales con Ismar Saraís López Pinto:

H2.1.1.3. Moisés Alejandro Henríquez López.

H2.1.1.4. José Alejandro Henríquez López.

H2.1.2. Jesús Miguel Henríquez Ojeda, nacido el 23 de febrero de 1978. Se casó con María Carolina Ortega Ochoa, hija de Arturo José Ortega y de Luisa Mary Ochoa, con quien tuvo a:

H2.1.2.1. Jesús Rafael Henríquez Ortega.

H2.1.2.2. Andrea Camila Henríquez Ortega.

H2.1.3. Andrés Ramón Henríquez Ojeda, nacido el 5 de agosto de 1981. Se casó con Glysbehan del Valle Valera Cabrera, hija de Eduardo José Valera Sarmiento y de Alba Rosa Cabrera Sánchez. Con descendencia.

H2.1.4. Angélica María Henríquez Ojeda, nacida el 30 de octubre de 1986. Tuvo 2 hijas naturales con Jarinson Enrique Castro Castillo.

H2.2. Carmen María Henríquez Torrealba, nacida el 9 de junio de 1952. Tuvo 2 hijos naturales:

H2.2.1. Javier Justino Henríquez Torrealba, nacido en Valencia el 13 de agosto de 1977.

H2.2.2. Luisana Henríquez Torrealba, nacida en Bejuma el 22 de abril de 1984. Se casó con José Gregorio Navarro, hijo natural de María Teresa Navarro, con quien tuvo 2 hijas:

H2.2.2.1. Sophia Navarro Henríquez. Gemela con,

H2.2.2.2. Rocío Navarro Henríquez.

Víctor Ramón tuvo una segunda relación sentimental con Ramona María Ojeda con quien tampoco se casó, pero con quien tuvo 4 hijos:

H2.3. Gloria Ramona Henríquez Ojeda, nacida el 22 de noviembre de 1954. Se casó con Henry Guillermo León Sánchez, hijo de Rafael Guillermo León Tortolero y de Carmen Josefa Sánchez Rodríguez, con quien tuvo 2 hijos:

H2.3.1. Víctor Henry León Henríquez, nacido el 28 de enero de 1890. Se casó con Aura Marina Colmenares Rangel, hija de José Colmenares y de María Rangel, con quien tuvo 3 hijos:

H2.3.1.1. Víctor Alfonzo León Colmenares.

H2.3.1.2. Eduardo Alfonzo León Colmenares.

H2.3.1.3. Víctor Alejandro León Colmenares.

H2.3.2. Víctor Alejandro León Henríquez, nacido en Montalbán el 28 de junio de 1983.

H2.4. Víctor Eduardo Henríquez Ojeda (el enano), nacido el 3 de marzo de 1956. Se casó con Ana María Sánchez Grimaldi, hija de Juan Francisco Sánchez Tortolero y de Nataly Grimaldi, con quien tuvo 2 hijos:

H2.4.1. Víctor Juan Henríquez Sánchez.

H2.4.2. Juan Eduardo Henríquez Sánchez.

H2.5. Elizabeth del Carmen Henríquez Ojeda, nacida en Montalbán el primero de noviembre de 1957 y bautizada en El Sombrero el 10 de mayo de 1958.

H2.6. Alba Raquel Henríquez Ojeda, nacida en Tinaquillo el 12 de septiembre de 1960. Se casó el 23 de julio de 1983 con Evelio José Hernández Kinsler, hijo de Evelio Hernández y de Carmen Kinsler, con quien tuvo 2 hijos:

H2.6.1. Víctor Evelio Hernández Henríquez, nacido el 21 de agosto de 1984. Se casó con Pamela Carola Reyes Aravena con quien tiene descendencia.

H2.6.2. Víctor José Hernández Henríquez, nacido en Montalbán el 9 de diciembre de 1986.

Finalmente, Víctor Ramón se casó con Juana Graciela Sequera Ramos, hija de Félix Ramón Sequera Roja y de Jovita María Ramos, con quien tuvo 4 hijos:

H2.7. Víctor Fernando Henríquez Sequera, nacido en Montalbán el 9 de julio de 1957 y bautizado en Bejuma el 3 de diciembre de 1957.

H2.8. Víctor Ricardo Henríquez Sequera. nacido el 29 de diciembre de 1959. Se casó con Lucinda Lastenia Rodríguez Gómez y se estableció en San Carlos, estado Cojedes. Tuvieron 3 hijos:

H2.8.1. Luis Ricardo Henríquez Rodríguez, nacido el 26 de diciembre de 1990 y casado con Claribel Pérez (con descendencia).

H2.8.2. Ana Graciela Henríquez Rodríguez, nacida el 25 de agosto de 1994.

H2.8.3. Víctor Rogelio de Jesús Henríquez Rodríguez, nacido en el 24 de abril de 1997

H2.9. Lilia Marbelis de la Cruz Henríquez Sequera, nacida el 15 de mayo de 1962 y casada con Edgardo Antonio Ramírez, con quien tuvo 3 hijos:

H2.9.1. Verónica Argentina del Mar Ramírez Henríquez, nacida en Valencia el 5 de diciembre de 1983.

H2.9.2. Simón Edgardo Ramírez Henríquez, nacido en Barinas el 16 de marzo de 1989.

H2.9.3. Marbelis Milagros Ramírez Henríquez, nacida el 18 de junio de 1990.

H2.10. Ana Henríquez Sequera, nacida en Miranda el 27 de junio de 1966. Se casó con Luis Alberto Arnao Díaz, con quien tuvo 2 hijos:

H2.10.1. Luisana Arnao Henríquez.

H2.10.2. Víctor Arnao Henríquez.

H3. Alida Margarita Henríquez Henríquez, nacida el 23 de marzo de 1923. Se casó el 23 de julio de 1949 con Arnaldo Rodolfo de la Santísima Trinidad Pinto Salvatierra, hijo de Luis Rodolfo Pinto Núñez y de Trina Herminia Salvatierra Coronel. Luis Rodolfo era hijo de Rodolfo Pinto Ortega (O4.5.5.2) y de María Sofía Núñez Latouche; mientras que Trina Herminia era hija de Tulio Tomás Salvatierra Barela y de María de la Trinidad Coronel Barela.

De los anteriores, María Sofía era hija de José Ignacio Núñez Arocha (T2.3.4.3) y de María Evarista Latouche, hija natural de María Josefa Latouche Pinto (P12.2.7.1). Tulio Tomás era hijo de Eliseo Salvatierra y de Gregoria Barela Coronel (véase M1.4). María de la Trinidad era hija de José Tomás Coronel Pinto, hijo de José Coronel Soto y de Tomasa Pinto Pinto (P12.1.2.4), y de María Francisca Antonia Barela Coronel, hija de José Isidro Barela y de Ramona Coronel Soto (véase M8).

Arnaldo Rodolfo y Alida Margarita tuvieron los siguientes hijos:

H3.1. Marialida Pinto Henríquez, nacida el 6 de mayo de 1950. Se casó con Rafael Russian Subero, hijo de Rafael Russian Navarro y de Delfina Subero, con quien tuvo 2 hijos:

H3.1.1. Rafael Arnaldo Russian Pinto (Mussiu), nacido el 19 de diciembre de 1979.

H3.1.2. María Fernanda Russian Pinto, nacida el 25 de noviembre de 1980. Se casó con Oswaldo Alberto Carvallo Cacini, hijo de Oswaldo Carballo Borjas y de Jackeline Cacini, con quien tuvo 3 hijas.

H3.2. Luis Arnaldo Pinto Henríquez, nacido el 8 de octubre de 1954. Contrajo primeras nupcias con Carmen Cecilia Morales Arocha, hija de Reinaldo José Morales Solá y de Beatríz Elena Arocha Puig, con quien tuvo un hijo:

H3.2.1. Luis Rodolfo Pinto Morales, nacido en Montalbán el 4 de mayo de 1984 y casado con María Fernanda Solá Montenegro, hija de Fernando Antonio Solá Valencia y de Ligia Marina Montenegro Ruíz. Con descendencia.

Tuvo segundas nupcias con Belkis Mariela Jiménez Escalona, hija de Brígido Jiménez y de Gladys Escalona, con quien tuvo 3 hijos:

H3.2.2. Arnaldo Rodolfo Pinto Jiménez, nacido en Bejuma el 4 de noviembre de 1986.

H3.2.3. Oriana Cristina Pinto Jiménez. Nació en Bejuma el 15 de junio de 1989 y recibió el bautismo en Montalbán el 20 de julio de 1991.

H3.2.4. Luis Miguel Pinto Jiménez, nacido en Montalbán el 19 de octubre de 1990.

H3.3. María Adriana del Coromoto Pinto Henríquez. Nació el 24 de abril de 1960 y se casó el 20 de mayo de 1978 con Ricardo Federico Pinto Ortega, hijo de Marcos Rafael Pinto Tortolero y de Ana Cristina Ortega Ochoa. Fueron padres de 2 hijos:

H3.3.1. María Gabriela Pinto Pinto, nacida el 9 de octubre de 1979. Se casó el 22 de diciembre de 2001 con Alejandro Manuel Pérez

Castro, hijo de Julio Manuel Pérez y de Rosario Castro, con quien tuvo 3 hijos:

H3.3.1.1. Manuel Alejandro Pérez Pinto.

H3.3.1.2. Isabela Pérez Pinto.

H3.3.1.3. Virginia Pérez Pinto.

H3.3.2. Ricardo Rodolfo Pinto Pinto, nacido el 9 de septiembre de 1981. Se casó el 10 de febrero de 2001 con Paula Bello Berrizbeitia, hija de Ricardo Alfredo Bello Toledo y de María Luisa Berrizbeitia, con quien tuvo un hijo:

H3.3.2.1. Ricardo Federico Pinto Bello, nacido en Bejuma el 7 de septiembre de 2001.

Ricardo Rodolfo también tuvo un hijo natural con Angela Gabriela García Sánchez, hija de Heraclio García y de Nelly Sánchez:

H3.3.2.2. Natalia Patricia Pinto García.

H3.4. Carlos Francisco Pinto Henríquez (Pancho), nacido el 28 de febrero de 1963. Su primer matrimonio fue con María Angélica Tovar Chirivella, hija de Miguel Augusto Tovar y de María Angélica Chirivella, con quien tuvo una hija:

H3.4.1. María de los Ángeles Pinto Tovar, nacida el 8 de marzo de 1989. Se casó el primero de agosto de 2015 con Enzo Leonardo La Morticella Álvarez, con quien tiene 2 hijos.

Carlos Francisco tuvo un segundo enlace con Luisandra Gómez Sevilla, hija de Pedro Alejandro Gómez y de Luisa Sevilla, con quien tuvo 3 hijos:

H3.4.2. Carlos Francisco Pinto Gómez (Panchito). Nació en Bejuma el 5 de marzo de 1993 y fue bautizado en Valencia el 15 de junio de 2003.

H3.4.3. Luisana Pinto Gómez, nacida el 20 de marzo de 1995.

H3.4.4. María Barbara Pinto Gómez.

H3.5. Carla Carolina Pinto Henríquez, nacida el 24 de septiembre de 1975. Hija natural de Luis Arnaldo Pinto Henríquez (H3.2), adoptada por sus padres cuando era una bebé.

H4. Ana Raquel Henríquez Henríquez. Nació en el 30 de junio de 1926 y fue bautizada el 2 de agosto siguiente por el presbítero Feliciano Torres. Se casó en Caracas el 26 de diciembre de 1946 con Carmelo

Domingo Ecarri Corrales (Paito), hijo de Arquímedes de Jesús Ecarri Ojeda y de María Clementina de la Concepción Corrales Tirado, casados en Montalbán el 8 de septiembre de 1894. Arquímedes era hijo de Esteban Pulicane Ecarri y de Juana Evangelista Ojeda Martínez; mientras que María Clementina lo era de Clemente Corrales y de María Manuela Tirado Henríquez (véase M1.7.2).

Esteban nació en Montalbán el 26 de diciembre de 1835. Hijo de Domingo Antonio Echarri, natural de Navarra-España, y de Valentina Pulicani González, natural de Portugal e hija de Juan Pulicane y de Emilia González. A su vez, Domingo Antonio era hijo de Phelipe Echarri Armendariz y de Josepha María Álvarez del Pliego. De estos últimos, Phelipe era hijo de Joseph de Echarri y de Juana María Armendariz, naturales de Eslava en Navarra; mientras que Josepha lo era de Gabriel Álvarez del Pliego y de Petronila Ponce.

Dejamos de lado a la abuela paterna de Carmelo: Juana Evangelista Ojeda Martínez. Era hija de Juan Aniceto Ojeda, uno de los fundadores de Bejuma, y de Juana María Martínez; matrimonio que tuvo 12 hijos.

Carmelo Domingo y Ana Raquel tuvieron 4 hijos:

H4.1. Carmelo Ricardo Ecarri Henríquez, nacido el 23 de abril de 1948. Se casó el 17 de octubre de 1970 con Sonia Auxiliadora Gómez Carrero, hija de José Víctor Lino Gómez Pérez y de Rosa Elena Carrero Contreras; educadores tachirenses, el primero de los cuales perdió la vida en aquel trágico accidente acaecido el 23 de agosto de 1964, durante la convención nacional de la Federación Venezolana de Maestros en el Salto de la Llovizna (río Caroní). Carmelo y Sonia tuvieron 3 hijos:

H4.1.1. Yván Ricardo Ecarri Gómez. Nació en Maracay el 6 de julio de 1971 y fue bautizado el 26 de enero de 1980 en la parroquia La Milagrosa de la misma ciudad.

H4.1.2. Yxell Ecarri Gómez, nacida en Maracay el 30 de junio de 1973. Se casó el 15 de diciembre de 1995 con Luis Gustavo Lujan Oropeza, hijo de Gustavo Antonio Lujan y de Luisa Cristina Oropeza, con quien tuvo una hija:

H4.1.2.1. Victoria Carolina Lujan Ecarri (Tinteta), nacida en Valencia el 4 de abril de 2000.

Yxell volvió a casarse el 5 de diciembre de 2008 con el arquitecto Carlos Castelar con quien tuvo un varón:

H4.1.2.2. Juan Alberto Castelar Ecarri.

H4.1.3. Alejandro Esteban Ecarri Gómez, nacido en Valencia el 26 de diciembre de 1984. Se casó el 20 de mayo de 2017 con Violetta Meschi Porrino, hija de Marcelo Meschi y de Mafalda Porrino Arcila. Con descendencia.

H4.2. Luis Miguel María Ecarri Henríquez, nacido el 16 de abril de 1950. Se casó con María Cleofe Sequeda con quien tuvo 3 hijos:

H4.2.1. Daniela Carolina Ecarri Sequeda, nacida en Montalbán el 28 de abril de 1979. Se casó el 23 de julio de 2013 con Yi Chang, con descendencia.

H4.2.2. Luis Jerónimo Ecarri Sequeda, nacido el 30 de junio de 1981. Se casó con María Gabriela Nessi Ulloa con quien tiene 2 hijos.

H4.2.3. María Valentina Ecarri Sequeda, nacida en Bejuma el 10 de enero de 1986.

H4.3. Omar Francisco Ecarri Henríquez. Nació en Montalbán el 5 de noviembre de 1952 y se casó el 10 de enero de 1975 con Ada Elizabeth Pinto Cárdenas, hija de Enrique Eduardo Pinto Salvatierra y de Ada Elena Cárdenas. A su vez, Enrique Eduardo era hijo de Luis Rodolfo Pinto Núñez y de Trina Herminia Salvatierra Coronel (véase H3). Omar y Ada fueron padres de 2 hijos:

H4.3.1. Ricardo Miguel Ecarri Pinto, nacido el 20 de noviembre de 1976. Se casó con Carolina del Valle Pinto Vera, hija de Luis Rafael Pinto Guédez y de Irma Rosa Vera, con quien tuvo 2 hijos:

H4.3.1.1. Miguel Arnaldo Ecarri Pinto, nacido en Bejuma el 30 de octubre de 1995.

H4.3.1.2. Luis Ricardo Ecarri Pinto, nacido el 25 de mayo de 2007.

H4.3.2. Elimar Raquel Ecarri Pinto, nacida el 11 de octubre de 1977. Se casó en Bejuma el 2 de marzo de 2002 con Fernando José Hernández Oliveros, hijo de Fernando Felipe Hernández Darias y de Mireya Margarita Oliveros Ortega, con quien tuvo 2 hijos:

H4.3.2.1. Andrea Estefanía Hernández Ecarri, nacida el 22 de agosto de 2002.

H4.3.2.2. Fernando Enrique Hernández Ecarri. Nació el 5 de octubre de 2003 y lo bautizaron el primero de octubre de 2006.

H4.4. Arquímedes Antonio Ecarri Henríquez, nacido el 21 de agosto de 1958. Se casó en Bejuma el 27 de febrero de 1988 con Ira Kenia Morales Arocha, hija de Reinaldo José Morales Solá y de Beatriz

Elena Arocha Puig (ya citados en H3.2), con quien tuvo un hijo:

H4.4.1. Arquímedes Reinaldo Ecarri Morales, nacido el 11 de septiembre de 1989.

Luego de separarse, Arquímedes tuvo otro hijo con Laura Josefina Palau Cañizales:

H4.4.2. Arquímedes Laureano Ecarri Palau, nacido en Bejuma el 10 de julio de 1997.

H5. Manuel Antonio Henríquez Henríquez, nacido en Montalbán el 23 de noviembre de 1928. Tuvo una primera relación sentimental con Omaira Guerra, con quien tuvo un hijo natural:

H5.1. Carlos Enrique Guerra, nacido el 18 de octubre de 1953. Tuvo una relación sentimental con Aquina del Coromoto Solano Parra, de la cual nacieron 4 hijas montalbaneras:

H5.1.1. Carla Coromoto Guerra Solano, nacida el primero de octubre de 1977. Se casó el 16 de diciembre de 1995 con Alexis Hermenegildo Coronel Ríos, con un varón.

H5.1.2. Nohemí Mercedes Guerra Solano, nacida el 24 de septiembre de 1981. Se casó con Rafael Emilio Fernández con quien tiene 2 hijas.

H5.1.3. Anabel del Carmen Guerra Solano, nacida el 18 de agosto de 1974. Se casó con Carlos José Oyalbe Castillo con quien tiene un varón y una hembra.

H5.1.4. Ana María Guerra Solano, nacida el 15 de abril de 1989.

Luego, Manuel Antonio tuvo una segunda relación con Carmen Mercedes Colmenares, con quien tuvo otro hijo natural que reconoció:

H5.2. Carlos Francisco Henríquez Colmenares, nacido en Valencia el 8 de febrero de 1967. Se casó con Flor María Hernández Pulido, hija de Ramón Hernández y de Concepción Pulido, con quien tuvo una hija:

H5.2.1. María Betania Henríquez Hernández, nacida el 27 de enero de 1994. Con descendencia.

El 3 de diciembre de 1966, Manuel Antonio se casó en Valencia con Egilda Margarita Contreras Reverón, hija de Tito Livio Contreras Otaiza y de Hilda Margarita Reverón Conde, ya citados en B9.3.1. Tuvieron 3 hijos:

H5.3. Anabel de la Milagrosa Henríquez Contreras, nacida el 27 de septiembre de 1967. Se casó en Valencia el 25 de agosto de 1991 con Eduardo José Piñero Noguera, hijo de Virgilio José Piñero y de Gladys Margarita Noguera, con quien tuvo 3 hijas:

H5.3.1. Ana Victoria Piñero Henríquez, nacida en Valencia el 14 de mayo de 1994.

H5.3.2. Anabella Piñero Henríquez. Nació el 9 de abril de 1997 y la bautizaron el 24 de enero de 1998.

H5.3.3. Ana Isabella Piñero Henríquez, nacida en Valencia el 8 de febrero de 2002.

H5.4. Dahize Egilda Henríquez Contreras, nacida el 21 de septiembre de 1970. Se casó en Naguanagua el 23 de noviembre de 1991 con Iñaqui San Félix Orbeta, hijo de Gregorio San Félix y de María Orbeta, con quien tuvo a:

H5.4.1. Manuel Iñaqui San Félix Henríquez, nacido el 28 de mayo de 1993.

Luego de separarse, Dahize Egilda también tuvo una hija natural:

H5.4.2. Sara de La Paz Henríquez, nacida el 2 de octubre de 2002.

H5.5. Claudia del Valle Henríquez Contreras, nacida el 19 de septiembre de 1975. Se casó el 4 de junio de 2005 con Juan Carlos Bagur Tosta, hijo de Carlos Bagur y de Maritza Tosta, con quien tuvo 2 hijos:

H5.5.1. Sebastián Bagur Henríquez.

H5.5.2. Samuel Bagur Henríquez.

H6. Antonia Esperanza Henríquez Henríquez, nacida el 2 de noviembre de 1930. Al igual que sus 2 hermanas anteriores, ejerció el oficio de maestra en la escuela de su pueblo natal, Montalbán. Se casó el 20 de diciembre de 1958 con Benjamín Lizaraso Caparo, natural de San Marcelo en Lima-Peru e hijo de Antonio Lizaraso y de Asunción Caparo. Fueron padres de 3 hijos:

H6.1. Francisco Antonio Tadeo Lizaraso Henríquez (Toto), nacido en Caracas el 7 de enero de 1960. Contrajo primeras nupcias con Martha Trespalacios Peña con quien tuvo una hija:

H6.1.1. Lina María Lizaraso Trespalacios.

Separado, tuvo segundas nupcias con Yolanda Magdalena Luis Graterol, natural de Acarigua e hija de Alejandro Luis y de Yolanda Graterol, con quien tuvo un hijo:

H6.1.2. Francisco Alejandro Lizaraso Luis, nacido en Caracas el 24 de febrero de 2003.

H6.2. Esperanza Asunción Coromoto Lizaraso Henríquez (Sunty), nacida el 9 de mayo de 1961. Se casó con Robert Boulton con quien tuvo 2 hijos:

H6.2.1. Alexandra Daniela Marie Boulton Lizaraso, nacida en Vancouver-Canadá el 21 de febrero de 1988.

H6.2.2. Benjamín Boulton Lizaraso (Ben).

H6.3. Narda Coromoto Lizaraso Henríquez, nacida en Valencia el 31 de octubre de 1962. Actualmente casada con Anthony P. Pavese y residenciada en Sarasota-Florida.

H7. Juan Luis Henríquez Henríquez, nacido en Montalbán el 27 de diciembre de 1932. Fue bautizado por el cura Víctor Arocha el 12 de marzo de 1933, siendo sus padrinos Raúl Viso Sucre y su esposa Amanda. Falleció siendo un infante.

H8. Juan Raúl Henríquez Henríquez, nacido en Montalbán el 27 de diciembre de 1936. Tuvo una relación sentimental con María Hilaria Corrales, con quien tuvo un hijo:

H8.1. Raúl Rafael Henríquez Corrales, nacido el 25 de octubre de 1959 y casado con Reina Gil. Fueron padres de 2 hembras y 3 varones:

H8.1.1. Reimar Henríquez Gil.

H8.1.2. Raumarys Andreina Henríquez Gil.

H8.1.3. Rogher Henríquez Gil.

H8.1.4. Romer Alejandro Henríquez Gil.

H8.1.5. Ilan Raúl Henríquez Gil.

Luego, Juan Raúl se casó con María Clemencia Pérez Hernández con quien tuvo 3 hijos:

H8.2. Ana Mary Henríquez Pérez, nacida en Valencia el 15 de abril de 1974. Se casó el 5 de enero de 2000 con Antonio Ciabatti con quien tuvo 2 hijos nacidos en Italia:

H8.2.1. Valentina Ciabatti Henríquez. Nació el 31 de octubre de 2003 y fue bautizada en Valencia el 15 de mayo de 2007.

H8.2.2. Giovanni Ciabatti Henríquez, nacido el primero de diciembre de 2007. Lo bautizaron el mismo día que su a hermana.

H8.3. Juan Raúl Henríquez Pérez, nacido el 18 de mayo de 1975. Tuvo una relación sentimental con Viviana Carolina Mariño Torrelles, de la cual nacieron 2 varones:

H8.3.1. Juan Andrés Henríquez Mariño.

H8.3.2. Juan Francisco Henríquez Mariño.

H8.4. Raumara del Valle Henríquez Pérez, nacida el 21 de febrero de 1977 y casada con el fotógrafo Michele Lotti, con quien tuvo dos hijos:

H8.4.1. Sara Lotti Henríquez.

H8.4.2. Elia Lotti Henríquez.

Con esto termino el análisis de la familia de Carmen Filomena Henríquez Henríquez para poder concentrarnos en la descendencia que tuvo con Torcuato José Manzo Núñez. Sus primeros 7 hijos tuvieron nombres compuestos con advocaciones a la virgen de la inmaculada concepción. Por esta razón, sus nombres bautismales terminaban con "de la Inmaculada", prueba de su gran devoción a la patrona de la iglesia de Montalbán. En total, tuvieron 8 hijos:

M1.7.3.1. Antonio Julio Manzo Henríquez, nacido en Montalbán el 29 de mayo de 1940. Recibió el bautismo en la parroquia San José de Caracas el 5 de agosto de 1940, siendo sus padrinos los tíos paternos Antonio Julio Manzo Núñez (M1.7.1) y Justina del Carmen Manzo Núñez (M1.7.6).

Se casó en Caracas el 17 de agosto de 1965 con María Teresa Aguerrevere Orsini, hija de Pedro Enrique Aguerrevere Pérez y de María Luisa Orsini Battisti, casados en San Diego de Cabrutica-Anzoategui el 14 de marzo de 1927. Pedro Enrique era hijo de Pedro Ignacio de Jesús Aguerrevere Michelena y de Dolores Pérez Pérez; mientras que María Luisa lo era de Antonio Orsini Rodríguez y de Rosalía Battisti Fraticceli.

Pedro Ignacio Era hijo de Juan José Aguerrevere Echenique, primer presidente y director del Colegio de Ingenieros de Venezuela fundado e instalado en los días 27 y 28 de octubre de 1861, y de Josefa María Michelena Lizarraga; esta última hija de Juan José Michelena y de Josefa Lizarraga. A su vez, Juan José era hijo de Pedro Ignacio de Aguerrevere y Sanzeberro, natural de Arizcum en el país Vasco, y de Juana Catalina Echenique y Blandín.

Pedro Ignacio era hijo de Pedro José Aguerrevere Errazuriz y de

Catalina Zanberro Ormart. Y de estos, Pedro José era hijo de Juan Pedro Aguerrevere y de María Errazuriz, mientras que Catalina lo era de Martín Zanzberro y de Phelipa de Ormart.

Dejamos de lado los abuelos maternos de María Teresa: Antonio Orsini Rodríguez era hijo de Santos Honorato Orsini Santini y de Manuela Rodríguez. Y Rosalía era hija de Donato Battisti y de Mariana Fracticceli.

En cuanto a la descendencia de Antonio Julio con María Teresa, fueron padres de 2 hijas:

M1.7.3.1.1. María del Valle Manzo Aguerrevere (Marita), nacida en Caracas el 19 de mayo de 1965. Contrajo primeras nupcias con Luis Guillermo González Astorga, hijo de Luis Guillermo González y de Yolanda Astorga, con quien tuvo una hija:

M1.7.3.1.1.1. Fabiana González Manzo, nacida el 12 de marzo de 1984 y bautizada el 2 de febrero de 1985.

Separada, María del Valle contrajo nuevas nupcias con el canadiense John Robb.

M1.7.3.1.2. Ana Carolina Manzo Aguerrevere, nacida el 19 de abril de 1967. Se casó con Carlos Emilio Cancini Rojas, hijo de Diógenes Emilio Cancini González y de Maritza Rojas.

Antonio Julio se casó en segundas nupcias con Sobeida Margarita Arreaza, nacida en Los Teques el 19 de agosto de 1976 e hija natural de María Lourdes Arreaza, con quien tuvo 2 hijos:

M1.7.3.1.3. Antonio Rishi Manzo Arreaza, nacido en Valencia el 8 de septiembre de 2001.

M1.7.3.1.4. María Victoria Manzo Arreaza, nacida el 25 de septiembre de 2012.

M1.7.3.2. Carmen Cecilia Manzo Henríquez (Nena), nacida el 22 de noviembre de 1941. Fue bautizada por el presbítero Domitilo Lombraña el 15 de marzo de 1942, siendo sus padrinos los abuelos maternos Francisco Ramón Henríquez y Ana Henríquez.

Se casó con Luis Alberto Soto Chinchilla (Sori), nacido el 29 de junio de 1945 en San José-Costa Rica, hijo de Juan Luis Soto y de Luz Chinchilla Calderón, quien había tenido un primer matrimonio con Idaly Méndez Castillo, hija de Raquel Méndez y Clara Castillo, con quien tuvo 3 hijos: Eric Soto Méndez, Cinthya Soto Méndez y

Randall Soto Méndez.

Luis Alberto y Carmen Cecilia fueron padres de una hija:

M1.7.3.2.1. Analiz Soto Manzo, nacida el 14 de julio de 1979. Contrajo primeras nupcias el 26 de abril de 2002 con Santiago Peralto Capriles, hijo de Antonio Peralto y de Carlota Capriles. Sin descendencia y separada, tuvo segundas nupcias el 16 de agosto de 2009 con Salem Juan Dayeg Homsany, hijo de Jan Jordi Dayeg Jamuy y de Mariette Homsany, con quien tuvo 2 hijos:

M1.7.3.2.1.1. Juan José Dayeg Soto.

M1.7.3.2.1.2. Ana María Dayeg Soto.

M1.7.3.3. Miguel Eduardo Manzo Henríquez, nacido el 11 de marzo de 1943. Se casó en primeras nupcias el 10 de octubre de 1964 con Renata Victoria Reverón Conde, de origen nórdico, adoptada siendo una bebé por Luis Felipe Reverón Feo y de Dámasa Victoria Conde Sáenz (ya mencionados en B9.3.1).

Luis Felipe era hijo de Joaquín María Reverón Páez y de Amelia Feo García; mientras que Dámasa Victoria lo era de Rufino Conde y de María Sáenz Jiménez. De los anteriores, Joaquín María era hijo de Joaquín Reverón Cassian y de Obdulia Páez; siendo este último Joaquín, hijo de Florencio Reverón Bernal y de Isabel Cassian. En cuanto a Amelia, era hija de Balbino Feo Reverón y de María de las Mercedes García Gómez. Las ascendencias siguen, pero el espacio aquí es limitado.

Miguel Eduardo y Renata tuvieron un hijo:

M1.7.3.3.1. Torcuato José Manzo Reverón (Torcuatico), nacido el 6 de octubre de 1965. Se casó en primeras nupcias con Lesbia Lucia Abreu Benítez, hija de Isidro Abreu y de Rosa Ramona Benítez, con quien tuvo 3 hijos:

M1.7.3.3.1.1. Renata Victoria de la Inmaculada Manzo Abreu, nacida en Montalbán el 8 de julio de 1987. Se casó el 9 de octubre de 2021 con el alcantarillero (Murcia) Juan Fernández Domingo.

M1.7.3.3.1.2. Torcuato José Manzo Abreu, nacido el 12 de noviembre de 1989.

M1.7.3.3.1.3. José Francisco Manzo Abreu, nacido el 18 de noviembre de 1990.

Torcuato José contrajo segundas nupcias con Josefina Francisca

Zoppi Randisi, hija de Jorge Zoppi Milán y de Carmen Josefina Randisi Mauri, con quien tuvo 2 hijos:

M1.7.3.3.1.4. Valeria José Manzo Zoppi, nacida en Valencia el 16 de mayo de 2004.

M1.7.3.3.1.5. Augusto José Manzo Zoppi, nacido el 22 de enero de 2009 y bautizado en la parroquia de la Asunción y Santa Rita el 17 de mayo de 2009.

Durante su segundo embrazo Renata Victoria y su bebé fallecieron como consecuencia de complicaciones por eclampsia. Pasado un tiempo, Miguel Eduardo volvería a casarse en Valencia el 7 de febrero de 1970 con Elba Aracelis Osorio Castillo, hija de José Rafael Osorio Sánchez y de Carmen María Santa Cruz Castillo. José Rafael era hijo de José Saturno Osorio Tortolero y de Manuela Vicenta Sánchez Sánchez; mientras que Carmen María lo era de Leopoldo Santa Cruz Núñez y de Irene Castillo Colmenares.

Detallemos los orígenes de los abuelos de Aracelis:

José Saturno era hijo de Saturnino Osorio Hernández y de Sebastiana Tortolero Tortolero (T8.3.5.4), siendo Saturnino hijo de Rafael Osorio Sánchez y de Juana Hernández Sánchez (T8.11.5.3). A su vez, Rafael era hijo de José Antonio Osorio Campos y de María del Carmen Sánchez Pérez (véase O7.3.2). Y José Antonio lo era de Domingo Antonio Osorio y de Juana Paula Campos.

Manuela Vicenta era hija de Candelario Sánchez Armas y de Rafaela Sánchez Jiménez. Candelario era hijo de Manuel Antonio Sánchez León (T8.11.1.1) y de Victoria Armas; mientras que Rafaela lo era de Carlos Sánchez Sánchez y de Josefa Jiménez Tortolero (T8.3.1.1), siendo Carlos hijo de Marcos Sánchez Román y de Rafaela Pérez, ya citados en O7.3.2.

Leopoldo era hijo de Joaquín Santa Cruz Romero y de Juana Antonia Núñez Núñez. Joaquín era hijo de Joaquín Santa Cruz y de María Antonia Romero; mientras que Juana Antonia lo era de Modesto Vicente Núñez Coronel (T2.4.5.7) y de María de la Concepción Núñez Arocha (T2.3.4.7).

Irene era hija de Joaquín Castillo y de Celedonia Colmenares, ambos hijos naturales. Joaquín de Justa Castillo y Celedonia de Norberta Colmenares Muñoz; esta última, hija de Francisco Gabriel Colmenares Sequera y de Apolonia Muñoz.

Dejemos los abuelos de Aracelis y analicemos su descendencia con Miguel Eduardo. Tuvieron 5 hijos:

M1.7.3.3.2. Mónica Inmaculada Manzo Osorio, nacida el 3 de abril de 1971. Se casó con Edgar Francisco Alfonso Gil con quien tuvo un hijo:

> M1.7.3.3.2.1. Sebastián Manuel Alfonso Manzo, nacido en Valencia el 22 de junio de 1999.

M1.7.3.3.3. Víctor Manuel Manzo Osorio, nacido el 19 de octubre de 1973. Se casó en Montalbán el 27 de noviembre de 1973 con Angélica Isabel Linares Pinto, hija de Guido Armando Linares Miranda y de Sara Esperanza Pinto Tortolero. Guido Armando era hijo natural de Angelina Linares proveniente del estado Lara; y Sara Esperanza hija de Marcos Antonio Pinto Pérez y de Olympia Dolores Tortolero. Marcos Antonio era hijo de Marcos Pinto Rodríguez y de Juana Petronila Pérez Angulo; mientras que Olympia Dolores era hija natural reconocida de Julián Tirado Henríquez y de María Catalina Tortolero Henríquez.

De los Anteriores, Marcos era hijo de Juan Félix Pinto Mérida (O9.2.1.1) y de María Josefa Rodríguez Ojeda, esta última, hija de José María Rodríguez Dorta y de María de la Trinidad Ojeda Pinto (P12.2.4.1). Juana Petronila era hija de Ignacio Pérez Castellano y de Agapita Angulo. Julián era hijo de Pablo José Tirado y de Manuela Henríquez Granadillo (véase M1.7.2). María Catalina era hija de José del Carmen Tortolero Arocha (T8.3.6.1) y de María Evarista Henríquez Henríquez; esta última, hija de José Rafael Henríquez Tortolero (T9.6.7.5) y de Rosa María Henríquez Tortolero (T9.6.10.5).

Víctor Manuel y Angélica Isabel tuvieron una hija:

M1.7.3.3.3.1. Victoria Isabel Manzo Linares, nacida en Bejuma el 6 de febrero de 2001 y bautizada en Aguirre el 29 de julio siguiente.

M1.7.3.3.4. Claudia Inmaculada Manzo Osorio, nacida en Valencia el 28 de octubre de 1975. Se casó con Gianyer Sánchez Peña, hijo de Abraham Sánchez y de Olivia Peña, con quien tuvo 2 hijas:

> M1.7.3.3.4.1. Mariana Sánchez Manzo, nacida el 6 de septiembre de 1996.

M1.7.3.3.4.2. Ana María Sánchez Manzo. Nació en Montalbán el 8 de abril de 2005 y la bautizaron en Mérida el 5 de septiembre de 2005.

M1.7.3.3.5. Miguel Eduardo de la Inmaculada Manzo Osorio (Miguelito), nacido el 10 de mayo de 1977. Mantuvo una relación sentimental con Heydil María Rodríguez Pérez, hija de Orlando José Rodríguez y Dilcia Esther Pérez, hasta su fallecimiento el 31 de julio de 2019.

M1.7.3.3.6. Aracelis de Jesús Manzo Osorio (Chua), nacida el 25 de diciembre de 1980. Se casó con Enmanuel Gerardo Evenou Contreras, hijo de Jean Evenou y de Irma María Contreras, con quien tuvo 2 hijos nacido en Mérida:

M1.7.3.3.6.1. Lucas Mauricio Evenou Manzo.

M1.7.3.3.6.2. Marcos Guillermo Evenou Manzo.

M1.7.3.4. Yolanda de la Inmaculada Manzo Henríquez, nacida el 28 de mayo de 1945. La bautizaron el 3 de octubre siguiente, siendo sus padrinos los tíos Jesús María Manzo Núñez (M1.7.9) y Ana Raquel Henríquez Henríquez (H4). Se casó con su primo hermano Ricardo José Manzo Sánchez, ya citados en M1.7.1.1.

M1.7.3.5. Carlos Enrique de la Inmaculada Manzo Henríquez (Like), nacido el 1 de julio de 1946. Recibió el sacramento del bautismo el 18 de agosto siguiente por el presbítero Valentín Rodríguez, siendo sus padrinos sus tíos maternos Manuel Antonio Henríquez Henríquez (H5) y Antonia Esperanza Henríquez Henríquez (H6). Se casó en Caracas el 25 de octubre de 1968 con su prima hermana Mirian Inmaculada Manzo Rodríguez (véase M1.7.9.1), con quien tuvo 3 hijos:

M1.7.3.5.1. Myriam Mercedes Manzo Manzo, nacida en Caracas el 16 de septiembre de 1970. Se casó el 21 de diciembre de 1991 con José Gregorio Herrero Pedreáñez (Goyo), hijo de Ignacio Herrero y de Carmen Pedreáñez, con quien tuvo 4 hijas nacidas en San Carlos-Cojedes:

M1.7.3.5.1.1. Mairym Andreina Herrero Manzo, nacida el 2 de diciembre de 1993.

M1.7.3.5.1.2. Mariangel Mercedes Herrero Manzo, nacida el 23 de septiembre de 1996.

M1.7.3.5.1.3. Marinés Herrero Manzo, nacida el primero de

noviembre de 1999.

M1.7.3.5.1.4. Marisol Herrero Manzo, nacida el 17 de mayo de 2006.

M1.7.3.5.2. Raquel Elena Manzo Manzo (Raquelita), nacida en San Felipe el 9 de julio de 1972. Se casó el 20 de diciembre de 1997 con Gilmer Coromoto Pérez Carrillo, hijo de Gilmer Coromoto Pérez y de Belkis Carrillo, con quien tuvo 2 hijos nacidos en San Carlos-Cojedes:

M1.7.3.5.2.1. AnaKarina Pérez Manzo, nacida el 20 de octubre de 1999.

M1.7.3.5.2.2. Gilmer Enrique Pérez Manzo, nacido el 29 de marzo de 2002.

M1.7.3.5.3. Carlos Francisco de la Inmaculada Manzo Manzo (Carlos F), nacido el 13 de septiembre de 1977 y fallecido el 14 de julio de 2007 en Orlando, Florida-USA.

M1.7.3.6. José Francisco de la Inmaculada Manzo Henríquez (Pichico), nacido en Montalbán el 4 de marzo de 1951. Recibió el bautismo de manos del presbítero Félix Oscar Granadillo y los padrinos fueron sus hermanos Antonio Julio y Carmen Cecilia Manzo Henríquez. Se casó en Valencia el 7 de abril de 1973 con Blanca Rosalía Dautant Semprúm, hija del doctor Rafael Dautant Guerra y de Aída Semprúm, con quien tuvo una hija:

M1.7.3.6.1. María de la Paz Manzo Dautant, nacida en Valencia el 8 de abril de 1976. Se casó el 29 de noviembre de 2002 con Juan Alejandro Domínguez Moretti, hijo de Reinaldo Jesús Domínguez y de Ana Moretti, con quien tuvo 2 hijos:

M1.7.3.6.2. Juan Pablo Domínguez Manzo.

M1.7.3.6.3. Fernanda Domínguez Manzo.

José Francisco falleció en un accidente automotor el 28 de agosto de 1977.

M1.7.3.7. María Elena Manzo Henríquez. Nació el 3 de enero de 1953 y falleció el 8 de mayo de 1953, a los cuatro meses y cinco días de nacida, por muerte súbita.

M1.7.3.8. Torcuato José Manzo Henríquez (Torcua), nacido el 5 de abril de 1955. Recibió el bautismo el 15 de mayo siguiente, siendo sus padrinos sus hermanos Miguel Eduardo y Yolanda Manzo Henríquez.

Tuvo sus primeras nupcias en Caracas el 17 de septiembre de 1977 con Marisol Figueira Pereira, nacida en Caracas el 28 de diciembre de 1955 e hija de los portugueses Fernando Ludgero Lino Figueira y Gilda María Tereza Cunha Pereira; quienes llevan primero el apellido materno, como se acostumbra en Portugal.

Tuvieron dos hijas:

M1.7.3.8.1. Ana María Manzo Figueira, nacida en Caracas el 12 de agosto de 1978. Se casó con Jean Paul Peiret Reyes con quien tuvo dos hijos:

M1.7.3.8.1.1. Jacques Peiret Manzo.

M1.7.3.8.1.2. Luca Peiret Manzo.

M1.7.3.8.2. Mariela Inmaculada Manzo Figueira, nacida el 8 de noviembre de 1979. Se casó con Jonathan Peña Fiñana (Johnnie) con quien tuvo una hija:

M1.7.3.8.2.1. Agatha Peña Manzo.

Separado, Torcuato José volvió a casarse en Valencia el 23 de Julio de 2009 con la doctora Laura Consuelo Granella Rodríguez, nacida en Valencia el 8 de septiembre de 1961, hija de Emilio Granella Villanueva y de Consuelo Rodríguez.

M1.7.4. Augusto María del Rosario Antonio Manzo Núñez. Nació el 7 de octubre de 1915; siendo bautizado por Luis Gonzaga Cortina, párroco de la Inmaculada Concepción, el 6 de noviembre siguiente. Sus padrinos fueron el presbítero Elías Bello y la tía paterna Carmelita (M1.6). Falleció soltero el 20 de julio de 1945, por tuberculosis.

M1.7.5. Santiago José Manzo Núñez, nacido en Montalbán el 10 de junio de 1917. Fue bautizado a los 20 días de nacido por el presbítero Eufrasio R. Aguilar, siendo los padrinos sus tíos Josefina Manzo Pérez (M1.4) y Manuel Ezequiel Mérida Salvatierra (N5).

Se casó con Eva Lastenia Chirivella González, hija de Antenor de las Mercedes Chirivella González y de Jovita Dolores González. Antenor era hijo de Manuel Antonio Chirivella y de Eustaquia González; mientras que Jovita Dolores era hija natural de Jovita González. De los anteriores, Eustaquia era hija natural de María del Socorro González Coronel; esta última hija de Cirilo González y de Juana Antonia Coronel Olivo. En cuanto a Jovita, era hija natural de Nicanor Ochoa Moreno con Juliana González Rojas.

Santiago y Eva tuvieron 4 hijos:

M1.7.5.1. Carmen Fidelina de la Inmaculada Manzo Chirivella, nacida el 24 de abril de 1950. Se casó con Hernán Alcides Ferrúa Carrasco, nacido el 14 de junio de 1953 en el Parque Gervasio Santillana, en la ciudad peruana de Huanta. Hernán era hijo de Jesús Ferrúa Vega, natural de Acobamba-Perú, y de Lidia Iris Carrasco Oré procedente de Caja de Espíritu-Perú.

Carmen Fidelina y Hernán Alcides tuvieron 2 hijos:

M1.7.5.1.1. María Salomé Ferrúa Manzo, nacida en Valencia el 29 de enero de 1984 y bautizada en Montalbán el 25 de junio de 1994.

M1.7.5.1.2. Hernán Camilo Ferrúa Manzo, nacido en Bejuma el 23 de julio de 1986. Recibió el bautismo junto a su hermana.

M1.7.5.2. Pablo Jacinto Manzo Chirivella, nacido el 17 de agosto de 1952. Lo bautizaron el 2 de agosto de 1953 con el nombre de Pablo Jacinto del Corazón de Jesús, siendo sus padrinos los tíos Torcuato José Manzo Núñez (M1.7.3) y Carmen Filomena Henríquez Henríquez (H1). Pablo prefirió la vida de soltero.

M1.7.5.3. Lourdes Paulina Manzo Chirivella, nacida el 22 de junio de 1954. Se casó con Oscar Manuel Osorio Castillo (Manolo), hermano de Elba Aracelis Osorio Castillo (la esposa de Miguel Eduardo Manzo Henríquez. Véase M1.7.3.3).

Oscar Manuel y Lourdes Paulina tuvieron 2 hijos:

M1.7.5.3.1. Oscar José Osorio Manzo, nacido el 3 de abril de 1976. Se casó el 29 de marzo de 2003 con Liliana Josefina García Sánchez, montalbanera nacida el 16 de mayo de 1976 del matrimonio de Heraclio García y Nelly Sánchez. Fueron padres de:

M1.7.5.3.1.1. Andrea Carolina Osorio García.

M1.7.5.3.1.2. Santiago José Osorio García.

M1.7.5.3.2. María Carolina Osorio Manzo, nacida el 19 de octubre de 1978. Se casó el 22 de octubre de 2005 con José Luis Mendoza Álvarez, hijo de Roseliano Mendoza y de Dulce Álvarez, con quien tuvo 2 hijos:

M1.7.5.3.2.1. María José Mendoza Osorio.

M1.7.5.3.2.2. José Manuel Mendoza Osorio.

M1.7.5.4. Cecilia Dolores de la Inmaculada Manzo Chirivella, nacida en San Felipe el 3 de febrero de 1960. Se casó el 5 de agosto de

1978 con Carlos Enrique Solá Rodríguez, hijo de José Daniel Solá Navas y de Carmen Romelia Rodríguez Roldán. José Daniel era hijo de José Acisclo Solá Lara y de Agapita Navas Rodríguez; mientras que Carmen Romelia lo era de Isidoro Rodríguez y de Isabel Teresa Roldán González. De los Anteriores, José Acisclo era hijo de José Solá Utches, natural de Cataluña e hijo de Agustín Solá y de Eulalia Utches, y de Josefa María Lara; esta última hija de Domingo Lara y de Candelaria Placencia. Agapita era hija de Pablo Navas Lozada y de María Isidra Rodríguez Sequera. Isidoro era hijo natural de José de los Santos Silva Piñero con Estanislada Rodríguez Silva. Isabel Teresa era hija de Guillermo Roldán Salas y de María de Jesús González Pinto.Cecilia Dolores y Carlos Enrique tuvieron 3 hijos nacidos en Bejuma:

M1.7.5.4.1. Raquel Alejandra Solá Manzo, nacida el 20 de mayo de 1979 y bautizada el 17 de febrero de 1980.

M1.7.5.4.2. Fabiola María Solá Manzo. Nació el 26 de enero de 1983, recibiendo el bautismo el 28 de mayo de 1983.

M1.7.5.4.3. Carlos Rodolfo Solá Manzo, nacido el 20 de marzo de 1984. Fue bautizado en Montalbán el 18 de agosto de 1985.

Cecilia Dolores falleció el 22 de octubre de 2019.

M1.7.6. Justina del Carmen Manzo Núñez. Nació el 26 de septiembre de 1918. El párroco B. Rodríguez Díaz la bautizó el 5 de diciembre de ese mismo año, siendo sus padrinos su hermano mayor Antonio Julio Manzo Núñez (M1.7.1), que para ese entonces contaba con 7 años de edad, y María Bellera. Se casó en Caracas el 14 de octubre de 1956 con Césare Peruzzi Benini, natural de Perugia en Umbría – Italia, con quien tuvo 2 hijas:

M1.7.6.1. Beatriz del Carmen Peruzzi Manzo, nacida en Caracas el 10 de agosto de 1957. Se casó el 9 de mayo de 1987 con Julio José Linares Carvajal con quien tuvo 2 hijos:

M1.7.6.1.1. Beatriz Elena Linares Peruzzi, nacida en Santa Rosalía-Caracas el 19 de septiembre de 1988.

M1.7.6.1.2. Cesar Augusto Linares Peruzzi, nacido el 26 de julio de 1990 y bautizado el 30 de diciembre siguiente, en la parroquia de la Sagrada Familia de San Antonio de los Altos.

M1.7.6.2. Laura Rosa Peruzzi Manzo, nacida en Caracas el 29 de octubre de 1960. Se casó con Henry Gabino Negreira Hernández

326 | Montalbán | Orígenes Genealógicos

con quien tuvo un hijo:

M1.7.6.2.1. Gerello Enrique Negreira Peruzzi, nacido el 5 de diciembre de 1992.

M1.7.7. Miguel María Manzo Núñez, nacido el 31 de mayo de 1920. Lo bautizó el presbítero Ignacio Rincón, párroco de la Inmaculada Concepción, el 8 de octubre de ese mismo año; siendo sus padrinos su hermano mayor Sergio, quien contaba con 7 años de edad, y su tía materna Gertrudis Núñez Tortolero (N5).

Miguel María formó parte de las primeras promociones de ingenieros formados en el país, específicamente en la ingeniería civil; donde destacó y formó parte de numerosos proyectos. En su vida personal, tuvo una primera relación sentimental con Angela Atencio Muñoz, natural de Maracaibo e hija de Miguel Atencio y de Guillermina Muñoz, producto de la cual nació un hijo:

M1.7.7.1. Augusto Santiago Manzo Atencio, nacido en Caracas el 25 de julio de 1950. Estudió las ciencias de la salud, graduándose de neumonólogo. En el plano personal, se casó con la doctora Flor Alicia Pérez con quien tuvo 4 hijos:

M1.7.7.1.1. Luben Augusto Manzo Pérez, nacido en Maracay el primero de enero de 1974.

M1.7.7.1.2. Angelalicia Manzo Pérez (Tita), nacida en Caracas el 2 de julio de 1982. Tuvo un varón con Yannendre Limongi Cartes, hijo de Carlos José Limongi Becerra y de Carolina del Carmen Cartes Méndez.

M1.7.7.1.3. Miguel Guillermo Manzo Pérez, nacido el 12 de diciembre de 1984.

M1.7.7.1.4. Augusto José Manzo Pérez (Toti), nacido en Caracas el 11 de mayo de 1992.

Volviendo con Miguel María, se casó el 8 de diciembre de 1952 con Nelly Josefina Pinto Salvatierra, hija de Luis Rodolfo Pinto Núñez y de Trina Herminia Salvatierra Coronel, casados en Montalbán el 20 de diciembre de 1919 (ya citados en H3).

Miguel María y Nelly Josefina eran muy devotos de la virgen de la Coromoto por lo cual sus primeros 4 hijos tuvieron nombres compuestos terminados en "de la Coromoto". Todos nacieron en Valencia:

M1.7.7.2. Trina Isabel Manzo Pinto, nacida el 1 de noviembre de 1952. Se casó el 17 de diciembre de 1982 con Carlos Fermín Borges Colina, hijo de Carlos Teodoro Borges y de Alejandrina Colina Martínez, con quien tuvo 2 hijos:

M1.7.7.2.1. Gabriela Andreina Borges Manzo, nacida el 24 de abril de 1984. Se casó con Oscar Eduardo Payot Douaihi, hijo de Oscar Eduardo Payot Sabater y de Beatríz Alejandrina Douaihi, con quien tuvo 2 hijos:

M1.7.7.2.1.1. Oscar Santiago Payot Borges.

M1.7.7.2.1.2. Isabella Marie Payot Borges.

M1.7.7.2.2. Carlos Eduardo Borges Manzo, nacido el 15 de junio de 1986. Tiene una relación sentimental con Luz Fabiola Ramírez Molina, hija reconocida de Fabio Ramírez y de Migdalia Molina.

M1.7.7.3. Luis Miguel Manzo Pinto, nacido el 18 de febrero de 1955. Se casó el 10 de octubre de 1981 con Doris María Fontenla Barbeito, hija de Manuel Fontenla y de María Barbeito, con quien tuvo 2 hijos nacidos en Valencia:

M1.7.7.3.1. Ricardo Julio Manzo Fontenla, nacido el 21 de enero de 1983. Se casó el 4 de junio de 2016 con Andreina Gómez Delgado, con descendencia.

M1.7.7.3.2. Alejandro Manzo Fontenla (Nano), nacido el 20 de febrero de 1993.

M1.7.7.4. Mayra Nelly Manzo Pinto, nacida el 25 de noviembre de 1956. Fue madre natural de un varón:

M1.7.7.4.1. Miguel Agustín Manzo, nacido el 19 de enero de 1996. Se casó el 28 de abril de 2021 con Renata Cremonesis Fazio, hija de José Humberto Cremonesis y de Rosa Fazio.

M1.7.7.5. Lilia Natividad Manzo Pinto (Liliana), nacida el 19 de octubre de 1960 y bautizada el 19 de marzo de 1961, en la Purísima.

M1.7.7.6. Julio Gerardo Manzo Pinto (Julito), nacido el 2 de marzo de 1962. Se casó con María Carelys Zozaya Moreno, hija de Germán José Zozaya y de Rosa Margarita Moreno, con quien tuvo 3 hijos:

M1.7.7.6.1. Julio Gabriel Manzo Zozaya, nacido el 25 de mayo de 1993.

M1.7.7.6.2. Mariana Manzo Zozaya, nacida el 4 de agosto de 1996.

M1.7.7.6.3. María Verónica Manzo Zozaya, nacida el 9 de noviembre de 2001.

M1.7.8. María del Valle Manzo Núñez (Valle). Nació en Montalbán el 29 de diciembre de 1921, recibiendo el bautismo de manos del párroco Manuel Arocha el 19 de enero de 1923. Sus padrinos fueron: su hermano Torcuato José Manzo Núñez (M1.7.3) y su tía Heriberta Manzo Pérez (M1.1).

Valle se casó en Caracas el 22 de diciembre de 1944 con José Durabio Moros Colmenares; odontólogo nacido en Capacho-Táchira el 8 de agosto de 1895, hijo de Eulogio Moros Moros y de María de la Paz Colmenares Parra; esta última, hija de Bartolomé Colmenares y de María Concepción Parra.

A su vez, Eulogio era hijo del matrimonio de José de Jesús Moros Parra con Petra del Carmen Moros, casados en Capacho el 5 de junio de 1852. Por cierto, esta pareja también eran padres de Gumersinda Moros Moros, casada con José del Carmen Castro y, por consiguiente, madrastra del general José Cipriano Castro Ruíz, 37vo. presidente de Venezuela.

Volviendo a José de Jesús Moros Parra, nació el 5 de abril de 1828 del matrimonio de Martín Ceferino Moros Velasco con María Rufina Parra, casados en Capacho el 29 de agosto de 1815. De los anteriores, Martín Ceferino era hijo de Joseph Antonio Moros y de María Rosaura Velasco; mientras que María Rufina era hija natural de Feliciana Parra.

María del Valle y José Durabio Moros Colmenares tuvieron 3 hijos:

M1.7.8.1. José Durabio Moros Manzo, nacido en Caracas el 20 de agosto de 1947. Contrajo primeras nupcias con Rayza Soledad Savelli Monagas, hija de Paul Savelli Morao y de Elba Monagas, con quien tuvo 2 hijos:

M1.7.8.1.1. José Durabio Moros Savelli (Durabito), nacido el primero de junio de 1977. Se casó el 2 de agosto de 2014 con Edith Johana Castro Ortíz, con descendencia.

M1.7.8.1.2. Natiana del Valle Moros Savelli, nacida el 29 de mayo de 1978. Se casó en Caracas el 30 de abril de 2005 con Pedro Manuel Enrique Soto Cuevas, hijo de Pedro José Soto Aponte y de Gioconda Cuevas, con quien tuvo 2 hijos:

M1.7.8.1.2.1. Ignacio Soto Moros.

M1.7.8.1.2.2. Isabel Soto Moros.

José Durabio contrajo segundas nupcias con Reina Carlota Sapino Alonso, hija de Carlos Manuel Sapino Cruz y de Ernestina Alonso, con quien tuvo un varón:

M1.7.8.1.2.3. Manuel Jesús Moros Sapino, nacido el primero de junio de 1994.

M1.7.8.2. Natividad Inocencia Moros Manzo, nacida el 28 de diciembre de 1948. Se casó con Rolando Segundo Moreno Urdaneta, con quien tuvo 3 hijos antes de que Rolando falleciera el 6 de agosto de 2011:

M1.7.8.2.1. Natalia Andrea Moreno Moros, nacida el 30 de noviembre de 1976. Se casó el 21 de marzo de 2009 con Pieter Schutte, con quien tiene 2 hijos:

M1.7.8.2.1.1. Matías Schutte Moreno.

M1.7.8.2.1.2. Louis Schutte Moreno.

M1.7.8.2.2. Sergio Rolando José Moreno Moros, nacido en Caracas el 9 de mayo de 1980 y bautizado en El Hatillo el 25 de octubre siguiente.

M1.7.8.2.3. Mariana del Valle Moreno Moros, nacida el 10 de febrero de 1983. Se casó el 12 de julio de 2013 con Omar Suárez Torres con quien tiene descendencia.

M1.7.8.3. José Jesús Moros Manzo (El catire), nacido el 13 de abril de 1950. Se casó con el arte, su pasión. Es un artista muy reconocido.

M1.7.9. Jesús María Manzo Núñez, nacido en Montalbán el 10 de junio de 1923. Lo bautizó el párroco Manuel Arocha el 15 de diciembre de ese mismo año, siendo sus padrinos su hermano mayor Antonio Julio Manzo Núñez (M1.7.1) y su tía Heriberta Manzo Pérez (M1.1).

Jesús María tuvo una extensa carrera profesional y política. Haré un recuento de ella tomando como referencia su curriculum vitae:

Comenzó siendo perito agropecuario, agente agrícola e instructor en clubes agrícolas. Luego fue jefe de la división de agricultura vocacional del ministerio de agricultura y cría.

En 1951, se radicó en San Felipe, donde compró las fincas "Las Mercedes" y "La Antonia". Ejerció los cargos de agrónomo asesor y director de agricultura del estado Yaracuy. Allí mismo fundó la cooperativa de productores de papas y la asociación de productores rurales del estado Yaracuy, de las cuales fue su primer presidente.

Viajó a Estados Unidos y Canadá en negociaciones referentes a la compra de semillas para las tres cooperativas de productores de papas existentes en el país.

También, en San Felipe, estableció las empresas: Distribuidora Agropecuaria, C.A, Comercial Manzo, S.A y Maquinarias Ceisa, C.A. Ejerció la presidencia de la cámara de comercio del estado Yaracuy.

En 1963 es elegido concejal del distrito San Felipe y senador de la república por el estado Yaracuy. También es designado presidente de la comisión de economía del senado y miembro de la comisión delegada del congreso.

A partir de 1965, asiste a cuatro asambleas del parlamento latinoamericano como delegado por Venezuela:

➢ La I asamblea se reunió en Lima-Perú, en 1965.
➢ La II asamblea ocurrió en 1967 en Montevideo-Uruguay, donde preside la comisión del estatuto y reglamento.
➢ La III asamblea se reunió en Brasilia-Brasil, en 1968.
➢ La IV asamblea fue en Bogotá-Colombia, en 1969. Allí fue elegido secretario general adjunto del parlamento latinoamericano.

En 1966, presenta el proyecto de ley de mercadeo y precios mínimos de productos agropecuarios. Luego, en 1968, por segunda ocasión es elegido senador por el estado Yaracuy y va a presidir la comisión de finanzas del senado. En 1970 se retira para ejercer la gobernación del estado Cojedes, donde dos años atrás había adquirido el Hato "El Rodeo", donde se desempeñaba como agricultor y ganadero junto a su familia.

En 1971 se encarga de la presidencia de la recién creada corporación de mercadeo agrícola y 3 años más tarde asiste como delegado a la primera conferencia interparlamentaria Europa–América Latina, reunida en Bogotá-Colombia. En esta época le corresponde encabezar una misión mixta que viaja a Europa en busca de convenios comerciales con el gobierno y empresas italianas.

Desde 1974 hasta 1978 se desempeña como diputado en la asamblea legislativa del estado Cojedes, mientras que en paralelo desempeña su gestión privada como agricultor y ganadero.

Para el año de 1978 es electo senador por tercera ocasión, en esta oportunidad por el estado Cojedes. También, asume de nuevo la presidencia de la comisión de finanzas del senado. Posteriormente, es designado representante del congreso en la comisión supervisora de los proyectos sidero-carboníferos del Zulia y ante la asamblea del fondo de inversiones de Venezuela.

En 1979 el presidente de la república lo designa integrante de la comisión para la reforma fiscal del estado. Dos años más tarde es nombrado, por segunda vez, gobernador del estado Cojedes; cargo que ejerció hasta febrero de 1984.

En el ámbito político, militó en el partido social cristiano COPEI. Allí fungió como presidente regional, secretario general regional, coordinador estatal de campaña electoral y directivo de la fracción parlamentaria.

La república premió sus servicios con diferentes condecoraciones:
- ❖ Orden al mérito en el trabajo, segunda clase.
- ❖ Cruz de las fuerzas aéreas, segunda clase.
- ❖ Orden sol de Taguanes, primera clase.
- ❖ Orden don Ricardo Montilla.
- ❖ Orden al mérito en el trabajo, en su primera clase.
- ❖ Orden general Manuel Manrique.
- ❖ Orden Francisco de Miranda, primera clase.

En el campo literario, participó como coordinador y ponente en el simposio "Historia de la Iglesia en el Estado Cojedes", que fue auspiciado en 1997 por la academia nacional de la historia y publicado por el boletín CIHEV del centro de investigaciones de historia eclesiástica venezolana.

También fue miembro del consejo de asuntos económicos de la diócesis de San Carlos, de la sociedad bolivariana de Venezuela y del centro de historia del estado Cojedes.

Publicó los siguientes trabajos:
- ➢ "El Instituto de Mercadeo y Precios Mínimos". Publicaciones de la fracción parlamentaria de COPEI N.° 36.- Caracas 1966.
- ➢ "Bolívar el Civilizador". Imprenta del congreso de la república. Caracas 1981.
- ➢ "General de Brigada Manuel Manrique". Discurso pronunciado en sesión conjunta de la asamblea legislativa del estado Cojedes, y el consejo municipal del Dto. San Carlos. Imprenta del estado

Cojedes. 26-08-1983.

➢ "Biografía del general Manuel Manrique – El Hombre de las Batallas". Primera Edición. Gráficas Litho Glomar, S.R.L.- Valencia 22-07-1988.

➢ "Biografía del general Manuel Manrique – El Hombre de las Batallas". Tercera edición. Imprenta del congreso de la república. Caracas, 1974.

➢ Síntesis Biográfica del general Manuel Manrique. Impresos rápidos. - Valencia 1993.

➢ "Antonio José de Sucre-Gran Mariscal de Ayacucho". Sucinta biografía. Publicaciones de imprenta del estado Cojedes. 1995.

➢ "Semblanza del general Miguel Antonio Figueredo". Primera edición. Fondo editorial Tiriguá, del instituto de cultura del estado Cojedes. 1995.

Además, escribió mensajes, discursos y artículos de prensa que han sido publicados en folletos, diarios y revistas.

En ámbito personal, se casó en Caracas el 30 de junio de 1949 con Mercedes Elena Rodríguez Álvarez, hija de Cristóbal Antonio Martín Rodríguez Amador y de Elena Martina del Rosario Álvarez Viera, casados en La Guaira el 22 de noviembre de 1899; siendo Elena Martina hija de Román Álvarez y de María Genara Viera, naturales de Lanzarote en las Canarias.

En cuanto a Cristóbal Antonio, nació el 15 de noviembre de 1874 en San Cristóbal de la Laguna, Tenerife. Era hijo de Cristóbal Rodríguez Rodríguez y de María Dolores Amador López. De los anteriores, Cristóbal era hijo de Bernardino Rodríguez y Agustina Rodríguez Canino; mientras que María Dolores lo era de Antonio Amador Pérez y de Agustina López.

Jesús María y Mercedes Elena tuvieron 9 hijos:

M1.7.9.1. Mirian Inmaculada Manzo Rodríguez, nacida en Barquisimeto el 25 de abril de 1950 y bautizada en Caracas el 15 de enero de 1951. Se casó el 25 de octubre de 1968 con su primo hermano Carlos Enrique Manzo Henríquez. Ya los analizamos en M1.7.3.5.

M1.7.9.2. Jesús Román Manzo Rodríguez, nacido en Caracas el 14 de enero de 1952. Se casó con la odontóloga Isabel Sandoval Castillo (Soli), con quien tuvo 3 hijos:

M1.7.9.2.1. Soly Mercedes Manzo Sandoval, nacida en San Carlos el 20 de junio de 1984. Se casó el 31 de mayo de 2012 con Anthony Xavier Angulo Parra, con quien tiene 2 hijos.

M1.7.9.2.2. Jesús Román Manzo Sandoval (Yiyo), nacido el 23 de julio de 1985. Se casó con Rosa Jhoselin Castillo Véliz, con descendencia.

M1.7.9.2.3. Marysabel Manzo Sandoval, nacida el 21 de noviembre de 1987. Se casó con Gustavo Perilli Cabrera, con descendencia.

M1.7.9.3. Laura Elena Manzo Rodríguez, nacida en San Felipe el 7 de noviembre de 1953. Se casó el 6 de enero de 1970 con Julián Enrique García Machado, hijo de Francisco Julián García Prado y de Bertha Constanza Machado Arvelaíz, con quien tuvo 4 hijos:

M1.7.9.3.1. Julián Jesús García Manzo, nacido en Caracas el 6 de diciembre de 1970. Se casó con Blanca Ortiz Ríos con quien tuvo 3 hijos nacidos en San Carlos-Cojedes:

M1.7.9.3.1.1. Daniela Enriqueta García Ortiz. Nació el 13 de septiembre de 1994 y recibió el bautismo el 23 de septiembre de 1995.

M1.7.9.3.1.2. Mariana Valentina García Ortiz, nacida el 16 de abril de 1999. Tiene un varón con Cesar Eduardo Quiñones Macero.

M1.7.9.3.1.3. Julián Jesús García Ortiz. Nació el 3 de septiembre de 2000 y fue bautizado en Naguanagua el 19 de mayo de 2001.

Separado de Blanca, Julián Jesús tuvo otro hijo con Carmen Aida Narváez Mata:

M1.7.9.3.1.4. Julián Fernando García Narváez, nacido en Cumaná el 30 de mayo de 2007.

M1.7.9.3.2. Julián Eduardo García Manzo (Yayo), nacido el 29 de enero de 1972.

M1.7.9.3.3. Claudia Elizabeth García Manzo, nacida el 28 de enero de 1974. Se casó el 28 de agosto de 1999 con Jesús Joya Ceballos, hijo de Gabriel Osvaldo Joya y de Evilda Ceballos, con quien tuvo 2 hijos nacidos en Valencia:

M1.7.9.3.3.1. Camila Isabel Joya García, nacida el 16 de septiembre de 2002.

M1.7.9.3.3.2. Alejandro Sebastián Joya García, nacido el 29 de septiembre de 2007.

M1.7.9.3.4. Julián Antonio García Manzo, nacido el 6 de mayo de 1986.

M1.7.9.4. Nora del Coromoto Manzo Rodríguez, nacida en San Felipe el 16 de noviembre de 1954. Se casó con Domingo Ramón Hernández con quien tuvo 5 hijos:

M1.7.9.4.1. Domingo Jesús Hernández Manzo, nacido el 5 de noviembre de 1974. Destacó como coleador de toros, falleciendo a la joven edad de 37 años, el 6 de octubre de 2012. Antes de eso, tuvo un hijo con Francelis Yamileth Bracho Díaz:

M1.7.9.4.1.1. Domingo Jesús Hernández Bracho.

M1.7.9.4.2. Jorge Luis Hernández Manzo (El negro), nacido el 20 de octubre de 1976. Se casó con Permary del Valle Martínez Olivero con quien tuvo 2 hijos:

M1.7.9.4.2.1. Jorge Daniel Hernández Martínez, nacido el 29 de marzo de 2004.

M1.7.9.4.2.2. Marthina del Valle Hernández Martínez, nacida el 5 de marzo de 2005.

M1.7.9.4.3. Daniel Francisco Hernández Manzo, nacido el 18 de julio de 1978.

M1.7.9.4.4. Gabriel Eduardo Hernández Manzo (Candela), nacido el 14 de noviembre de 1979. Se casó con Yolangel Adruby Villafañe Torres, hija de Ángel Custodio Villafañe y de Yolis Torres, con quien tuvo 2 hijas:

M1.7.9.4.4.1. Valentina del Valle Hernández Villafañe, nacida el 14 julio de 2004.

M1.7.9.4.4.2. Valeria Hernández Villafañe, nacida el 20 de marzo de 2009.

M1.7.9.4.5. Soledad Cristina Hernández Manzo. Nació el 2 de marzo de 1984 y se casó el 30 de enero de 2010 con Ramón Felizola Alayón. Separada, tuvo un hijo natural con Carlo García:

M1.7.9.4.5.1. Domingo Carlos García Hernández.

M1.7.9.5. Pedro Francisco Manzo Rodríguez, nacido en San Felipe el 20 de febrero de 1957. Se casó con María Alcione Pérez Durán con quien tuvo 2 hijos:

M1.7.9.5.1. Pedro Luis Manzo Pérez, nacido en Valencia el 7 de septiembre de 1984. Se casó con Jovana Martínez con quien tuvo una hija:

M1.7.9.5.1.1. Victoria Manzo Martínez.

M1.7.9.5.2. Julio Alejandro Manzo Pérez, nacido el 16 de julio de 1989. Se casó con Fátima Abreu Alda con quien tuvo una hija:

M1.7.9.5.2.1. María Alejandra Manzo Abreu.

Separado, Pedro Francisco tuvo un hijo con Eliana Karina Lovera Parra:

M1.7.9.5.3. Pedro Alejando Manzo Lovera, nacido el 5 de noviembre de 2005.

M1.7.9.6. Jorge Luis Manzo Rodríguez, nacido en San Felipe el 20 de julio de 1958. Falleció en San Carlos, a los 16 años de edad, el 25 de diciembre de 1974.

M1.7.9.7. Roque Eduardo Manzo Rodríguez, nacido en Caracas el 16 de agosto de 1960. Permaneció soltero hasta su fallecimiento en San Rafael, California-USA, el 27 de noviembre de 2003; cuando tenía 43 años de edad.

M1.7.9.8. Ana Mercedes Manzo Rodríguez, nacida en Caracas el 17 de septiembre de 1961. Se casó con el doctor José Alberto Cabrera Martín con quien tuvo 2 hijos:

M1.7.9.8.1. Andrés Eduardo Cabrera Manzo, nacido en Valencia el 9 de febrero de 1988.

M1.7.9.8.2. Alejandro Cabrera Manzo, nacido el 17 de abril de 1991.

M1.7.9.9. Rafael Antonio Manzo Rodríguez, nacido en San Felipe el 26 de julio de 1964. Se casó con Kristhina Samantha Pereira Marín, hija de Miguel Pereira y de Carmen María Marín, con quien tuvo 3 hijas en San Carlos-Cojedes:

M1.7.9.9.1. Michelle Alexandra Manzo Pereira, nacida el 19 de mayo de 1994.

M1.7.9.9.2. Eleana del Valle Manzo Pereira, nacida el 4 de enero de 1996.

M1.7.9.9.3. Carmen María Manzo Pereira, nacida el 8 de diciembre de 1999.

M1.7.10. Clara María de Lourdes Manzo Núñez (Lula), nacida en Valencia el 12 de agosto de 1928. Allí mismo fue bautizada 4 días más tarde por el presbítero Claudio Michelena, en la parroquia de Nuestra Señora del Socorro. Sus padrinos fueron sus hermanos Torcuato

Manzo Núñez (M1.1.3) y Justina Manzo Núñez (M1.1.5).

Se casó en Caracas el 18 de junio de 1960 con Giorgio Galli Sacchi, natural de Roma-Italia. Cuentan en la familia que Giorgio y Doménico Calarossi (véase el apartado dedicado a Yolanda Travieso Caballero en M1.7.1) era ingenieros y amigos quienes emigraron a Venezuela en búsqueda de oportunidades de trabajo durante la gran prosperidad que vivió el país luego del derrocamiento de Marcos Pérez Jiménez.

Ambos consiguieron no solo trabajo, sino también el amor de sus vidas. Luego de lo cual también fungieron el papel de cupido hablándole de Justina Manzo Núñez (M1.7.6) a otro de sus amigos y compatriota: César Peruzzi quien vino desde Italia a formar una familia con ella.

Lourdes y Giorgio tuvieron 3 hijos:

M1.7.10.1. Natiela Francesca María Galli Manzo, nacida el 3 de diciembre de 1960. Se casó el 19 de febrero de 2011 con Felipe José Enrique Fuenmayor Martínez, hijo de Felipe Fuenmayor García y de Carmen Martínez, con quien tuvo una hija:

M1.7.10.1.1. Fernanda Fuenmayor Galli, nacida en Caracas el 15 de septiembre de 1992.

M1.7.10.2. Rosanna María Galli Manzo, nacida en Caracas el 22 de diciembre de 1964.

M1.7.10.3. Víctor Julio Galli Manzo, nacido el 13 de diciembre de 1967. Se casó con Noraida Matos Ramírez con quien tuvo un hijo:

M1.7.10.3.1. Andrés Eduardo Galli Matos, nacido el 6 de septiembre de 1996.

M1.7.11. León Oscar de Jesús Manzo Núñez. Nació en Montalbán el 3 de julio de 1930 y recibió el bautizo el 26 de abril de 1931, siendo sus padrinos sus hermanos Sergio Manzo Núñez (M1.7.2) y María del Valle Manzo Núñez (M1.7.8). Se casó el 16 de septiembre de 1961 con su prima Gisela Margarita Fuentes Manzo, matrimonio que ya analizamos en M1.2.4.6.

Con esto, concluyo las descendencias de todos los Manzo de Montalbán, hasta nuestros tiempos. En el siguiente capítulo, hablaré de sus orígenes en la madre patria.

CAPÍTULO 8

DOMINGO ÁLVAREZ MANZO Y PÉREZ

DOMINGO ÁLVAREZ MANZO Y PÉREZ

En el capítulo cinco comentaba que Francisco Manzo Lartigue era el primer Manzo de nuestra línea genealógica que había nacido en Venezuela. También dije que era hijo de Domingo Manzo, de nacionalidad española. Ahora, profundizaremos en la línea paterna de Francisco.

El nombre completo de su padre era Domingo Álvarez Manzo y Pérez; nacido en Los Silos, pueblo situado en el noroeste de la isla de Santa Cruz de Tenerife, en las Canarias. A su vez, el padre de Domingo se llamaba también Domingo Álvarez Manzo; casado en 1762 con Cathalina Francisca Pérez Acevedo, en la parroquia de Nuestra Señora de la Luz, en Los Silos.

Nótese que el primer apellido de Domingo era Álvarez, y el segundo Manzo. Así las cosas, uno tendría que cuestionarse: ¿Por qué se quitó el primer apellido? Esta situación se produjo muchas veces entre los colonos de origen humilde que llegaron a América buscando una mejor vida.

Varios historiadores han hablado acerca de este fenómeno. En primer lugar, me gustaría citar un comentario que hace Torcuato Manzo Núñez, en su libro Abrevadero II: *"Gómez Pinto firmaba a veces sin el Gómez. Y andando el tiempo él y sus descendientes firmaron solamente Pinto. Esto era muy corriente y lo vemos al estudiar a los Ortega que firmaban Rodríguez de Ortega. Y a los Arocha y los Bacalao que firmaban Hernández de Arocha y Hernández Bacalao. Los Ojeda fueron conocidos al comienzo como Fernández de Ojeda"* [127]. Torcuato no da una explicación del por qué ocurría esto, solo comenta que era una práctica común eliminar el primer apellido. Otros historiadores han inferido que pudo haber sido una forma para resolver las confusiones que surgían cuando dentro un mismo poblado muchas personas tenían el mismo nombre y apellido. Por ejemplo, Álvarez, Rodríguez y Fernández, eran apellidos muy comunes; al igual que los nombres Domingo, Francisco y Antonio, entre otros. Así, dentro del mismo pueblo, había varios Domingo Álvarez, Francisco Rodríguez, etc. Por lo cual, al suprimir el primer apellido y utilizar el segundo, era más fácil diferenciarse de los vecinos.

También se ha especulado que otro factor que pudo haber producido esas alteraciones, era la falta de legislación referente a la forma de nombrar a los hijos. El sistema que conocemos hoy día, conocido como de asignación del doble apellido (paterno y materno) a los hijos, fue implementado en una legislación incluida en el registro civil de España, a partir de 1870. Anteriormente a dicha fecha, las personas tenían libertad absoluta de "escoger" sus apellidos de entre los apellidos de sus padres, abuelos e incluso parientes, siempre y cuando, no se escogiera un apellido en particular con el objetivo de engañar o hacerse pasar por alguien que "no se es". Antonio Alfaro de Prado Sagrera explica esto muy bien: *"hace falsedad aquel que cambia maliciosamente el nombre que ha tomado o tomando nombre de otro o diciendo que es hijo de rey o de otra persona honrada sabiendo que no lo era"*.[128]

Yo he pensado mucho en este enigma y he decidido formular una hipótesis sustentada en la demografía. Más específicamente, en la dura realidad que enfrentaban los colonos menos pudientes, en búsqueda de una mejor vida.

Luego del descubrimiento, se hizo necesario la elaboración e implementación de una serie de leyes para normalizar las actividades comerciales y sociales de las colonias. Los reyes católicos establecieron las primeras, luego le siguió Carlos I y finalmente Felipe II hasta completar 6336 ordenanzas que fueron recopiladas en 1634. La Recopilación de las

127 Manzo Núñez, Torcuato. (1979). *Abrevadero.* Vol. 2. Págs. 129 al 130.
128 Prado Sagrera, Antonio Alfaro de. (2012). *El Nacimiento del Sistema Oficial de Doble Apellido en España.* Pág. 208.

Leyes de Indias establecían importantes directrices como, por ejemplo, la prohibición de la esclavitud de los indios, salvo como castigo por delitos graves. También regulaba la emigración hacia el nuevo mundo a través de licencias, emitidas por la corona y con duración de 2 años para permitir la preparación de un viaje que entrañaba peligro y muchos preparativos.

Las licencias tenían un carácter individual e intransferible, aunque era muy claro que había una marcada preferencia por la emigración familiar. Generalmente daban licencia primero a los esposos, quien luego tenía que tramitar la de sus esposas e hijos. El proceso era riguroso y controlado por medio de funcionarios designados a tal fin, quienes hacían el seguimiento necesario para evitar que los esposos abandonaran a sus familias o cometiesen bigamia. Gracias a esta normativa, y a los registros eclesiásticos, hemos podido reconstruir muchas genealogías contenidas en la presente obra.

Pablo Iglesias Aunión describe este proceso con bastante detalle *"Obtener una licencia para el Nuevo Mundo no era nada fácil. Exigía un completo y complejo proceso de información sobre el demandante que comenzaba con la obligatoriedad de informar sobre la limpieza de sangre, es decir, acreditar la naturaleza y calidad social, el no pertenecer a grupos sociales prohibidos. Se realizaba en el lugar de origen y se presentaba en la Casa de Contratación"* [129]. Por lo que puede deducirse que estos viajes estaban reservados a ciertos privilegiados.

Esta era la forma de emigrar legalmente a América. Pero, como era de esperarse, comenzó a generarse una forma alternativa o informal de hacerlo por aquellos que no tenían los recursos o influencias para lograrlo por los canales regulares. Para ello, hubo varios mecanismos: desde la falsificación de los documentos de identificación hasta sobornos a los funcionarios encargados de embarcar a los pasajeros en los puertos de Sevilla y Cádiz (únicos puertos oficialmente designados a tal fin). Otra forma muy usada era pagándole a los capitanes de navío para que los llevaran furtivamente a las colonias, a cambio de un peaje o canje; cosa que era relativamente fácil de hacer en las Canarias, última parada antes de cruzar el Atlántico.

Es mi pensar que muchos de los jóvenes solteros y de escasos recursos, pero con un corazón aventurero, escogieron este camino. Una vez en su destino final, lo más "conveniente" resultaba ser un cambio de nombre

---

129 Iglesias Aunión, Pablo. (2002, Octubre). *Las licencias para viajar a Indias. Estatutos de limpieza de sangre y requerimientos en el Trujillo del siglo XVI.*

omitiendo el primer apellido, ya que la mayoría de los documentos que se hacían en las colonias solo identificaban a las personas por su nombre de pila y un apellido, omitiéndose el segundo. Esto les garantizó la nueva vida que buscaban sin que la corona pudiera rastrearlos.

Así pues, la mayoría de los ciudadanos con recursos e hidalguía, hacían el pase a las Américas a través de las licencias y, por lo general, arribaban a las principales ciudades o a sus alrededores donde establecían grandes fundos con esclavos y trabajadores. Por el contrario, los aventureros escogían las rutas alternativas, llegando a los poblados más pequeños como agricultores listos a emplearse en cualquier lugar donde necesitaran mano de obra. En el medio de estos dos polos hubo personas que, sin ser hidalgos o aventureros, deseaban con avidez un mejor futuro en el nuevo continente, aunque no contaran con la bendición de los reyes. Pienso que Domingo fue uno de ellos, quitándose el Álvarez y quedándose solamente con el Manzo.

Otra cosa que me gustaría acotar, es que en algunos sitios confunden a los "Manzo", como los "Manso". Aclaro que ambos apellidos existen y son muy antiguos, siendo tal vez el más longevo "Manzo"; que en la zona de Lombardía significa "carne bovina", convirtiéndolo en un apellido ocupacional, es decir, creado con base en el tipo de actividad económica que hacían sus integrantes. ¿Y cómo surgió su variante "Manso" ?, ¿donde se cambió la "z" por una "s"? En la edad media muy pocas personas sabían escribir, razón por la cual existían los "escribanos". Estás personas estudiaban para desempeñar el trabajo de "escribir". Así, el Rey tenía uno, las cortes tenían varios, etc. Y es interesante notar, cuan parecido resultaba una "z" y una "s" en la caligrafía corrida de muchos escribanos; haciendo muy fácil interpretar equivocadamente, una letra por la otra. Sumemos a esto, las faltas de ortografía, típicas de la época, los frecuentes manchones o escurridas de tinta en los documentos, etc. Todos estos factores contribuían a crear errores cuando se escribían nombres en un documento.

En nuestro caso de estudio, he visto varios documentos y censos hechos en dicha época, donde se puede ver claramente que nuestro apellido original era Manzo, con "z"; aunque también he visto algunos pocos documentos donde lo han escrito con "s". Aún hoy día, se siguen cometiendo errores cuando se registran a los hijos en el registro público; luego de lo cual las personas suelen decir: "déjalo así", ¡Y así se queda!

Hecho este paréntesis, volvamos a la vida de Domingo. Nació hacia mediados del siglo XVIII, cuando Tenerife sufría una gran crisis por la escasez de tierras cultivables para la cada vez más creciente población. Ante esta situación, muchos optaron por emigrar a las Américas donde escuchaban que había grandes oportunidades para los colonos.

"La desesperación diaria de no saber qué dar de comer a sus hijos los llevó a emigrar, con el fin de luchar contra la pobreza y mejorar el nivel de vida. No es de extrañar pues, que el padrón de 1779 de Santiago del Teide registrara 39 ausentes en América, la mayoría en Caracas. Citaré los casos de Félix Pérez Forte, Juan González Manso, Melchor Hernández o Antonio Martel. Sus escasos medios de vida apenas permiten la subsistencia de sus habitantes".[130]

Esta situación originó varias oleadas de emigraciones hacia distintos lugares en América. Una de ellas tuvo por destino los llanos de Venezuela, razón por la cual algunas de sus ciudades, como la Villa de Todos los Santos de Calabozo, fueron fundadas por inmigrantes canarios.

Domingo fue uno de dichos inmigrantes. Siendo muy joven, se embarcó el 8 de diciembre de 1787 en el buque Nuestra Señora del Rosario, alias "El Brillante", un barco de dos puentes con sesenta y seis cañones, uno de los seis navíos mercantes comprados a particulares, en 1740, para hacer frente a las necesidades contraídas por la guerra de Asiento, con los británicos[131].

Fig. 21. *"El Brillante"*
Fuente: Wikimedia Commons. Pochito.
https://commons.wikimedia.org/wiki/
File:Navio-de-linea-espanol.jpg

En el libro de bitácora del buque, puede verse claramente que Domingo Álvarez Manzo es uno de los pasajeros que zarpa en el "Brillante", bajo el mando del capitán Bartolomé Mead, con rumbo a la Guaira.

"En 1787 Pedro Hernández, de Garachico, viajaba con destino a Caracas con un préstamo que le concedió Domingo Antonio Alegría en El Brillante. Al igual que su paisano José Antonio Francisco Delgado, el silense Domingo Álvarez Manso o los buenavisteros Julián José Castellano y Blas Gil del Castillo. El capitán del buque era Bartolomé Mead. Los cinco ejemplos forman parte de un numeroso número de

---

130 Rodríguez Mendoza, Félix. (2004). *La emigración del noroeste de Tenerife a América durante 1750-1830*. Pág. 166.

131 Portal: "Historia Naval de España". Brillante (1740). https//todoavante. es/index.php?title=Brillante_(1740)

personas que en este año contratan riesgos para poder viajar a América".[132]

Una vez en Venezuela, se dirigió a la Villa de San Luis del Rey de Cura que había sido fundada hace 70 años (en 1717) por el abuelo paterno del libertador, Juan de Bolívar y Martínez de Villegas, corregidor y justicia mayor de los valles de Aragua[133]. El lugar era bueno para la agricultura y la ganadería, habiéndose formado varios fundos en los alrededores del casco de la ciudad, terreno fértil para nuevos emprendedores.

¿Por qué llegó allí y no a otro lugar? Tal vez nunca lo sabremos con certeza, pero llama la atención que la villa fue fundada con 30 familias de españoles y criollos como primeros habitantes. De sus apellidos puede inferirse que muchos de ellos eran canarios, uno de los cuales se llamaba Francisco Álvarez[134], muy probablemente familiar de Domingo. En los años siguientes, con el recrudecimiento de la economía canaria, fueron muchos más los canarios que buscaron refugio en esta región. Uno de ellos: José Manzo, primo de Domingo, quien probablemente habría de recibirlo en Villa de Cura.

Domingo se avecindó en un caserío llamado Guasduas, a medio camino entre Cagua y la Villa de Cura, único sitio en la zona donde se cultivaba el añil. Siendo muy joven y un recién llegado, dependía de sus familiares y amigos para subsistir en un comienzo. Esta realidad lo metió en problemas al poco tiempo de su llegada como registra Manuel Hernández González[135]: *"los pulperos y vendedores ambulantes que venden furtivamente añil comprado a los esclavos como el granadillero Felipe Curbelo. Arrestado en 1789 en Villa de Cura, en su denuncia aparecen implicados varios paisanos suyos de ese oficio como Domingo Manso, José Manso y Domingo Amador. Fue perdonado gracias a la intercesión del hacendado Tomás Paz Castillo, originario de su pueblo natal, que sufragó lo robado, y lo disculpó «por el poco o ninguno conocimiento del país por ser recién llegado de Islas», por no provenir de malicia y «por ser un forastero pobre y miserable»".*

Pocos años más tarde, a unos 155 kilómetros al sur, se encontraba el presbítero y bachiller de la Universidad Central de Venezuela, Diego

---

132 Rodríguez Mendoza, Félix. (2004). *La emigración del noroeste de Tenerife a América durante 1750-1830.* Pág. 453.

133 Botello, Oldman. (1969). *Historia de la Villa de Cura. (Tránsito por la vida de un pueblo).* Págs. 39 al 41.

134 Ídem. Pág. 43.

135 Hernández González, Manuel. (1999). *Los Canarios en la Venezuela Colonial (1670-1810).* Pág. 365.

Remigio Pasquier Medina, como cura doctrinero de la Santísima Trinidad; primera misión evangelizadora fundada en Calabozo. Contaba en sus inicios con unos doscientos indios originarios de las tribus Guaiqueríes, Mapoyes y Tamanacos. Esta "misión abajo" y otra, la Misión de los Ángeles o "misión arriba", fundadas por los frailes andaluces Fray Salvador de Cádiz y Fray Bartolomé de San Miguel, fueron los primeros asentamientos que ocurrieron en esta zona del país a principios del siglo XVIII.

Aunque se logró la pacificación y cristianización de los indios, estos no siempre fueron sumisos y en varias ocasiones se tornaron hostiles, poniendo en gran peligro a los frailes. Por este motivo solicitaron la construcción de una villa de españoles que les ayudara a contenerlos, lo cual lograron el 1 de febrero de 1724 con la fundación de la Villa de nuestra señora de la Candelaria y de Todos los Santos de Calabozo, conformada en un inicio por 12 familias españolas mayoritariamente canarias. Obviamente, una de las primeras obras a realizarse fue la construcción del templo, que a la larga sería la catedral. Estoy hablando de la Iglesia Parroquial de Todos Los Santos de Calabozo.

Diego Remigio era el único hijo varón del matrimonio de don Luis Pasquier y Harpín con Juana Severina Medina Domínguez, como apunté en el capítulo cinco. En ese lugar, llevaba una vida bastante activa al servicio de Dios. En 1790 habían inaugurado la catedral luego de 24 años de trabajo, pero otros templos como la iglesia de nuestra señora de las Mercedes, seguían en construcción. Antonio Leonardo Sosa, Teniente Justicia Mayor de Calabozo, había sido un gran aliado para la culminación del templo y había hecho muchos esfuerzos para ayudar en la construcción de las otras edificaciones. Por esta razón, cuando el capitán general anunció que enviaría un nuevo oficial en 1793 para ocupar dicho cargo, Diego (en su condición de capellán) le escribe una misiva solicitándole encarecidamente que no lo removiese del cargo, pues su ayuda era muy necesaria para la culminación de las obras. La solicitud fue considerada y esto debe haber mejorado aún más sus relaciones con la familia Sosa, pues el 10 de diciembre de 1796 era nombrado padrino de bautizo de María del Rosario de la Trinidad Sosa Ledesma, hija de don Antonio Sosa y de María Isabel Ledesma.

Además de Diego, en la iglesia parroquial se encontraban los presbíteros José Miguel Fernández Feo, Br. Francisco José De Silva, Br. Francisco Betancourt, Julián Llamoza y Pedro Duzuchet, de ascendencia francesa, que auxiliaban al párroco Francisco Roque Díaz con los bautizos, matrimonios y demás oficios litúrgicos que se encontraban en auge por aquellos días en Calabozo.

Años más tarde, Petronila Pasquier (viuda desde 1790) decide mudarse con sus hijos a Calabozo para estar junto a su hermano, ahora albacea y depositario de los bienes dejados por su difunta madre doña Severina Medina, que había fallecido en 1789.

Es muy probable que Domingo Manzo haya visitado el pueblo para saludar a sus compatriotas, o tal vez en ocasión de alguna fiesta patronal, conociendo así a Francisca Gabriela Lartigue Pasquier, ahora residente de Calabozo.

Cupido hizo su trabajo y pocos años más tarde se casaron el 6 de Julio de 1803 en la Iglesia Parroquial de Todos Los Santos de Calabozo. El presbítero don Pedro Duzuchet, interino de la parroquia, ofició el acto con autorización del párroco Francisco Roque Díaz. Los testigos fueron: Joseph Manuel Hurtado de Mendoza, Josepha Quintana y Joseph Antonio Armada.

Para la fecha, Domingo y Francisca eran muy jóvenes; razón por la cual y de acuerdo a la Real Pragmática[136], tuvieron que pedir licencia a sus padres para poder casarse. A continuación, cito la "traducción" del acta de matrimonio elaborada muy gentilmente por mi buena amiga Lucia De Ratmiroff, a quien le estoy muy agradecido por su incondicional ayuda:

"En esta Parroquia de todos los santos de la Villa de Calabozo : En seis días del mes de julio de 1803 el presbítero don Pedro Dufuchet cura Interino de esta parroquia de mi cargo: Habiendo precedido las tres canónicas moniciones prevenidas por el Santo Concilio de Trento en tres días festivos inter Missarum Solemnia bien instruidos en la Doctrina Cristiana y Misterios de Nuestra Santa Fe, confesados y comulgados y no habiendo resultado impedimento alguno de sus proclamas que fueron leídas in fiesta de Corpori Christi Domini, in Dominica infra octavam ..... Santi Antoni de Padua anni laben (¿) y precedidas las correspondientes licencias de sus padres y *viceparentes con arreglo a la Real Pragmática: presenció el Matrimonio que por palabra de presente et in facie Eclessia celebraron don Domingo Alvez Manzo natural de la Isla de Tenerife, una de las Canarias y vecino de la Villa de Cura hijo legítimo de don Domingo Alvez Manzo y de Doña Cathalina Pérez; y Doña Francisca Javiera Lartigue natural de la Costa de Ocumare y vecina de esta Villa*

---

136 La Real Pragmática de Matrimonios de Carlos III, del 23 de marzo de 1776, ordenaba que los varones menores de veinticinco años y las hembras menores de veintitrés, necesitaban licencia de sus padres para casarse.

hija legitima de don Ramón Lartigue y de Doña Petronila Antonia Pasquier siendo testigos don Juan Manuel Hurtado, Doña Josefa Quintana y don Joseph Antonio Armada: El mismo día recibieron las bendiciones nupciales según la costumbre de la Iglesia tuvo la fábrica de ingreso cuatro reales y para que conste lo firmo fecha ut supra

don Francisco Roque Díaz" [137]

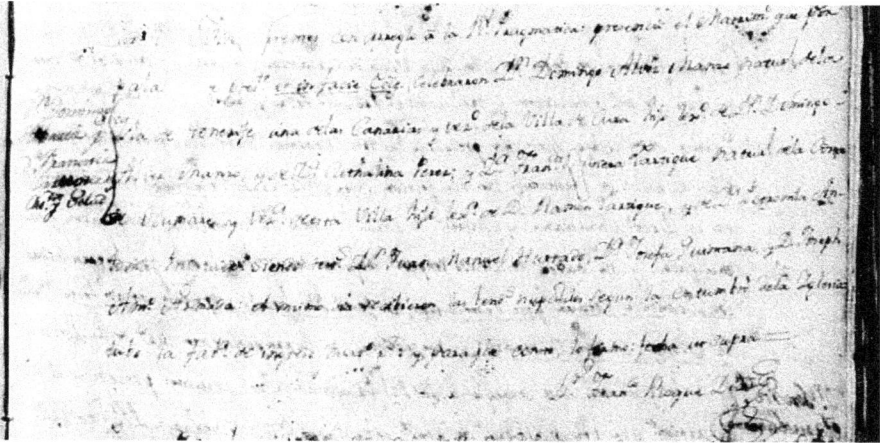

Fig. 22. *Acta de matrimonio de Domingo Álvarez Manzo y Pérez con Francisca Gabriela Lartigue Pasquier [137]*

Una costumbre que tenían los escribas, era de abreviar cuando escribían. Abreviaban frases como vuesa merced (v.m.), nombres como Gerónimo (Grmo), etc. Existen cientos de abreviaciones que eran de uso común en dicha época y eran usadas o no a criterio de cada escribano. Por eso, muchas veces es necesario la ayuda de una persona como Lucia, para interpretar correctamente los textos.

En este documento, el nombre del novio aparece como Domingo Álvez Manzo; y Lucía no podía asegurar que Álvez era Álvarez abreviado. Por esta razón, le pedí ayuda al doctor Nelson Díaz Frías, magistrado-juez decano del Palacio de Justicia de Arona e investigador

---

137 *Fuente: "Venezuela, registros parroquiales y diocesanos, 1577-1995," database with images, FamilySearch (https://familysearch.org/ark:/61903/3:1:33S7-9RRK-9C7C?cc=1951777&wc=WNXQ-XCT%3A376113501%2C376113502%2C376113503%2C376281601 : 22 May 2014), Guárico > Calabozo > Todos los Santos > Matrimonios 1762-1820 > image 117 of 155; Parroquias Católicas (Catholic Church parishes), Venezuela.*

sobre la historia y la genealogía del sur de Tenerife, con más de 28 libros sobre la materia; quien muy amablemente me confirmó la exactitud de la abreviación, al tiempo que me suministró información muy valiosa sobre sus antepasados[138]. Por todo ello, le doy mis más sinceras gracias.

Una vez casados, se establecieron en la Villa de Cura; lugar donde Domingo había hecho amistades y se había establecido. El matrimonio tuvo por hijos a Francisco y a Obdulia. La familia iba en aumento pero, tristemente, pocos años después Domingo Manzo es apresado por el ejército patriota por causa del Decreto de "Guerra a Muerte" promulgado por el Libertador el 15 de junio de 1813, en la ciudad de Trujillo, durante el desarrollo de la "Campaña Admirable". Los detalles que dieron pie a semejante decreto, así como su validez moral o no, son temas que escapan del alcance de este libro. Lo que sí veremos, es su consecuencia: *Durante la Campaña Admirable por cada lugar "todos los europeos y canarios casi sin excepción fueron fusilados" por las armas patriotas a su paso. En febrero de 1814, al concluir la campaña, Juan Bautista Arismendi, por órdenes de Bolívar, mando a fusilar a 886 prisioneros españoles en Caracas. Para engrosar su número añadió inclusive los enfermos en el hospital de La Guaira, cerca de 500 a 1000 entre los días 13 al 16 del mismo mes* [139].

A pesar de que el 4 de febrero de 1814 su esposa Francisca Lartigue envió por medio de Ignacio Ríos, un vecino de la Villa de Cura, 500 pesos a manera de fianza para que lo liberaran y enviaran como exiliado a la Isla de San Tomas[140]; la oferta no fue considerada y Domingo, al igual que los demás canarios y españoles, fueron fusilados entre los días 13, 14 y 15 de febrero de 1814.

Con esta triste nota termino la historia de mi quinto abuelo que sirvió de puente entre el viejo y el nuevo continente. Ahora, dedicaré unas líneas para hablar de sus ancestros procedentes de las Canarias, caracterizados por una fuerte endogamia entre sus habitantes. Por esta razón la mayoría estaban enlazados dentro del tercer grado de consanguinidad, detalle que no especificaré en cada individuo para hacer la lectura más ligera.

Comenzaré con su línea materna:

Cathalina Francisca Pérez Acevedo fue hija de Bernardo Pérez Beltrán

138 Díaz Frías, Nelson. (2003). *Genealogías del Municipio de Adeje (Siglos XVI-XX).*
139 Pacheco Loma, Misael. (1965). *Resumen de la historia de América.* Pág. 97.
140 Registro principal de Caracas. (1814). *Escribanías.* Folio 15.

y de Margarita de Acevedo Méndez, ambos naturales de Los Silos, en Santa Cruz de Tenerife, Canarias-España; donde se casaron en 1739. A su vez, Margarita era hija de Francisco de Acevedo Baeza y de María Juana Méndez del Castillo y García, casados en Nuestra Señora de los Remedios en 1707. De los anteriores, Francisco era hijo de Bartolomé de Acevedo Álvarez y de Beatríz Hernández Díaz; mientras que María Juana lo era de Tomás Martín del Castillo y de Margarita Pérez de Afonseca; todos naturales del pueblo de Buena Vista del Norte, en Tenerife.

Con referencia al padre de Cathalina, Bernardo Pérez Beltrán, era hijo de Bernardo Pérez Lorenzo y de Isabel Beltrán; casados en Nuestra Señora de la Luz en 1692. De estos últimos, Bernardo era hijo de Juan Pérez Mendoza y de Ana Lorenzo; mientras que Isabel lo era Bartolomé Ruiz y de María Beltrán.

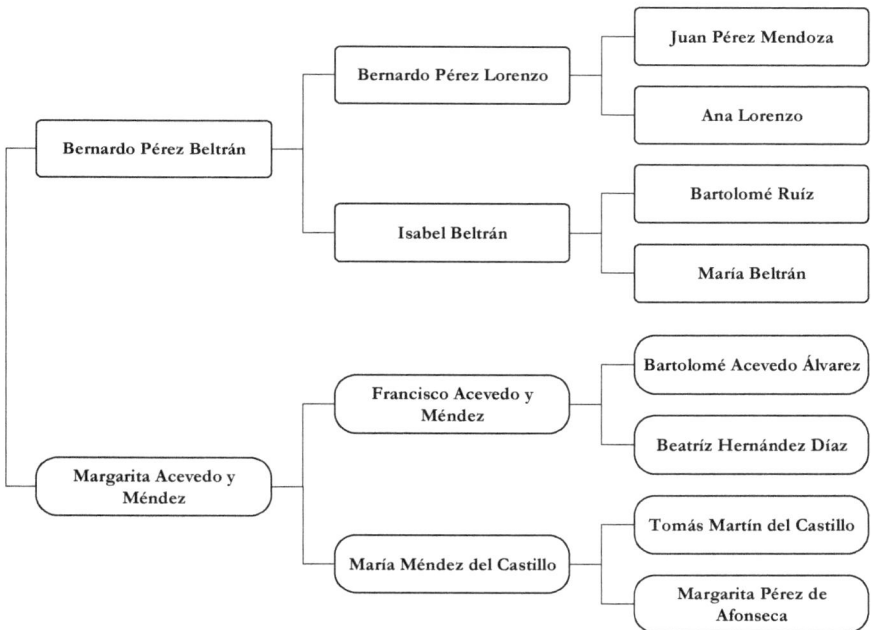

Diagrama 4. *Bernardo Perez Beltran y Margarita Acevedo Mendez*

Con respecto a la línea paterna:

Domingo Álvarez Manzo, era hijo de Domingo Álvarez del Castillo y Hernández y de Andrea González Manzo, naturales de El Tanque donde se casaron el 18 de mayo de 1718. A su vez, Andrea era hija de Pedro González Manzo y de Isabel María Ximénez. De los anteriores, Pedro era hijo de Andrés González Manzo, natural de La Guancha en el norte de Tenerife, y de María Rodríguez con quien se casó en 1639; siendo esta última hija Juan Rodríguez López y Catalina Martín.[141]

En cuanto a Domingo Álvarez del Castillo y Hernández, era vecino del poblado de Taucho. En 1777, escribía el alcalde mayor de Adeje: *Domingo Álvarez que es vecino de Taucho, se encuentra en lo último de su vida con privación de sus sentidos e incapaz de la administración de sus bienes. Se pide que sean sus legítimos herederos lo hagan.*[142] Para ese momento, emitieron un documento donde le daban poder a sus familiares para administrar sus bienes. Finalmente, falleció en Adeje a los 87 años de edad, el 8 de septiembre de 1777.

Ahora estudiaremos la descendencia de Domingo Álvarez del Castillo y Hernández (C) con Andrea González Manzo. Tuvieron 4 hijos:

C1. Domingo Álvarez Manzo, casado con Cathalina Francisca Pérez Acevedo. Ya citados.

C2. Pedro Álvarez Manzo. Se casó en Adeje en 1745 con Catalina Betancourt Llarena, hija del alférez Bartolomé Delgado Llarena y de Catalina Betancourt Linares, casados en Vilaflor de Chasna en 1695. A su vez, Bartolomé era hijo de Gonzalo Delgado Llarena y de Florentina Verde del Castillo; mientras que Catalina lo era de Francisco de Betherncourt y de Catalina de Linares Beltrán.

Pedro enviudó al poco tiempo, sin descendencia. Luego, tuvo sus segundas nupcias en Adeje el 3 de diciembre de 1749 con Andrea Teresa Hernández Rivero, hija de Juan Hernández Rivero Pestana y Palmero, y de Melchora Verde Pérez; con quien tuvo 11 hijos nacidos en Tijoco, antes de fallecer a los 75 años de edad, el 22 de mayo de 1795:

C2.1. Pedro Álvarez Hernández. Nació hacia 1752.

C2.2. Antonio Álvarez Hernández, nacido hacia 1754 y casado en La

---

141 Información suministrada por el Genealogista doctor Nelson Díaz Frías. El Dr. Díaz Frías describe a esta familia con el apellido compuesto González Manso (con "s"), pero como decía anteriormente, luego de revisar numerosos documentos correspondientes a censos de 1779, pienso que el apellido original era con "z", asunción que he mantenido en este libro.

142 Archivo del Ayuntamiento de Adeje. (1777, 28 de agosto). Código de referencia: 13.26.1.057-06-02-02079.

Quinta-Taucho en 1784 con María Dolores Álvarez Hernández.

C2.3. Juan Antonio Álvarez Hernández, nacido hacia 1756. Se casó en Adeje el 20 de abril de 1784 con María Paula García Verde, hija de Antonio García Verde y de María Paula Hernández García, con quien tuvo 3 hijos:

C2.3.1. Juan Álvarez García, quien se casó en Adeje en 1812 con Francisca Álvarez Hernández (véase AC3.3.3), con quien tuvo 3 hijos:

C2.3.1.1. Diego Álvarez Álvarez, natural de Taucho, se casó en Arona en 1848 con Dominga García Felipe, hija de Antonio García Linares y de María Felipe Paladón.

Viudo y sin descendencia, volvió a casarse en 1866 con Antonia Domínguez Domínguez, hija de Antonio Domínguez Marrero, y de María Antonia Domínguez Aponte, con quien tuvo un hijo:

C2.3.1.1.1. Diego Álvarez Domínguez, nacido en 1868 y casado en 1892 con Eugenia Tejera García, hija de Carlos Tejera Sierra y Jorgina García García.

C2.3.1.2. Francisco José Álvarez Álvarez. Se casó en 1849 con Isabel Mencía Martín García, viuda de su primer matrimonio con Antonio José Ramos García (véase AC3.1.2.1.1).

Francisco José e Isabel tuvieron 8 hijos:

C2.3.1.2.1. Isabel Álvarez Martín, casada en 1868 con Antonio Fraga Hernández, hijo de Antonio Fraga Morales y de María Hernández González. A su vez, Antonio era hijo de Francisco Antonio Fraga Domínguez, natural de El Aserradero en Tenerife, y de María Morales Santos, casados en 1792; siendo María hija de Manuel Morales y de Ana Santos Alayón.

En cuanto a María Hernández González, era hija de Felipe Hernández Vargas y de su segunda esposa: Rosalía González Delgado, hija de Francisco González Padilla y de Rita Delgado Llarena y González.

C2.3.1.2.2. Bienvenida Álvarez Martín. Se casó en 1877 con José Hernández Fraga, hijo de José Hernández González y de María Isabel Fraga Márquez (véase C8.2.1.1).

C2.3.1.2.3. María Candelaria Álvarez Martín. Contrajo primeras nupcias en 1880 con Atilano González Domínguez, hijo de

Saturnino González Fraga y de Ignacia Domínguez García.

Al enviudar, y sin descendencia, contrajo segundas nupcias en 1885 con Manuel Blas Álvarez Siverio (véase AC3.1.3.1.6.1).

C2.3.1.2.4. Manuel Álvarez Martín, casado en 1880 con Antonia Fraga Domínguez, hija de Lázaro Fraga Díaz y de Manuela Domínguez García. A su vez, Lázaro era hijo de Lázaro Fraga Morales y de María del Rosario Díaz González; mientras que Manuela lo era de Jerónimo Domínguez Torres y de María García Rivero.

Y de los anteriores, Lázaro Fraga Morales era hijo de Francisco Antonio Fraga Domínguez y de María Morales Santos, ya citados en C2.3.1.2.1.

Manuel y Antonia fueron padres de 8 hijos:

C2.3.1.2.4.1. Esperanza Álvarez Fraga. Se casó en 1909 con Lázaro Fraga González, hijo de Manuel Fraga Hernández y de Jacobina González Alonso. El mencionado Manuel era hijo de Antonio Fraga Morales y de María Hernández González, ya citados en C2.3.1.2.1.

C2.3.1.2.4.2. María del Carmen Álvarez Fraga. Se casó en 1915 con Manuel José Ramos Álvarez (C3.1.1.3.1.1).

C2.3.1.2.4.3. Leonor Álvarez Fraga, casada en 1917 con Juan Álvarez Álvarez (AC3.1.3.1.6.1.2).

C2.3.1.2.4.4. Rosalía Álvarez Fraga.

C2.3.1.2.4.5. Pedro Álvarez Fraga.

C2.3.1.2.4.6. Isabel Álvarez Fraga.

C2.3.1.2.4.7. Saturnina Álvarez Fraga.

C2.3.1.2.4.8. Antonia Álvarez Fraga.

C2.3.1.2.5. Antonio Álvarez Martín. Se casó en 1889 con María Encarnación Fraga Bello (C2.5.1.2).

C2.3.1.2.6. Pablo Álvarez Martín, casado en 1890 con María del Carmen Fraga González; hija de Pedro Fraga Hernández y de Eloísa González Alonso. Carmen fue la autora del libro: "Chía, Su historia y Patrimonio"[143]. En cuanto a Pedro, era hijo de

---

143 Fraga González, Carmen. (1994). *Chía, Su historia y Patrimonio*. Instituto de Estudios Canarios. La Laguna – Tenerife.

Antonio Fraga Morales y de María Hernández González, ya citados en C2.3.1.2.1.

Pablo y María del Carmen fueron padres de:

C2.3.1.2.6.1. Florentina Matilde Álvarez Fraga, casada en 1926 con José Álvarez Álvarez (véase C3.1.1.3.3.4).

C2.3.1.2.7. Francisco Álvarez Martín, casado en 1894 con Rosenda Bello Socas (C2.5.2.1).

C2.3.1.2.8. Constanza Álvarez Martín. Se casó en 1894 con Francisco González Afonso, hijo de Manuel González Ramos y de María Luisa Afonso, con quien tuvo a:

C2.3.1.2.8.1. Jaimina González Álvarez, casada en 1914 con Manuel Álvarez Álvarez (véase C3.1.1.3.3.1).

C2.3.1.2.8.2. María González Álvarez. Se casó en 1927 con Benigno Álvarez Álvarez (véase C3.1.1.3.3.5).

C2.3.1.3. Manuel Álvarez Álvarez. Se casó en 1853 con María Luisa Pérez Tacoronte, hija de Antonio Pérez de Medina y de Victoria Tacoronte Trujillo, con quien tuvo a:

C2.3.1.3.1. Antonio Álvarez Pérez.

C2.3.1.3.2. Virginia Álvarez Pérez. Se casó en 1887 con Florencio González Trujillo, hijo de Florencio González y de Antonia Morales, todos naturales de Taucho.

C2.3.2. María Álvarez García, casada en 1825 con Francisco Ramos García (véase C4.3.2).

C2.3.3. Francisco Álvarez García. Se casó en 1825 con Antonia Ramos García (véase C4.3.3), con quien tuvo a:

C2.3.3.1. María Ignacia Álvarez Ramos, casada en 1825 con Francisco Alayón García, hijo de Felipe Alayón Díaz y de María Agustina García Martín.

María Agustina era hija de Antonio García de Torres y de María Antonia Martín; mientras que Felipe lo era Simón Domingo Alayón García y de Josefa Díaz González. Esta última, hija de Sebastián Díaz y Florentina González.

C2.3.3.2. Juan Álvarez Ramos. Se casó en la iglesia de Vilaflor en 1850 con María Antonia Domínguez Martín, hija de Alejo Domínguez Fraga y de Catalina Martín Lemus, naturales de La Escalona-Tenerife. Fueron padres de:

C2.3.3.2.1. María Isabel Álvarez Domínguez. Se casó en Vilaflor en 1879 con Víctor García Linares, hijo de Agustín Antonio García Jordán y de María del Buen Suceso Linares Mena, naturales de La Sabinita en Tenerife.

C2.3.3.3. Francisco Álvarez Ramos, casado en Arona en 1862 con Francisca Trujillo Delgado, hijo de Agustín Trujillo Toledo y de Francisca Delgado Tacoronte, con quien tuvo a:

C2.3.3.3.1. Daniel Álvarez Trujillo. Se casó en Arona en 1890 con Juana Hernández Rivero, hija de José Hernández González y de Joaquina Rivero; esta última, natural de San Nicolás-Cuba.

C2.3.3.4. Antonio Álvarez Ramos, casado en 1867 con Isabel Bello Bello (véase C2.5.3).

C2.3.3.5. Dolores Álvarez Ramos.

C2.3.3.6. Manuel Álvarez Ramos.

C2.3.3.7. Isabel Álvarez Ramos.

C2.4. Domingo Álvarez Hernández, casado en Guía de Isora en 1786 con Isabel Magdalena Afonso, hija de José Afonso y de Antonia Magdalena.

C2.5. Catalina Álvarez. Se casó en 1800 con José Bello Matos, hijo de José Bello y de Isabel Matos, con quien tuvo a:

C2.5.1. Antonia Bello Álvarez, casada en 1832 con Francisco Bello Acevedo, hijo de Francisco Bello Torres y de Francisca de Acevedo; esta última, hija de Bernardo Acevedo y de Isabel Domínguez. Fueron padres de:

C2.5.1.1. Rosalía Bello Bello. Se casó en 1858 con Antonio José Fraga Díaz, hijo de Lázaro Fraga Morales y de María del Rosario Díaz González (ya citados en C2.3.1.2.4), con quien tuvo a:

C2.5.1.1.1. Antonia Fraga Bello, casada en 1882 con Juan Martín Vargas, hijo de Vicente Martín Siverio y de María Concepción Vargas Martín. Fueron padres de:

C2.5.1.1.1.1. José Martín Fraga, nacido en Guines-La Havana, se casó en 1918 con María Álvarez Álvarez (véase C3.1.1.3.2.4).

C2.5.1.2. María Encarnación Fraga Bello, casada en 1889 con Antonio Álvarez Martín (C2.3.1.2.5).

C2.5.1.3. Francisca Fraga Bello. Se casó en 1894 con Faustino

Martín Vargas, hijo de Vicente Martín Siverio y de María Concepción Vargas Martín.

C2.5.2. Francisco Bello Bello, casado con Isabel Socas Bello con quien tuvo a:

C2.5.2.1. Rosenda Bello Socas, casada en 1894 con Francisco Álvarez Martín (C2.3.1.2.7).

C2.5.2.2. Francisco Bello Socas. Se casó en 1900 con su prima hermana Juana Álvarez Bello (véase C2.5.3.1).

C2.5.3. Isabel Bello Bello, casada en 1867 con Antonio Álvarez Ramos (C2.3.3.4), con quien tuvo a:

C2.5.3.1. Juana Álvarez Bello, casada en 1900 con su primo hermano Francisco Bello Socas (C2.5.2.2).

C2.5.3.2. Saturnino Álvarez Bello. Se casó en 1903 con Constanza Ramos Álvarez (véase C3.1.1.3.1.2).

C2.6. José Álvarez, casado en 1802 con Margarita Bello de León, hija de Agustín Bello y de Ana de León, con quien tuvo a:

C2.6.1. Dominga María Álvarez Bello, casada en 1838 con José Antonio Alayón Díaz, hijo de Simón Domingo Alayón García y de Josefa Díaz González, ya citados en C2.3.3.1.

C2.7. Francisco Álvarez. Se casó en 1803 con María del Carmen Jorge Bello, hija de Antonio Jorge Torres y de Josefa Bello.

C2.8. María Álvarez, casada en 1805 con Cristóbal Martín Álvarez, hijo de Cristóbal Martín y de Juana Álvarez Silverio, naturales de Taucho.

C2.9. Salvador Álvarez, nacido en 1772.

C2.10. Gaspar Antonio Álvarez, nacido en 1775.

C2.11. Andrea Álvarez.

C3. Fernando Álvarez Manzo. Se casó en Adeje en 1747 con Ana Delgado Lorenzo, hija de Andrés Delgado Llanera y de Ana Lorenzo, con quien tuvo a:

C3.1. José Álvarez. Contrajo primeras nupcias en 1778 con Manuela Linares, hija de José Linares y de Catalina Rodríguez. Fueron padres de:

C3.1.1. José Álvarez Linares, casado en 1802 con Josefa Luis de Baute, hija de Antonio Luis Jiménez y de Isabel de Baute, naturales de Taucho. Fueron padres de:

C3.1.1.1. María Candelaria Álvarez Luis, casada en 1828 con Antonio José Fumero Hernández, hijo de Juan Lucas Fumero y de Cipriana Hernández Montesino, naturales de Vilaflor de Chasna.

C3.1.1.2. Francisca Antonia Álvarez Luis. Se casó en 1835 con Antonio Agustín Tarife Fuentes, hijo de Antonio Hernández Tarife y de Isabel de Fuentes García, con quien tuvo a:

C3.1.1.2.1. Francisco Tarife Álvarez, casado en 1880 con María Candelaria Álvarez Fraga (véase AC3.1.3.1.4.1).

C3.1.1.2.2. María Concepción Tarife Álvarez. Se casó en 1864 con Francisco Ramos Álvarez, con quien tuvo a:

C3.1.1.2.2.1. José Manuel Ramos Tarife, casado en 1891 con María Encarnación Álvarez Fraga (véase AC3.1.3.1.4.4).

C3.1.1.3. José Álvarez Linares. Se casó en 1840 con Francisca Márquez Álvarez (véase C8.2.2.1). Fueron padres de:

C3.1.1.3.1. Francisca Álvarez Márquez, casada en 1868 con Francisco Ramos Martín (C4.3.1.1), con quien tuvo a:

C3.1.1.3.1.1. Manuel José Ramos Álvarez. Se casó en 1915 con María del Carmen Álvarez Fraga, ya citados en C2.3.1.2.4.2.

C3.1.1.3.1.2. Constanza Ramos Álvarez. Se casó en 1903 con Saturnino Álvarez Bello (C2.5.3.2).

C3.1.1.3.2. José Álvarez Márquez, casado en 1877 con Antonia Álvarez Hernández (véase C3.1.5.3). Fueron padres de:

C3.1.1.3.2.1. Petra Álvarez Álvarez. Se casó en 1905 con Manuel Tarife Álvarez, hijo de Diego Tarife Fuentes y de Francisca Álvarez Martín (véase C3.1.1.4.1). A su vez, Diego era hijo de Francisco Antonio Tarife Martín y de María Dolores Fuentes Márquez; siendo Francisco Antonio hijo de José Tarife Álvarez y de Isabel Martín Siverio.

C3.1.1.3.2.2. Andrés Álvarez Álvarez, casado en Arona en 1909 con Jovita Reverón García, hija de Juan Reverón Villareal y de María García Domínguez.

C3.1.1.3.2.3. Isolina Álvarez Álvarez. Se casó con 1911 con Manuel Trujillo González, hijo de Leopoldo Trujillo Bello y de María Guadalupe González Trujillo.

C3.1.1.3.2.4. María Álvarez Álvarez, casada en 1918 con José Martín Fraga (C2.5.1.1.1.1).

C3.1.1.3.2.5. Inocencio Álvarez Álvarez. Se casó en 1925 con Teófila Alayón Hernández, hija de Antonio Alayón Alayón y de Clara Hernández Álvarez.

C3.1.1.3.2.6. Francisco Álvarez Álvarez.

C3.1.1.3.2.7. Manuel Álvarez Álvarez.

C3.1.1.3.3. Manuel Álvarez Márquez. Se casó en 1883 con su prima hermana María Álvarez Hernández (véase C3.1.1.5.1). Fueron padres de:

C3.1.1.3.3.1. Manuel Álvarez Álvarez, casado en 1914 con Jaimina González Álvarez (C2.3.1.2.8.1).

C3.1.1.3.3.2. María Álvarez Álvarez. Se casó en 1917 con Pedro González Martel, hijo de Daniel González Lorenzo y de Adela Martel González.

C3.1.1.3.3.3. María Nieves Álvarez Álvarez, casada en 1924 con Antonio Alayón Hernández, hijo de Antonio Alayón Alayón y de Clara Hernández Álvarez, ya citados en C3.1.1.3.2.5.

C3.1.1.3.3.4. José Álvarez Álvarez. Se casó en 1926 con Florentina Matilde Álvarez Fraga, ya citados en C2.3.1.2.6.1.

C3.1.1.3.3.5. Benigno Álvarez Álvarez, casado en 1927 con María González Álvarez, ya citados en C2.3.1.2.8.2.

C3.1.1.3.3.6. Guillermo Álvarez Álvarez.

C3.1.1.3.3.7. Leonardo Álvarez Álvarez.

C3.1.1.3.4. Antonio Álvarez Márquez, casado en 1885 con María Bello Siverio, hija de Juan Antonio Bello Acevedo y de María Candelaria Álvarez Siverio y Martín (véase C8.5). A su vez, Juan Antonio era hijo de Francisco Bello Torres y de Francisca Acevedo, ya citados en C2.5.1.

Antonio y María fueron padres de:

C3.1.1.3.4.1. Antonia Álvarez Bello. Se casó en 1905 con su tío Diego Álvarez Márquez (véase C3.1.1.3.9).

C3.1.1.3.4.2. Isabel Álvarez Bello.

C3.1.1.3.4.3. Benigna Álvarez Bello.

C3.1.1.3.5. María Álvarez Márquez, casada en 1886 con José González Álvarez (véase AC3.1.3.1.2.1).

C3.1.1.3.6. Isabel Álvarez Márquez.

C3.1.1.3.7. Rosalía Álvarez Márquez.

C3.1.1.3.8. Francisco Álvarez Márquez.

C3.1.1.3.9. Diego Álvarez Márquez, casado en 1905 con su sobrina Antonia Álvarez Bello, ya citados en C3.1.1.3.4.1.

C3.1.1.4. Cecilio Álvarez Jiménez. Se casó en 1847 con Francisca Martín García (véase AC3.1.2.2), con quien tuvo a:

C3.1.1.4.1. Francisca Álvarez Martín, casada en 1879 con Diego Tarife Fuentes, ya citados en C3.1.1.3.2.1.

C3.1.1.4.2. María Dolores Álvarez Martín. Se casó en 1885 con Manuel Tarife Oliva, hijo de Juan Tarife Martín y de Agustina Oliva Linares.

C3.1.1.4.3. Antonio Álvarez Martín, casado en 1892 con Indalecia González Domínguez, hija de Saturnino González Fraga y de Ignacia Domínguez García, ya citados en C2.3.1.2.3.

C3.1.1.4.4. Francisco Álvarez Martín.

C3.1.1.4.5. Manuela Álvarez Martín.

C3.1.1.5. Francisco Antonio Álvarez Baute. Se casó en 1850 con Francisca de la Encarnación Hernández González, hija de Felipe Hernández Vargas y de Rosalía González Delgado, ya citados en C2.3.1.2.1.

Tuvieron los siguientes hijos:

C3.1.1.5.1. María Álvarez Hernández, casada en 1883 con su primo hermano Manuel Álvarez Márquez, ya citados en C3.1.1.3.3.

C3.1.1.5.2. Francisco Álvarez Hernández. Se casó en 1892 con María Fraga González, hija de Pedro Fraga Hernández y de Eloísa González Alonso, ya citados en C2.3.1.2.6.

C3.1.1.5.3. Antonia Álvarez Hernández, casado en 1877 con José Álvarez Márquez, ya citados en C3.1.1.3.2.

C3.1.1.6. Manuel Antonio Álvarez Baute. Se casó en 1850 con María Concepción Hernández González, hija de Felipe Hernández Vargas y de Rosalía González Delgado, ya citados en C2.3.1.2.1.

C3.1.1.7. Nicolás Álvarez Linares. Contrajo primeras nupcias en

1851 con Francisca Tarife Martín, hija de José Tarife Álvarez y de Isabel Martín Siverio, ya citados en C3.1.1.3.2.1.

Luego, en 1889, contrajo segundas nupcias con Antonia González Zamora, de la provincia de Icod de los Vinos e hija de Simón González y de María Zamora. Fueron padres de:

C3.1.1.7.1. Virgilio Nicolás Álvarez González, casado en 1898 con María Consolación Tarife Oliva, hija de Juan Tarife Martín y de Agustina Oliva Linares, ya citados en C3.1.1.4.2.

C3.1.2. Antonio Álvarez Linares, casado en 1809 con María Ramos Álvarez, hija de Antonio Francisco Ramos y de María Álvarez.

Viudo de Manuela Linares, José Álvarez contrajo segundas nupcias en 1796 con Isabel García, sin tener más descendencia.

C3.2. María Paula Álvarez Lorenzo. Se casó en 1778 con Nicolás Hernández Tarife, hijo de Pedro Hernández Tarife y de María Domínguez Gorrín, naturales de Valle de Santiago.

Fueron padres de:

C3.2.1. Nicolás Domingo Hernández, casado en Adeje en 1809 con María de Fuentes García, hija de Matheo Fuentes y de Mónica García del Castillo. A su vez, Matheo era hijo de Juan Fuentes Hernández Costal y de Juana González de Padilla; mientras que Mónica era hija de José García del Castillo y González y de Isabel Domínguez.

De los anteriores, Juan Fuentes Hernández Costal era hijo de Elena de Fuentes Carrasco y de Pedro Hernández Costal; siendo Pedro hijo de Pedro Hernández Costal y de Apolonia Lorenzo, ambos de Temesme. Y José García del Castillo y González era hijo de Feliciana González Domínguez y de Andrés García del Castillo y Rodríguez; siendo este último, hijo del capitán José García del Castillo y Bello y de María Rodríguez.

La genealogía del capitán García del Castillo se extiendo muy largamente hacia arriba por lo que la dejaremos en este punto.

C4. Margarita Álvarez Manzo. Se casó en Adeje el 24 de agosto de 1755 con Francisco Ramos González, hijo de Juan Ramos Borges y de Ana Francisca González. A su vez, Ana Francisca era hija de Pedro González y de María de la Cruz, ambos de Vilaflor de Chasna; mientras que Juan era hijo de Juan Ramos Hernández y de María Borges de Aguiar.

De estos últimos, Juan Ramos Hernández era hijo de Francisco Ramos y de Lucía Hernández; mientras que su esposa María lo era de Juan Sebastián Borges y de Ana de Aguiar.

Margarita y Francisco fueron padres de:

C4.1. Pedro Ramos Álvarez, casado con Antonia Feliciana Casañas Delgado, con quien tuvo a:

C4.1.1. Juana Ramos Casañas. Se casó en Adeje en 1822 con José Beltrán González, natural de Arguayo.

C4.2. José Ramos Álvarez, casado en Adeje el 6 de octubre de 1790 con Ana María Casañas Delgado, con quien tuvo a:

C4.2.1. Francisco Ramos Casañas. Se casó en Adeje el 10 de septiembre de 1832 con Isabel Bello Acevedo, hija de Francisco Bello Torres y de Francisca de Acevedo, ya citados en C2.5.1.

Francisco e Isabel tuvieron a:

C4.2.1.1. María de la Encarnación Ramos Bello, nacida el 10 de octubre de 1833. Se casó el 6 de diciembre de 1860 con Francisco Antonio Linares Socas, con quien tuvo a:

C4.2.1.1.1. José Linares Ramos, nacido en Tijoco en 1865.

C4.3. Francisco Ramos Álvarez, casado en 1796 con María Encarnación García Padilla, hija de Juan García y de María Padilla, naturales de Taucho. Fueron padres de:

C4.3.1. Antonio José Ramos García. Se casó en 1845 con Isabel Mencía Martín García (véase AC3.1.2.1.1), siendo padres de:

C4.3.1.1. Francisco Ramos Martín. Se casó en 1868 con Francisca Álvarez Márquez, ya citados en C3.1.1.3.1.

C4.3.2. Francisco Ramos García, casado en 1825 con María Álvarez García, ya citados en C2.3.2.

C4.3.3. Antonia Ramos García, casada en 1825 con Francisco Álvarez García, ya citados en C2.3.3.

C4.4. Andrea Ramos Álvarez.

C4.5. Juan Ramos Álvarez.

Domingo Álvarez del Castillo y Hernández enviudó. En 1737 volvió a casarse con Melchora Domínguez y García Siverio, hija de Juan García Siverio y de María Domínguez, naturales de Taucho.

Fueron padres de 4 hijos nacido en Taucho:

C5. Antonia Domínguez Álvarez, fallecida en 1781.

C6. Isabel Domínguez.

C7. Juana María Álvarez Siverio y Domínguez. Se casó en 1779 con Cristóbal Martín Acevedo, hijo de Juan Martín de Acevedo y de María Cristóbal Hernández.

C8. Juan Álvarez Siverio, casado en 1772 con María Encarnación Matheos Martín, hija de Juan Martín Pascual de Acevedo y de María García.

Fueron padres de 5 hijos nacido en Taucho:

C8.1. Francisco Álvarez Siverio y Martín, nacido en 1774.

C8.2. María Álvarez Martín. Se casó en 1791 con Cecilio Márquez González, hijo de Domingo Márquez y Rodríguez Feo y de María del Rosario González Reverón, con quien tuvo a:

C8.2.1. María del Rosario Márquez Álvarez, casada en 1828 con Diego Fraga Morales, hijo de Francisco Antonio Fraga Domínguez y de María Morales Santos, ya citados en C2.3.1.2.1.

Fueron padres de:

C8.2.1.1. María Isabel Fraga Márquez, casada en 1855 con José Hernández González, hijo de Felipe Hernández Vargas y de Rosalía González Delgado, ya citados en C2.3.1.2.1.

Tuvieron por hijos a:

C8.2.1.1.1. José Hernández Fraga, casado en 1877 con Bienvenida Álvarez Martín (C2.3.1.2.2).

C8.2.1.1.2. Diego Hernández Fraga. Se casó con Sixta Álvarez Fraga (AC3.1.3.1.4.6) con quien tuvo a:

C8.2.1.1.2.1. Isabel Hernández Álvarez, casada en 1915 con Diego Álvarez Álvarez (AC3.1.3.1.4.2.1).

C8.2.1.1.3. Antonio Hernández Fraga, casado en 1891 con Catalina Álvarez Fraga (AC3.1.3.1.4.3).

C8.2.1.2. María del Rosario Fraga Márquez. Se casó en 1864 con Antonio Álvarez Vargas (AC3.3.1.3.2).

C8.2.1.3. María Candelaria Fraga Márquez, casada en 1852 con Ignacio Álvarez Álvarez (AC3.1.3.1.3), con quien tuvo a:

C8.2.1.3.1. María Álvarez Fraga.

C8.2.1.3.2. Antonio Álvarez Fraga.

C8.2.1.4. María Vicenta Fraga Márquez. Se casó en 1855 con Manuel Álvarez Siverio (véase AC3.1.3.1.4).

C8.2.2. Francisco Márquez Álvarez. Se casó en 1817 con Rosalía Álvarez Hernández (AC3.3.5), con quien tuvo a:

C8.2.2.1. Francisca Márquez Álvarez, casada en 1840 con José Álvarez Linares, ya citados en C3.1.1.3.

C8.3. Juan Álvarez Siverio. Se casó en 1803 con María Martín Álvarez (véase AC3.1.3).

C8.4. Mariana Álvarez Silverio, casada en 1831 con Francisco Martín Siverio, hijo de Cristóbal Martín y de Juana Álvarez Silverio; ya citados en C2.8.

C8.5. María Candelaria Álvarez Siverio y Martín, casada en 1836 con Juan Antonio Bello Acevedo, ya citados en C3.1.1.3.4.

Con esto, finalizo el recuento de la descendencia Domingo Álvarez del Castillo y Hernández, cuyo padre era Domingo Álvarez del Castillo (AC) casado en El Tanque el 2 de mayo de 1689 con Águeda Francisca Hernández, hija de Melchor Rodríguez y Catalina Rodríguez; todos naturales de El Tanque.

Veamos ahora la descendencia del matrimonio de Domingo Álvarez del Castillo con Águeda Francisca Hernández, quienes tuvieron 5 hijos:

AC1. Salvador Álvarez, nacido en 1704. Se casó en 1737 con Polonia Lorenzo García con quien tuvo a:

AC1.1. María Álvarez García, casada en 1776 con Antonio Francisco, hijo de Agustín Francisco y de María González.

AC1.2. Ana Álvarez García, casada en 1785 con Antonio Hernández de Fuentes, hijo de Pedro Hernández de Fuentes y de Catalina Padilla.

AC2. Catalina Álvarez. Se casó en Adeje en 1729 con su primo segundo José García Linares, hijo de Juan García Linares y de María Domínguez; esta última, hija de Pedro Hernández Costal y de Apolonia Lorenzo, ya citados en C3.2.1.

Catalina y José fueron padres de:

AC2.1. Antonio García Linares.

AC2.2. María García. Se casó en 1765 con Antonio Luis Jiménez, hijo de Gaspar Luis Jiménez y de Isabel García.

AC2.3. Manuela García.

AC2.4. Antonia García.

Dijimos que su esposo José García Linares era hijo de Juan García Linares. A su vez, Juan era hijo de Francisco García del Castillo y Verde y de Ana Linares González; esta última, hija de Simón de Linares y Ana González. A su vez, Francisco era hijo de Hernán García del Castillo y Bello III y de Melchora Verde de Betancourt.

La genealogía de estos 2 personajes es muy interesante. Comenzaré con Hernán García del Castillo y Bello III quien era hijo de Hernán García del Castillo II y de Catalina Leonor Bello. A su vez, Hernán García del Castillo II era hijo legítimo de Hernán García del Castillo I (Fernán), y de Catalina González Bencomo.

Catalina González Bencomo era una noble guanche[144], hija de Adjona O Atxoña Hernández y de Catalina Francisca Zapata, menceys[145] de Abona; y nieta de Bencomo, mencey de Taoro, muerto durante la conquista castellana de Tenerife (1494 – 1496) en la batalla de La Laguna.

Taoro era el nombre por el que los guanches conocían a uno de los nueve territorios o menceyatos en que estaba dividida la isla de Tenerife para el momento de la conquista castellana en el siglo XV (Abona, era otro de ellos). Taoro era considerado el más poderoso de la isla, ejerciendo de primus inter pares ante el resto y teniendo su mencey consideración de Gran Rey.

En cuanto a Hernán García del Castillo I, fue uno de los primeros pobladores de la Isla de Tenerife. Citaré el apartado que le dedica José Antonio Cebrián Latasa, en su libro: "Ensayo para un diccionario de conquistadores de Canarias":

"GARCIA, Hernan. Natural de la villa de Alcaraz, Albacete. Clérigo, vicario y beneficiado de la iglesia de la villa de San Cristóbal, Lugo lo llama su compadre. No fue conquistador, sino que llegó como repoblador en 1497 a Tenerife. Sobre él se han levantado los esquemas de falsas informaciones, llegando a convertirlo en capitán de caballos y conquistador. Huyó de Alcaraz por haber tenido relaciones

---

144 Aborígenes de origen bereber, que habitaban las islas Canarias antes de su conquista por los Reyes de Castilla en el siglo XV.

145 Mencey era el término con el que los guanches designaban al jefe o rey de una demarcación territorial o menceyato.

sentimentales con una cuñada suya. Pasó a Castilla y allí se unió hacia 1497 a las gentes de Lugo para ir como capellán a la Isla. La carta de Astero nos informa: El vicario de Tenerife, Femán García, en Alcaraz se echó con su cuñada, mujer de su hermano, y fue traído a San Lucar, de donde oí decir que lo soltó un clérigo y se pasó en Canaria.

De sus relaciones sentimentales con Isabel del Castillo, su esclava guanche, tuvo a María Izquierdo. Esta misma Isabel pudo ser la madre de Francisco del Castillo y de Ana del Castillo, habidos con Gonzalo del Castillo. De sus relaciones sentimentales con Catalina García, otra esclava suya guanche, tuvo a Pedro García Izquierdo, Luis García Izquierdo y Diego García Izquierdo.[146]

La genealogía de este caballero sube mucho en el tiempo, pasando por muchos personajes interesantes como su abuelo Alonso González del Castillo y Avilés, 2do. Barón de Illescas y señor de Perona; su bisabuelo Juan González del Castillo Avilés y Toledo, 1er Barón de Illescas; su tatarabuelo Alonso del Castillo y Bernaldo de Quiroz, Caballero de Calatrava; su noveno abuelo Juan Alfonso Sáenz del Castillo IV, VI señor de la casa del castillo; su décimo abuelo Juan Alfonso Sáenz del Castillo III, V señor de la casa del castillo; y las subsiguientes generaciones de los señores de la casa del castillo.

El otro personaje interesante de analizar era Melchora Verde de Betancourt, quien era hija de Juan de Mena y del Castillo y de Melchora de Lugo y Verde Betancourt. Ellos fueron de los primeros pobladores conocidos de Taucho, en el oeste de Tenerife, y eran dueños y patronos de la ermita de Santa Margarita de Taucho.

Juan era hijo de Sebastián de Mena y Bentor y de Leonor de Ayllón, siendo Sebastián hijo de Martín de Mena y de Ana Gutiérrez.

En cuanto a Melchora, era hija de Alonso de Lugo y de Agueda Pérez de Munguía; esta última, hija de Marcos Verde Bethencourt y de María León de Bilbao y Pérez.

De los anteriores, Marcos Verde Bethencourt era hijo de Juan Luis Verde de Sanabria, Caballero de Santiago y conquistador de las Canarias, y de María Pérez de Munguía y Betancourt; y María León de Bilbao y Pérez era hija de Luis Ponce de León y Ruíz (el viejo) y de Elvira Pérez de Munguía y Bethencourt Aguirre Perdomo.

---

146 Cebrián Latasa, José Antonio. (2003). *Ensayo para un diccionario de conquistadores de Canarias*. Págs. 236 al 237.

El citado Luis Ponce de León, fue conquistador de las Canarias y gobernador de Lanzarote. Acerca de él Cebrián Latasa, en su Diccionario de conquistadores, dice lo siguiente: *"Hijo natural de don Pedro Ponce de León, señor de Marchena. Vino a las islas con las gentes de Diego de Herrera e Inés Peraza hacia el año 1455. No será conquistador de las islas realengas, aunque sí sus hijos atraídos a Gran Canaria y Tenerife como repobladores mediante la adjudicación de tierras en repartimiento…"*[147]

La genealogía de Luis Ponce de León nos lleva por muchos personajes famosos, como su papá Pedro Ponce de León y Jérica, IV señor de Marchena y Conde de Arcos de la Frontera; su tatarabuelo, Fernando Pérez Ponce de León, quien fue el primero en añadir "de León" al apellido debido a que su madre, la infanta Aldonza, era hija ilegítima del rey Alfonso IX de León, en el siglo XIII; su quinto abuelo, Alfonso IX de Castilla, último rey del reino independiente de León; su sexto abuelo, Fernando II de León, Rey de León entre los años 1157 y 1188.

Como anticiparán, la genealogía de estos personajes continúa hacia arriba en el tiempo por muchos años, alejándose del alcance del presente trabajo, por lo que volveremos a la descendencia de los hijos de Domingo Álvarez del Castillo con Águeda Francisca Hernández.

AC3. Sebastián Álvarez del Castillo. Se casó en 1725 con María García Linares, hija de Juan García Linares y de María Domínguez, ya citados en AC2. Sebastián y María tuvieron 3 hijos:

AC3.1. Juan Álvarez, casado en 1751 con Mariana Delgado Lorenzo, hija de Andrés Delgado de la Cruz y de Ana Lorenzo, naturales de Taucho. Fueron padres de 2 hijas:

AC3.1.1. María Domínguez Lorenzo. Se casó en 1776 con Pedro Hernández Vargas, hijo de Felipe Hernández Vargas y de su primera esposa María González Delgado, hija de Francisco González Padilla y de Rita Delgado Llarena y González, ya citados en C2.3.1.2.1. De lo anterior se deduce que Felipe luego de enviudar volvió a casarse con una hermana de su difunta esposa.

AC3.1.2. Mariana Álvarez Lorenzo, casada en 1782 con Fernando Martín García, hijo de Juan Cristóbal Nicolás Martín de Acevedo y de María Hernández García; esta última, era hija de Juan Cristóbal Hernández, y de María García del Castillo.

---

147 Ídem.

Fueron padres de:

AC3.1.2.1. Juan Martín Álvarez, casado con María Mencía García con quien tuvo a:

AC3.1.2.1.1. Isabel Mencía Martín García. Se casó en 1845 con Antonio José Ramos García, ya citados en C4.3.1. Luego de enviudar, volvió a casarse en 1849 con Francisco José Álvarez Álvarez, véase C2.3.1.2.

AC3.1.2.2. Francisca Martín García, casada en 1847 con Cecilio Álvarez Jiménez, ya citados en C3.1.1.4.

AC3.1.2.3. Antonio Ignacio Martín García. Se casó en 1844 con Genoveva Álvarez Fraga (AC3.3.2).

AC3.1.3. María Martín Álvarez, casada en 1803 con Juan Álvarez Siverio (C8.3), con quien tuvo a:

AC3.1.3.1. María Dolores Álvarez Siverio y Martín. Se casó en La Quinta-Taucho en 1825 con Antonio Álvarez Hernández, viudo de Francisca Fraga Morales (véase AC3.3.2).

Fueron padres de:

AC3.1.3.1.1. Antonio Agustín Álvarez Álvarez, casado en 1851 con Isabel Vargas Díaz, hija de Juan de Vargas y de María Antonia Díaz, naturales de Tijoco.

AC3.1.3.1.2. María Ignacia Álvarez Álvarez. Se casó en 1851 con José González Fraga, hijo de José González Delgado y de María Fraga Morales.

A su vez, José González Delgado era hijo de Francisco González Padilla y de Rita Delgado Llarena y González; mientras que María Fraga Morales era hija de Francisco Antonio Fraga Domínguez y de María Morales Santos, ya citados en C2.3.1.2.1.

María Ignacia y José fueron padres de:

AC3.1.3.1.2.1. José González Álvarez. Se casó en 1886 con María Álvarez Márquez, ya citados en C3.1.1.3.5.

AC3.1.3.1.2.2. Manuel González Álvarez, casado en 1905 con Genoveva Esquivel Socas con quien tuvo a:

AC3.1.3.1.2.2.1. Inés Genoveva González Esquivel, nacida el 17 de noviembre de 1919. Se casó con Celestino Rodríguez Socas.

AC3.1.3.1.2.2.2. Emilio González Esquivel, casado con Francisca Martín González.

AC3.1.3.1.3. Ignacio Álvarez Álvarez. Se casó en 1852 con María Candelaria Fraga Márquez, ya citados en C8.2.1.3.

AC3.1.3.1.4. Manuel Álvarez Siverio, casado en 1855 con María Vicenta Fraga Márquez (C8.2.1.4).

Fueron padres de:

AC3.1.3.1.4.1. María Candelaria Álvarez Fraga, casada en 1880 con Francisco Tarife Álvarez (C3.1.1.2.1).

AC3.1.3.1.4.2. Diego Álvarez Fraga. Se casó en 1885 con Camila Álvarez Álvarez (AC3.1.3.1.5.1) con quien tuvo a:

AC3.1.3.1.4.2.1. Diego Álvarez Álvarez, casado en 1915 con Isabel Hernández Álvarez, ya citada en C8.2.1.1.2.1.

AC3.1.3.1.4.2.2. José Álvarez Álvarez. Se casó en 1916 con María Nieves Prieto Medina, hija de Manuel Prieto Pérez y de Clorinda Medina.

AC3.1.3.1.4.2.3. María Encarnación Álvarez Álvarez, casada en 1923 con Manuel de León González, hijo de José Lucas de León Morales y de Rosalía González Vargas.

AC3.1.3.1.4.2.4. Antonio Álvarez Álvarez. Se casó en 1926 con Antonia Álvarez Alayón, hija de Juan Álvarez Alayón y de María Alayón Alayón.

AC3.1.3.1.4.2.5. Manuel Álvarez Álvarez.

AC3.1.3.1.4.2.6. Miguel Álvarez Álvarez.

AC3.1.3.1.4.2.7. María del Rosario Álvarez Álvarez, casada en 1927 con Manuel Álvarez González (AC3.3.1.3.4.1).

AC3.1.3.1.4.3. Catalina Álvarez Fraga, casada en 1891 con Antonio Hernández Fraga (C8.2.1.1.3).

AC3.1.3.1.4.4. María Encarnación Álvarez Fraga, casada en 1891 con José Manuel Ramos Tarife (C3.1.1.2.2.1).

AC3.1.3.1.4.5. Antonio Rafael Álvarez Fraga. Se casó en 1898 con Bienvenida Fraga González, hija de Manuel Fraga Hernández y de Jacobina González Alonso, ya citados en C2.3.1.2.4.1.

AC3.1.3.1.4.6. Sixta Álvarez Fraga. Se casó con Diego Hernández Fraga, ya citados en C8.2.1.1.2.

AC3.1.3.1.4.7. Manuel Álvarez Fraga, casado en 1924 con Paulina Tarife Álvarez, hija de Diego Tarife Fuentes y de Francisca Álvarez Martín, ya citados en C3.1.1.3.2.1.

AC3.1.3.1.5. Antonio David Álvarez Siverio. Se casó en 1863 con María Úrsula Álvarez Vargas (AC3.3.1.3.1). Padres de:

AC3.1.3.1.5.1. Camila Álvarez Álvarez, casada en 1885 con Diego Álvarez Fraga, ya citados en AC3.1.3.1.4.2.

AC3.1.3.1.6. Mariana Álvarez Siverio. Tuvo un hijo natural:

AC3.1.3.1.6.1. Manuel Blas Álvarez Siverio, nacido en Taucho en 1866. Se casó en 1885 con María Candelaria Álvarez Martín (C2.3.1.2.3), viuda de Atilano González Domínguez.

Manuel Blas y María Candelaria tuvieron a:

AC3.1.3.1.6.1.1. Pablo Álvarez Álvarez, casado en 1909 con Aurora Mercedes Fraga González, hija de Manuel Fraga Hernández y de Jacobina González Alonso, ya citados en C2.3.1.2.4.1.

AC3.1.3.1.6.1.2. Juan Álvarez Álvarez. Se casó en 1917 con Leonor Álvarez Fraga, ya citados en C2.3.1.2.4.3.

AC3.1.3.1.6.1.3. Manuel Álvarez Álvarez.

AC3.1.3.1.6.1.4. Alfonso Álvarez Álvarez.

AC3.2. Antonio Álvarez García. Se casó en 1762 con Juana de León González, hija de Gaspar de León y de Ana González de la Cruz, ambos naturales de La Escalona. Fueron padres de:

AC3.2.1. Antonio Álvarez de León, casado en Vilaflor en 1787 con María de la O de la Encarnación Linares Montesinos, hija de Baltazar de Linares y de María Manuela Montesinos.

AC3.3. Manuel Álvarez García. Se casó en 1770 con Isabel Hernández González, hija de Felipe Hernández Vargas y de María González, ya citados en AC3.1.1. Tuvieron 7 hijos:

AC3.3.1. Manuel Álvarez Hernández, casado en 1803 con María Úrsula Delgado Padilla, hija de Antonio Delgado Cruz y de María Padilla, con quien tuvo a:

AC3.3.1.1. María Álvarez Delgado. Se casó en 1825 con Antonio González Delgado, hijo de Francisco González Padilla y de Rita Delgado Llarena y González, ya citados en C2.3.1.2.1.

AC3.3.1.2. Isabel Álvarez Delgado, casada en 1832 con Lázaro Prieto García, hijo de Juan Prieto Morales y de María García, naturales de Tijoco.

AC3.3.1.3. Manuel Álvarez Delgado. Se casó en 1835 con Catalina de Vargas Díaz, hija de Juan de Vargas y de María Antonia Díaz, ya citados en AC3.1.3.1.1. Fueron padres de:

AC3.3.1.3.1. María Úrsula Álvarez Vargas, casada en 1863 con Antonio David Álvarez Siverio, ya citados en AC3.1.3.1.5.

AC3.3.1.3.2. Antonio Álvarez Vargas, casado en 1864 con María del Rosario Fraga Márquez (C8.2.1.2).

AC3.3.1.3.3. Catalina Álvarez Vargas. Se casó en 1880 con Francisco Acosta Contreras, hijo de Tomás Acosta Afonso y de María Contreras, naturales de Guía de Isora.

AC3.3.1.3.4. Francisco Álvarez Vargas, casado en 1886 con Cipriana González Vargas, hija de Antonio González Brito y de María Vargas Díaz, naturales de Tijoco Arriba.

Francisco y Cipriana tuvieron los siguientes hijos:

AC3.3.1.3.4.1. Manuel Álvarez González. Se casó en 1927 con María del Rosario Álvarez Álvarez (AC3.1.3.1.4.2.7).

AC3.3.1.3.4.2. Antonio Álvarez González.

AC3.3.1.3.4.3. Francisco Álvarez González.

AC3.3.1.3.4.4. Isabel Álvarez González.

AC3.3.1.3.5. Isabel Álvarez Vargas, quien tuvo una hija natural:

AC3.3.1.3.5.1. Rosalía Álvarez Vargas, casada con Eladio Morales Dorta.

AC3.3.1.3.6. Manuel Álvarez Vargas. Se casó con María Ignacia Alayón Vargas, hija de Francisco Alayón Díaz y de Rosalía Vargas Díaz. A su vez, Francisco era hijo de Simón Domingo Alayón García y de Josefa Díaz González, ya citados en C2.3.3.1.

Manuel y María Ignacia fueron padres de:

AC3.3.1.3.6.1. María Encarnación Rudecinda Álvarez Alayón, casada en 1896 con Fernando Roque Fraga Domínguez; hijo de Lázaro Fraga Díaz y de Manuela Domínguez García, ya citados en C2.3.1.2.4.

AC3.3.1.3.6.2. Manuel Álvarez Alayón. Se casó en 1903 con

Irene Alayón Alayón, hija de Gregorio Alayón Álvarez y de Úrsula Alayón Vargas; esta última, hija de Francisco Alayón Díaz y de Rosalía Vargas Díaz, ya citados en AC3.3.1.3.6.

AC3.3.1.3.6.3. Ignacio Álvarez Alayón, casado en 1912 con María Rivero Martín, hija de Antonio Rivero de León y de Camila Martín Alayón.

AC3.3.1.3.7. José Álvarez Vargas.

AC3.3.2. Antonio Álvarez Hernández. Contrajo primeras nupcias en 1812 con Francisca Fraga Morales, hija de Francisco Antonio Fraga Domínguez y de María Morales Santos, ya citados en C2.3.1.2.1.

Antonio y Francisca tuvieron a:

AC3.3.2.1. María del Rosario Álvarez Fraga. Se casó en 1836 con Francisco Capote Jorge, hijo de Juan Agustín Capote Alayón y de Isabel Juana Jorge Acevedo; esta última, hija de Pedro Jorge Castellano y de Antonia Francisca de Acevedo.

AC3.3.2.2. Genoveva Álvarez Fraga, casada en 1844 con Antonio Ignacio Martín García (AC3.1.2.3).

Al enviudar, Antonio Álvarez Hernández contrajo segundas nupcias con María Dolores Álvarez Siverio y Martín, ya citados en AC3.1.3.1.

AC3.3.3. Francisca Álvarez Hernández, casada en Adeje en 1812 con Juan Álvarez García (ya citados en C2.3.1).

AC3.3.4. Isabel Álvarez Hernández. Se casó en 1812 con Nicolás Melo Alayón, hijo de Juan Melo Delgado y de Agustina Alayón Acevedo, naturales de Adeje.

AC3.3.5. Rosalía Álvarez Hernández. Se casó en 1817 con Francisco Márquez Álvarez, ya citados en C8.2.2.

AC3.3.6. María Álvarez Hernández, casada en 1821 con Francisco Fraga Morales, hijo de Francisco Antonio Fraga Domínguez y de María Morales Santos, ya citados en C2.3.1.2.1.

AC3.3.7. Francisco Álvarez Hernández, nacido hacia 1771 en Taucho.

AC4. Pedro Álvarez.

AC5. Domingo Álvarez del Castillo y Hernández (C), ya citado.

Aquí concluyo la descendencia de Domingo Álvarez del Castillo (AC). Con referencia a su ascendencia, era hijo legítimo de Sebastián Domingo Álvarez casado en Adeje el 25 de febrero de 1648 con María García del Castillo, hija de Hernán García del Castillo y Bello III y de Melchora Verde de Betancourt, de quienes ya hablamos extensamente en AC2.

Sebastián Domingo Álvarez fue un acomodado labrador de Taucho, llegando a ser dueño de varios esclavos tal y como consta en la documentación de la época. Falleció el 4 de Julio de 1691 en la parroquia de Adeje.

Del matrimonio de Sebastián Domingo Álvarez y de María García del Castillo, nacieron los siguientes hijos:

- ➢ Domingo Álvarez del Castillo, de quien ya hablamos.
- ➢ Manuel, casado en 1694 con Juliana Lorenzo, hija de Pedro Hernández Costal y de Apolonia Lorenzo, ya citados en A3.2.1.
- ➢ Salvador.
- ➢ Melchora.
- ➢ Sebastián, casado con Antonia Flores.
- ➢ Pedro, nacido hacia 1665 en Taucho.

Sebastián Domingo Álvarez era hijo de Pedro Álvarez Lorenzo, casado en Garachico en 1620 con Beatriz González, hija natural de Catalina Lorenzo. A su vez, Pedro Álvarez Lorenzo era hijo de Pedro Álvarez Ortiz y de Margarita Lorenzo. Todos ellos naturales de El Tanque

Pedro Álvarez Ortiz vivió en El Tanque a mediados del siglo XVI, en donde fundaron la capellanía de la Virgen de la Candelaria. También ayudó significativamente en la fabricación de la ermita de San Antonio de Padua, en el año 1540, elevada en el siglo XVII a iglesia parroquial de El Tanque.

Por último, Pedro Álvarez Ortiz fue hijo de Francisco Álvarez y de Elvira Ortiz, residentes de Daute; el Menceyato más occidental de las nueve demarcaciones territoriales en que los guanches tenían dividida la isla de Tenerife, en las Canarias, para la época de la conquista por parte de la Corona de Castilla en el siglo XV.

A partir de aquí, el origen de los Álvarez es discutido por los historiadores. Carmen Fraga González señala en su libro[148], con referencia a la conquista de Tenerife: *"Una vez apropiadas esas tierras por las huestes del*

---

148 Fraga González, Carmen. (1994). *Chía, Su historia y Patrimonio.* Pág. 15.

reino de Castilla, se procedió a la instalación de los nuevos pobladores, quienes lo hicieron en los lugares que aportaban agua y suelo cultivable, generalmente a una cierta altura de la costa, entroncando con los aborígenes. Curiosamente el apellido Guanche perdura en Chío hasta época contemporánea y debe entenderse que los así denominados son descendientes por rama paterna o materna de aquéllos, pues el reino de Adeje se sometió a los castellanos sin hacerles frente, de modo que en 1779 constan en Chío como cabezas de familia Antonio y Juan Hernández Guanche; en la centuria decimonona allí moraban Antonio González Guanche y José León Guanche, que fue mayordomo de la ermita de Chío, ambos probablemente descendientes del homónimo del siglo XVIII. Todavía en 1930 el libro de bautizos de la recién creada parroquia se abre con la administración de dicho sacramento a María Concepción Guanche Gorrín.

Otro gentilicio de prosapia aborigen era el de Baute, así en los censos antes consultados figuran Antonio, María y Francisco de Baute. Ha de tenerse en cuenta que con la cristianización la mayoría de los guanches tomó apellidos castellanos.

En la comarca fueron a refugiarse dos de los aborígenes gomeros que se habían sublevado y habían matado a Hernán Peraza; como Beatriz de Bobadilla tomó represalia, ambos cruzaron la corta distancia marítima que separa a las dos islas en esa zona y se cobijaron en la cueva de los gomeros alzados, que así se la conoció durante siglos. Los allí escondidos fueron descubiertos a los dos días, pero se les perdonó la vida y pudieron medrar formando hogar, de manera que en el siglo XIX se consideraban descendientes suyos en Chío los miembros de la familia Álvarez", atribuyendo esta afirmación al historiador Juan Bethencourt Alfonso.

Otros señalan su origen en España y otros más en Portugal, en razón de su cercanía con las islas portuguesas de Azores y Madeira. Coincidencialmente, en fechas recientes me hice un análisis genético con una reconocida firma y, en su reporte, señalan que mi ascendencia es en un 50.5% portuguesa-española. Detallando que, de todas las regiones, la que mejor se ajusta a mi perfil genético es la de las islas portuguesas de Azores.

La investigación continua…

TÍTULO III

JUEGOS GENEALÓGICOS

Existe una teoría propuesta en 1929 por el escritor húngaro Frigyes Karinthy llamada "6 grados de separación". Intenta probar que cualquier persona en la tierra está conectada con otra cualquiera a través de una cadena de no más de cinco conocidos. De esa idea se hizo un libro y una película, ganando gran popularidad.

Lo que hace posible esta teoría es el hecho de que el número de conocidos que tiene una persona crece exponencialmente con cada nuevo enlace en la cadena, logrando que en tan poco como 5 o 6 pasos se alcance al destinatario. Sin embargo, estas "conexiones" son solamente desde el punto de vista social, es decir, yo conozco a una persona quien a su vez conoce a otras, y así sucesivamente.

Uno pudiera preguntarse si existirá algo similar genealógicamente hablando. Despues de todo, en la introducción ya había adelantado que una persona tiene 2 padres (los conozca o no), 4 abuelos, 8 bisabuelos, 16 tatarabuelos, 32 cuartos abuelos, etc.; duplicándose el número cada vez que se sube un escalón generacional. Esto conforma una secuencia numérica que dibuja una línea exponencial representada por una función matemática: $F(n) = 2 * 2 \char94 (n - 1)$ donde "n" representa al número de generaciones que subimos a partir de la persona base. Como las matemáticas no son populares, dejaremos el análisis numérico hasta aqui.

Aunque ambos fenómenos son gobernados por sistemas exponenciales,

378 | Montalbán | Orígenes Genealógicos

las conexiones sociales es una grafica mucho más abrupta que la genealógica. Mientras que una persona solo tiene 2 padres (primer escalon de la secuencia), pudiera tener 20, 50, 100 o 500 conocidos que conformarían su primer escalón de su cadena social, lo cual se repite en los siguientes pasos. Esto hace evidente, genealógicamente hablando, que no tenemos la misma "cercanía" hacia los demás a como ocurre en el modelo de los 6 grados de separación.

Sin embargo, si tuviésemos información suficiente, nos sorprenderíamos de saber cuan cerca solemos estar, con respecto a la gente que nos rodea (desde el punto de vista genealógico). Evidentemente, esto se cumple si hablamos de personas cuyos ancestros han vivido en el mismo lugar por muchas generaciones. No puede esperarse que tengas algún tipo de conexión sanguínea con un vecino que acaba de inmigrar desde un país distante.

La clave para saber como nos conectamos, es la información genealógica de los demás. Lamentablemente, el común de la gente solo suele saber el nombre de sus padres y abuelos, es decir, solo conocen sus primeros 2 escalones. Si supieran más….

Personalmente, tengo algún tiempo investigando los ancestros de mi familia, así como los de varias de las familias que vivieron por muchos años en el centro occidente de Venezuela. Esta información que recopilé y organicé me ha permitido estudiar las conexiones genealógicas, aunque no necesariamente sanguíneas, que tengo con respecto a muchos de mis compatriotas.

También, gracias al trabajo de numerosos genealogistas e historiadores, conocemos las relaciones familiares que existieron en el último milenio entre las monarquías europeas y sus vasallos.

Uniendo todo, puedo "jugar" un poco con la data para ver como me conecto con diversos personajes de la historia local y mundial. El lector pudiera hacer lo mismo si se animara a estudiar sus ancentros.

Iremos de lo más simple y cercano, a lo más lejos y complejo; empezando con un caso muy simple.

Muchas personas tenemos la suerte de haber vivido por muchos años en un mismo lugar. Naturalmente, como es lógico pensar, eso propicia las condiciones ideales para entablar una buena amistad con las personas que te rodean: los vecinos.

En mi caso, mis vecinos más cercanos fueron el Ing. Víctor José Alvarado Henríquez; quien se casó el 24 de enero de 1964 con Ada Rosa Isidra Latouche Morales. El matrimonio tuvo por hijos a Víctor José, Carlos

Augusto, Ada Valentina y Mariauxiliadora. Con ellos tuve una infancia feliz y fueron muchos los días que compartimos como buenos amigos.

Pero, ¿tengo alguna conexión con ellos? Veamos: Yo soy hijo de Ricardo José Manzo Sánchez, hijo de Antonio Julio Manzo Núñez, hijo de Natividad Felicia Núñez Tortolero, hija de María del Carmen Tortolero Latouche, hija de Sebastiana Latouche Tortolero, hija de José María Latouche Pinto; el cual fue padre de José María Latouche Tortolero, padre de Víctor Manuel Latouche Henríquez, padre de Luis Virgilio Latouche Rodríguez, padre de Ada Rosa Isidra Latouche Morales. Es decir, en 6 escalones generacionales, ¡nos conectamos!

Bueno, tal vez fue una aislada, simple y feliz coincidencia. Busquemos otro ejemplo. Por muchos años estudié en un colegio de Valencia llamado Liceo Camoruco, del cual guardo maravillosos recuerdos. Uno de los aproximadamente 30 compañeros de clase que solía acompañarme por esos años fue Carlos Eduardo Correa Díaz, ya finado. ¿Qué conexión pudiéramos tener? Veamos: Yo soy hijo de Ricardo José Manzo Sánchez, hijo de Emma Evelia Sánchez Barela, hija de Enriqueta María Barela Granadillo, hija de José Isidro Barela Pinto, hijo de José Isidro Barela; el cual fue padre de María Francisca Antonia de Jesús Barela Coronel, madre de María Herminia Coronel Barela, madre de Isabel Teresa Guinand Coronel, Madre de Carlos Correa Rodríguez, Padre de Carlos Eduardo Correa Díaz. Otra vez, 6 escalones.

Aunque esta situación se repite en muchos casos más, obviamente no significa que ocurrió exactamente igual con todas las personas del barrio donde viví, ni con todos los alumnos del colegio donde estudié. Sin embargo, son muchas las personas con las que descubrí que estaba "conectado", sin saberlo.

Veamos otros casos más distantes o improbables:

- Soy hijo de Yolanda Manzo Henríquez, hija de Carmen Filomena Henríquez Henríquez, hija de Ana Clara Henríquez Ortega, hija de José Ramón Henríquez Granadillo, hijo de Pablo Henríquez Torrens; el cual fue padre de Manuela Henríquez Granadillo, madre de María Manuela Tirado Henríquez, madre de María Clementina Corrales Tirado, madre de María de Lourdes Ecarri Corrales, madre de Ligia Clementina Conde Ecarri, madre de Irene Laylin Sáez Conde; Miss Venezuela y Miss Universo 1981, nuevamente una unión a 6 escalones de distancia.

- Soy hijo de Yolanda Manzo Henríquez, hija de Carmen Filomena Henríquez Henríquez, hija de Ana Clara Henríquez Ortega, hija de María del Carmen Ortega, hija de Manuel León Torrens, hijo de María de las Mercedes Torrens Cesaro, hija de José Ramón Torrens

Cesaro; el cual fue padre de María del Carmen Torrens Cesaro, madre de María Eugenia Ojeda Flores, madre de Concepción León Ojeda, madre de Luisa Serpa León, madre de Aldemaro Romero Serpa, famoso músico, compositor, arreglista y director de orquesta del que me separan 7 escalones.

- Soy hijo de Ricardo José Manzo Sánchez, hijo de Antonio Julio Manzo Núñez, hijo de Julio Torcuato Manzo Pérez, hijo de Miguel María Manzo Ortega, hermano de María Obdulia Manzo Ortega, esposa de Marco Antonio Freytes Elizondo y Clavijo, hijo de José Joaquín Ignacio Freytes Maya, padre de María Eduvigis Freyes Sánchez, madre de Josefa María de Izaguirre, madre de Rafael Caldera Izaguirre, padre de Rafael Antonio Caldera Rodríguez, 41° y 46° presidente de Venezuela, con quien se evidencia no tengo un vínculo sanguíneo, sino más bien uno genealógico.

Busquemos ahora conexiones genealógicas más distantes:

➤ Soy hijo de Ricardo José Manzo Sánchez, hijo de Antonio Julio Manzo Núñez, hijo de Julio Torcuato Manzo Pérez, hijo de Miguel María Manzo Ortega, hijo de Concepción Ortega Pinto, hija de Pedro Ortega Salvatierra, hijo de Margarita Salvatierra Tortolero, hija de Joseph Christóbal Salvatierra Valladares, hijo de María de Jesús de la Cruz y Valladares, hija de Lucía Rodríguez Pan y Agua de la Peña, hija de María Polonia de la Peña, hija de Gutierre de la Peña y San Juan, hijo de María de la Peña, hija de Gutierre de la Peña Castro y Langayo, hijo de Juana de Castro Langayo, hija de Alonso de Castro, hijo de Álvaro Pérez de Castro; el cual fue padre de Isabel de Castro, madre de Mencia de Castro, madre de Francisca Sarmiento, madre de Martín Fernández Portocarrero, padre de Beatríz Portocarrero y Cabeza de Vaca, madre de Aldonza de Ribera y Portocarrero, madre de Alfonso Fernández de Cordoba de Montemayor y Perafan de Rivera, padre de Juan Rodríguez de Castañeda, padre de Elvira de Castañeda, madre de Leonor Ayala, madre de Íñigo López Davalos, padre de Aldonza Ayala y Romero Davalos, madre de Lázaro Vásquez de Rojas, padre de Ana Vásquez de Rojas, madre de Beatríz Díaz de Moreno y Rojas, madre de Antonio Bolívar y Díaz de Rojas, padre de Luis Bolívar y Rebolledo, padre de Juan de Bolívar y Martínez de Villegas, padre de Juan Vicente Bolívar y Ponte-Andrade, padre de Simón José Antonio de la Santísima Trinidad Bolívar y Palacios de Aguirre, El libertador de América, del que estoy a 21 escalones de distancia.

➤ Soy hijo de Ricardo José Manzo Sánchez, hijo de Antonio Julio

Manzo Núñez, hijo de Julio Torcuato Manzo Pérez, hijo de Miguel María Manzo Ortega, hijo de Francisco Ramón Manzo Lartigue, hijo de Domingo Álvarez Manzo y Pérez, hijo de Domingo Álvarez Manzo, hijo de Domingo Álvarez del Castillo y Hernández, hijo de Domingo Álvarez del Castillo, hijo de María García del Castillo, hija de Melchora Verde de Betancourt, hija de Melchora de Lugo y Verde de Betancourt, hija de Agueda Pérez de Munguía, hija de María León de Bilbao y Pérez, hija de Luis Ponce de León y Ruíz, hijo de Pedro Ponce de León; el cual era padre de Pedro Ponce de León, padre de Juan Pérez Ponce de León, padre de Juan Ponce de León, explorador y conquistador español, descubridor de la Florida y primer gobernador de Puerto Rico.

➤ Por mi ascendencia hasta el mariscal de campo Gutierre de la Peña: Soy hijo de Ricardo José Manzo Sánchez, hijo de Antonio Julio Manzo Núñez, hijo de Julio Torcuato Manzo Pérez, hijo de Miguel María Manzo Ortega, hijo de Concepción Ortega Pinto, hija de Pedro Ortega Salvatierra, hijo de Margarita Salvatierra Tortolero, hija de Joseph Christóbal Salvatierra Valladares, hijo de María de Jesús de la Cruz y Valladares, hija de Lucía Rodríguez Pan y Agua de la Peña, hija de María Polonia de la Peña, hija de Gutierre de la Peña y San Juan, hijo de María de la Peña, hija de Gutierre de la Peña Castro y Langayo, hijo de Juana de Castro Langayo, hija de Alonso de Castro, hijo de Álvaro Pérez de Castro, hijo de Pedro Fernández de Castro, hijo de Violante Castilla Molina, hija de Sancho IV de Castilla - Rey de Castilla y Aragón. A este punto (una vez que se llega a un miembro de la realeza), la persona queda automáticamente vinculado al resto de la nobreza medieval europea por su costumbre de casar entre si a sus hijos para obtener o mantener el control de los territorios. Así, Sancho IV era hijo de Alonso X de Castilla, nieto de Fernando III de Castilla, bisnieto de Alonso IX de León, tataranieto de Fernando II de León y de Alonso VIII de Castilla, todo esto por el lado paterno; así mismo, era nieto de Jaime I de Aragón, bisnieto de Pedro II de Aragón y de Andrés II de Hungría y tataranieto de Alfonso II de Aragón, por su rama materna. Evidentemente, las conexiones a los principados y reinados siguen en todas direcciones.

➤ Por mi ascendencia hasta Domingo Álvarez del Castillo, llego al mismo destino, ya que soy hijo de Ricardo José Manzo Sánchez, hijo de Antonio Julio Manzo Núñez, hijo de Julio Torcuato Manzo Pérez, hijo de Miguel María Manzo Ortega, hijo de Francisco Ramón Manzo Lartigue, hijo de Domingo Álvarez Manzo y Pérez, hijo de Domingo Álvarez Manzo, hijo de Domingo Álvarez del Castillo y Hernández, hijo de Domingo Álvarez del Castillo, hijo de María

382 | Montalbán | Orígenes Genealógicos

García del Castillo, hija de Melchora Verde de Betancourt, hija de Melchora de Lugo y Verde de Betancourt, hija de Agueda Pérez de Munguía, hija de María León de Bilbao y Pérez, hija de Luis Ponce de León y Ruíz, hijo de Pedro Ponce de León, hijo de Pedro Ponce de León y Guzmán, hijo de Fernando Pérez Ponce de León, hijo de Fernán Pérez Ponce de León, hijo de Aldonza Alfonso de León, hija de Alfonso IX de León, Rey de León y Galicia, ya citado en el punto previo.

A este punto cabria preguntarse que tan largas pueden llegar a ser estas conexiones. La respuesta es cuestionable... depende del grado de credibilidad de las genealogías que reportan lo historiadores y genealogistas de la edad media o antes. Mucho de ellos tienen diferencias de opinión por diversos motivos. Sin embargo, esto no nos impide jugar un poco con la información que reportan.

Por ejemplo, si dicha información antigua fuese fidedigna; yo pudiera decir que soy hijo de Ricardo José Manzo Sánchez, hijo de Antonio Julio Manzo Núñez, hijo de Julio Torcuato Manzo Pérez, hijo de Miguel María Manzo Ortega, hijo de Francisco Ramón Manzo Lartigue, hijo de Domingo Álvarez Manzo y Pérez, hijo de Domingo Álvarez Manzo, hijo de Domingo Álvarez del Castillo y Hernández, hijo de Domingo Álvarez del Castillo, hijo de María García del Castillo, hija de Melchora Verde de Betancourt, hija de Melchora de Lugo y verde Betancourt, hija de Agueda Pérez de Munguía, hija de María León de Bilbao y Pérez, hija de Luis Ponce de León y Ruíz (Conquistador de las Canarias y Gobernador de Lanzarote), hijo de Pedro Ponce de León (Ricohombre y IV Señor de Marchena), hijo de Pedro Ponce de León y Guzmán (Ricohombre y II Señor de Marchena), hijo de Fernando Pérez Ponce de León (I Señor de Marchena), hijo de Urraca Gutiérrez de Meneses, hija de Gutierre Suárez de Meneses (Ricohombre), hijo de Tel García de Meneses y Castañeda, hijo de Inés Castañeda, hija de Diego Gómez de Castañeda (VI Señor de Castañeda), hijo de Pedro Díaz de Castañeda (V Señor de Castañeda), hijo de Mayor Álvarez de Asturias, hija de Álvaro Díaz de Asturias (Ricohombre y Señor de Noroña), hijo de Elvira García de Braganca, hija de Gontinha Soares de Tougues, hija de Elvira Goncalves de Sousa, hija de Dórdia Viegas, hija de Egas Moniz (Señor de Ribadouro-Portugal), hijo de Munio Viegas (Señor de Ribadouro), hijo de Egas Muniz, hijo de Elvira Arias, hija de Lucido Arias (Conde de la comarca de Miño y Señor de Saavedra), hijo de Arias Lucido (IV Señor de Saavedra), hijo de Lucido Arias (III Señor de Saavedra), hijo de Arías Fernández (II Señor de Saavedra), hijo de Ilduara del Castillo de Arias, hija de Arceriunda, hija de Severiano (Conde de Cartagena), hijo de Aviena, hija de Rufus Gennadius Avienus, hijo de Rufus Viventius, hijo de Anastasia, hija de

Adeodata, hija de Anastasia, hija de Flavius Claudius Constantius Gallus (Emperador Romano), hijo de Julius Constantius, hijo de Gaius Flavius Valerius Constantius Chlorus (mejor conocido como Contastino I - Emperador Romano), hijo de Claudia Crispina, hija de Lucius Aurelius Commodus (mejor conocido como Marcus Aurelius - XVIII Emperador Romano), hijo de Marcus Annius Catilius Severus (mejor conocido como Marco Aurelio – XVI Emperador Romano), hijo de Marcus Annius Verus, hijo de Rupilia Faustina, hija de Libo Rupilius Frugi, hijo de Marcus Licinius Crassus Frugi, hijo de Scribonia, hija de Cornelia Pompeia, hija de Pompeia Magna, hija de Gnaeus Pompeius Magnus, mejor conocido como Pompeyo el Grande; lider militar Romano nacido el 29 de septiembre del año 106 A.C.

O, retomando del ejemplo anterior, Arceriunda además de ser hija de Severiano, también lo era de Theodora; hija de Theodoric, hijo de Theudemir, hijo de Wandelar, hijo de Winithar, hijo de Walaravans, hijo de Vultwulf, hijo de Achiulff, hijo de Athal, hijo de Hunuil, hijo de Ostrogotha, hijo de Hisarna, hijo de Amal, hijo de Augis, hijo de Hulmul, hijo de Geata, hijo de Taetwa, hijo de Beaw, hijo de Sceldwa, hijo de Heremond, hijo de Itermon, hijo de Hathra, hijo de Hwala, hijo de Bedwig, hijo de Sceaf, hijo de Magi, hijo de Móda, hijo de Vingener, hijo de Vingethor, hijo de Einridi, hijo de Lóridi, hijo de Trór, hijo de Múnón (Rey de Troya), hijo de Tithonus (Rey de Troya), hijo de Laomedon (Rey de Troya), hijo de Iius (Rey de Troya), hijo de Tros (rey de Dardania), hijo de Erichthonius. También llamado Erecteo I, primer rey semimítico de Atenas.

Pero, tal vez no deberían tomarse esto muy en serio… Después de todo, éstos son solo mis "Juegos Genealógicos".

Apéndice

Tabla de Asignación de Letras

Andrés Pérez Blanco……………………...…………..……..…… A

Domingo Álvarez del Castillo……....……………….….……....…. AC

Ambrosio de la Peña………..………………………....………. AP

José Isidro Barela Pinto…………………………………………. B

Domingo Álvarez del Castillo y Hernández.…………………….…. C

María de la Peña………………………………….………….… MP

Francisco de San Juan.…………………………………………. F

Gaspar Rodríguez Pan y Agua.………………………………….. G

Gutierre de la Peña y Castro.…………………………….……... GP

Francisco Ramón Henríquez Tortolero.…………..…………….….. H

Simón Luis de la Cruz.…………………………………………. L

Francisco Manzo Lartigue.……………………………………..… M

Rafael María Núñez Núñez.……………..…....……………….… N

Juan Tomás de Salvatierra.……………………………………… S

Antonio Rodríguez de Ortega.…………………………………… O

Juan Manuel Gómez Pinto.……………………………………… P

Bernardo Rodríguez de Ortega.………………………………..… R

Manuel Salvador Tortolero.……………….………..…………… T

Bibliografía

1. Almeida Rodríguez, Manuel. (2010). *A mi barrio le ronca el mambo. Historia del barrio "Matica Abajo" de Los Teques, estado Miranda*. Caracas - Venezuela. Archivo General de la Nación; Centro Nacional de Historia.

2. Altolaguirre y Duvale, Angel. (1909). *Relaciones geográficas de la gobernación de Venezuela (1767-68)*. Madrid - España. Imprenta del Patronato de Huérfanos de Administración Militar.Amézaga Aresti, Vicente. (1963). Los hombres de la compañía Guipuzcoana. Volumen 2. Caracas – Venezuela. Editorial Ediciones Impresas Xabier Iñaki Amezaga Iribarren.

3. *Apuntes estadísticos del estado Carabobo formados de orden del ilustre americano general Guzmán Blanco presidente de la república*. (1873). Caracas - Venezuela. Imprenta federal. Calle de Carabobo

4. Arcaya, Pedro Manuel. (1920). *Historia del Estado Falcón*. Tomo I. Caracas – Venezuela. Tipografía "Cosmos".

5. Archivo del ayuntamiento de Adeje. (28 de agosto de 1777). Código de referencia: 13.26.1.057-06-02-02079.

6. Archivo General de la Nación. "Ilustres Próceres". Tomo LVXII, Folios 58 y 71; Tomo LXVII, Folios 55, 56, 57, 73 y 146.

7. Archivo General de la Nación. Issues 142-145.

8. Bacalao Silva, Pedro. (1949). *Orígenes y Referencias de Montalbán. El Centenario de Bejuma*. Segunda Edición. San José – Costa Rica.

9. Bermúdez Plata, Cristóbal. (1942). *Catálogo de Pasajeros a Indias. Durante los siglos XVI, XVII y XVIII. Volumen II. (1535 – 1538)*. Archivo General de Indias. Sevilla - España. Imprenta editorial de la Gavidia.

10. Academia Nacional de la Historia (Venezuela). (2001). *Boletín de la Academia Nacional de la Historia*. Volumen 84. Issue 336.

11. *Apuntes estadísticos del estado Carabobo formados de orden del ilustre americano, general Guzmán Blanco presidente de la república*. (1873). Caracas - Venezuela. Imprenta Federal.

12. Blanco, José Félix & Azpurúa, Ramón. 1878. *Documentos para la historia de la vida pública del Libertador de Colombia, Perú y Bolivia, puestos por orden cronológico, y con adiciones y notas que la ilustran*. Caracas. Imprenta a vapor de "La opinión nacional".

13. Botello, Oldman. (1969). *Historia de la Villa de Cura. (Tránsito por la*

vida de un pueblo). Maracay. Ediciones de la asamblea legislativa del estado Aragua.

14. Broglie, Víctor-Claude. (1903). *Journal du voyage du Prince de Broglie et Lettres du Comte de Ségur*. Paris. Mélanges publiés par la Société des Bibliophiles Francais. Deuxiéme Partie.

15. Castillo Lara, Lucas Guillermo. (2002). *Nortemar aragüeño: las querencias de azul y oro. Ocumare, Catia, Cuyagua y Turiamo*. Caracas - Venezuela. Academia Nacional de la Historia.

16. Castillo Lara, Lucas Guillermo. (1993). *Los Olvidados Próceres de Aragua*. Caracas - Venezuela. Academia Nacional de la Historia.

17. Cebrián Latasa, José Antonio. (2003). *Ensayo para un diccionario de conquistadores de Canarias*. Islas Canarias. Viceconsejeria de Cultura y Deportes del Gobierno de Canarias.

18. Codazzi, Agustín. (1841). *Resumen de la Geografía de Venezuela*. Paris - Francia. Imprenta de H. Fournier y COMPia.

19. Dagnino, Maruja. (2019). *20 Mujeres del Siglo XX. Así cambiaron nuestra historia*. Transparencia Venezuela. República Bolivariana de Venezuela Asamblea Nacional.

20. Díaz Frías, Nelson. (2003). *Genealogías del Municipio de Adeje (Siglos XVI-XX)*. Gran Canaria. Centro de la Cultura Popular Canaria.

21. Dalmau, Ulises. (2016, 1 de febrero). *1881, Tocuyito Capital provisional del Grande Estado Carabobo.* http://ulisesdalmau.blogspot.com/

22. Díaz, Pbro. Luis Manuel. (2013, 16 de octubre). *Orígenes de la Parroquia Eclesiástica de Tocuyito (Una Aproximación a Fuentes Documentales)*. Valencia. Biblioteca Digital de la Academia de Historia del Estado Carabobo.

23. Duarte, Carlos F. (1998). *Testimonios de la Visita de los Oficiales Franceses a Venezuela en 1783*. Caracas - Venezuela. Academia Nacional de la Historia.

24. Esteves Santamaría, María del Pilar. (2011). *Practicas Testamentarias en el Madrid del Siglo XVI: Norma y Realidad*. Madrid. Universidad Complutense de Madrid.

25. Felice Cardot, Carlos. (1957). *"La Rebelión de Andresote" (Valles del Yaracuy, 1730-1733)*. Bogotá – Colombia. Editorial ABC.

26. Fraga González, Carmen. (1994). *Chía, Su historia y Patrimonio*. La Laguna - Tenerife. Instituto de Estudios Canarios.

27. Hernández González, Manuel. (2015). *La emigración del sur de Tenerife a Venezuela (1670-1810)*. Volumen: 1. Arona - Tenerife. Conferencia: III Jornadas de Historia del sur de Tenerife.

28. Hernández González, Manuel. (1999). *Los Canarios en la Venezuela Colonial (1670-1810)*. Tenerife. Centro de la Cultura Popular Canaria.

29. Historia Naval de España. www.todoavante.es Brillante (1740). https://todoavante.es/index.php?title=Brillante_(1740)

30. Huidobro, José M. *Hidalgos en la Historia*. Blog personal: www.huidobro.es/mi-blog-hidalgos-en-la-historia/

31. Iglesias Aunión, Pablo. (2002, Octubre). *Las licencias para viajar a Indias. Estatutos de limpieza de sangre y requerimientos en el Trujillo del siglo XVI*. Blog de la Asociación Cultural Coloquios Históricos de Extremadura. Excelentísimo Ayuntamiento de Trujillo.

32. Iturbe, Juan Manuel. (1904). *Contribución al estudio de la fiebre amarilla en Venezuela*. Caracas - Venezuela. Tesis de Doctorado. Tipografía Americana.

33. Lecuna, Vicente. (1960). *Crónica Razonada de las Guerras de Bolívar*. Tomo II. New York - USA. The Colonial Books.

34. López García, José Tomas. (1982). *Dos defensores de los esclavos negros en el siglo XVII. (Francisco José de Jaca y Epifanio de Moirans)*. Caracas – Venezuela. Universidad Católica Andrés Bello.

35. Maduro, Jesús M. (1891). *Anales de Carabobo. Apuntes tomados de varios autores para servir de contingente a la historia de esta sección de la república*. Tomo I. Valencia - Venezuela. Imprenta de "El Diario".

36. Manzo Núñez, Torcuato. (1979). *Abrevadero*. Volumen 2. Bogota - Colombia. Editora Guadalupe Ltda.

37. Manzo Núñez, Torcuato. (1981). *La Virgen Negra de Montalbán. Devoción a la santísima virgen de Atocha*. Bogota - Colombia. Editorial Guadalupe Ltda.

38. Manzo Núñez, Torcuato. (1979, Julio-Septiembre) *"Montalbán hijo de la pugna racial" (Capítulo del libro inédito "Pasado Histórico de Montalbán"*. Boletín de la Academia Nacional de la Historia. Tomo LXII - 247.

39. Manzo Núñez, Antonio Julio. (1986). *Bajo el Signo del Jebe*. Autobiografía.

40. María, Hermano Nectario. (1951). *Historia de la Fundación de la ciudad de Nueva Segovia de Barquisimeto a la Luz de los documentos de los archivos de España y de Venezuela*. Caracas – Venezuela. Editorial Ávila Gráfica.

41. Marín, Alonso. (2016, 6 de febrero). *"Evocación Sentimental de María Clemencia Camarán Pérez"*. Blog: http:// alfonsomarincronistadevalencia.blogspot.com/2016/02/octubre-de-1972.html

42. Marti, Mariano. (1969). *Documentos relativos a su visita Pastoral de la Diócesis de Caracas. 1771 – 1784. II Libro Personal*. Academia Nacional de la Historia. Caracas. Italgrafica S.R.L.

43. Memoria del Ministerio de Obras Públicas al Congreso de los Estados Unidos de Venezuela en 1877. Caracas – Venezuela. Imprenta Federal. Esquina de la Torre.

44. Ministerio de Fomento. Dirección de Estadística (Año económico de 1873 a 1874). Caracas - Venezuela.

45. Moros Manzo, José Durabio. (2009). *Cuatro Medallas y tres Diplomas*. Caracas - Venezuela. Gráfica Lauki.

46. Memoria del Ministerio de Obras Públicas al Congreso de los Estados Unidos de Venezuela en 1875. (1875). Caracas - Venezuela. Imprenta Federal. Esquina de la Torre.

47. Oviedo y Baños, José de. (1824). *Historia de la conquista y población de la Provincia de Venezuela*. Caracas – Venezuela. Imprenta de Domingo Navas Spinola.

48. Páez, José Antonio. (1867). *Autobiografía del General José Antonio Páez*. Volumen 1. New York – USA. Imprenta de Hallet y Breen.

49. Pacheco Loma, Misael. (1965). *Resumen de la historia de América*. Oruro - Bolivia. Empresa Industrial Gráfica E. Burillo.

50. Perera, Ambrosio. (1964) *Historia de la Organización de los Pueblos Antiguos de Venezuela*. Vol. 1,2 y 3. Madrid - España. Imprenta Juan Bavo.

51. Perera, Ambrosio. (1967). *Historial Genealógico de Familias Caroreñas*. Segunda Edición. Caracas - Venezuela. Gráfica Americana, C.A.

52. Prado Sagrera, Antonio Alfaro de. (2012). *El Nacimiento del Sistema Oficial de Doble Apellido en España*. Hidalguía. Año LIX. Núm. 351.

53. *Recopilación de Leyes y Decretos de Venezuela*. (1890). Tomo IV. Caracas - Venezuela. Casa editorial de "La opinión nacional".

54. Rodríguez Mendoza, Félix. (2004). *La emigración del noroeste de Tenerife a América durante 1750-1830*. Servicio de Publicaciones Universidad de la Laguna. Serie Tesis Doctorales.

55. Registro principal de Caracas. (1814). *Escribanías*. Folio 15.

56. Romero Iruela, Luis y Galbis Díez, Ma. Del Carmen. (1980). *Catálogo de Pasajeros a Indias. Durante los siglos XVI, XVII y XVIII. Volumen IV. (1560 – 1566)*. Archivo General de Indias. Sevilla - España. Imprenta del Ministerio de Cultura.

57. Rubio y Moreno, Luis. (1917). Pasajeros a Indias. Catálogo Metodológico de la Informaciones y Licencias de los que allí pasaron, existentes en el Archivo General de Indias. Siglo primero de la Colonización de América. 1492-1592. Tomo I. Madrid – España. Compañía Ibero-Americana de Publicaciones, S.A.

58. Sanson d'Abbeville, N. (1656). *Terre Ferme*. Paris. Geographe ordinaire du Roy.

59. Silva Montañes, Ismael. (1983) Hombres y Mujeres del Siglo XVI venezolano. Tomo III. Caracas – Venezuela. Academia Nacional de la Historia.

60. Taborda, Luis. (1959). *Datos Bibliográficos de la señora María de la Paz Pérez de Santander*. Valencia - Venezuela.

61. Valery Salvatierra, Rafael. (2003). *Epónima por justicia elemental. Apuntes sobre la ascendencia y obra de María de Lourdes Salvatierra Latouche, mujer de Venezuela, 1974*. Caracas - Venezuela.

62. Taborda, Luis. (1959, 21 de Julio). *Datos Bibliográficos de la señora María de la Paz Pérez de Santander*. Valencia - Venezuela.

63. Troconis de Veracoechea, Ermila. (2021, Octubre). *Indias, esclavas, mantuanas y primeras damas*. España. Servi Editoriales Madrid.

64. The Church of Jesus Christ of Latter-Day Saints. Microfilms. Church records.

www.ingramcontent.com/pod-product-compliance
Lightning Source LLC
Chambersburg PA
CBHW062113020426
42335CB00013B/945